21世纪全国本科院校土木建筑类创新型应用人才培养规划教材

工程项目管理

主 编 王 华

副主编 肖 萌 徐 伟

内 容 简 介

本书全面论述了工程项目管理全过程，系统介绍了工程项目管理的产生与发展、建设项目生命周期与建设程序、工程项目组织管理、项目经理与项目经理部、工程项目范围管理、工程项目进度管理、工程项目进度控制、工程项目成本管理、工程项目质量管理、工程项目招投标管理、工程项目现场施工组织与管理、工程项目资源管理及流水施工管理、工程项目知识管理与集成管理。

本书内容丰富，系统性和实用性强，是工程管理本科专业的主干教材，可作为高等院校工程管理专业、土木工程专业等工程技术专业的教科书，也可作为建造师、工程项目经理、工程技术人员和工程管理人员学习工程项目管理知识、进行工程项目管理工作的参考书籍。

图书在版编目(CIP)数据

工程项目管理/王华主编．—北京：北京大学出版社，2014.1
(21世纪全国本科院校土木建筑类创新型应用人才培养规划教材)
ISBN 978-7-301-23580-5

Ⅰ．①工… Ⅱ．①王… Ⅲ．①工程项目管理—高等学校—教材 Ⅳ．①F284

中国版本图书馆 CIP 数据核字(2013)第 299850 号

书　　　　名：	工程项目管理
著作责任者：	王　华　主编
策划编辑：	吴　迪　卢　东
责任编辑：	伍大维
标准书号：	ISBN 978-7-301-23580-5/TU・0376
出版发行：	北京大学出版社
地　　址：	北京市海淀区成府路 205 号　100871
网　　址：	http://www.pup.cn　新浪官方微博：@北京大学出版社
电子信箱：	pup_6@163.com
电　　话：	邮购部 62752015　发行部 62750672　编辑部 62750667　出版部 62754962
印刷者：	北京虎彩文化传播有限公司
经销者：	新华书店
	787 毫米×1092 毫米　16 开本　20.25 印张　474 千字
	2014 年 1 月第 1 版　2020 年 7 月第 6 次印刷
定　　价：	42.00 元

未经许可，不得以任何方式复制或抄袭本书之部分或全部内容。
版权所有，侵权必究
举报电话：010-62752024　电子信箱：fd@pup.pku.edu.cn

前 言

本书面向国内高等院校工程管理、土木工程、工程造价等专业开设的"工程项目管理"本科专业课程编写，以培养学生具有工程项目管理能力为目标，全面、系统地讲述了工程项目管理的思想、理论、方法、实务和实例。本书吸收了国内外的工程项目管理科学的传统内容和最新成果，紧密结合我国建筑业、建筑施工企业和工程建设的改革及项目管理创新实际，着力培养学生的工程项目管理能力。本书作为专业核心课程教材，目的是使学生全面了解国内外现行建设工程项目管理模式，我国现行建设工程项目管理体制、制度和规定；熟悉和掌握工程项目组织管理和建设规划基本原理，工程项目质量、成本、进度目标控制，生产和施工现场管理，施工组织的基本原理和方法等，使学生得到全面、系统的工程项目管理基本技能训练，具备初步解决工程项目管理实际问题的能力。

本书根据当前工程管理最新理论、最新教改成果，最大程度参照2010年以来完成修订的土木工程规范及国家和行业相关标准编写，以《建设工程项目管理规范》(GB/T 50326—2006)为依据，以建设工程项目管理目标任务为主要线索划分任务，系统论述了工程项目建设全过程的管理理论和方法，重点阐述了施工阶段项目管理的内容。本书编写体例新颖活泼，工程案例丰富实用，重视学生创新思维、创新方法和创新能力的培养。本书习题设计严格参照各职业资格考试，融入了职业标准和各项建设规范及建造师执业资格考试的相关内容，使其更加符合本科高等教育教学的使用要求，为学生更好地提高项目管理能力，更快地适应岗位需求奠定了良好基础。

本书共13章，主要内容包括：第1章 绪论，主要介绍了工程项目管理的基本概念、项目管理的内涵和国内外工程项目管理发展环境的现状与未来发展趋势；第2章 建设项目生命周期与项目建设程序；第3章 工程项目组织管理，主要介绍了工程项目管理组织结构的选择与工程项目承发包模式的选择；第4章 项目经理与项目经理部；第5章 工程项目范围管理，主要介绍了工程项目范围管理的基本原理与工作分解结构方法；第6章 工程项目进度管理，主要介绍了网络进度计划的绘制、时间参数计算与进度计划调整的措施和方法；第7章 工程项目进度控制，主要介绍了进度控制原理及网络计划的工期、费用和资源优化方法；第8章 工程项目成本管理，主要介绍了工程项目成本构成及成本管理与成本控制的基本过程和主要方法；第9章 工程项目质量管理，主要介绍了建设工程质量管理的基本原则和质量控制的主要方法；第10章 工程项目招投标管理；第11章 工程项目现场施工组织与管理；第12章 工程项目资源管理及流水施工管理；第13章 工程项目知识管理与集成管理。全书还分别从建设项目不同参与方的角度对每项任务进行了具体分析和介绍，包括业主方、承包方、咨询方及政府主管部门等各参与方的项目管理任务及管理内容、方法、手段和侧重点等。

本书由沈阳工业大学管理学院王华担任主编，沈阳工业大学管理学院肖萌、徐伟担任副主编，参编人员有郝建新、郑睿、黄昌铁、孙宏福。具体编写分工为：第1章、第6章、第8章、第9章、第10章、第11章、第13章由沈阳工业大学管理学院王华编写；第2章、第4章由沈阳工业大学管理学院肖萌编写；第3章由沈阳工业大学管理学院徐伟编写；第5章由天津商业大学公共管理学院郝建新编写；第7章由上海财经大学管理学院郑睿编写；第12章由沈阳建筑大学管理学院黄昌铁和沈阳工业大学管理学院孙宏福编写。全书由沈阳工业大学管理学院王华、肖萌统稿。

由于水平和时间有限，全书难免存在不足和疏漏之处，敬请广大读者批评指正。

编 者

2013年10月

目 录

第1章 绪论 ... 1

1.1 项目与工程项目 ... 3
    1.1.1 项目 ... 3
    1.1.2 建设工程项目 ... 5

1.2 项目管理概述 ... 9
    1.2.1 项目管理的概念 ... 9
    1.2.2 项目管理的内容体系 ... 9

1.3 工程项目管理系统概述 ... 12
    1.3.1 工程项目管理内涵 ... 12
    1.3.2 工程项目管理系统的特性 ... 14
    1.3.3 工程项目管理系统的构成 ... 15

1.4 工程项目管理的产生与发展趋势 ... 17
    1.4.1 工程项目管理的国外实践 ... 17
    1.4.2 国际著名的两大项目管理认证体系 ... 17
    1.4.3 工程项目管理的国内发展轨迹 ... 19
    1.4.4 工程项目管理的发展问题及未来发展趋势 ... 20

本章小结 ... 27
习题 ... 28

第2章 建设项目生命周期与建设程序 ... 31

2.1 项目生命周期概述 ... 32
    2.1.1 项目生命周期的概念 ... 32
    2.1.2 项目生命周期的内涵 ... 33

2.2 建设项目建设程序 ... 35
    2.2.1 项目建议书阶段 ... 37
    2.2.2 可行性研究报告阶段 ... 37
    2.2.3 设计工作阶段 ... 38
    2.2.4 建设准备阶段 ... 39
    2.2.5 施工安装阶段 ... 41
    2.2.6 竣工验收阶段 ... 42
    2.2.7 项目后评价阶段 ... 43

本章小结 ... 44
习题 ... 44

第3章 工程项目组织管理 ... 46

3.1 工程项目组织概述 ... 48
    3.1.1 工程项目组织的概念 ... 48
    3.1.2 工程项目组织机构的设置原则 ... 49
    3.1.3 工程项目组织建立的步骤 ... 50

3.2 工程项目组织结构的选择 ... 51
    3.2.1 工程项目组织结构选择的影响因素 ... 51
    3.2.2 工程项目组织结构的选择类型 ... 52
    3.2.3 项目组织结构选择的基本原则 ... 57

3.3 工程项目组织承发包模式的确定 ... 57
    3.3.1 DBB 模式 ... 57
    3.3.2 DB 模式 ... 60
    3.3.3 CM 模式 ... 61
    3.3.4 EPC 模式 ... 63
    3.3.5 BOT 模式 ... 64
    3.3.6 PM 模式 ... 66

本章小结 ... 67
习题 ... 68

第4章 项目经理与项目经理部 ... 70

4.1 项目经理 ... 71
    4.1.1 工程项目的项目经理内涵 ... 71
    4.1.2 项目经理的选聘 ... 74
    4.1.3 项目经理责任制 ... 75
    4.1.4 项目管理目标责任书 ... 75

4.2 项目经理部 76
　　4.2.1 项目经理部的概念及性质 76
　　4.2.2 项目经理部的组建 77
4.3 项目管理规划大纲 78
　　4.3.1 项目管理规划的种类 78
　　4.3.2 项目管理规划大纲概述 79
　　4.3.3 项目管理规划大纲的内容 80
4.4 项目管理实施规划 82
　　4.4.1 项目管理实施规划的性质 82
　　4.4.2 项目管理实施规划的
　　　　 编制依据 82
　　4.4.3 项目管理实施规划的
　　　　 编制内容 83
本章小结 85
习题 86

第5章 工程项目范围管理 88

5.1 项目范围管理概述 90
　　5.1.1 项目范围的概念 90
　　5.1.2 工程项目范围管理的内涵 90
5.2 工程项目范围管理的WBS方法 92
　　5.2.1 WBS的基本原理 92
　　5.2.2 WBS的分解方式 93
　　5.2.3 WBS的分解原则 94
　　5.2.4 WBS在工程项目管理中的
　　　　 作用 95
本章小结 96
习题 97

第6章 工程项目进度管理 100

6.1 工程项目进度管理概述 101
　　6.1.1 工程进度的含义 101
　　6.1.2 项目进度目标及分解 102
6.2 工程项目进度管理内涵 103
　　6.2.1 工程项目进度管理的含义 .. 103
　　6.2.2 工程项目进度管理的内容 .. 104
　　6.2.3 工程项目进度计划的类型 .. 104
6.3 工程项目计划编制的方法与技术 ... 105
　　6.3.1 里程碑计划图法 105

　　6.3.2 横道图法 106
　　6.3.3 曲线图法 107
　　6.3.4 网络计划法 109
6.4 工程项目网络图的绘制及
　　 时间参数的计算 112
　　6.4.1 网络图绘制的相关概念 112
　　6.4.2 网络图的绘图规则和编制 .. 114
　　6.4.3 网络图绘制过程中的
　　　　 时间参数 114
　　6.4.4 网络图时间参数的
　　　　 计算方法 119
　　6.4.5 网络图时间参数的
　　　　 计算实例 120
本章小结 121
习题 121

第7章 工程项目进度控制 126

7.1 进度控制概述 128
7.2 建设工程进度检测 129
　　7.2.1 进度检测内涵 129
　　7.2.2 进度检测的主要方法 130
7.3 进度计划的调整 133
　　7.3.1 进度计划调整的基本过程 .. 133
　　7.3.2 进度计划偏差分析的原则 .. 134
　　7.3.3 进度计划控制的调整原则 .. 135
7.4 网络计划的优化 135
　　7.4.1 工期优化 135
　　7.4.2 费用优化 136
　　7.4.3 资源优化 142
本章小结 147
习题 148

第8章 工程项目成本管理 151

8.1 工程项目成本构成 152
　　8.1.1 业主方工程项目投资成本
　　　　 构成 152
　　8.1.2 承包方工程项目成本构成 .. 154
8.2 工程项目成本估算 159
　　8.2.1 工程项目成本估算的
　　　　 简单估算方法 159

8.2.2 工程项目成本估算的详细估算方法 161
8.3 工程项目成本预算 168
8.4 工程项目成本分析 173
 8.4.1 工程项目成本分析的特点 173
 8.4.2 工程项目成本分析的基本方法 173
8.5 工程项目成本控制 182
 8.5.1 工程项目成本控制的基本内容 182
 8.5.2 工程项目成本控制的依据 182
 8.5.3 工程项目成本控制的内容 183
 8.5.4 工程项目成本控制过程的基本原则 183
本章小结 186
习题 186

第9章 工程项目质量管理 190

9.1 建设工程质量管理概述 191
 9.1.1 建设工程质量 191
 9.1.2 建设工程质量问题的主要原因分析 193
 9.1.3 建设工程质量控制的主要内容 196
 9.1.4 建设工程质量管理的依据和标准 198
9.2 工程项目施工准备过程质量管理 200
 9.2.1 承包商在施工前准备阶段的质量工作 200
 9.2.2 材料采购质量控制 201
 9.2.3 设计交底 202
 9.2.4 图纸会审 203
9.3 工程项目施工过程质量管理 204
 9.3.1 施工过程质量管理 204
 9.3.2 进场材料设备及人员质量控制 205
 9.3.3 质量控制点设置 206
 9.3.4 施工作业层次系统控制 208
9.4 工程项目质量管理的方法与技术 211

 9.4.1 因果分析图法 211
 9.4.2 统计调查表法 214
 9.4.3 排列图法 215
 9.4.4 控制图法 218
本章小结 223
习题 223

第10章 工程项目招投标管理 226

10.1 业主方招标工程项目管理 227
 10.1.1 业主方工程项目招标的基本条件 227
 10.1.2 工程项目招标需要具备的条件 228
 10.1.3 工程项目业主方招标类别 229
 10.1.4 工程项目招标的方式 230
 10.1.5 业主方工程项目公开招标的基本程序 232
10.2 承包方投标工程项目管理 236
 10.2.1 工程项目招标的标价构成 236
 10.2.2 承包方投标报价的基本程序 237
 10.2.3 承包方工程项目投标文件的内容构成 238
10.3 工程项目评标 239
 10.3.1 评标委员会的组成原则 239
 10.3.2 评标的主要阶段 239
 10.3.3 工程项目评标方法 241
本章小结 247
习题 248

第11章 工程项目现场施工组织与管理 253

11.1 建设项目施工组织设计 254
 11.1.1 施工组织设计的作用和类型 254
 11.1.2 施工组织设计的编制要求 255
11.2 建设项目施工组织设计管理 256
 11.2.1 建设项目施工方案的编制要求 256

11.2.2 施工组织设计的实施 257
11.3 施工现场的技术管理要求 260
11.4 施工现场的组织管理 261
　　11.4.1 现场和道路管理 261
　　11.4.2 临时设施管理 261
　　11.4.3 施工现场设备设置与材料堆放管理 264
11.5 建设项目施工现场临时用水与临时用电管理 265
　　11.5.1 建设项目施工现场临时用水管理 265
　　11.5.2 建设项目施工现场临时用电管理 267
本章小结 268
习题 269

第 12 章　工程项目资源管理及流水施工管理 270

12.1 建设项目施工现场人力资源管理 272
　　12.1.1 劳务外包队伍管理 272
　　12.1.2 专业人员管理 272
12.2 建设项目施工现场建设材料管理 274
　　12.2.1 现场材料管理的特点 274
　　12.2.2 材料使用管理 275
12.3 建设项目施工现场建筑设备管理 277
　　12.3.1 施工现场机械设备管理概述 277
　　12.3.2 施工现场机械设备管理的内容及技术经济指标 278
　　12.3.3 大型施工机械管理要求 279
12.4 工程项目协调管理与流水施工 281
　　12.4.1 流水施工内涵 281
　　12.4.2 流水施工表达方式 284
　　12.4.3 流水施工的参数 285
　　12.4.4 流水施工的基本组织方式之一——有节奏流水施工 286
　　12.4.5 流水施工的基本组织方式之——非节奏流水施工 289
本章小结 291
习题 291

第 13 章　工程项目知识管理与集成管理 294

13.1 工程项目知识管理概述 295
　　13.1.1 工程项目知识管理现状 295
　　13.1.2 工程项目实施知识管理的意义 296
13.2 工程项目的知识管理与组织创新 297
　　13.2.1 项目记忆与项目知识 297
　　13.2.2 项目的知识管理 298
13.3 工程项目组织的可持续发展机制——知识联盟体的构建 299
　　13.3.1 工程项目管理知识联盟的建立机制分析 299
　　13.3.2 工程项目管理知识联盟的建立支持体系 301
13.4 工程项目组织知识联盟中的知识管理方法 303
　　13.4.1 工程项目知识管理的内容 303
　　13.4.2 工程项目知识管理的基本途径 304
13.5 工程项目全生命周期集成管理的特点 307
　　13.5.1 工程项目供应链组织全生命周期的集成决策 307
　　13.5.2 工程项目全生命周期供应链组织集成决策 309
本章小结 312
习题 313

参考文献 314

第1章 绪 论

教学目标

本章主要讲述工程项目管理的发展过程及基本理论体系的形成。通过本章学习,应达到以下目标:
(1) 掌握项目的内涵与特征;
(2) 熟悉工程项目管理的内涵与工程项目管理的主要参与者;
(3) 理解国内外工程项目管理发展现状与未来趋势。

教学要求

知识要点	能力要求	相关知识
项目与工程项目的概念和内涵	(1) 理解项目的内涵和特征 (2) 熟悉建设项目的分类 (3) 掌握项目的概念、基本属性	(1) 项目 (2) 建设项目的组成和划分 (3) 工程项目管理的国外实践
工程项目管理的内涵和特征	(1) 理解工程项目管理的特殊性 (2) 熟悉工程项目管理的内容体系 (3) 掌握工程项目管理的概念	(1) 工程项目管理系统的组成 (2) 工程项目管理系统的特性
工程项目管理的产生与发展	(1) 理解项目管理的发展趋势 (2) 熟悉建设工程项目管理的国内发展轨迹 (3) 掌握国外两大项目管理协会	(1) PMP资质体系的相关要求 (2) IPMP资质体系的相关要求

 **基本概念**

项目、项目管理、工程项目、单位工程、单项工程、分部工程、分项工程、业主方的项目管理、设计方的项目管理、施工方的项目管理、PMP、IPMP

引例

上海浦东国际机场是中国(包括港、澳、台)三大国际机场之一,与北京首都国际机场、香港国际机场并称为中国三大国际航空港。上海浦东国际机场位于上海浦东长江入海口南岸的滨海地带,距虹桥机场约52km。

浦东机场一期工程1997年10月全面开工,1999年9月建成通航。一期建有一条长4000m、宽60m的4E级南北向跑道,两条平行滑行道,80万m^2的机坪,共有76个机位,货运库面积达5万m^2,同时,装备有导航、通信、监视、气象和后勤保障等系统,能提供24h全天候服务。通航浦东机场的中外航空公司已达60家左右,航线覆盖90多个国际(地区)城市、60多个国内城市。2011年,上海两大机场共保障飞机起降57.4万架次,实现旅客吞吐量7456万人次,货邮吞吐量353.94万t,浦东机场货运量保持全球机场第三位，客运量保持全球机场第20位。

浦东机场一期工程改造工程完成后，将能满足2008年第二座候机楼投入使用前的运营需要，即具备年飞机起降30万架次、年旅客吞吐量3650万人次的保障能力。

上海浦东国际机场卫星图如图1-1所示。

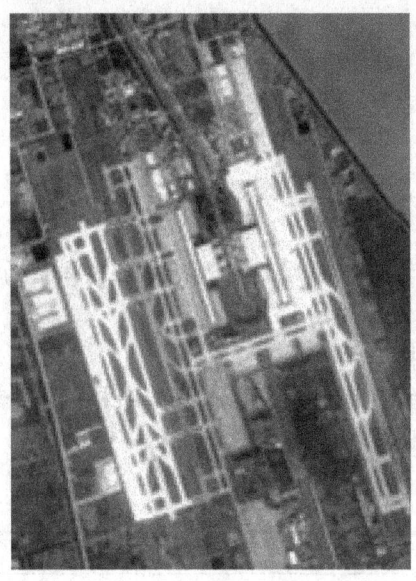

图1-1　上海浦东国际机场卫星图

1. 浦东国际机场一期航站楼工程

1) 第一航站楼

浦东航站楼由主楼和候机长廊两大部分组成，均为三层结构，由两条通道连接，面积达28万 m^2，到港行李输送带13条，登机桥28座；候机楼内的商业餐饮设施和其他出租服务设施面积达6万 m^2。浦东机场日均起降航班达800架次左右，航班量已占到整个上海机场的六成左右。

2) 第二航站楼

位于第一航站楼东侧，建筑面积48万 m^2，充分体现了科学发展观的要求，强化了"满足基地航空公司及其联盟中枢运作的需要"和"以人为本，最大限度方便旅客"的设计理念。

2. 浦东国际机场一期跑道工程

硬件设施包括3条平行主跑道，第4、5条跑道在建。1号跑道位置在T1航站楼西侧：等级为4E级，跑道两端助航灯光系统按3类精密仪表进近技术指标预留。

2号跑道位置在T2航站楼东侧：等级为4F级，跑道南端设置3类精密仪表进近和助航灯光系统，跑道北段设置2类精密仪表进近和助航灯光系统。

3号跑道位置在1号跑道西侧，其跑道西侧为西货运区：等级为4F级，跑道与1号跑道平行，中心线相聚460m，南段(主降方向)与1号跑道齐平，北段错开600m，跑道全长3400m，宽60m，两侧道肩各宽7.5m，满足F类机型运行标准，跑道两端设置1类精密仪表进近和助航灯光系统。

3. 浦东国际机场扩建工程

浦东国际机场扩建工程于2005年12月全面开工。作为工程重要组成部分的第二航站楼风格主题被命名为"地"，与第一航站楼的"天"形成鲜明的对比。所谓"地"，就是要让旅客踏进T2航站楼，就感受到大地的平凡、质朴和无比浑厚。这一切的变化来自"以人为本"的设计理念。

2008年北京奥运会前，包括第二航站楼、第三条跑道和西货运区在内的浦东国际机场扩建工程将建成投入使用，届时，浦东国际机场年旅客保障能力将达到6000万人次、年货邮吞吐能力420万t。

4. 浦东国际机场一号航站楼改造工程

为满足上海地区航空业务量持续快速增长和建设上海航空枢纽的需要，上海国际机场股份有限公司(简称"上海机场")决定投资 12.23 亿元建设上海浦东国际机场一号航站楼(T1)改造项目。为满足上海地区航空业务量持续快速增长和建设上海航空枢纽的需要，上海国际机场股份有限公司(简称"上海机场")决定投资 12.23 亿元建设上海浦东国际机场一号航站楼(T1)改造项目。

该项目具体分为浦东机场 T1 航站楼建筑流程改造和行李处理系统改造两大部分，估算投资分别为 9.8 亿元和 2.42 亿元，该项目估算总投资合计为 12.23 亿元。项目资金来源由公司自有资金解决，预计于 2012 年年底前动工、2014 年年底竣工。

根据浦东机场总体规划，T1 航站楼将与 S1 卫星厅形成一体，年旅客处理量将达到 3600 万人次以上，因此必须对 T1 航站楼进行改造扩建。此次改造按浦东机场 T1 航站楼远期年旅客吞吐量 3680 万人次的运行能力设计，在不停航的情况下组织实施，涉及建筑流程改造工程和行李处理系统改造工程两大部分，同时做好浦东机场 T1 航站楼与 S1 卫星厅功能衔接的预留。

同时，鉴于公司控股股东上海机场(集团)有限公司拥有专业的建设管理机构和丰富的机场及配套设施工程的建设管理经验，熟悉大型建设项目政府审批程序，为顺利推进上海浦东国际机场 T1 航站楼改造工程项目的建设，经协商，上海机场决定委托控股股东建设管理上海浦东国际机场 T1 航站楼改造工程。

1.1 项目与工程项目

1.1.1 项目

1. 项目的定义

项目通常是作为实现组织战略计划的手段而实现的。与企业生产运作不同，项目具有非常明显的特点：临时性、独特性和渐进性。项目管理则是从项目开始至项目完成，通过项目计划和项目控制，以使项目的目标实现的过程。工程项目是以工程建设为载体的项目，是作为被管理对象的一次性工程建设任务。它以建筑物或构筑物为目标产出物，需要支付一定的费用，按照一定的程序，在一定的时间内完成，并应符合质量要求。

现代项目管理的理论认为，项目是一个组织为实现自己既定的目标，在一定的时间、人员和其他资源的约束条件下所开展的一种有一定独特性的、一次性的工作。这一定义表明，项目是人类社会中的一类特有的社会活动，它是为创造特定产品或服务而开展的一次性社会活动。因此，凡是人类为创造独特产品或服务的一次性活动都属于项目的范畴。例如，项目可以是创造一栋大楼或开发一个油田，也可以是建设一座水坝或一个体育馆，像大庆油田的建设和三峡工程等都属于项目的范畴。同时，项目既可以是一项科学实验和社会变革，如全新科技产品的研制；也可以是一项特定服务或一次独特的活动；还可以是一项特殊工作或任务，如一场国际比赛或救灾义演等。

项目的定义有许多，其中最有代表性的是美国项目管理项目管理协会(Project Management Institution，PMI)给出的定义，他们认为，项目是为提供某些独特产品、服务或成果所做的临时性努力。这一定义中的"临时性"是指每个项目都有明显的起点和终点，而其中的"独特性"是指一个项目所形成的产品、服务或成果在关键特性上的不同。另外，国际标准化组织(ISO)也有一个关于项目的定义，这个定义是从项目过程的角度给出的。ISO 认为，项目是由一系列具有开始和结束日期、相互协调和控制的活动组成的独特过程。

《建设工程项目管理规范》(GB/T 50326—2006)规定，项目是由一组有起止日期的、相互协调的受控活动组成的独特过程，该过程要达到包括时间、成本和资源的约束条件在内的规定要求的目标。

按照世界银行的解释，一个建设项目一般要包括以下因素。

(1) 具有能用于土建工程或机器设备及其安装等投资的资金。

(2) 具备提供有关工程设计、技术方案、实施施工监督、改进操作和维修等业务的能力。

(3) 拥有一个按集中统一原则组织起来的，能协调各方面关系，促进各种要素合理配置，高效、精干的组织机构。

(4) 改进与项目有关的价格、补贴、税收和成本回收等方面的政策，使项目能与所属部门和整个国民经济的发展目标协调一致，并提高项目自身的经济效益。

(5) 拟定明确的项目目标以及项目的具体实施计划。

本书中将项目的定义简述为：项目是在一定约束条件下，主要是在限定时间、资源条件下，具有明确目标的一次性任务。

项目的概念有广义与狭义之分。广义的项目概念泛指一切符合项目定义，具备项目特点的一次性事业(或活动)，如建设工程项目(简称建设项目)、设备的大修或技术改造、新产品的开发、计算机软件开发等，都可以作为项目。狭义的项目概念一般专指建设工程项目，如建造一座大楼、兴建一座水电站等具有质量、投资、工期要求的一次性工程建设任务。建设工程项目是一种典型的项目。它要求在限定的工期、投资和质量条件下，实现工程建设的最终目的。本书中所提到的项目一般是指狭义的建设工程项目。

2. 项目的基本属性

项目与常规任务之间的关键区别主要体现为以下几点特性。

1) 项目的生命周期特性

项目是必须完成的、临时性的、一次性的、有限的任务，这是项目过程区别于其他常规活动和任务的基本标志，也是识别项目的主要依据。各个项目经历的时间可能是不同的，但各个项目都必须在某个时间完成，有始有终是项目的共同特点。

2) 项目的渐进明细性

渐进明细性是综合了临时性和独特性后的整体项目特性。因为项目的产品或服务事先不可见，在项目前期只能粗略地进行项目定义，随着项目的进行才能逐渐完善和精确。因此，在项目执行过程中要注意对项目范围与工作界限的控制，特别要确保在细化过程中尽量不要改变工作范围，否则会对项目的进度和成本造成重大的影响。

3) 项目的独特性

任何项目都有一个与以往与其他任务不完全相同的目标(结果)。它通常是一项独特的产品或服务。

4) 项目的约束性

项目也像其他任务一样，有资金、时间、资源等许多约束条件，只能在一定的约束条件下进行。

由上述内容可以看出，项目有其明显的特征，主要表现为以下几个方面：明确的目标，独特的性质，资源成本的约束性，项目实施的一次性，组织的临时性和开放性，项目的系统性和整体性以及结果的不可逆性等。

1.1.2 建设工程项目

建设工程项目是为完成依法立项的新建、扩建、改建的各类工程(土木工程、建筑工程及安装工程等)而进行的、有起止日期的、达到规定要求的、一组相互关联的受控活动组成的特定过程，形成过程包括策划、勘察、设计、采购、施工、试运行、竣工验收和考核评价等主要活动。建设工程项目一般要求是在限定的投资、时间和质量等约束条件下，以形成固定资产为明确目标的一次性任务。

国家统计部门统一规定将工程项目在可交付实体划分意义上划分为若干个单项工程，一个单项工程由若干个单位工程组成，一个单位工程由若干个分部工程组成，一个分部工程由若干个分项工程组成。

1. 建设工程项目组成划分

建设工程项目按照组成可以划分为以下几类。

1) 建设项目

建设项目由一个或若干个单项工程组成。按照现行规定，在一个总体设计或初步设计范围内，建设项目是一个或若干个互相有内在联系的单项工程的总和，尤其是指在一个总体设计范围内，由一个或几个单项工程所组成的、经济上独立核算、行政上统一管理的建设单位，如建设一个工厂、一所学校、一个小区等。

2) 单项工程

单项工程是建设项目的组成部分，一般是指在一个建设项目中，具有独立的设计文件，建成后能够独立发挥生产能力或效益的工程。工业建设项目的单项工程一般是指各个生产车间、办公楼、食堂、住宅等；非工业建设项目中，每栋住宅楼、剧院、商店等，各为一个单项工程。

3) 单位工程

单位工程是单项工程的组成部分，一般是指具有独立组织施工条件及可单独作为计算成本的对象。

民用项目的单位工程较容易划分。以一栋住宅楼为例，其中一般土建工程、给排水、采暖、通风、照明工程等各为一个单位工程。

工业项目由于工程内容复杂，且有时出现交叉，因此单位工程的划分比较困难。以一个车间为例，其中土建工程、机电设备安装、工艺设备安装、工业管道安装、给排水、采暖、通风、电气安装、自控仪表安装等各为一个单位工程。

4) 分部工程

分部工程是建筑物按单位工程的部位、专业性质划分的，也即单位工程的进一步分解，是单位工程的局部，如土建工程中的土石方工程分部(平整场地工程、土方工程、砌筑工程、钢筋工程、主体结构)等。

5) 分项工程

分项工程是分部工程的组成部分，一般按主要工种、材料、施工工艺、设备类别等进行划分，是分部工程的组成部分。

2. 建设工程项目的分类

建设工程项目可以从不同分析角度进行分类,如图1-2所示。

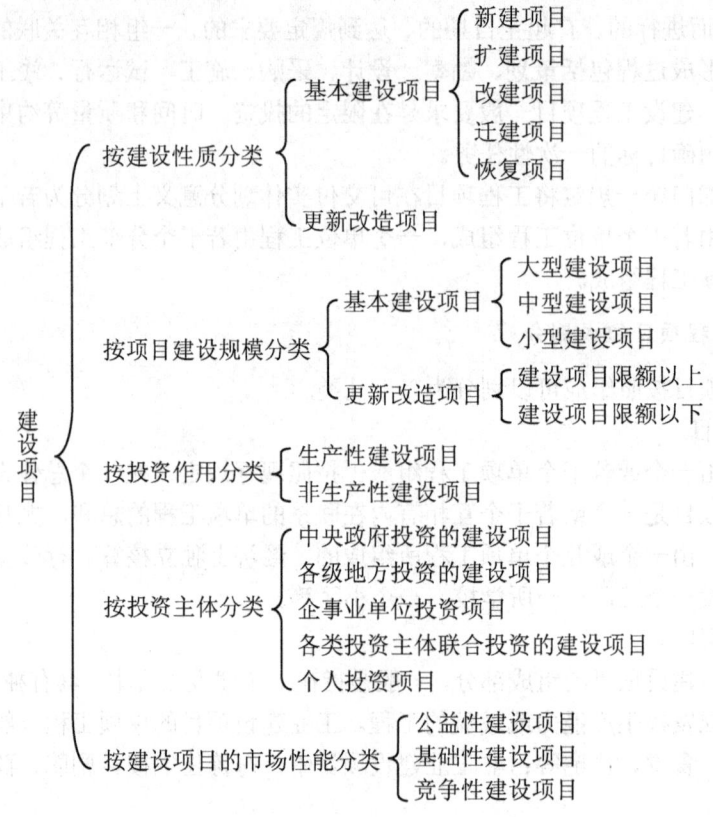

图1-2 建设项目按不同的划分标准进行分类

1) 按建设性质分类

按建设性质分类,建设工程项目可分为基本建设项目和更新改造项目,按这种方法划分的只限于全民所有制企业单位的建设项目。非全民所有制企业单位的建设项目、非生产性部门的建设项目不做此类划分。

基本建设项目一般指新建、扩建、改建等扩大生产能力的项目,如果以土建工作量划分,凡是项目土建工作量投资占整个项目投资30%以上的作为基本建设项目。基本建设项目以利用国家预算内拨款,主要以基本建设基金、银行基本建设贷款为主。基本建设项目必须是列入基本建设计划的项目。

基本建设项目一般又具体划分为以下几类。

(1) 新建项目:一般是指从无到有,平地起家,新开始建设的项目,包括新建的企事业单位和行政单位项目及新建输电线路、铁路、公路、水库等独立工程。现有企事业单位和行政单位的原有基础很小,经建设后,其新增加的固定资产价值超过其原有固定资产价值(原值)三倍以上,也应属于新建项目。

(2) 扩建项目:一般是指为扩大原有产品生产能力,在厂内或其他地点增建主要生产车间、矿井、独立的生产线或总厂之下的分厂的企业;事业单位和行政单位在原单位增建业务用房(如学校增建教学用房,医院增建门诊部或病床用房,行政机关增建办公楼等),也属于扩建项目。

(3) 改建项目:一般是指现有企事业单位为了技术进步,提高产品质量,增加花色品种,促进产品升级换代,降低消耗和成本,加强资源综合利用和三废治理及劳保安全等,采用新技术、新工艺、新设备、新材料等,对现有设施、工艺条件等进行技术改造和更新,包括相应配套的辅助性生产、生活设施建设。有的企业为充分发挥现有的生产能力,进行填平补齐而增建不直接增加本单位主要产品生产能力的车间等,也属于改建项目。

(4) 迁建项目:为改变生产力布局或由于环境保护和安全生产的需要等原因而搬迁到另地建设的项目。在搬迁到另地建设过程中,不论其建设规模是维持原规模,还是扩大规模,都按迁建项目统计。

(5) 恢复项目:因自然灾害、战争等原因,使原有固定资产全部或部分报废,又投资建设,进行恢复的项目。在恢复建设过程中,不论其建设规模是按原规模恢复,还是在恢复的同时进行扩建,都按恢复项目统计。尚未建成投产或交付使用的单位,因自然灾害等原因毁坏后,仍按原设计进行重建的,不作为恢复项目,而按原设计性质统计;如按新的设计进行重建,其建设性质根据新的建设内容确定。

更新改造项目是指以节约、增加产品品种、提高质量、治理"三废"、劳保安全为主要目的,以利用企业基本折旧基金、企业自有资金和银行技术改造贷款为主的技术改造项目,项目土建工作量投资占整修项目投资 30%以下。更新改造项目主要是对企事业单位原有设施进行技术改造或固定资产更新的辅助性生产项目和生活福利设施项目。

2) 按项目建设规模分类

为适应对建设工程项目分级管理的需要,国家规定基本建设项目分为大型、中型、小型三类。更新改造项目分为限额以上和限额以下两类。

划分项目等级的原则如下:

(1) 按批准的可行性研究报告(初步设计)所确定的总设计能力或投资总额的大小,依据国家颁布的《基本建设项目大中小型划分标准》进行分类。

(2) 凡生产单一产品的项目,一般按产品的设计生产能力划分;生产多种产品的项目,一般按其主要产品的设计生产能力划分;产品分类较多,不易分清主次、难以按产品的设计能力划分时,可按投资总额划分。

(3) 对国民经济和社会发展具有特殊意义的某些项目,虽然设计能力或全部投资达不到大、中型项目标准,经国家批准已列入大、中型计划或国家重点建设工程的项目,也按大、中型项目管理。

(4) 更新改造项目一般只按投资额分为限额以上和限额以下项目,不再按生产能力或其他标准划分。

(5) 基本建设项目的大、中、小型和更新改造项目限额的具体划分标准,根据各个时期经济发展和实际工作中的需要而有所变化。

现行国家的有关规定如下:按投资额划分的基本建设项目,属于生产性建设项目中的能源、交通、原材料部门的工程项目,投资额达到 5000 万元以上为大、中型项目;其他部门和非工业建设项目,投资额达到 3000 万元以上为大、中型建设项目。按生产能力或使用效益划分的建设项目,以国家对各行各业的具体规定作为标准。更新改造项目只按投资额标准划分，能源、交通、原材料部门投资额达到5000万元及其以上的工程项目和其他部门投资额达到3000万元及其以上的项目为限额以上项目，否则为限额以下项目。

3) 按投资作用分类

建设工程项目可分为生产性建设项目和非生产性建设项目。

(1) 生产性建设项目：直接用于物质资料生产或直接为物质资料生产服务的建设项目。生产性建设项目主要包括：

① 工业建设项目：包括工业、国防和能源建设。

② 农业建设项目：包括农、林、牧、渔、水利建设。

③ 基础设施建设项目：包括交通、邮电、通信建设，地质普查、勘探建设等。

④ 商业建设项目：包括商业、饮食、仓储、综合技术服务事业的建设。

(2) 非生产性建设项目：用于满足人民物质和文化、福利需要的建设和非物质资料生产部门的建设。非生产性建设项目主要包括：

① 办公用房项目：国家各级党政机关、社会团体、企业管理机关的办公用房。

② 居住建筑项目：住宅、公寓、别墅等。

③ 公共建筑项目：科学、教育、文化艺术、广播电视、卫生、博览、体育、社会福利事业、公共事业、咨询服务、宗教、金融、保险等建设。

④ 其他建设项目：不属于上述各类的其他非生产性建设。

4) 按投资主体分类

我国改革开放以来，已经形成多元投资主体的格局，按投资主体分类的建设项目主要有：

(1) 中央政府投资的建设项目：全部或主要国家财政性资金、国家直接安排的银行贷款资金和国家统借统还的外国政府或国际金融组织及其他资金投资的建设项目。

(2) 各级地方投资的建设项目：包含省、地、市、县等投资的建设项目，主要是各级地方政府财政性资金及其他资金投资的建设项目。

(3) 企事业单位投资项目：主要指由全民所有制企业、企业集团、集体所有制企业、乡镇企业等用自有资金或自筹资金投资的建设项目，也包含外商投资项目、合资项目、民营企业投资项目、社会团体投资项目。

(4) 各类投资主体联合投资的建设项目。

(5) 个人投资项目。

5) 按建设项目的市场性能分类

(1) 公益性建设项目：主要指为社会提供服务的建设项目，包括国防、科学研究、教育、文化设施、医疗卫生、体育运动、生态和环境保护等建设项目。

(2) 基础性建设项目：主要指具有自然垄断性、建设周期长、投资规模大、投资回收期长、收益低的基础设施和部分基础工业建设项目，如能源项目、交通项目、水利项目、城市基础设施项目等。

(3) 竞争性建设项目(又称经营性项目)：主要指投资收益好、对市场反应灵敏、具有市场竞争能力的建设项目，如加工工业项目、商业及服务项目、房地产开发项目等。

1.2 项目管理概述

1.2.1 项目管理的概念

项目管理就是指把各种系统、方法和人员结合在一起,在规定的时间、预算和质量目标范围内完成项目的各项工作。有效的项目管理是指在规定实现具体目标和指标的时间内,对组织机构资源进行计划、引导和控制工作。

项目管理贯穿于整个项目生命周期,对项目的整个过程进行管理。它是一种运用既有规律又经济的方法对项目进行高效率的计划、组织、指导和控制的手段,并在时间、费用和技术效果上达到预定目标。

项目管理是一种被公认的成功、高效的管理模式。项目管理从根本上讲就是通过组织和管理采取措施,确保项目总目标,包括费用目标、时间目标、质量目标的优化实现。项目管理不是一次任意的管理项目的实践过程,而是在长期实践和研究的基础上总结成的理论方法。在项目管理出现之前,人们用其他方法管理了无数的项目,就是在今天,也有无数的项目并没有采用项目管理的方法体系。但是,只要应用项目管理的方法体系管理项目,就必须按项目管理方法体系的基本要求去做,不按项目管理模式管理项目,不能否认是管理了项目,但不能承认是采用了项目管理。可以说,项目管理是一种管理项目的科学方法,已经成为一种被公认的专业知识。

1.2.2 项目管理的内容体系

美国项目管理项目管理协会(PMI)是目前全球影响最大的项目管理专业机构,其发布的项目管理知识体系(Project Management Body of Knowledge,PMBOK)总结了项目管理实践中成熟的理论、方法、工具和技术。PMBOK 将项目管理知识划分为九个知识领域,即范围管理、时间管理、成本管理、质量管理、人力资源管理、沟通管理、风险管理、采购管理、集成管理等,每部分内容包括数量不等的项目管理过程。

1. 项目范围管理

项目范围管理的作用是保证完成项目所需要进行的所有工作。范围分为产品范围和项目范围。产品范围指将要包含在产品或服务中的特性和功能,表现为项目最终可交付物的特性或功能。项目范围指为了完成规定的特性或功能而必须进行的工作内容,其完成与否用计划来度量。

项目范围管理主要体现为以下几个主要过程。

(1) 项目启动:代表正式认可一个新项目的存在,或认可一个当前项目的新阶段。其主要输出是项目立项书。

(2) 范围规划:生成书面的有关范围文件的过程,其主要输出是范围说明、项目产品和项目可交付物定义。

(3) 范围定义：将主要的项目可交付部分分成更小的、更易于管理的活动。其主要输出是项目工作的任务分解结构。

(4) 范围审核：投资者、赞助人、用户、客户等正式接收项目范围的一种过程。审核工作产品和结果，进行验收。

(5) 范围变更控制：控制项目范围变更。范围变更控制必须与其他控制，如时间、成本、质量控制综合起来。

2. 项目时间管理

项目时间管理是为保证在规定时间内完成项目的管理活动，包括以下项目管理过程。

(1) 活动定义：识别为完成项目所做的各种特定活动的具体内容，如项目活动名称和活动分解结构表。

(2) 活动排序：识别活动之间的时间依赖关系，包括活动先后逻辑关系并整理形成项目时间及进度计划的网络图。

(3) 活动工期估算：估算为完成各项活动所需要的工作时间及整个项目完成所需的总时间。

(4) 进度计划：分析活动顺序、活动工期及资源需求，安排进度。

(5) 进度控制：根据进度管理计划来控制项目实施中可能发生的进度变化。

3. 项目成本管理

项目成本管理是为保证在预算资金内完成项目的管理活动，包括以下过程。

(1) 资源计划：确定为执行项目活动所需要的各类资源(人员、设备和材料)及其数量，明确项目工作分解所需的各级活动所需要的资源及其数量。

(2) 成本估计：估算出为完成项目活动所需资源的成本。

(3) 成本预算：将项目估算总成本分配到各项目活动上，建立项目成本基准计划，用来监控项目活动进度及成本使用情况。

(4) 成本控制：根据已经安排好的进度成本基准计划来控制项目实施过程中的成本使用情况。

4. 项目质量管理

项目质量管理是为保证承诺的项目质量要求而进行的管理活动，包括以下项目管理过程。

(1) 质量计划：根据项目相关的质量标准编制计划，包括国家颁布的质量管理法规、行业标准，并确定如何满足这些标准。

(2) 质量保证：是贯穿项目始终的活动，包括项目内部质量管理小组和管理执行组织的保证，以及项目外部质量保证，即对政府及相关质量检验机构和其他利益相关人员的保证。

(3) 质量控制：为监控特定的项目质量结果，确保遵循相关质量标准，并找出和消除不符合质量要求的问题，是贯穿项目始终的活动。

5. 项目人力资源管理

项目人力资源管理是为保证最有效地使用项目人力资源而进行的项目的管理活动，包括以下项目管理内容。

(1) 项目组织规划：识别、记录和分配项目角色、职责和组织关系。其主要工作是编制人员安排计划和组织结构图，描述人力资源何时以何种方式引入和撤出项目组。

(2) 项目团队组建与人员配置：招聘、选拔与录用项目所需的人力资源，将所需的人力资源分配到项目，并投入工作。主要输出是项目成员清单。

(3) 项目团队建设与管理：提升项目成员的个人管理能力和项目组织整体管理能力。

6. 项目沟通管理

项目沟通管理是为保证及时准确地收集、传递、反馈及最终处理项目信息，协调项目内外部的冲突及矛盾的管理活动，包括以下项目管理内容。

(1) 沟通计划：确定信息和项目相关人员沟通需求，即谁需要什么信息、在何时需要信息及如何向他们传递信息。

(2) 信息管理：及时使项目相关人员得到需要的信息。

(3) 绩效报告：包括项目质量、成本、进度等状态汇报、过程评价及预测等。

(4) 利益相关方协调管理：对项目内外部的管理问题、资源冲突及计划实施等进行协调和处理。

7. 项目风险管理

项目风险管理的作用是识别、分析及对项目风险进行控制，包括以下项目管理过程。

(1) 风险管理计划：确定风险因素和风险管理活动对象，制定风险因素的具体管理计划。

(2) 风险辨识：辨识可能影响项目目标的各项风险，包含各阶段、各层次风险的特征并整理成文档。

(3) 风险评估：评估已辨识出的风险、发生的可能性大小和损失程度，并进行项目风险排序。将每种风险影响和发生的可能性进行具体量化，并得到整个项目风险的数量指标。

(4) 风险响应计划：风险响应措施包括避免风险、转移风险、减缓风险、接受风险。

(5) 风险控制：对整个风险管理过程进行监督、控制。

8. 项目采购管理

项目采购管理是指从机构外获得项目所需的产品和服务。项目采购管理的主要内容包括项目招标与合同管理。项目采购管理包括以下项目管理内容。

(1) 采购计划：是对项目物料及劳务需求的确认，确认是否需要采购，如何采购，采购什么，何时采购，以及采购数量和质量。

(2) 招标计划：编成招标文件，识别潜在的投标要求。招标计划涉及招标文件编写的一般要求。

(3) 招标：包括投标标底编制方案、投标方案等。

(4) 评标与定标：从买投标方中进行选择。对投标书或方案根据评估准则确定中标商。

(5) 合同管理：与中标商签订合同，制定合同条款，并进行合同控制与变更和索赔管理。

(6) 合同收尾：根据签订的合同进行项目结算和决算，进行合同收尾和经验总结。

9. 项目集成管理

集成管理是保证各种项目要素协调运作的管理过程，它是一项综合性、全局性的工作，需要在相互冲突的目标或可选择的目标中权衡得失，而这些目标间彼此相互影响，同时与其他领域中的过程也互相影响。集成管理的内容包括项目管理中的不同知识领域的活动项目相互关联和集成；项目工作和组织的日常工作相互关联和集成；项目管理活动和项目具体活动(例如和产品、技术相关的活动)相互关联和集成。

1.3 工程项目管理系统概述

1.3.1 工程项目管理内涵

《建设工程项目管理规范》(GB/T 50326—2006)指出，工程项目管理就是运用系统的理论和方法，对建设工程项目进行的计划、组织、指挥、协调和控制等专业化活动。其实质是自项目开始至项目完成，通过项目策划和项目控制，以使项目的成本目标、进度目标和质量目标得以实现。

一个工程项目往往由许多参与单位承担不同的建设任务和管理任务，如勘察、设计、工程施工、设备安装、工程监理、物资供应、政府管理和监督等，各参与单位的工作任务和利益不同，因此产生了代表不同利益方的项目管理。投资方(业主方)是建设工程项目生产过程的总组织者，所以往往业主方的项目管理是该项目的项目管理的核心。

按建设工程项目不同参与方的工作性质和组织特征，项目管理有以下几种类型。

1. 业主方项目管理

业主方项目管理是制投资方和开发方的项目管理，或工程管理咨询公司提供的代表业主方利益的项目管理服务。业主方项目管理是全过程的项目管理，包括项目决策与实施阶段的各个环节。由于项目实施的一次性，业主方自行进行项目管理存在很大的局限性，在技术和管理方面需要专业化、社会化的项目管理单位为其提供项目管理服务。项目管理单位可以为业主提供全过程的项目管理服务，也可以提供分阶段的项目管理服务。

业主方项目管理服务于业主的利益，项目管理的目标包括项目投资目标、进度目标和质量目标。投资目标指项目的总投资目标。进度目标指项目交付使用的时间目标，如工厂建成可以投产、道路建成可以通车、办公楼可以启用、旅馆可以开业的时间目标等。项目的质量目标涉及施工的质量、设计质量、材料质量、设备质量和影响项目运行的环境质量等。质量目标包括满足相应的技术规范和技术标准的规定，以及满足业主方相应的质量要求。

业主方项目管理工作涉及项目实施阶段的全过程，即在投资决策阶段、设计前的准备阶段、设计阶段、施工阶段、动用前准备阶段和保修期阶段的全过程管理。

2. 施工方项目管理

施工承包单位通过投标承揽到项目施工任务后，包括施工总承包方和分包方，均需要根据施工承包合同所界定的工程范围组织项目管理。施工方项目管理的目标体系包括项目施工质量(Quality)、成本(Cost)、工期(Delivery)、安全和现场标准化(Safety)和环境保护(Environment)，简称 QCDSE 目标体系。这一目标体系既与建设工程项目的目标相联系，又具有施工方项目管理的鲜明特征。如果采用工程施工总承包或工程施工总承包管理模式，施工总承包方必须按工程合同规定的工期目标和质量目标完成建设任务。分包方则必须按工程分包合同规定的工期目标和质量目标完成建设任务。

施工方项目管理的任务包括施工安全管理、施工成本控制、施工进度控制、施工质量控制、施工合同管理、施工信息管理、与施工有关的组织与协调等。

施工方项目管理工作主要在施工阶段进行，但设计阶段和施工阶段在时间上往往是交叉的，因此，施工方的项目管理也会涉及设计阶段。在动用前准备阶段和保修期阶段施工合同尚未终止，因此，施工方项目管理也延伸到动用前准备阶段和保修期阶段。

3. 设计方项目管理

设计方项目管理的目标包括设计成本目标、设计进度目标和设计的质量目标，以及项目投资目标等。设计方项目管理的任务包括设计成本控制和与设计工作有关的工程造价控制、设计进度控制、设计质量控制、设计合同管理、设计信息管理、与设计工作有关的组织和协调等。

设计方项目管理工作主要在设计阶段进行，但也涉及设计前的准备阶段、施工阶段、动用前准备阶段和保修期阶段。勘察设计单位承揽到项目勘察设计任务后，需要根据勘察设计合同所界定的工作目标及责任义务，引进先进技术和科研成果，在技术和经济上对项目的实施进行全面而详尽的安排，最终形成设计图纸和说明书，并在项目施工安装过程中参与监督和验收。因此，设计方项目管理不仅仅局限于项目勘察设计阶段，而且要延伸到项目的施工阶段和竣工验收阶段。

4. 供货方项目管理

从建设工程项目管理的系统角度分析，建筑材料和设备的供应工作也是实施建设工程项目的一个子系统。该子系统有明确的任务、目标和约束条件，以及与项目设计、施工等子系统的内在联系。因此，设备制造商、供应商同样要根据加工生产制造和供应合同所界定的任务进行项目管理，以适应建设工程项目总目标的要求。

供货方作为项目建设的一个参与方,其项目管理主要服务于项目的整体利益和供货方本身的利益,其项目管理的目标包括供货方的成本目标、供货的进度目标和供货的质量目标。

供货方的项目管理工作主要在施工阶段进行,但也涉及设计前的准备阶段、设计阶段、动用前准备阶段和保修期阶段。供货方项目管理的主要任务包括供货安全管理、供货方成本控制、供货进度控制、供货质量控制、供货合同管理、供货信息管理、与供货有关的组织与协调等。

5. 工程总承包方的项目管理

建设项目工程总承包方是项目建设的一个参与方,总承包方的项目管理主要服务于项目利益和建设项目总承包方本身的利益。其项目管理的目标包括项目的总投资目标和总承包方的成本目标、项目的进度目标和项目的质量目标和工程安全管理目标。

建设项目总承包方项目管理的主要任务包括安全管理、投资控制和总承包方的成本控制、进度控制、质量控制、合同管理、信息管理、与建设项目总承包方有关的组织和协调。

综上所述,项目管理各方的项目管理目标和任务如表 1-1 所示。

表 1-1　项目管理各方的项目管理目标和任务

	施工方	工程总承包方	业主方	设计方	供货方
目标	(1) 施工安全管理和现场标准化目标 (2) 施工成本目标 (3) 进度目标 (4) 质量目标 (5) 环境保护目标	(1) 工程安全管理目标 (2) 项目总投资目标和总承包方的成本目标 (3) 总承包方进度目标 (4) 质量目标	(1) 投资目标 (2) 进度目标 (3) 质量目标(包括设计、施工、材料、环境质量)	(1) 设计成本目标 (2) 设计进度目标 (3) 设计质量目标 (4) 项目投资目标	(1) 供货方成本目标 (2) 供货进度目标 (3) 供货质量目标
任务	(1) 施工安全管理 (2) 施工合同管理 (3) 施工信息管理 (4) 施工成本控制 (5) 施工进度控制 (6) 施工质量控制 (7) 施工组织与协调	(1) 安全管理 (2) 合同管理和信息管理 (3) 项目总投资控制和总承包方的成本控制 (4) 进度控制 (5) 质量控制 (6) 组织与协调	(1) 安全管理 (2) 合同管理 (3) 管理投资控制 (4) 进度控制 (5) 质量控制 (6) 组织与协调等	(1) 设计安全管理 (2) 设计合同管理 (3) 设计管理成本控制 (4) 设计进度控制 (5) 设计质量控制 (6) 设计组织与协调等	(1) 供货安全管理 (2) 供货合同管理 (3) 供货信息管理 (4) 供货成本控制 (5) 供货进度控制 (6) 供货质量控制 (7) 供货组织与协调等

1.3.2　工程项目管理系统的特性

工程项目管理系统是一个复杂的社会技术系统。工程项目管理系统具有以下特点。

1. 结合性

任何工程项目管理系统都可以按结构分解方法进行多级、多层次分解,得到子单元(或要素),并可以对子单元进行描述和定义。这是项目管理方法使用的前提。

2. 相关性

相关性即项目管理各方之间互相联系、互相影响,项目管理各方之间都存在复杂的联系与界面。

3. 目的性

工程项目项目管理各方有明确的目标，这个目标贯穿于项目的整个过程和项目实施的各个方面。由于项目目标因素的多样性，它属于多目标系统。

4. 开放性

任何工程项目的项目管理各方在发展和实施过程中都是作为工程项目管理系统的一个子系统，即与内、外部环境有着各种联系，有直接的信息、材料、能源、资金交换。

工程项目管理系统的输出可能有工程设施、产品、服务、利润、信息、满意等。

工程项目管理系统的输入可能有原材料、设备、资金、劳动力、服务、信息、能源、上层系统的要求、指令。

5. 动态性

项目管理各方在项目过程中都显示动态特性，如在项目实施过程，由于业主要求和环境的变化，必须相应地修改目标，修改技术设计，调整实施过程，修改项目结构；项目组织成员随相关项目任务的开始和结束、进入和退出项目。

1.3.3 工程项目管理系统的构成

工程项目管理系统通常是指项目管理的目标系统、项目管理的对象系统、项目管理的行为系统、项目管理的组织系统、项目管理的环境系统等。

1. 项目管理的目标系统

项目管理的目标系统实质上是工程项目所要达到的最终状态的描述系统。由于项目管理采用目标管理方法，所以工程项目具有明确的目标系统，它是项目过程中的一条主线。项目管理的目标系统具有以下特点。

1) 结构性

任何系统目标可以分解为若干个子目标。子目标又可分解为可操作目标。

2) 完整性

项目目标因素之和应完整地反映上层系统对项目的要求。

3) 目标的均衡性

目标系统应是一个稳定的、均衡的目标体系。片面、过分地强调一个目标(子目标)，常常以牺牲或损害另一些目标为代价，会造成项目的缺陷。特别要注意工期、成本(费用、投资)、工程(质量、功能)之间的平衡。

4) 动态性

目标系统有一个动态的发展过程。项目的目标系统在实施中也会产生变更，如目标因素的增加、减少，指标水平的调整。这些会导致设计方案的变化、合同的变更、实施方案的调整。

目标系统是抽象系统，由项目任务书、技术规范、合同文件等说明(定义)。

2. 项目管理的对象系统

工程项目要完成一定功能、规模和质量要求，这个工程是项目的行为对象。它是由许多分部、许多功能组合起来的综合体，有自身的系统结构形式。例如，一个工厂由车间、办公楼、仓库、生活区等构成；每个车间在总系统各提供一定的使用(生产)功能；每一个车间功能区又可分解为建筑、结构、水电、机械、技术、通信等专业要素。它们之间互相联系、互相影响、互相依赖，共同构成项目的工程系统。项目管理的对象系统决定项目的类型和性质，决定项目实施和项目管理各个方面。项目管理的对象系统由项目设计任务书、技术设计文件(如实物模型、图纸、规范工程量表)等定义，并通过项目实施完成。

3. 项目管理的行为系统

项目管理的行为系统是由实现项目目标，完成任务所有必需的工程活动构成的。这些活动之间存在各种各样的逻辑关系，构成一个有序、动态的工作过程。人们通常指的项目管理就是指项目管理的行为系统。项目管理的行为系统的基本要求包括以下内容。

(1) 包括实现项目目标系统必需的工作，并将它们纳入计划控制过程中。

(2) 保证项目实施过程程序化、合理化，均衡地利用资源(如劳动力、材料、设备)，降低不均衡性，保持现场秩序。

(3) 保证各分部实施和各专业之间有利的、合理的协调。通过项目管理，将上千个、上万个工程活动导演成为一个有序的、高效率的、经济的实施过程。

项目管理的行为系统也是抽象系统，由项目结构图、网络计划、实施计划、资源计划等表示。

4. 项目管理的组织系统

项目管理的组织系统是由项目的行为主体构成的系统，如常见的有业主、承包商、设计单位、监理单位、分包商、供应商等。

在建设项目的全生命周期中，工程项目的组织关系复杂、多样化，通常包括以下几方面。

(1) 行政关系：如对政府投资项目，项目和上层系统组织(政府)之间主要为行政上的隶属关系。

(2) 企业内的组织关系：有些企业投资建设项目，企业经理与企业内的基建部门也是这种关系。

(3) 合同关系：包括直接合同关系、间接合同关系。

① 直接合同关系：如承包商与业主、业主与供应商等直接签订合同，他们之间的责、权、利关系完全由合同定义。在建设项目中，项目工作任务委托给不同利益群体(不同企业)完成都是通过合同实现的。

② 间接合同关系：如监理工程师与承包商之间，他们没有直接合同关系，但是他们之间的组织关系由业主与承包商之间的合同所定义。

(4) 其他形式的关系：如承包商与供应商之间存在的横向协调关系。

5. 项目管理的环境系统

项目管理的环境系统主要包括以下内容。

(1) 项目相关者的组织情况，主要包括项目所属企业的组织文化体系、战略政策等。

(2) 项目所处的社会政治环境。

(3) 项目所处的经济环境。

(4) 项目的法律环境。

(5) 项目的自然环境。

(6) 项目的周边环境，包括基础设施、人文环境、交通通信环境等。

1.4 工程项目管理的产生与发展趋势

1.4.1 工程项目管理的国外实践

从世界范围而言，20世纪40年代中期到60年代，美国海军于20世纪60年代实施研制导弹核潜艇的计划，由于在实施计划的过程中用网络技术创造了一种控制工程进度的新方法——计划评审技术(PERT)，使北极星导弹提前两年研制成功。这种项目管理方法在工程管理中产生的效益引起了人们的关注。到60年代中期，为了追求投资效率和适应工程建设日益扩大的需要，发达国家的有识之士日益感到项目管理的重要性，在其后十几年间，相继建立起三个国际性项目管理组织，即国际项目管理协会(International Project Management Association，IPMA)、美国项目管理协会、澳大利亚项目管理协会。在60年代末期和70年代初期，工业发达的国家开始将项目管理的理论和方法应用于建设工程领域，并于70年代中期前后在大学开设了与工程管理相关的专业。1990年以后，美国国防部首创了工作分解结构(Work Breakdown Structures，WBS)方法和挣值管理(Earned Management，EM)等一些项目管理的基本方法，并应用于大型项目和武器系统的研制。随着信息系统工程、网络工程、软件工程的发展，以及大型建设工程和高科技项目开发等项目管理的出现，促使项目管理在理论与方法上不断创新，从而促进项目管理快速发展且更趋现代化，项目管理的应用范围也越来越宽。当前，由于项目管理能够处理跨领域的复杂问题，且能够实现更高的运营效率，项目管理的影响扩展到多个行业，如电信、计算机、软件业、制药业、金融业、能源业等。很多大公司都应用项目管理方法进行管理，甚至出现了项目导向型企业。项目管理在发达国家的国防工程和工业、民用建筑中得到了广泛的应用。

1.4.2 国际著名的两大项目管理认证体系

当今，工程项目管理的蓬勃发展得益于两大国际著名项目管理协会的推动，它们分别是美国项目管理协会和国际项目管理协会。

1. 美国项目管理协会

美国项目管理协会成立于1969年，是全球领先的项目管理行业的倡导者，它创造性地制定了行业标准，由其组织编写的《项目管理知识体系指南》已经成为项目管理领域最权威教科书，被誉为项目管理"圣经"。1994年8月，PMI标准委员会发布了《项目管理知识体系指南》的草稿，并于1996年正式颁布，成为现在的PMBOK。PMBOK将项目管理划分为九大知识领域，即范围管理、时间管理、成本管理、质量管理、人力资源管理、沟通管理、采购管理、风险管理和集成管理。国际标准化组织以该文件为框架，目前使用的是《项目管理知识体系指南》2000年版。美国项目管理协会目前在全球185个国家有50

多万会员和证书持有人,是项目管理专业领域中由研究人员、学者、顾问和经理组成的全球性的专业组织机构。该协会推出的项目管理专业人员资格(PMP)认证已经成为全球权威的项目管理资格认证,受到越来越多人的青睐。

美国项目管理协会一直致力于项目管理领域的研究工作。如今,美国项目管理协会创建的项目管理方法已经得到全球公认。美国项目管理协会致力于向全球推行项目管理,以提高项目管理专业的水准,在教育、会议、标准、出版和认证等方面制订专业技术计划。美国项目管理协会正成为一个全球性的项目管理知识与智囊中心。

2. 国际项目管理协会

国际项目管理协会是项目管理国际化的主要促进者。国际项目管理协会创建于 1965 年,早先的名字是 Internet,是一个在国际项目管理领域中项目经理之间交流各自经验的论坛。1967 年在维也纳召开了第一届国际会议。项目管理从那时起作为一门学科而不断发展。

国际项目管理协会的成员主要是各个国家的项目管理协会,这些国家的组织用他们自己的语言服务于本国项目管理的专业需求,国际项目管理协会则以广泛接受的英语作为工作语言提供有关需求的国际层次的服务。

国际项目管理专业资质认证(IPMP)是国际项目管理协会在全球推行的四级项目管理专业资质认证体系的总称。IPMP 是一种对项目管理人员知识、经验和能力水平的综合评估证明,根据 IPMP 认证等级划分获得 IPMP 各级项目管理认证的人员,将分别具有负责大型国际项目、大型复杂项目、一般复杂项目或具有从事项目管理专业工作的能力。

国际项目管理协会依据国际项目管理专业资质标准(IPMA Competence Baseline,ICB),针对项目管理人员专业水平的不同将项目管理专业人员资质认证划分为四个等级,即 A 级、B 级、C 级、D 级,每个等级分别授予不同级别的证书。

A 级证书是认证的高级项目经理(Certificated Projects Director,CPD)。获得这一级认证的项目管理专业人员有能力指导一个公司(或一个分支机构)的包括有诸多项目的复杂规划,有能力管理该组织的所有项目,或者管理一项国际合作的复杂项目。

B 级证书是认证的项目经理(Certificated Project Manager,CPM)。获得这一级认证的项目管理专业人员可以管理一般复杂项目。

C 级证书是认证的项目管理专家(Certificated Project Management Professional,CPMP)。获得这一级认证的项目管理专业人员能够管理一般非复杂项目,也可以在所有项目中辅助项目经理进行管理。

D 级证书是认证的项目管理专业人员(Certificated Project Management Practitioner,PMF)。获得这一级认证的项目管理人员具有项目管理从业的基本知识,并可以将他们应用于某些领域。

IPMP 是一种对项目管理专业人员知识、经验和能力水平的综合评估证明,具有广泛的国际认可度和专业权威性,代表了当今项目管理资格认证的国际水平。

IPMP 强调从业能力的综合考核,具有系统完善的认证标准:ICB 是一套系统全面的认证体系,它将知识和经验分为 28 个核心要素及 14 个附加要素进行考核,对 C 级以上还需对个人素质的 8 个方面以及总体印象的 10 个方面进行综合考察。

IPMP 的认证程序对每一级都有严格的认证要求,以 C 级认证为例,需要经过申请者资格审查、从事项目管理经历审查、申请者自评、笔试考核、案例讨论、面试几个过程,只有通过每一环节的人员才可授予相应证书。

IPMP 的认证有广泛的国际影响和认可:一方面,国际项目管理协会是一个国际性项目管理组织,其所推行的专业资质认证体系在各会员国都得到认可与推广;另一方面,国际项目管理协会与美国项目管理协会、澳大利亚项目管理学会签订了互相认可协议。因此,IPMP 具有广泛的国际影响和国际认可度。

工程项目管理的两大国际认证体系如图 1-3 所示。

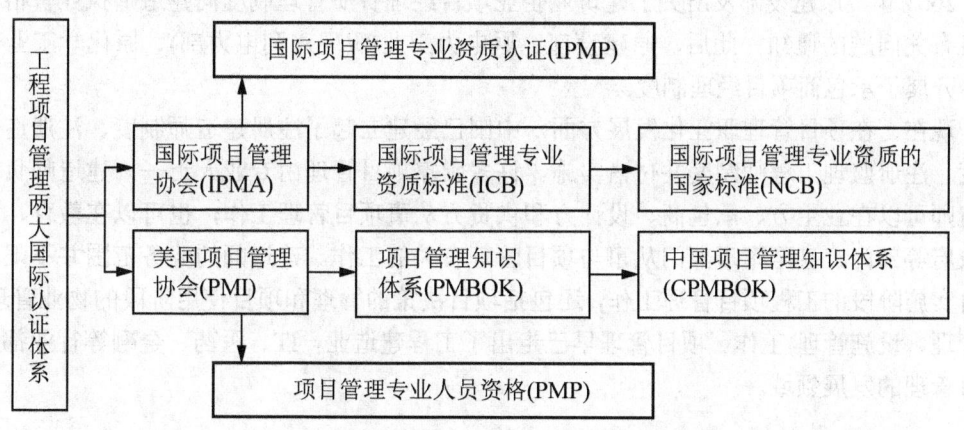

图 1-3 工程项目管理的两大认证体系

1.4.3 工程项目管理的国内发展轨迹

纵观我国项目管理的发展轨迹,自从人类开始有组织的活动以来,我们的祖先就开始了项目管理实践,古代的万里长城、京杭大运河、都江堰、兵马俑等项目,这在当时的政治、经济、军事等方面产生了重要作用。我国对项目管理真正意义上的系统研究和行业实践起步于 1982 年,此后,我国的许多大中型工程相继实行项目管理体制,包括项目资本金制度、法人负责制、合同承包制、建设监理制等。

建设工程项目管理在国内具体的发展情况体现为以下几个过程。

1. 第一阶段:引入阶段

我国于 1983 年由原国家计划委员会(现国家发展和改革委员会,简称发改委)提出推行,项目前期项目经理负责制。1984 年,我国首次采用国际招标建设鲁布革水电站,取得良好经济效益。鲁布革水电站引水系统工程是我国第一个利用世界银行贷款,并按世界银行规定进行国际竞争性招标和项目管理的工程。它于 1982 年国际招标,1984 年 11 月正式开工,1988 年 7 月竣工。至此,项目管理思想被引进到我国,鲁布革水电站工程在国内首先采用国际招标,实行项目管理,缩短了工期,降低了造价,取得了明显的经济效益。4 年多的时间里,创造了著名的"鲁布革工程建设项目管理经验"。这对我国的整个投资建设领域有很大的冲击,人们亲眼目睹了工程项目管理的巨大作用。随着工程项目管理影响的扩大,它开始受到政府的关注。

2. 第二阶段：推行阶段

1987 年，原国家计划委员会等五个政府有关部门联合发出通知，确定了一批试点企业和建设项目，要求采用项目管理。1991 年，原建设部(现住房和城乡建设部)进一步提出把试点工作转变为全行业推进的综合改革，全面推广项目管理。1995 年，原建设部颁发了建筑施工企业项目经理资质管理办法，推行项目经理负责制。

3. 第三阶段：发展阶段

2003 年，原建设部发出关于建筑业企业项目经理资质管理制度向建造师执业资格制度过渡有关问题的通知。此后，原建设部、原电力工业部(现水利电力部)、原化学工业部等相继开展了承包商项目经理制度。

现在，在项目管理职业化发展方面，中国已经建立起了注册建造师制度、注册造价师制度、注册监理工程师制度并付诸实施。许多国家项目管理由专业人士——建造师负责。建造师可以在业主方、承包商、设计方和供货方从事项目管理工作，也可以在教育、科研和政府等部门，甚至军事部门从事与项目管理有关的工作。建造师的业务范围并不限于在项目实施阶段的工程项目管理工作，还包括项目决策的管理和项目使用阶段的物业管理(资产管理、设施管理)工作。项目管理早已走出了工程建造业，IT、医药、金融等行业都成为项目管理的发展领域。

1.4.4 工程项目管理的发展问题及未来发展趋势

1. 国内工程项目管理存在的基本问题

特纳追溯管理方式的发展时认为"20 世纪后半期管理范式发生了极大的变化"，从 18 世纪后期直到 20 世纪中期普遍采用的职能式、行政范式向项目和基于项目的范式转化。传统的管理思想被项目和基于项目的管理思想所冲击。在这一过程中，基于项目的组织方式的变革成为至关重要的问题。但是目前项目管理集中于研究项目管理硬件技术战略、项目管理合理性分析方面，很少从项目管理组织的软件管理角度来研究项目管理，"项目管理的组织问题或与之有关的现代技术条件下的组织问题通常被忽视"。

在国际上，一个工程系统中存在的问题往往需要从四个方面进行分析和诊断，即组织、管理、经济和技术。可见，项目管理作为组织系统行为是最重要的一维，有了它，系统中的人流、物流、信息流才能正常沟通，组织目标才有可能实现。在典型的项目条件下，项目管理的组织行为对项目管理绩效具有主导性影响。直到 90 年代末期，在国际项目管理大会上对参加者咨询时，很多专家认为，国际项目管理领域尚待深入研究问题仍旧主要集中在项目管理的组织和组织行为方面。

1) 传统工程项目组织形式中的信息传递与沟通问题

工程项目是具有生命周期和资金、成本、质量等条件约束的单件性、一次性特征的建设任务。目前国内的建设项目总分包、平行承发包、联合体承包、EPC 承包、CM 承发包等建设项目承发包模式虽然在工程组织形式上各有不同，但在项目管理组织机构的设置上大都沿袭项目型、职能型、矩阵型等金字塔式层级组织结构。项目管理的层级组织模式的信息流通方向由上至下权责递减、人数递增，在信息管理和沟通管理方面存在着信息沟通障碍和信息流失严重等问题；若同时存在自基层至决策者的逆向失真和组织与外部组织的横向沟通障碍，则信息传递效率将极大降低，使项目管理组织之间无法获得必要的信息资源，整个组织的决策将为此付出代价；另一方面表现为较差的横向沟通能力。目前很多工程项目在执行过程中的项目决策阶段、项目实施阶段、项目运营阶段各阶段通常是孤立进行的，很多问题的出现都与建设各阶段的独立进行有关。损失往往是由于信息冲突或信息接收不及时而造成的。即使项目管理组织在各个阶段，如项目策划、项目控制、项目设计、项目评价等阶段大量采用现代信息技术，但是由于没有采用一种集成信息处理系统而使各阶段信息相互之间隔绝而产生了"信息孤岛"。在工程项目实施过程中，当出现工程变更、工程项目突发事件等问题时往往因信息处理不及时，造成无法挽回的严重后果。

2) 传统的工程项目管理缺乏集成管理能力

由于管理的主体不同，项目管理分为业主方项目管理、设计单位项目管理、承包商项目管理等不同内容；随着工程项目进展至不同工作时段，业主方、设计单位、承包商等项目管理组织的工作任务也不相同。

在工程项目实施阶段，通常同一个工程项目需要业主方、工程建设承包单位、设计单位、材料供应单位等各方组建各自的项目管理组织，除业主方聘请监理工程师进行项目管理外，其他部门的项目组成员一般从各部门内部选出。项目管理者可能在工程项目管理方面缺乏历史经验，各方的项目管理组织各自为战，知识互补性较差，同时相互之间的横向沟通与协调程度较低，在项目管理组织成员知识结构单一的情况下，往往导致工程项目由于发生变更和索赔等问题，而大大降低工程项目管理组织的工作效率和提高工程项目生命周期成本。很多工程项目制造商与供应商之间缺乏沟通或沟通方式落后导致供应延迟；在整个供应链中，很多拖延是由于项目现有的材料采购系统与项目的计划与进程衔接不紧密，这些都阻碍了项目管理组织对项目资源需求度的准确预测。其主要的原因应当是项目参加者之间缺乏沟通和合作，并且没有应用有力的集成管理系统来使项目信息流通更加顺畅。

3) 传统的工程项目组织缺乏标准化的过程管理能力

当前很多工程项目的管理通常是根据项目管理者个人的专业经验及水平来进行的。一个项目管理组织内部不同的项目管理者对同一问题的出现通常会有不同的反应，每个项目管理者都会按照自身的经验去处理发现的问题，这个特点也是传统项目管理方式固有的特点。但是，这些实践往往会导致项目管理实际操作过程中的重大分歧，而且会对项目未来发展产生重大影响。因此，标准化的工程项目过程管理具有重要的实践意义。国际工程建设机构在(CIRIA)1999年度报告中指出，建设过程标准化有极大潜力降低工程建设成本；工程项目管理组织对每一个过程必须是在必要时可了解和能够获取信息，即是可控的。

4) 传统的工程项目组织缺乏知识管理能力

在当前大量的国内建设工程管理主体中，工程项目的知识管理始终处于一个较低水平状态，历史项目数据的流失现象是非常普遍的现象。建设数据的流失大致有以下三种情况：数据物理存在方面的流失、数据无法转化为后继项目可以反复使用的经验知识所导致的有用数据的隐性流失、人才的流失。就整个建设领域而言，无论是项目开发方还是施工方，信息化的程度都不是很高，建设数据的存储载体仍以纸质文档为主，然而纸质是一种易燃、易损耗的物质，安全度低。即使保存下来的文档利用率也非常低。建设数据以面向文档文件的方式比较完整地保存下来，而其他大量的建设成败经验知识则留在了专业项目管理人员的大脑中。而作为组织整体，最终得到的只是些散乱而数量巨大的文本数据，组织知识或经验却没有得到实质性增长。这样，关键人员的流失也就意味着相当多的经验知识的流失，短期内对于组织而言将是难以弥补的。

知识管理是一个组织整体上对知识的获取、存储、学习、共享、创新的管理过程，目的是提高组织中知识工作者的生产力，提高组织的应变能力和反应速度，以增强核心竞争力。知识管理能够有效地整合组织的知识资源，将个人知识和信息提升为组织知识，按组织的实际需求，对组织知识进行分类和有序化处理，最终实现知识共享；同时通过建立相应的客户、市场及突发事件的专家网络，提高对外反应速度及事件处理效率。传统的工程项目管理存在知识管理的局限性。一方面表现在由于工程项目具有单件性和一次性特征，传统的工程项目管理组织无法进行长期专业性工程项目管理工作，在处理工程项目突发事件时，组织内部的知识资源无法迅速积聚，组织反应迟缓，处理问题滞后；对所负责的一次性工程项目实施过程中遇到的问题、失败的教训、项目管理组织的成功经验等不能系统化地加以总结；项目管理组织自身特有的内部运作机制和协调组织关系的方式、方法无法积淀下来形成有价值的历史资源，无法成为以后行业内工程项目建设的借鉴和行业未来发展中的知识财富；另一方面表现在项目组织内部很多有价值的隐性知识无法转换成显性的知识，使项目管理的知识资源浪费，不能形成完整的知识链，进而削弱了项目管理组织在未来项目中的竞争力，无法形成可持续发展的、具有战略意义的项目管理组织的核心能力。

2. 工程项目管理的未来发展方向

目前，为了适应工程项目大型化、项目大规模融资及分散项目风险等需求，建设工程项目管理呈现出集成化、国际化、信息化趋势。

1) 项目管理集成化

在项目组织方面，业主变自行管理模式为委托项目管理模式。由项目管理咨询公司作为业主代表或业主的延伸，根据其自身的资质、人才和经验，以系统和组织运作的手段和方法对项目进行集成化管理。

在项目管理理念方面，不仅注重项目的质量、进度和成本三大目标的系统性，更加强调项目目标的生命周期管理。为了确保项目的运行质量，必须以全面质量管理的观点控制项目策划、决策、设计和施工全过程的质量。项目进度控制也不仅仅是项目实施(设计、施工)阶段的进度控制，而是包括项目前期策划、决策在内的全过程控制。项目成本的生命周期管理是将项目建设的一次性投资和项目建成后的运营费用综合起来进行控制，力求项目生命周期成本最低，而不是追求项目建设的一次性投资最省。

2) 项目管理国际化

随着经济全球化及我国经济的快速发展，在我国的跨国公司和跨国项目越来越多，我国的许多项目已通过国际招标、咨询等方式运作，我国企业走出国门在海外投资和经营的项目也在不断增加。特别是我国加入 WTO 后，我国的行业壁垒正在逐步消除，国内市场国际化，国内外市场全面融合，使得项目管理的国际化成为趋势和潮流。

3) 项目管理信息化

伴随着网络时代和知识经济时代的到来，项目管理的信息化已成为必然趋势。欧美发达国家的一些工程项目管理中运用了计算机网络技术，开始实现项目管理网络化、信息化。此外，许多项目管理单位已开始大量使用项目管理软件进行项目管理，同时还从事项目管理软件的开发研究工作。

项目管理是在项目活动中运用知识、技能、工具和技术来实现项目目标要求。

3. 工程项目管理发展的总体趋势

1) 工程项目管理的集成管理趋势

作为一项复杂的系统工程，工程项目活动特别是现代化工程建设涉及的专业繁多，技术复杂，环境多变，组织管理难度越来越大，虽然多专业参与的工程项目建设活动客观上属于多元化的生产，但是，工程项目建设自身的系统整体性更要求统一的组织管理。传统的设计与施工分离的生产组织方式及纵向组织结构不但分割了设计与施工的本来联系，造成了组织与组织之间、专业与专业之间及过程，与过程之间的工作界面无人管理，不但分割了建筑生产的活动和过程，而且增加了参与各方之间沟通信息及组织协调的复杂性，造成了信息管理中的孤岛现象，使项目参与各方处于孤立的生产状态。据估计，工程建设投资的 10%~30%与传统组织结构中设计和施工的分离及组织中的沟通所造成的问题有关，这种建筑生产组织方式及其管理方法已不适应现代工程建设的客观要求。

集成管理的核心是运用集成的思想，保证对象和管理系统完整的内部联系，提高系统的整体协调程度，主要包括组织集成、过程集成、管理智能集成等。

集成管理的作用表现为信息效率的提高和信息协同程度的增强。集成管理由于其在组织中便于实现信息效率和信息协同，因而提高了项目管理的组织效率、组织协同能力和组织创新能力。组织效率的提高表现为员工操作效率、管理人员决策效率和组织结构效率的提高；组织协同能力的提高反映在组织内部员工与部门之间的协同能力及该组织与同行业内的其他组织的协同能力的提高；组织创新能力的提高源于集成管理利于标准化知识库的建立、创新参与人员的协同运作、知识在组织内部循环分配。建立一种适应现代大型工程项目的组织结构是有待解决的一个主要问题。

近年来建设业的项目管理正在不断从机械制造业、汽车工业等应用信息和通信技术的先进行业引进吸收有益的理论和技术，尤其是近年来国际建筑业正在积极研究如何把管理集成的思想方法运用到建筑生产中去。近年来国外关于信息技术与管理变革形成的一些新观点、新理论，分别从不同的角度、不同的层次探索了管理集成的方法。

工程项目集成管理研究可以划分为若干个主要阶段。20 世纪 60 年代，人们把成本与工期集成为 S 形曲线与香蕉图实现对成本与工期的有效控制为第一阶段。20 世纪 70 年代以后，人们对建设项目工期、成本、质量集成起来形成了工程项目的三大目标和三大控制理论。到了 20 世纪 90 年代，国外在集成系统的数据采集方面做出了很大努力，有效的工程项目集成管理取决于良好数据的获取和控制，Abudayyeh OY 提出了采用一个支持集成项目管理系统的自动的数据获取系统。Thomas G 开发了一个计算机数据库系统，集成了各种类型项目的工程设计、施工的数据和图形。此外，一些国家也在积极研究和开发计算机集成建造系统(CIC)，将项目参加者及其计算机应用的数据和知识集成。

20世纪90年代后,工程项目集成管理逐渐呈现出与工程项目管理系统的高效性相融合的趋势。第一个将组织管理与集成管理结合在一起的工程管理专家是Tatum C.B.。除了比较全面提出工程项目集成管理思想这一理论贡献之外,在分析了建设项目中建筑学、各专业工程、施工的专业化分工所带来的问题后,他指出在项目过程中使用集成结构和集成管理的技术解决组织文化的问题。此外,Rost、Nicolass介绍了在美国FGSO高速铁路建设项目中将项目管理技术、业务流程和组织集成起来构成项目管理集成系统。

澳大利亚悉尼大学的著名教授Ali Jaafari在提出运用基于全生命周期目标的一般项目管理模型进行工程项目集成管理时,提出了一种组织集成模式。集成管理能够将孤立的应用连接成一个整体,消除项目参与方之间内部数据的矛盾及冗余,使项目信息和信息处理具有充分的及时性、准确性、一致性和共享性,以达到降低成本、加快工程进度、提高工程质量的目的。

随着项目管理中计算机的广泛使用和互联网技术的推广,在我国,东南大学的成虎教授及天津大学的吴育华等人提出将集成管理建立在项目管理信息系统上,实现项目管理各职能和不同组织成员之间的虚拟合作。这一集成管理发展趋势在一定程度上也推进了工程项目组织跨地域、跨边界的柔性化管理。

从目前集成管理在工程项目组织合作与利益共享机制中体现出来的组织集成度研究方向如图1-4所示。

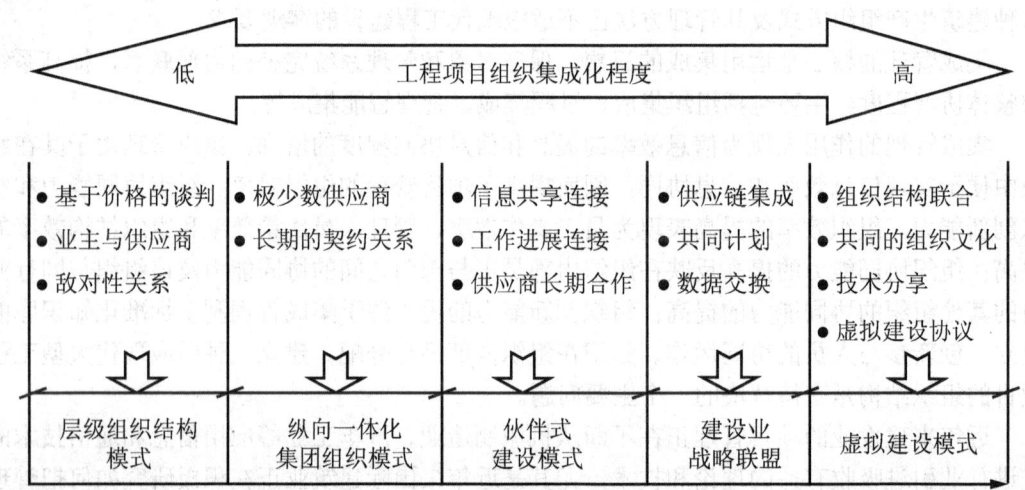

图1-4 工程项目不同组织集成化程度示意图

2) 工程项目管理的伙伴式供应链发展趋势

工程项目供应链管理思想的发展推动了伙伴式项目管理组织方式的应用。传统的项目组织结构是面向职能的组织结构。工程项目供应链式组织结构对于传统的工程项目组织结构进行了战略性调整:把原来的面向职能的组织结构调整为面向流程的组织结构,并对改建后各部门的职能按照流程的需要重新进行了定位。改造后面向流程的组织结构具有很大的优势:首先,在项目内部形成了一个相互支援的系统。改建后的组织结构以流程为导向,因而各个部门目标一致,即追求顾客满意度最大化,原有部门间的壁垒也随之消除了,形成了前后衔接、相互支援的组织系统。

工程项目伙伴式供应链管理研究的主要热点集中在对于工程项目伙伴式组织模式中各方的利益、信任机制与风险制约的研究，尤其是对于供应链组织之间的协同与竞争问题的研究已成为工程项目组织管理研究的有机组成。Crowley 和 Karim 将伙伴式项目管理定义成为"一种组织形式，在激烈的竞争性环境中以实施合作战略来打破和修订传统组织界限"。Ellison 和 Miller 则认为伙伴式建设组织方式是一种在建筑业中以团队组织为导向的、集成战略伙伴关系。事实上，伙伴式管理的实质是在建设伙伴之间建立一种非正式的、持久的信息联结关系，以解决组织之间的分裂性矛盾。伙伴式战略联盟之间的信息联结直接影响到组织之间的界面管理，对于建筑业特殊的环境具有良好的适应性。工程项目伙伴式供应链发展历程如图 1-5 所示。

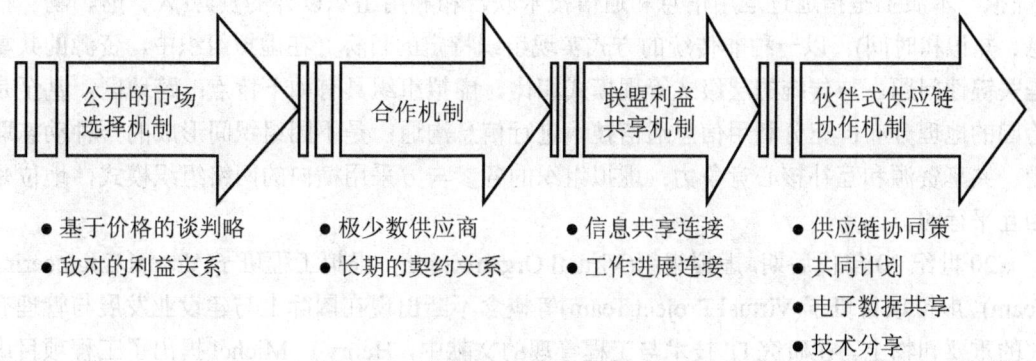

图 1-5　工程项目伙伴式供应链发展历程

供应链不在原有的组织架构上做修补的工作，而是彻底改变作业流程。建设业供应链以信息技术为依托，充分发挥创新作用。最大限度地适应以"顾客(Customer)、竞争(Competition)、变化(Change)"为特征的现代企业经营环境。这就使工程项目组织结构调整为一种打破各参与企业外部边界、将以职能为主导的运作方式改为以流程为主导的方式，企业组织间相互渗透，共同组成面向流程的工作团体，团队成员共同关注从流程源头到结束的整个工作过程。供应链模式实现了流程创新基础上的组织重构。工程项目组织中应将参与进来的供应链企业组织系统从一个总体出发，在建立工程项目业务流程时，充分考虑上下游供应链组织之间的协调和衔接情况。

流程改进后具有显效性，使得流程中的信息流及物流迅速地传达。组织结构扁平化、网络化，提高了企业管理系统的效率和柔性。组织层级减少，信息传递路径简洁而畅通，为各部门沟通合作创造了便利。业务流程重组后的供应链组织结构见图 1-6。

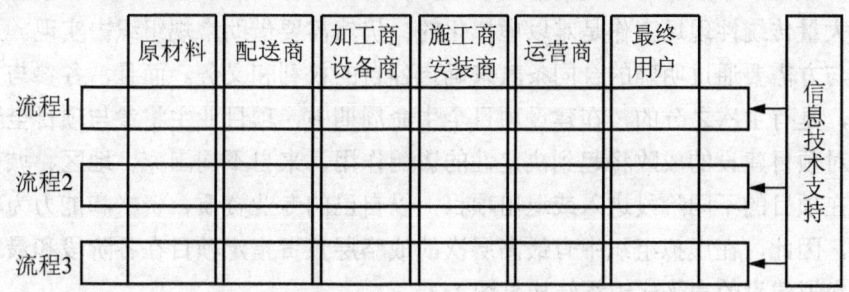

图 1-6　业务流程重组后的供应链组织结构

3) 工程项目管理的虚拟建设趋势

随着全球经济一体化的发展,建筑市场的全球化步伐加快,要求各国在建设模式、管理方法等方面超越传统管理理念,实现对传统建筑业的彻底改造。现代信息与通信技术对国际建筑业管理产生了巨大影响,管理手段向网络化、数字化方向发展。虚拟组织以其组织结构扁平化、网络化特点提高了企业管理系统的效率和柔性。通俗地讲,虚拟组织是指两个以上的独立的实体,为迅速向市场提供产品和服务,在一定时间内结成的动态联盟。它不具有法人资格,也没有固定的组织层次和内部命令系统,而是一种开放式的组织结构。

虚拟建设模式是对传统工程项目建设模式的革命,是未来工程建设的一种发展模式。"虚拟"本质上是指通过运用信息和通信技术联合和利用组织以外的资源(人、财、物、信息、知识和时间),以一种非传统的方式实现组织特定的目标。在虚拟组织中,资源的共享是关键性问题。与传统的层级式管理模式相比,虚拟组织具有如下特点:跨地区,甚至是跨国的地理分布;充分利用信息通信技术进行信息沟通;是不同组织间形成的一种动态联盟;共享资源和互补核心竞争力;虚拟组织的各参与方采用横向的网络组织模式,地位是相互平行的。

20世纪90年代后期,虚拟组织(Virtual Organization)、虚拟工程班子(Virtual Engineering Team)、虚拟项目班子(Virtual Project Team)等概念不断出现在国际上与建设业发展与管理有关的重要刊物上。在研究IT技术与工程管理的文献中,Henry L. Michel提出了工程项目虚拟团队精神的重要作用。

虚拟建设概念是美国发明家协会于1996年提出的。相对于近几年虚拟建设实践与发展,当前的虚拟建设可以理解为一种运用虚拟组织原理,借助现代信息和通信技术支持,采用无层级、扁平化的管理组织方式及D+B生产组织和管理方法,通过网络的共享项目信息系统,实现节约建设投资、缩短建设工期、运用信息和知识使建设产品增值的目的。虚拟建设模式不排斥各参与方的项目管理,但是各参与方项目管理通过信息网络互联在一起。

在项目管理中应用虚拟组织的理论、运作规则和管理方法是未来项目管理研究的一个重要课题。虚拟化组织的存在是有条件的,工程建设现场、原材料生产加工、供应等实际工作是无法虚拟化的,但是运用现代信息和通信技术实现远距离监控现场施工情况和其他供应商等的实地工作情况,在技术上是可行的。工程建设中80%的工作是常规性的,可以用常规的组织方式来实现,但20%的交叉性界面工作需要组建专门的跨单位、跨专业的多功能交叉工作组织去完成,这是虚拟组织存在的前提条件。项目建设有关的信息可以虚拟化,但是大量传统性现场工作是难以虚拟化的,仍然需要借助常规组织去实现。从法律角度,各参与方需要通过明确的合同条款来确定各自的权利和义务。而且,各参与方相对于项目而言,是有主次之分的,在建设项目全生命周期中,项目业主将参与项目全过程或主要过程,对项目建设的成败将起到决定性的影响作用,来自不同国家、地区、城市的其他参与方将在项目的不同阶段进入或退出项目,以自己的专业资质、资格和能力为项目提供专业服务。因此,在虚拟组织中有最高层次的战略层负责指定项目在各阶段和最终要实现的目标。虚拟建设的扁平式组织结构见图1-7。

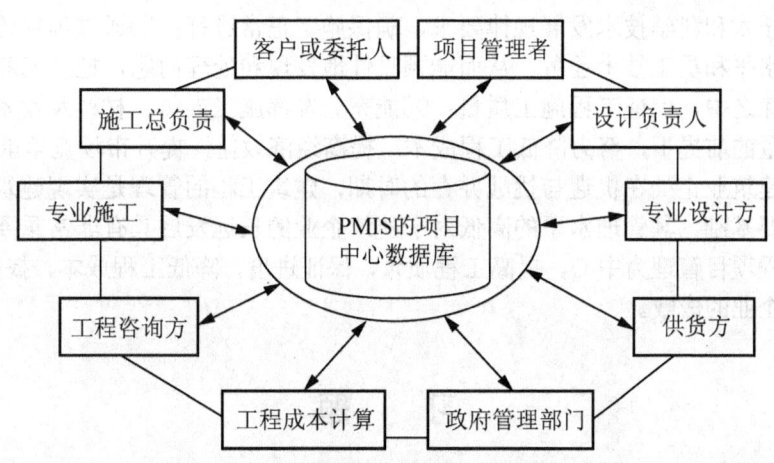

图 1-7 虚拟建设的扁平式组织结构

4) 现代工程项目管理的知识管理趋势

当项目组织的存在变得越来越普遍时,项目组织的知识管理的发展还没有跟随其上,但是,项目组织需要特殊而有效的工程项目管理系统,如果项目组织想避免组织知识的损失和组织学习能力的丧失,必须能够确认项目组织所需要的关键知识和利用这些关键知识,这种能力是项目组织发展的一个重要挑战,也是项目组织进行成功的项目管理的基础。一方面表现为积累知识的能力,另一方面表现在项目组织内部个体知识与整体知识的竞争能力上。项目组织的知识管理不仅仅是组织的知识管理实践和组织竞争力的表现,也是一种支持组织继续生存与发展的竞争工具。知识信息系统支持项目对过去组织经验和知识财富的重新利用。分享和重用项目管理知识要不断获取显性知识和隐性知识,使之成为企业资产的一部分,在项目各阶段有效地利用信息和网络技术使项目知识能够被捕捉,并对未来项目产生影响。将知识管理运用到建设项目各阶段中,发展为一个基于活动的知识管理概念系统,使之成为工程师、专家、项目管理决策的一个有效工具。如果经验和知识能够在以后的项目建设中得到共享,同样或相似的问题一旦产生就可以借鉴先例,信息与知识的利用最大限度地降低了解决工程项目问题的时间和成本。

面向知识经济时代的工程项目管理模式,在管理思想、管理组织与管理的方法和手段上对传统的工程项目建设模式进行了根本的变革,在手段上借助现代信息和通信技术建立参与工程建设各方共享的项目信息系统。组织依赖资源共享,通过知识管理及组织性的集体学习实现创新与增值。知识管理对提高项目团队管理水平的持续性具有重要意义。

本 章 小 结

工程项目管理是以具体的建设项目或施工项目为对象、目标、内容,不断优化目标的全过程的一次性综合管理与控制。项目管理为了项目目标,进行了一系列的组织、筹划、激励、沟通、检查、控制活动。工程项目管理是一种复杂的多工种协同操作、多项技术的交叉综合应用过程。项目管理在整个管理工作中的作用主要有以下几个方面:①保证施工中能按科学技术和科学技术发展规律要求，确保施工正常进行；②通过项目管理，不断提高企业管理水平和员工技术业务，从而能预见性地发现和处理问题，把技术和质量事故隐患消灭在萌芽之中，保证工程施工质量；③能充分发挥施工人员、材料及设备的潜力，在保证工程质量的前提下，努力降低工程成本，提高经济效益，提升市场竞争能力。

当前的建筑业正处在机遇与挑战并存的时期，建筑工程的管理是实现建筑企业发展目标的一个重要基础，其管理水平的高低对于建筑企业的长远发展具有非常重要的意义。如何以建筑工程项目管理为中心，提高工程质量，保证进度，降低工程成本，提高经济效益，直接决定着企业的成败。

习　题

1. 简答题

(1) 简述项目与工程项目的概念及相互关系。
(2) 简述项目管理的内涵与知识体系。
(3) 简述工程项目的特征与分类。
(4) 简述工程项目管理内涵与工程项目管理的主要参与者。
(5) 简述建设工程项目管理的主要任务。
(6) 简述国内外工程项目管理发展现状与未来趋势。
(7) 简述建设工程项目的分类；按建设性质分类，建设工程项目包括的方面。
(8) 简述建设工程项目管理的任务。

2. 判断题

(1) 项目管理的目标就是完成任务。（　）
(2) 一般民众有时是某些项目的重要利益相关者。（　）
(3) 每个项目都不一样，因此，制定项目管理的流程没什么作用。（　）
(5) 日常运作总是在很短的产品、服务或人物所做的一次性努力。（　）
(6) 每一个项目阶段的结束必须以某种可交付成果为标志。（　）
(7) 项目的生命周期可以归纳为四个阶段，这种划分通常是固定不变的。（　）
(8) 可交付成果必须是可以测量的、可以验证的事实或结果，它可以是无形的。（　）
(9) 项目在开始时，其风险和不确定性最高。（　）
(10) 项目变更所需要的花费将随着生命周期的推进而增加。（　）
(11) 在项目启动和收尾两个阶段中，人力资源的投入一般都较少。（　）
(12) 项目启动就是开始执行项目。（　）
(13) 项目计划是项目经理制订的。（　）

3. 单项选择题

(1) 项目是(　　)。
　　A．一个实施相应工作范围的计划
　　B．一组以协作方式管理、获得一个期望结果的计划

C．创立独特的产品或服务所承担的临时任务
D．必须在规定的时间、费用和资源等约束条件下完成的一次性任务

(2) 以下属于项目的一个实例是(　　)。
A．管理一个公司　　　　　　B．提供技术服务
C．建设一栋楼房　　　　　　D．提供金融服务

(3) 下列(　　)不是项目生命周期的一个过程。
A．识别　　　B．结束　　　C．执行　　　D．项目可行性研究

(4) 项目区别于其他任务的最基本特征是(　　)。
A．目标明确性　B．一次性　　C．整体性　　D．依赖性

(5) 项目的特征不包括(　　)。
A．一次性　　B．冲突性　　C．唯一性　　D．稳定性

(6) 项目之间为资源而进行的竞争，成为项目的(　　)。
A．特殊性　　　　　　　　　B．相互依赖性
C．多目标属性　　　　　　　D 生命周期

(7) 项目管理的基本职能包括(　　)。
A．项目计划　　　　　　　　B．项目评价与控制
C．项目组织　　　　　　　　D．以上所有

(8) 随着项目生命周期的进展，资源的投入(　　)。
A．逐渐变大　　　　　　　　B．逐渐变小
C．先变大再变小　　　　　　D．先变小再变大

(9) 确定项目是否可行是在(　　)工作过程完成的。
A．项目启动　　B．项目计划　C．项目执行　D．项目收尾

(10) 项目的"一次性"的含义是指(　　)。
A．项目的持续时间很短
B．项目有确定的开始和结束时间
C．项目将在未来的一个不确定的时间结束
D．项目可以在任何时候取消

(11) 应对项目可交付成果负主要责任的是(　　)。
A．质量经理　　B．项目经理　C．高级管理层　D．项目团队成员的某个人

(12) 项目中的三大限制是(　　)。
A．时间、费用和获利性　　　B．组员需求、发起人的参与和资金
C．时间、费用和质量　　　　D．日程、设施和资金

4. 多项选择题

(1) 下列属于项目的实例的是(　　)。
A．举办一场省际运动会　　　B．开发一种新的计算机软件系统
C．提供金融服务　　　　　　D．管理一个公司
E．修建一座桥梁

(2) 项目的共同点有(　　)。
　　A．明确的起止时间　　　　B．预定目标
　　C．受到资源限制　　　　　D．消耗资源
　　E．循环生产
(3) 日常运作与项目的区别在于(　　)。
　　A．管理方法　　　　　　　B．责任人
　　C．组织机构　　　　　　　D．收益大小
　　E．风险性
(4) 项目从开始到结束的若干阶段构成了项目的生命周期，以下属于项目生命周期的阶段的是(　　)。
　　A．实施阶段　　　　　　　B．终止阶段
　　C．概念阶段　　　　　　　D．计划阶段
　　E．报废阶段

第 2 章
建设项目生命周期与建设程序

教学目标

本章主要讲述建设项目生命周期与建设主要程序及相应的工作内容。通过本章学习，应达到以下目标：

(1) 理解建设项目生命周期的内涵；
(2) 熟悉建设项目建设阶段的划分；
(3) 掌握建设项目建设过程各阶段的主要内容。

教学要求

知识要点	能力要求	相关知识
建设项目生命周期	(1) 理解广义工程项目阶段的划分及各阶段的任务和阶段性成果 (2) 熟悉建设项目生命周期的概念 (3) 掌握建设项目发展周期的内涵	(1) 建设项目生命周期 (2) 建设项目生命周期的特性
建设项目建设程序	(1) 理解建设项目建设程序基本内涵 (2) 熟悉建设项目建设程序的各个重要阶段	(1) 建设项目利益相关者 (2) 项目建议书 (3) 可行性研究报告
建设项目建设过程各阶段的主要内容	(1) 理解建设项目可行性研究报告的主要内容 (2) 熟悉设计阶段与建设施工阶段的主要内容 (3) 掌握设计与施工安装阶段的主要工作内容	(1) 建设项目准备阶段的主要内容 (2) 竣工验收阶段的主要内容 (3) 建设项目后评价阶段的主要内容

基本概念

建设项目发展周期、项目的利益相关者、项目建议书、可行性研究报告、竣工验收、后评价

引例

临高县 20MW 光伏并网示范工程项目于 2009 年海南省 11 月经发改委批准立项，地址位于海南省临高县金牌港开发区内，距离临高县 15km，介于海口和洋浦经济开发区之间，距离海口市 65km，距离洋浦经济开发区 70km，地处海南省西部工业走廊，是海南发展工业的重点区域之一。项目选址区域北临琼州海峡，为沿海岸的海漫滩和 II 级阶地及河口三角洲地貌。

临高县位于 II 类区，太阳能资源丰富，具有一定的开发潜力，工程选址区域水面年内各月太阳辐射量在 359.4~619.4MJ/m² 之间，12 月至翌年 2 月较小，5~7 月较大，最大月与最小月的太阳辐射量差值为

260.0MJ/m², 年内变化幅度较大。

根据《中华人民共和国招标投标法》、《工程建设项目可行性研究报告增加招标内容和核准招标事宜暂行规定》和海南省发改委在该项目可行性研究报告中的批复中的要求，对临高光伏项目的勘察、设计监理、建筑工程、安装工程、主要设备和材料均采用委托招标方式，通过海南省政务中心招投标平台进行公开招标。临高县20MW光伏并网示范工程项目前后共组织了7次招标，通过公开招投标，确定了中南勘测设计院作为项目设计和监理单位，引进了中国英利、合肥阳光、国电南自、海南二建及海南工业安装公司等国内实力强、信誉好的设备供应企业和施工企业。公司通过公开招投标，采购了重要的大型设备，对于一些量小价低不适合采用公开招标的常用设备，采用分开询价竞价谈判的方式确定供货商。

随着勘察和设计工作的结束，为了保障项目的建设与实施，项目成立了各种施工组织和管理机构，如安全生产监督管理委员会、质量监督管理委员会、技术监督管理委员、管理协调小组、事故应急预防小组等，使项目施工的全过程得到有效监控。为了实现全过程费用可控，项目根据国家有关部门及海南省现行的有关文件、定额、费率标准等进行编制，材料、设备等价格按照2009年4季度价格水平计算，总概算投资43844.86万元，实际竣工决算控制在42831.83万元以内。

临高县20MW光伏并网示范工程项目的验收，依据《建筑工程施工质量验收统一标准》(GB 50300—2001)、《电力建设施工质量验收及评价规程》(DL/T 5210)等有关规定。公司于2011年8月组织由运行管理单位、设计单位、监理单位及施工单位成立的阶段验收工作组，对临高县20MW光伏并网示范工程项目进行了阶段性验收，参加验收的单位有海南天能电力有限公司、中国水电顾问集团中南勘测设计研究院、海南省水利电力勘察设计院、海南省第二建筑工程公司、海南省工业设备安装公司、河北建设集团有限公司、海南威特送变电工程有限公司。

临高县20MW光伏并网示范工程项目经验收，单位及分部工程质量评定为，20MW光伏并网示范工程项目系统工程的5个单位工程及135个分部工程全部合格；工程外观质量评定为，工程建筑物结构尺寸符合设计图纸要求，轮廓线顺直，连接平顺、美观、平整度、垂直度、坡度符合设计、规范要求，混凝土局部缺陷面积不大于总面积的3%，进线柜、出线柜、中置式开关柜、逆变器、箱试变压器、干试变压器、继电器保护装置设备外观无破损、划痕，外观得分90.9，外观质量合格；工程验收结论为，工程能较好地按照项目法人负责制、招标投标制、工程建设监理制进行建设管理，工期控制基本符合项目法人要求，造价管理规范。

2.1 项目生命周期概述

2.1.1 项目生命周期的概念

项目作为一种创造独特产品与服务的一次性活动是有始有终的，项目从始到终的整个过程构成了项目的生命周期。美国项目管理协会对项目生命周期的定义为，项目是分阶段完成的一项独特性的一个组织在完成一个项目时会将项目划分成一系列的项目阶段，以便更好地管理和控制项目，更好地将组织的日常运作与项目管理结合在一起。项目的各个阶段放在一起就构成了一个项目的生命周期。这一定义从项目管理和控制的角度，强调了项目过程的阶段性和由项目阶段所构成的项目生命周期。

在对项目生命周期的定义和理解中，与项目生命周期概念相对应的是项目全生命周期的概念。项目全生命周期的概念可以用英国皇家特许测量师协会(Royal Institute of Charted Surveyors,RICS)所给的定义来说明。这一定义具体表述为,项目的全生命周期是包括整个项目的建造、使用,以及最终清理的全过程。项目的全生命周期一般可划分成项目的建造阶段、运营阶段和清理阶段。项目的建造阶段、运营阶段和清理阶段可以进一步划分为更详细的阶段,这些阶段构成了一个项目的全生命周期。发展周期是项目从投资设想开始,经过可行性研究和设计、建设、生产,直到报废建设项目为止的整个发展过程。尽管每个建设项目性质不同,面临的内外环境有别,但都有一个建设程序问题。从投资活动的角度看,建设项目建设程序一般包括三个阶段,即投资前阶段、投资建设阶段和生产经营阶段。建设项目建设程序的概念是人们在长期投资建设的实践和认识过程中,对理论和实践的高度总结,它反映出人们对项目投资建设运动规律的把握。

由其定义可以看出,项目全生命周期包括一般意义上的项目生命周期(建造周期)和项目产出物的生命周期(从运营到清除的周期)两个部分,而一般意义上的项目生命周期只是项目全生命周期中的项目建造或开发阶段。弄清这两个定义和概念的不同之处对学习后续内容是非常有意义的。

2.1.2 项目生命周期的内涵

项目生命周期包括下述几个方面的含义。

1. 项目的时限特性

项目生命周期的首要内容是给出了一个具体项目的时限。这包括一个项目的起点和终点,以及一个项目各个阶段的起点和终点。这些项目或项目阶段的起点和终点,既给出了与项目有关的时点数据(项目开始和结束的时点),也给出了与项目有关的时期数据(项目持续的时期长度)。例如,一个建设项目通常不但需要给定整个项目的起点和终点,而且需要给出项目各个阶段的起点和终点,从而界定出项目的具体时限。

2. 项目的总目标最优特性

项目生命周期过程中追求项目的总目标和总效果,而不是局部最优化。这个整体不仅包括整个建设过程,而且包括整个运行过程;不仅包括项目本身,而且包括项目整个上层系统,能够极大地提高项目管理的效率。全生命周期的项目管理需要对整个项目从概念构思到项目期结束"无缝隙"项目管理,这样能够消除项目过程、项目组织、项目职能之间的障碍,实现综合管理,综合运用知识和措施,协调各方矛盾和冲突,使各子系统正常运行。

3. 项目的过程和阶段特性

美国空军早期运用生命周期的概念辨识了项目生命周期的许多阶段,每个阶段有特殊的内容和管理方法。美国项目管理协会则在 PMBOK 中把项目管理过程分为以下五个关键环节。

(1) 启动:项目全生命周期的起始阶段。启动是一种认可过程,用来正式认可一个新项目或新阶段的存在。

(2) 计划:项目全生命周期的筹划阶段。定义和评估项目目标,选择实现项目目标的最佳策略，制订项目计划。

(3) 执行：项目全生命周期的实施阶段。在执行阶段，项目组织要及时调动资源，正确地执行项目计划，获得合格的项目可交付成果。

(4) 控制：项目全生命周期的实施控制阶段。在项目执行阶段，监控和评估项目偏差，必要时采取纠正行动，保证项目计划的执行，实现项目目标。

(5) 结束：项目全生命周期的完工阶段。该阶段包括正式验收项目，使其按程序结束；还包括在项目竣工验收之后，按照既定的计划使项目投入运营。

4. 项目的可交付成果特性

在项目全生命周期的过程中可以获得阶段性成果。阶段性成果包括各阶段可交付物以及验收报告。项目阶段的可交付成果就是一种可见的、能够验证的工作结果。例如，一个工程通常需要划分成项目的定义阶段、设计计划阶段、施工阶段和交付使用阶段，而项目可行性研究报告、项目设计方案、项目实施结果和项目竣工验收报告等都属于项目阶段的可交付成果。

项目生命周期还定义了项目各阶段的任务，包括项目各个阶段的主要任务和项目各阶段主要任务中的主要活动等。例如，一个建设项目的生命周期要给出项目的定义阶段、设计计划阶段、施工阶段和交付使用阶段的各项主要任务，以及各个项目阶段主要任务中的主要活动。例如，项目定义阶段的项目建议书编制、项目可行性研究、项目的初步设计和项目可行性报告的评审等这一阶段的主要任务和主要活动。项目生命周期还定义哪些任务应该包括在项目范围之中，哪些任务不应该包括在项目范围之中，并按照这种模式将某个项目的范围与项目组织的日常运营活动严格地予以区分。

5. 项目的利益相关者参与特性

在项目生命周期过程中，利益相关者主要是指与项目有利益干系的组织或个人。利益相关者主要包括以下一些组织或个人。

1) 项目发起人

项目发起人是项目的执行组织(如一个企业)内部或外部的个人或团体，他们以现金或实物为项目提供资金、资源，是对项目的获利负有责任的人。投资者的要求是：一定的投资额、投资回报率和较低的投资风险。

2) 业主

业主小组由高级管理人员组成，往往包括项目发起人。业主成员定期会面，对现行项目的状况进行审查。业主作为项目所有者，要求取得项目高的、整体的、综合的效益，即建设项目的整个目标系统最反映业主的要求。

3) 项目经理

项目经理是对保证按时、按照预算、按照工作范围以及按所要求的性能水平完成项目全面负责的人。

4) 承包商

承包商(包括工程承包商、设计单位、咨询单位)和供应商为项目提供工程施工、设计和咨询服务、材料和设备，希望取得价款、赢得合理的利润、赢得企业信誉和良好的形象，尽可能在合同工期内完成工程和供应,在合同的责任期内无返修,不涉及其他法律问题。

5) 用户

用户是项目交付成果的使用者,在某些情况下,用户是订购并支付的人,如建设项目;在另一些情况下,用户是购买由项目开发出来,以及后来由公司生产出来的产品的人。用户要求能获得价格合理的项目和周到、完备、安全的服务。用户决定项目的市场,决定项目的存在价值,"以人为本"是"用户满意"的升华。

6) 政府

政府是项目的审批者和监督管理者,从整体规划布局以及国民经济总体利益上审查项目的立项、开工建设以及质量监督等活动。政府注重项目的社会效益、环境效益,希望通过项目促进地区经济的繁荣和发展,解决当地的就业和其他社会问题,增加地方财力,改善地方形象。

7) 周边组织

周边组织是指项目所在地理周边居住、工作的其他企业、居民等。周边组织在居住环境、文化、卫生、观念等多方面对项目的实施产生利益冲突或影响,因而提出对项目进行规范和管理以保障周边群众的生产和生活;要求保护环境,保护景观和文物,要求就业、拆迁安置和赔偿,以及对项目的特殊使用要求。

建设项目全生命周期各阶段利益相关者如表 2-1 所示。系统观要求各参与方应以项目利益为重,只有在项目利益实现后,各方利益才会自然地实现。从系统的观点考察项目,项目利益不能简单地理解为业主方的利益,还包括最终用户、社会公众及各参与方的利益等。

表 2-1 建设项目全生命周期各阶段利益相关者

项目策划阶段	项目设计阶段	项目建设阶段	项目竣工阶段	项目运营
投资者	专业设计机构	项目管理公司	业主	用户
项目咨询机构	设计监理机构	承包商	项目管理公司	政府管理机构
政府管理机构	政府管理机构	咨询机构	咨询机构	运营承包商
用户	业主	材料供货商	设计商	保修商
保险机构	造价咨询机构	安装设备供应商	施工总包商	保险机构
专家机构	政府管理机构	政府管理机构	政府管理机构	银行机构
业主				

2.2 建设项目建设程序

建设项目建设程序在我国指建设项目从策划、选择、评估、决策、设计、施工到竣工验收、投入生产或交付使用的整个建设过程所经历的项目生命周期历程,是各项工作必须遵循的先后次序。建设项目建设程序是工程建设过程客观规律的反映,是建设项目科学决策和顺利进行的重要保证。

各个国家和国际组织在建设项目建设程序上可能存在着某些差异,但是按照建设项目发展的内在规律，投资建设一个工程项目都要经过投资决策和建设实施的发展时期。各个发展时期又可分为若干个阶段，各个阶段之间存在严格的先后次序，可以进行合理的交叉，但不能任意颠倒次序。

建设项目全生命周期的建设程序如图2-1所示。

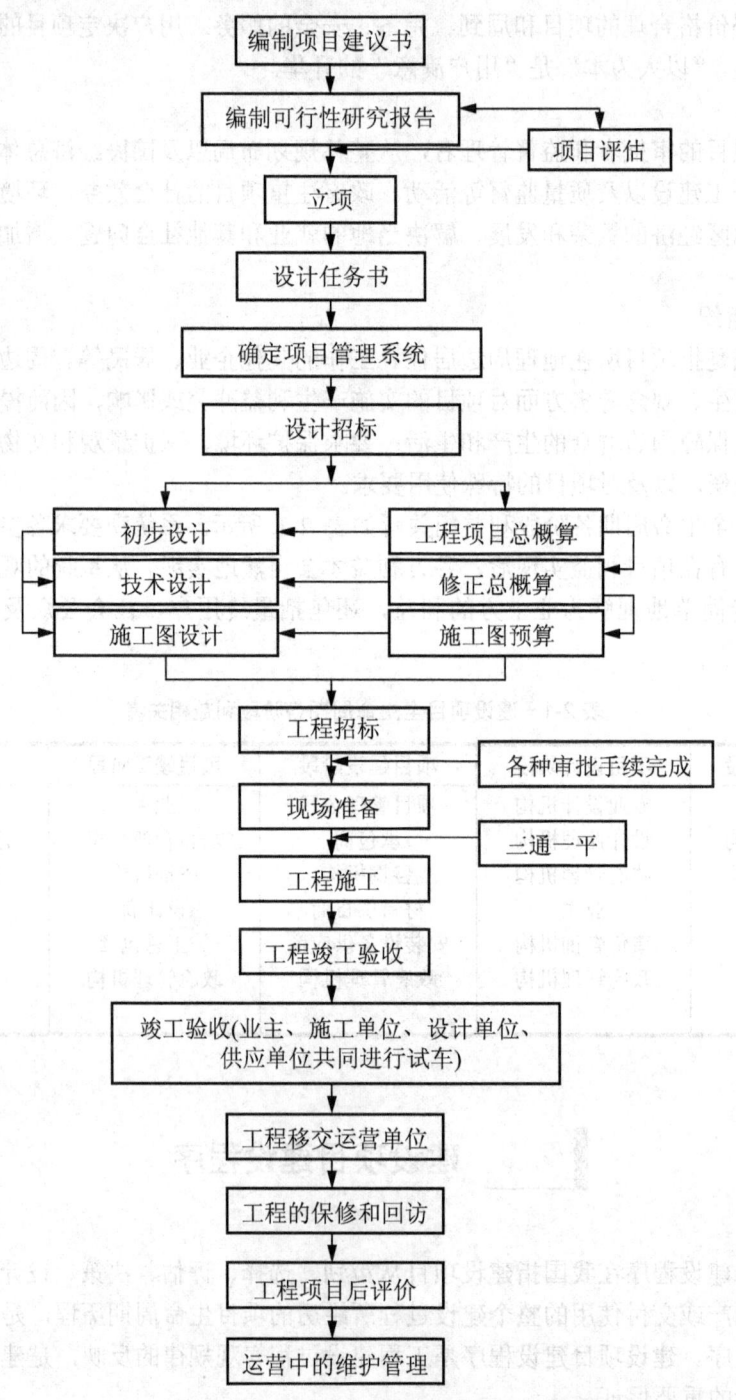

图2-1 建设项目全生命周期的建设程序示意图

2.2.1 项目建议书阶段

项目建议书是拟建项目单位向国家提出的要求建设某一项目的建议文件,是对建设项目的轮廓设想。项目建议书的主要作用是推荐一个拟建项目,论述其建设的必要性、建设条件的可行性和获利的可能性,供国家选择并确定是否进行下一步工作。

对于政府投资项目,项目建议书按要求编制完成后,应根据建设规模和限额划分分别报送有关部门审批。项目建议书经批准后,可以进行详细的可行性研究工作,但并不表明项目非上不可,批准的项目建议书不是项目的最终决策。

根据国务院关于投资体制改革的决定(国发[2004]20号),对于企业不使用政府资金投资建设的项目,政府不再进行投资决策性质的审批,项目实行核准制或登记备案制,企业不需要编制项目建议书而可直接编制可行性研究报告。

大中型及限额以上项目的项目建议书应先报送行业归口部门,同时抄送国家发改委,行业归口部门根据国家中长期规划要求,进行初审。行业归口部门通过初审再报送国家发改委,国家发改委还要委托具有相应资质的工程咨询单位评估后审批。凡行业归口部门初审未通过的项目,国家发改委不予审批。归口管理部门从资金来源、建设布局、资源合理利用、经济合理性、技术政策等方面初审;发改委从建设总规模、生产力总布局、资源优化配置及资金供应、外部协作条件等方面审查。

小型或限额以下项目的项目建议书按项目隶属关系由部门或地方发改委审批。

2.2.2 可行性研究报告阶段

可行性研究是对工程项目在技术上是否可行和经济上是否合理进行科学的分析和论证。可行性研究工作完成后,需要编写出反映其全部工作成果的可行性研究报告。可行性研究是投资前期工作的中心环节,是项目决策的依据。可行性研究的目的是论证项目是否适合建设,技术上是否可靠,经济上是否合理。可行性研究内容包括选定建设地点,研究建设条件,以及分析生产成本和利润,预测投资收益等。可行性研究报告在批准的项目建议书的基础上编制。可行性研究报告经批准,建设项目才算正式"立项"。

按照国家现行规定,凡属中央政府投资、中央和地方政府合资的大中型和限额以上项目的可行性研究报告,都要报送国家发改委审批。总投资在2亿元以上的项目,无论是中央政府投资还是地方政府投资,都要经国家发改委审查后报国务院审批。中央各部门所属小型和限额以下项目的可行性研究报告,由各部门审批。总投资额在2亿元以下的地方政府投资项目,其可行性研究报告由地方发改委审批。

根据国务院关于投资体制改革的决定,政府投资项目和非政府投资项目分别实行审批制、核准制或备案制。

1. 政府投资项目

对于采用直接投资和资本金注入方式的政府投资项目,政府需要从投资决策的角度审批项目建议书和可行性研究报告,除特殊情况外不再审批开工报告,同时还要严格审批其初步设计和概算。对于采用投资补助、转贷和贷款贴息方式的政府投资项目,则只审批资金申请报告。

政府投资项目一般都要经过符合资质要求的咨询中介机构的评估论证,特别重大的项目还应实行专家评议制度。国家将逐步实行政府投资项目公示制度,以广泛听取各方面的意见和建议。

2. 非政府投资项目

对于企业不使用政府资金投资建设的项目,一律不再实行审批制,区别不同情况实行核准制或备案制。

(1) 核准制。企业投资建设"政府核准的投资项目目录"中的项目时,仅需向政府提交项目申请报告,不再经过批准项目建议书、可行性研究报告和开工报告的程序。

(2) 备案制。对于"政府核准的投资项目目录"以外的企业投资项目,实行备案制。除国家另有规定外,由企业按照属地原则向地方政府投资主管部门备案。

为扩大大型企业集团的投资决策权,对于基本建立现代企业制度的特大型企业集团,投资建设"政府核准的投资项目目录"中的项目时,可以按项目单独申报核准,也可编制中长期发展建设规划,规划经国务院或国务院投资主管部门批准后,规划中属于"政府核准的投资项目目录"中的项目不再另行申报核准,只需办理备案手续。企业集团要及时向国务院有关部门报告规划执行和项目建设情况。

2.2.3 设计工作阶段

建设项目的设计工作一般划分为两个阶段,即初步设计和施工图设计。重大项目和技术复杂项目,可根据需要增加技术设计阶段。如果初步设计提出的总概算超过可行性研究报告总投资的10%以上或其他主要指标需要变更时,应说明原因和计算依据,并重新向原审批单位报批可行性研究报告。

设计单位应当根据勘察成果文件进行建设工程设计。设计文件应当符合国家规定的设计深度要求,并注明工程合理使用年限。各设计阶段主要内容及深度要求如下。

1. 初步设计

初步设计(基础设计)的内容依项目的类型不同而有所变化。一般来说,初步设计是项目的宏观设计,即项目的总体设计、布局设计、主要的工艺流程、设备的选型和安装设计、土建工程量及费用的估算等。初步设计文件应当满足编制施工招标文件、主要设备材料订货和编制施工图设计文件的需要,是施工图设计的基础。

2. 技术设计

技术设计应根据初步设计和更详细的调查研究资料编制,以进一步解决初步设计中的重大技术问题,如工艺流程、建筑结构、设备选型及数量确定等,使建设项目的设计更具体、完善,技术指标更好。

3. 施工图设计

施工图设计(详细设计)的主要内容是根据批准的初步设计,绘制出正确、完整和尽可能详细的建筑、安装图纸,包括建设项目部分工程的详图、零部件结构明细表、验收标准、方法、施工图预算等。施工图设计文件应当满足设备材料采购、非标准设备制作和施工的需要。

项目在施工图设计阶段的主要工作补充修正初步设计采购用的设备及部件的技术规格书的数据表。

任何单位或者个人不得擅自修改审查合格的施工图。确需修改的，凡涉及上述审查内容的，建设单位应当将修改后的施工图送原审查机构审查。

2.2.4 建设准备阶段

施工准备的主要内容有设备和原材料的定购和采购，编制施工组织设计和施工图预算，建筑工程的招标以及征地、拆迁、辅助性临时房屋建设等。

施工前的准备工作主要包括以下几方面。

1. 开工准备

首先取得用地许可证、规划许可证、建设工程施工许可证、临时场地占用许可证；其次是"三通一平"，即通水、通电、通路，拆迁与平整场地，同时进行资金、场地以及机具准备等。

2. 施工前技术准备

施工前技术准备工作主要指施工中所需要的技术资料、图纸资料等搜集、编制、审查、组织好，主要包括以下方面。

1) 搜集技术资料

施工进场前，施工单位应组织相关人员踏勘现场，搜集施工场地、地形、地质、气象等资料，对周边环境，进行如附近建筑物、构筑物及道路交通、供水、供电、通信等情况进行仔细踏勘，了解现场可能影响施工的不利因素及有利条件，做到心中有数，了解当地资源如河砂、石子、水泥、钢材、设备等的生产厂家、供应条件、运输条件等，为制订施工方案提供第一手的依据。

2) 熟悉和审查图纸

现场施工技术人员应熟悉图纸，了解设计意图和设计功能，掌握设计内容、技术条件，查明设计采用了哪些新设备、新材料和新工艺；了解各项设计要求，各专业会审图纸，核对图纸是否有尺寸、坐标、标高和说明不一致的地方，以及各专业图纸是否完全配套，有无遗漏。

3) 编制施工组织设计和施工方案

根据工程规模、结构特点、建设单位要求和国家关于工程建设的方针、政策、基本建设程序进行编制；组织有节奏、均衡、连续的施工；充分利用现有机械设备，提高机械化施工程度，改善劳动条件，提高工作效率；科学地确定施工方案，提高工程质量，确保安全，缩短工期，降低成本；科学合理地布置施工平面，减少材料二次转运，安装材料种类繁多，性能、规格不一，必须做好合理的进场时间安排；合理利用周边已有设施，减少临时设施，节省费用。

4) 技术和劳动力组织

协调、配备工程所需各类专业技术人员和管理人员，技术工人、特殊工种必须持证上岗。制定各种岗位责任制和质量检验制度。

5) 层层进行安全和技术交底

各项安全技术措施、质量保证措施、质量标准、验收规范及设计变更和技术核定等要做到人人心中有数，增强质量、安全责任感。

6) 工程分包

针对施工单位分包，应签订分包合同，约定质量安全工期保证措施等。

3. 材料物资的准备

材料物资的准备包括落实货源、生产厂家，办理订购或组织生产等工作。按计划分期、分批组织进场，按施工组织设计确定的地点、方式储存或堆放；仓库和材料堆场要合理布置，以方便使用和管理，减少二次搬运；组织对进场材料的型号、规格、品种、数量的核对、检查、验收，并按国家相关规范进行见证取样复验，合格后方能使用。此外，材料应分类堆放，挂牌标示清楚并落实责任人。

4. 施工前的现场准备

(1) 施工场地必须按设计总平面图确定的范围和标高进行整平。

(2) 修建临时施工道路。

(3) 做好现场排水，保持出口与主干道相接处清洁卫生。

(4) 安排好施工临时用电、用水和通信线路架设工作。

(5) 修建好临时设施。包括施工材料库房、员工宿舍、现场办公室及厕所、厨房等。这些设施尽量采用标准化装配以供重复使用。

5. 施工机具及劳动力准备

设备由专人负责，操作人员应持证上岗。配备技术过硬的高水平施工班组及人员。

6. 施工前的组织准备

施工前的组织准备工作主要包括生产管理机构的设置、管理制度的制定、生产人员的配备等。这一环节的项目管理的主要内容包括以下几方面。

1) 建立项目经理(管理)部

在完成监理和施工招标、签订合同和做好现场的"三通一平"后，项目管理就正式进入现场的施工管理阶段。根据项目的特点和实际情况，建设方、监理方，施工方均应在施工现场建立相适应的项目管理部，可以根据建设项目大小和复杂程度合理配备项目管理人员，一般的项目部由一个项目经理和若干专业技术人员组成。在项目经理(管理)部成立后，公司可以责成项目经理根据公司的规章、制度和要求组织制定各种基本的项目部规章、制度，划分项目各成员的权责。这样项目管理者才有可能发挥每一个成员的创造性和积极性，充分地发挥团队精神，为项目建设的顺利进行创造一个良好的内部环境。

2) 编制工程项目实施计划

项目计划是实施项目控制的前提条件，项目管理人员实施项目控制的目的就是使体现该项目目标的计划得以实现。建设单位在项目的施工阶段需要编制的计划主要有工程项目建设总进度计划、工程项目年度计划、项目质量计划、项目沟通计划、项目成本计划等。

2.2.5 施工安装阶段

工程项目经批准新开工建设，即进入施工安装阶段。项目新开工时间是指工程项目设计文件中规定的任何一项永久性工程第一次正式破土开槽开始施工的日期。不需开槽的工程，正式开始打桩的日期就是开工日期。铁路、公路、水库等需要进行大量土方、石方工程的，以开始进行土方、石方工程的日期作为正式开工日期。工程地质勘察、平整场地、旧建筑物的拆除、临时建筑、施工用临时道路和水、电等工程开始施工的日期不能算作正式开工日期。分期建设的项目分别按各期工程开工的日期计算，如二期工程应根据工程项目设计文件规定的永久性工程开工的日期计算。

施工安装活动应按照工程设计要求、施工合同条款、有关工程建设法律法规规范标准及施工组织设计，在保证工程质量、工期、成本及安全、环保等目标的前提下进行，施工安装阶段工程项目管理的主要内容是目标控制。

1. 工程项目质量控制

质量是工程项目的生命，要想成功地管理好工程项目就必须将质量问题作为项目管理的核心内容。

影响工程项目质量的因素很多，通常可以概括为人、机械、材料、方法和环境五个方面。工程项目的质量控制应当是一个全面、全过程的控制过程，项目管理人员应当采取有效措施对这些因素进行控制，以保障工程质量。

工程项目质量控制的工作重点是调查研究各种干扰质量的因素，预测各种可能出现的质量偏差，并采取预防措施，发生偏差应及时纠正，使工程项目质量始终处于项目管理人员的有效控制之下。

在质量控制工作中，项目经理(管理)部按照《建设工程监理规范》、《建筑工程施工质量验收规范》、设计图纸和技术要求进行现场管理。旁站必须随时跟踪在施工现场，认真详细地填写监理日志和各项相关工程记录，把好施工配备人员关、施工设备关、施工原材料关、施工程序关。项目管理人员应随时到施工现场抽查，发现施工质量问题，会同监理协商，在每周工地例会上通报或要求监理下整改通知(或停工令)。在工程进行到关键部位时，还应请质监人员到场指导工作。项目经理(管理)部的专业技术人员还应充分理解设计意图，抓住质量控制点，使质量控制更加有效。

2. 工程项目进度控制

除监理对本工程项目进行进度控制外，项目经理(管理)部也对工程项目进度进行管理。项目经理(管理)部将按照监理和我方审定的施工组织设计的网络图检查施工进度，提醒监理工程师敦促施工单位采取相应措施加快施工进度，以求实际进度与计划进度相符。为了保证建设工期总体目标，项目经理(管理)部可以要求施工单位向监理报审年度计划、季度计划、月计划，再由监理报项目经理(管理)部随时检查和督促。

与项目进度有关的单位较多，包括项目业主、监理单位、设计单位、施工单位、材料供应单位、设备供应单位、资金供应单位、工程毗邻单位、监督管理工程建设的政府部门等，施工单位必须做好与这些单位的协调工作，进度控制工作才能行之有效。

3. 工程项目投资控制

对于施工阶段的投资控制，工程项目经理(管理)部的主要任务是审核监理上报的月报支付、签证、变更，对项目投资进行控制。

工程项目投资控制不是单一目标的控制，而应与工程项目质量控制、进度控制和合同管理统一进行。从整个项目建设流程上看，投资控制的重点应在项目决策阶段和设计阶段，施工阶段作为一个项目的执行阶段对整个项目投资控制的作用是有限的。

4. 工程项目的合同管理

合同管理是指合同的履行、检查、变更和违约、纠纷的处理。项目的实施过程就是建设工程合同的履行工过程。监理单位依据其与业主签订的《建设工程委托监理合同》及相关的工程建设合同行使监理职责，对工程建设合同的履行实施监督管理。总承包单位也对分包单位以合同规范，对拖延工期、施工质量不合格执行合同中的处罚。对月报支付、签证、变更，应严格按照合同中的相关条款进行审核和按期支付。

5. 安全、文明施工管理

项目经理(管理)部应把施工单位安全、文明施工作为一项重要的施工阶段控制工作。施工现场要有明显的标示牌，危险区要安装围栏并安排人员守护，进现场必须戴安全帽，确保施工人员的人身安全。

6. 文档资料的制度化、规范化管理

项目经理(管理)部要及时地收集、整理、传递各类信息，及时、准确地向项目管理的各级领导汇报，以便在项目进展的全过程中迅速、正确地进行各项决策。

7. 组织协调

在项目实施过程中，施工项目经理既要协调外部环境，如政府管理部门和社区环境方面；还要协调项目的各参与单位，如监理单位、设计单位、施工单位供货单位等；同时还要搞好公司内部各部门、各层次及个人之间的协调。将工程的进展、情况和问题及时向上级领导汇报，对上级的工作指示及时地向下传达、贯彻执行，加强与公司各职能部门的联系，为建设项目的顺利实施创造良好环境。

2.2.6 竣工验收阶段

国家现行规定，工程项目按批准的设计文件所规定的内容建成，符合验收标准，即工业项目经过投料试车(带负荷运转)合格，形成生产能力的；非工业项目符合设计要求，能够正常使用的，都应及时组织验收，办理固定资产移交手续。

竣工验收是投资成果转入生产或使用的标志，也是全面考核工程建设成果，检验设计和工程质量的重要步骤。

工程项目竣工验收、交付使用，应达到下列标准。

(1) 生产性项目和辅助公用设施已按设计要求建完，能满足生产要求。

(2) 主要工艺设备已安装配套，经联动负荷试车合格，形成生产能力，能够生产出设计文件规定的产品。

(3) 职工宿舍和其他必要的生产福利设施，能适应投产初期的需要。
(4) 生产准备工作能适应投产初期的需要。
(5) 环境保护设施、劳动安全卫生设施、消防设施已按设计要求与主体工程同时建成使用。

根据国家现行规定，规模较大、较复杂的工程项目应先进行初验，然后进行正式验收。规模较小、较简单的工程项目，可以一次进行全部项目的竣工验收。

工程项目全部建完，经过各单位工程的验收，符合设计要求，并具备竣工图、竣工决算、工程总结等必要文件资料，由项目主管部门或建设单位向负责验收的单位提出竣工验收申请报告。大中型和限额以上项目由国家发改委或由国家发改委委托项目主管部门、地方政府组织验收。小型和限额以下项目，由项目主管部门或地方政府组织验收。

按国家现行规定，已具备竣工验收条件的工程，3个月内不办理验收投产和移交固定资产手续的，取消企业和主管部门(或地方)的基建试车收入分成，由银行监管全部上缴财政；如3个月内办理竣工验收确有困难，经验收主管部门批准，可以适当推迟竣工验收时间。

2.2.7 项目后评价阶段

项目后评价是指在项目已经完成并运行一段时间后，对项目的目的、执行过程、效益、作用和影响进行系统、客观的分析和总结的一种技术经济活动。项目后评价于19世纪30年代产生于美国，直到20世纪70年代，才广泛地被许多国家和世界银行、亚洲银行等双边或多边援助组织用于世界范围的资助活动结果评价中。项目后评价是工程项目实施阶段管理的延伸。

项目后评价通常在项目投运并进入正常生产阶段进行。其内容包括项目决策与建设过程评价、项目效益后评价、项目管理后评价、项目影响后评价。

项目过程评价是项目竣工后对可行性研究、立项、决策、勘测、设计、招投标、施工、竣工验收等不同阶段，从经历程序、遵循规范、执行标准等方面对项目进行评价的。

项目效益后评价主要是对于项目前期而言的，是指项目竣工后对项目投资经济效果的再评价，以项目建成运行后的实际数据资料为基础，重新计算项目的各项技术经济数据，得到相关的投资效果指标，然后将它们同项目立项决策时预测的有关经济效果值(如净现值NPV、内部收益率IRR、投资回收期等)进行纵向对比，评价和分析其偏差情况及其原因，吸收经验教训，从而为提高项目的实际投资效果和制订有关的投资计划服务，为以后相关项目的决策提供借鉴和反馈信息。

项目管理后评价是指当项目竣工以后，对项目实施阶段的管理工作进行的评价，其目的是通过对项目实施过程的实际情况的分析研究，全面总结项目管理经验，为今后改进项目管理服务。

实际上，项目后评价的目的是对已完成的项目的目的、执行过程、效益、作用和影响所进行的系统的、客观的分析，通过项目活动实践的检查总结，确定项目预期的目标是否达到，项目是否合理有效，项目的主要效益指标是否实现，通过分析评价找出成功、失败的原因，总结经验教训，通过及时有效的信息反馈，为未来新项目的决策和提高，完善投资决策管理水平提出建议，同时也为后评价项目实施运营中出现的问题提供改进意见，从而达到提高投资效益的目的。

以上四方面的评价必须全面理解和运用，才能对后评价项目做出客观、公正、科学的结论。

本 章 小 结

本章内容以建设项目生命周期和建设程序为主线，按项目实施先后顺序分别叙述了投资决策、规划建设、设计及开工准备、建设实施、竣工验收和评价等各阶段的主要工作内容和工作特征，并提供了详尽的政府有关法律法规、规范性文件和标准规范依据。建设程序包括从工程项目策划、评估、决策、设计、施工到竣工验收、投入生产和交付使用的整个建设过程，各阶段之间存在着严格的先后次序，可以进行合理的交叉，但不能任意颠倒次序。它反映工程建设各个阶段之间的内在联系，是从事建设工作的各组织和成员都必须遵守的原则。

习 题

1. 简答题

(1) 简述建设项目生命周期的概念。
(2) 简述建设项目发展周期的内涵。
(3) 简述建设项目的利益相关者的内涵。
(4) 简述编制项目建议书阶段的主要内容和要求。
(5) 简述项目编制可行性研究报告阶段的主要内容和要求。
(6) 简述项目设计阶段的主要内容和要求。
(7) 简述项目建设准备阶段的主要内容和要求。
(8) 简述项目施工安装阶段的主要内容和要求。
(9) 简述项目竣工验收阶段的主要内容和要求。
(10) 简述项目后评价阶段的主要内容和要求。

2. 单项选择题

(1) 项目管理的核心任务是项目的( )。
  A. 目标控制 B. 成本控制 C. 投资控制 D. 进度控制
(2) 项目生命周期过程中，利益相关者主要是指与项目有利益干系的组织或个人。在项目建设阶段包括的利益相关者不包括( )。
  A. 业主 B. 项目经理 C. 承包商 D. 运营商
(3) 下面不属于项目建设程序的是( )。
  A. 编制项目建议书   B. 设计工作阶段
  C. 建设准备阶段   D. 保修阶段

(4) 施工前的准备工作包括许多方面，主要包括(　　)。
   A．完工准备　　B．资金准备　　C．验收准备　　D．现场准备
(5) 建设工程项目生产过程的总组织者是(　　)。
   A．业主方　　B．总承包商　　C．政府　　D．咨询工程师
(6) 投资方提供的项目管理服务属于(　　)方的项目管理。
   A．政府　　B．承包商　　C．业主　　D．工程师
(7) 建设工程项目总承包的项目管理工作涉及(　　)全过程。
   A．设计前的准备阶段至保修期
   B．设计阶段至动用前准备阶段
   C．设计前的准备阶段至动用前准备阶段
   D．设计阶段至保修期

第3章

工程项目组织管理

教学目标

本章主要讲述工程项目组织基本形式与组织结构选择的基本原则。通过本章学习,应达到以下目标:

(1) 理解工程项目组织的概念;
(2) 熟悉工程项目管理组织机构选择的影响因素;
(3) 掌握工程项目组织结构选择的基本原则和工程项目承发包模式的确定。

教学要求

知识要点	能力要求	相关知识
工程项目组织的概念和内涵	(1) 理解广义的工程项目组织 (2) 熟悉狭义的工程项目组织 (3) 掌握工程项目管理组织的基本概念	(1) 工程项目组织机制的设置原则 (2) 工程项目组织建立的步骤
组织结构的选择原则	(1) 理解工程项目的组织结构 (2) 熟悉工程项目组织结构选择的影响因素 (3) 掌握工程项目管理的主要组织机构形式	(1) 业主方组织建立的影响因素 (2) 承包商项目组织建立的影响因素 (3) 工程自身的影响因素
工程项目承发包模式的选择	(1) 理解DB模式 (2) 熟悉CM模式 (3) 掌握EPC模式	(1) PM模式 (2) BOT模式

 基本概念

广义的工程项目组织、狭义的工程项目组织、职能型项目组织形式、项目型项目组织形式、矩阵型项目组织形式、DBB模式、DB模式、CM模式、EPC模式、BOT模式

引例

某钢结构工程为某市国产化项目铝合金车体及总装厂房,总建筑面积 10669.30m²,占地面积为 11690m² 以上。厂房位于江苏省南京市浦口区顶山镇龙虎巷8号主厂区内。

该厂房长 230m,钢结构中间设置两道伸缩缝,1#~12#柱为三连跨 53m,12#~39#柱为两连跨 40m(18m+22m),柱间距 7m,柱顶标高 13.6m。其车体厂房采用天窗采光、排气。车体厂房三台行吊,其中 5t 一台,10t 两台;总装厂房三台行吊,其中 5t 一台,20t 两台;淋雨试验棚一台 5t 行吊。

厂房结构型式为实腹式门式钢架,高强度螺栓采用 H-T-B(10.9 级)承压型高强度螺栓,钢材采用

Q235-AF、16Mn。

屋面、墙体檩条均采用 C 型钢檩条，1.2m 以上采用复合彩钢板围护，1.2m 以下采用 M5.0 混合砂浆砌筑黏土空心砖。

基础采用打入钢筋混凝土预制方桩。

该厂房工程位于主厂区内，两侧均有厂房，老厂房上拆旧建新。施工区域狭窄，现场施工工序必须加强，合理安排，按流水作业的方式组织施工。现场拆迁平整已经完成，施工用电、用水已接通，具备了开工条件。

本工程涉及土建、钢结构、水、电、暖、动力管道安装等专业，工程交叉重叠施工作业多。桩基础数量大，工期短，预制、打桩是本工程工期的控制关键，开工伊始必须予以重视。钢结构构件制作标准高、要求严，投入设备多，应在工厂内制作，增加运输工作量。

施工组织机构框图具体如下。

1) 主要施工管理人员表(表 3-1)

表 3-1　主要施工管理人员表

序号	拟任职务	姓　名	职　称	主要资历及承担过的项目
1	项目经理	***	经济师	***
2	项目副经理	***	高级工程师	***
3	项目总工	***	高级工程师	***
4	工程技术部部长	***	工程师	***
5	土建工程师	***	工程师	***
6	结构工程师	***	高级工程师	***
7	焊接工程师	***	高级工程师	***
8	电气工程师	***	助理工程师	***
9	暖通工程师	***	助理工程师	***
10	物资设备部部长	***	工程师	***
11	安全质量部部长	***	工程师	***
12	安全工程师	***	助理工程师	***
13	计划财务部部长	***	经济师	***
14	工程实验室主任	***	工程师	***
15	综合办公室主任	***	经济师	***

2) 施工队伍部署及任务划分

项目经理部拟设在厂区内，经理部负责按项目法管理组织施工，并建立工程创优、进度控制、安全生产等责权利相结合的管理机制。根据本工程特点，拟设 3 个项目队，队伍布置及任务划分如下。

(1) 土建项目队：负责桩基、混凝土及砌筑工程等项目的施工。

(2) 钢构项目队：负责钢构件的制作、安装，以及屋面、墙体、门窗等项目的制作、安装工作。

(3) 水电项目队：负责电力、给排水、采暖及动力管道等的安装工作。

3) 主要劳动力配备表(表 3-2)

根据本工程特点，拟在施工时配备劳动力如表 3-2 所示，并在施工过程中及时予以调整，确保工期进度需要。

表 3-2 主要劳动力配备表

序号	工种	人数	序号	工种	人数
1	打桩机司机	***	9	电工	***
2	起重工	***	10	管道工	***
3	混凝土工	***	11	油漆工	***
4	瓦工	***	12	机钳工	***
5	钢筋工	***	13	司机	***
6	架子工	***	14	测量工	***
7	电焊工	***	15	试验工	***
8	钣金工	***	16		

其余进度、质量、安全等管理计划略。

3.1 工程项目组织概述

工程项目管理组织是在整个工程项目中从事各种管理工作的人员的组合。工程项目的业主、承包商、设计单位、材料设备供应单位都有自己的工程项目管理组织，这些组织之间存在各种联系，有各种管理工作、责任和任务的划分，形成工程项目总体的管理组织系统。这种组织系统和工程项目组织存在一致性。每一种项目管理组织结构形式都有其优点、缺点和适用条件，对于不同的项目，应根据项目的具体目标、任务条件、项目环境等因素选择最合适的组织结构形式。

3.1.1 工程项目组织的概念

工程项目组织是为实现工程目标而建立的用于项目管理工作的组织系统。它包括项目业主、承包商、供应商等管理主体之间的项目管理模式，及管理主体针对具体工程项目所建立的内部自身的管理模式。

1. 广义的工程项目组织

广义的工程项目组织结构主要是由负责完成项目结构图中的各项工作(直到工作包)的人、单位、部门组合起来的群体，有时还包括为项目提供服务的或与项目有某些关系的部门，如政府机关、监督管理部门等。广义的工程项目组织结构受项目系统结构限定，按项目工作流程(网络)进行工作，其成员各自完成由合同、任务书、工作包说明等规定的任务和工作，是包含业主、承包商、材料供应商、设备采购商、分包商、运营单位等所有项目参与者所共同构成的一种复杂的组织系统。当然，项目管理是项目中必不可少的工作，由专门的人员(单位)来完成，但项目管理组织也必然作为一个组织单元包括在项目组织中。综合来讲，工程项目管理广义的组织结构形成了现阶段由政府、业主、承包商(设计承包商、施工承包商,或设计施工一体化承包商)、分包商、建设监理单位和其他受益者等多元主体的项目组织形式。在项目的建设管理工作中,项目各主体都有各自的项目管理内容。

2. 狭义的工程项目组织

狭义的工程项目组织是工程项目各方中的阶段性管理工作中的管理组织。比较有代表性的是项目管理组织。项目管理组织主要是由完成项目管理工作的人、单位、部门组织起来的群体,指由业主委托或指定的负责整个工程管理的项目经理部(或项目管理小组)。它一般按项目管理职能设置职位或部门,按项目管理流程,各自完成属于自己管理职能内的工作。项目管理组织主要是指项目经理部、项目管理小组等,业主、承包商、设计单位、供应商都有自己的项目经理部和人员。所以,项目管理组织是分具体对象的,如业主的项目管理组织、项目管理公司的项目管理组织、承包商的项目管理组织,这些组织之间有各种联系,有各种管理工作、责任和任务的划分,形成项目总体的管理组织系统。

3.1.2 工程项目组织机构的设置原则

1. 目的性原则

项目组织机构设置的目的是产生组织功能,实现项目管理的总目标。由此必须根据目标设置管理机构,定编制并按编制设岗位定人员,确定人员职责予以授权管理。

2. 精干高效原则

项目组织机构的人员设置,以能实现项目所要求的工作任务为原则,简化机构,精干高效。人员配置应力求一专多能,一人多职。同时还要增加项目管理班子人员的知识含量,着眼于使用和学习锻炼相结合,不断提高人员素质。

3. 管理跨度和分层统一原则

管理跨度亦称管理幅度,组织机构设计时,必须使管理跨度适当。项目经理在组建组织机构时,必须认真设计切实可行的跨度和层次。跨度大小又与分层多少有关。不难理解,层次多,跨度会小;层次少,跨度会大。对于项目管理层而言,管理跨度应尽量少些。项目组织建设在设计组织机构时,应以业务工作系统化为原则周密考虑层间关系、分层与跨度关系、部门划分、授权范围、人员配备及信息沟通等,使组织机构自身成为一个严密、封闭的组织系统,能够为完成项目管理总目标而实现合理分工及协作。

4. 系统化管理原则

项目是一个开放的系统,众多子系统及子系统内部各单位工程之间,不同组织、工种、工序之间,存在着大量结合部,这就要求项目组织必须是一个完整的组织结构系统,恰当分层和设置部门,以形成一个相互制约、相互联系的有机整体,防止在职能分工、权限划分和信息沟通上相互矛盾或重叠。

5. 弹性和流动性原则

工程建设项目的单件性、阶段性、复杂性和流动性是工程项目生产活动的主要特点,生产对象数量、质量和地点不可避免地发生变化,要求管理工作和组织机构随项目生产活动进行调整,以使组织机构适应工程管理任务的变化。按照弹性和流动性原则建立组织机构,可以形成柔性的人员调整计划及部门设置,以适应工程任务变动对管理机构的弹性化和柔性化要求。

6. 项目组织与企业组织一体化原则

项目组织是企业组织的有机组成部分,企业组织是项目组织的母体,归根结底,项目组织由企业组建。可以说,企业是项目管理的外部环境,项目管理的人员全部来自企业,项目管理组织解体后,其人员仍回企业。因此,应保证项目组织的运作服从企业组织的管理要求和利益。

3.1.3 工程项目组织建立的步骤

项目管理组织的建立一般按以下步骤进行。

1. 确定合理的项目目标

一个项目的目标可以包括很多方面,如规模、时间、质量方面、内容方面的目标,或者各方面综合起来的目标,这是项目工作开展的基础,同样也是确定组织结构形式与机构的重要基础。

2. 确定工程项目管理模式

确定工程项目管理模式的主要内容是选择工程项目管理组织形式。

3. 确定组织目标和组织工作内容

详细分析工程项目管理组织所完成的管理工作,确定工程项目管理工作流程、操作程序、工作逻辑关系。

4. 组织结构设计

完成上述工作以后,下一步就是进行组织结构设计。根据项目的特点和项目内外环境因素,选择一种适合项目工作开展的管理组织结构形式,并完成组织结构的设计。具体工作包括组织结构形式、组织层次、各层次的组织单元(部门)、相互关系框架等。

5. 确定工作岗位与工作职责

岗位的划分要有相对的独立性,同时还要考虑合理性与完成的可能性等;还要相应地确定各岗位的工作职责,总的工作职责能满足项目工作内容的需要,并做到权责一致。

6. 人员配置

确定详细的各项工程项目职能管理工作任务,并将工作任务落实到人员和部门。

7. 工作流程与信息流程设计

建立工程项目管理组织各个职能部门的管理行为规范和沟通准则,形成工程项目管理规范,作为工程项目管理组织内部的规章制度。组织结构形式确定后,大的工作流程基本明确,但具体的工作流程与相互之间的信息流程要在工作岗位与工作职责明确后才能确定下来。

8. 制订考核标准

为保证项目目标的最终实现和工作内容的全部完成，必须对组织内各岗位制订考核标准，包括考核内容、考核时间、考核形式等。

管理组织确定的工作流程对这些动态关系进行了形象的描绘，如图3-1所示。

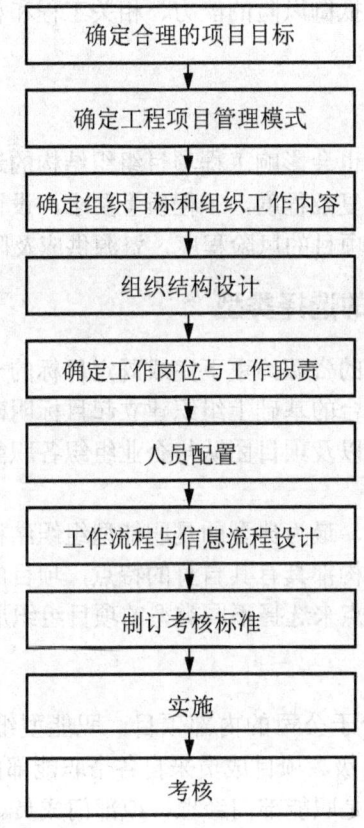

图 3-1 工程项目组织建立的步骤示意图

3.2 工程项目组织结构的选择

3.2.1 工程项目组织结构选择的影响因素

工程项目组织策划考虑的主要因素包括以下三个方面。

1. 业主方工程项目组织建立的影响因素

业主方工程项目组织建立的影响因素包括管理水平和具有的管理力量、期望对工程管理的介入深度、业主对工程师和承包商的信任程度、对工程的质量和工期的要求等。

例如，业主方工程项目组织建立应考虑的主要内容应该包括如何实施该项目，业主如何管理该项目，控制到什么程度，总体确定哪些工作由企业内部组织完成，哪些工作由承包商或管理公司完成，业主准备面临多少承包商，业主准备投入多少管理力量，采用什么样的材料和设备供应方式等。

2. 承包商工程项目组织建立的影响因素

承包商工程项目组织建立的影响因素应考虑承包商的能力、资信与经验，如是否具备施工总承包的能力，总承包商抵御风险的能力、相关工程和相关承包方式的经验等，并据此建立相适应的项目管理组织。

3. 工程自身的影响因素

工程自身的影响因素往往也会影响工程项目组织结构的选择，如项目的基本结构、工程的类型、规模、特点、技术复杂程度，工程质量要求，设计深度和工程范围的确定性，工期的限制，项目的盈利性，项目的风险程度，资源供应及限制条件。

3.2.2 工程项目组织结构的选择类型

如前所述，项目是在一定的资源约束下完成既定目标的一次性任务。为了完成这一特定的任务，必须在企业这一平台的基础上组织建立起目标明确的项目管理团队。项目团队成员之间的分工与协作方式，以及项目团队与企业组织各职能部门之间的合作方式，决定了项目的组织形式。

项目组织结构类型有许多，最为典型的是职能型组织结构、项目型组织结构和矩阵型组织结构。各种类型的组织结构都具有其自身的特点，项目的组织形式决定了项目的管理模式。应当根据项目的具体特点来选择不同类型的项目组织形式。

1. 职能型项目组织形式

职能型组织结构主要适合于公司的内部项目。职能型组织结构是一个层次化的结构(图 3-2)，每个成员有明确的上级。项目成员来自各个职能部门，通常为兼职。项目经理可能由职能部门抽调，可能本身是职能部门经理，或部门成员。项目经理并非全权领导。

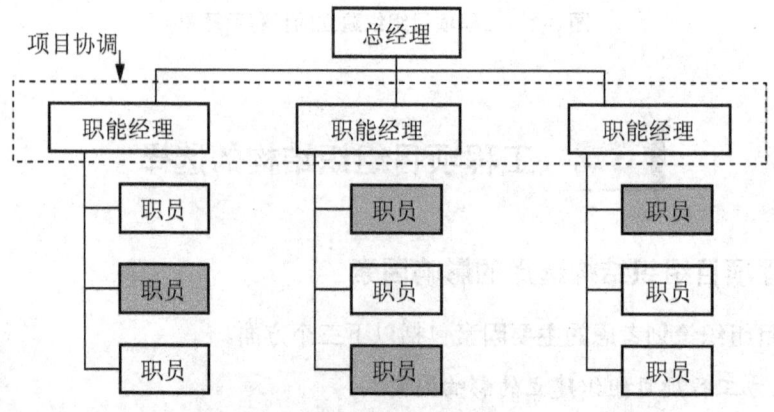

图 3-2 职能型组织结构

注：灰框表示参与项目活动的员工。

在职能型组织结构中，各职能部门负责人往往总是从本部门的利益考虑，项目协调一般比较困难。由于没有专职的项目经理全局负责，团队成员一般忠诚于自己所在的职能部门,而非客户或项目。严格地讲,这不能算作项目的组织结构,它是将项目分部分交于各职能部门人员来管理,而后由职能部门负责人来处理需要协调的问题,是在原有职能组织结构模式中进行项目的组织和实施。

职能型项目组织适合于小型项目、公司或企业内部项目的管理。

2. 项目型项目组织形式

项目型组织结构又称为项目的直线型组织结构,如图 3-3 所示。项目型组织结构中的部门全部是按项目进行设置的,每一个项目部门均有项目经理,负责整个项目的实施。系统中的成员按项目进行分配与组合,接受项目经理的领导。

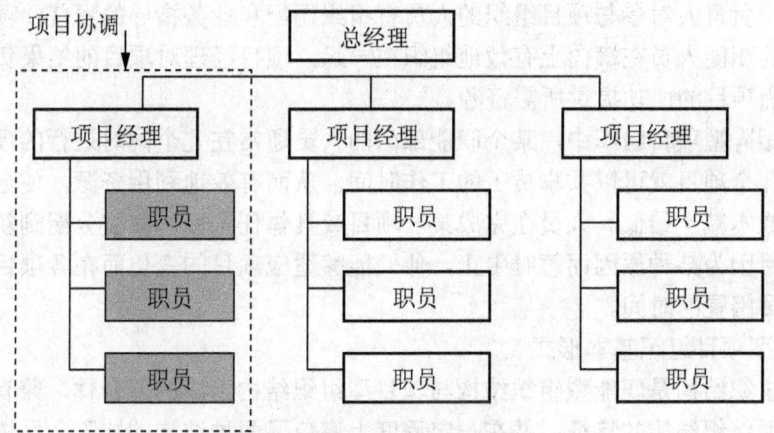

图 3-3　项目型组织结构

注:虚线内灰框表示参与项目活动的员工。

项目型组织的优点是项目组成员都是专职的,职责明确;项目目标明确,项目部门间没有利益冲突,项目团队内部能够密切合作。项目经理具有最大权限,可以快速协调,对市场、客户需求灵活响应。项目经理可以与高层领导直接沟通,避免职能部门的掣肘。

在项目型项目组织中,每个项目就如同一个微型公司那样运作。完成每个项目目标所需的所有资源完全分配给这个项目,专门为这个项目服务。专职的项目经理对项目团队拥有完全的项目权力和行政权力。由于每个项目团队严格致力于一个项目,所以,项目型项目组织的设置完全是为了有效地对项目目标和客户的需要做出反应。在项目型项目组织中,项目团队的所有成员都为项目经理工作,因此项目经理可以完全控制资源,不会与其他项目在优先次序及资源问题上发生冲突。

项目型项目组织的缺点是资源配置重复。每个独立的项目组织都有自己的职能部门,人力资源与知识不能共享,成员忙闲不均;项目成员缺乏职务保障,知识难以共享。

对于整个公司而言,项目型项目组织由于在多个同时进行的项目上存在任务上的重复,从而造成大量的重复劳动。资源不能共享导致项目专用的资源即使闲置不用,也无法应用于另一个同时进行的类似项目。此外,由于每个项目团队都是独立的,团队成员完全效力于自己的团队,这种结构没有职能部门进行职业技能和知识交流的场所。

项目型组织结构适用于那些专职从事项目,不生产标准建筑产品的企业,常见于一些涉及大型建设项目的公司,如建筑业的施工单位与安装单位。项目型组织结构尤其适合投资额大、时间跨度长的大型项目。

3. 矩阵型项目组织形式

由于职能型组织结构和型项目组织结构二者的组织结构形式和人力资源利用方式各有其优点和缺点。矩阵型项目组织综合了职能型项目组织和项目型项目组织二者的优势，是一种混合型组织结构，是职能型组织结构和项目型组织结构的混合。它既有项目型组织结构注重项目和客户(业主)的特点，也保留了职能型组织结构的职能特点。这种结构将职能与任务很好地结合在一起，既可满足对专业技术的要求，又可满足对每一项目任务快速反应的要求。项目组织与职能部门同时存在，既发挥职能部门纵向优势，又发挥项目组织横向优势。

职能部门负责人对参与项目组织的人员有组织调配和业务指导的责任，项目经理将参与项目组织的职能人员在横向上有效地组织在一起。项目经理对项目的结果负责，而职能经理则负责为项目的成功提供所需资源。

在一个矩阵型项目组织中，某个职能部门的人员通常在几个同时进行的项目中兼职工作，这样，几个项目就可以共享员工的工作时间，从而有效地利用资源，使全公司及每个项目的全面成本减至最低。人员在完成某一项目或具体任务后，就被分配到新的项目中。如果某一项目因为某种原因而暂时中止，他们能够适应项目的变化而在各项目之间流动，从而减少人员闲置的时间。

1) 矩阵型项目组织基本形式

矩阵型组织结构是职能型组织结构与项目型组织结构组成的混合体，兼有职能型组织结构和项目型组织结构的特征，并在一定程度上避免了两种结构的缺陷，发挥两种组织结构的优势，如图3-4所示。

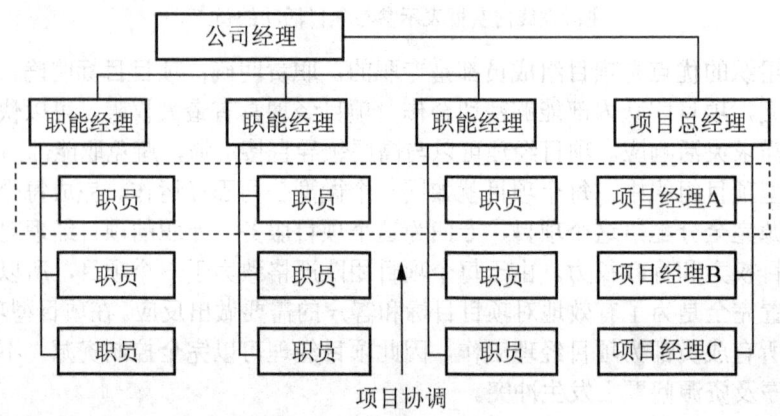

图3-4 矩阵型组织结构

矩阵型项目组织的优点是最大限度地利用了组织的资源。项目经理为专职，有较大权限调动职能部门资源。矩阵型项目组织具有灵活性，能够对客户需求做出快速反应。公司可以对资源进行总体平衡，保证多个项目都能完成目标。项目组成人员在项目结束后有职务保障。

矩阵型项目组织的缺点是多项间同时竞争资源，职能经理与项目经理易发生矛盾；成员在组织上是双重领导，兼双重职能，当项目经理与职能经理的指令发生冲突时，往往无所适从，对项目产生影响；项目经理更注重项目成败，而不注重企业利益，项目部门与职能部门职责不清，易造成混乱和低效率。

由于矩阵型组织结构中的项目团队成员有两个汇报关系：有关项目的临时情况，他们向项目经理汇报；但同时，在行政管理方面，仍要向他们的职能经理汇报，分配某个成员同时在数个项目中工作，这个成员就会有若干个经理，因此，可能会由于工作的优先次序而产生冲突。应用矩阵型组织结构，公司一定要制定工作纲领，保证项目经理和职能经理之间的恰当的权力平衡。矩阵型组织结构适用于同时承担多个项目，而且各个项目的资源具有共享性的企业。

矩阵型项目组织适合跨专业、技术较为复杂、风险较大型项目。

2) 矩阵型项目组织的类型

矩阵型项目组织可根据项目经理权限大小，分为以下三种类型。

(1) 弱矩阵结构。弱矩阵结构(图 3-5)特征接近于职能型组织结构特征。项目经理的权力小于职能经理的权力。

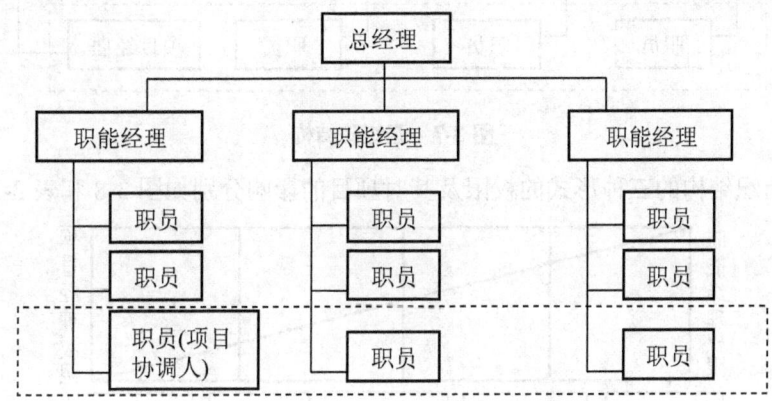

图 3-5 弱矩阵结构

(2) 平衡矩阵结构。平衡矩阵结构(图 3-6)在弱矩阵结构的基础上，指定一名项目经理，负责项目的管理，其他各部门委派的协调人不仅要向本部门报告，在项目过程中还要向项目经理报告，项目经理有一定的权力安排参加者的工作。

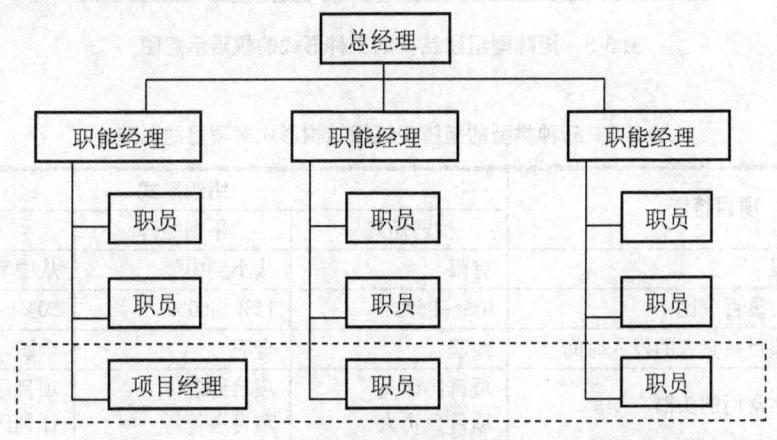

图 3-6 平衡矩阵结构

(3) 强矩阵结构。强矩阵结构(图 3-7)特征接近于项目型组织结构特征。项目经理的权力大于职能经理的权力。

强矩阵结构在平衡矩阵结构的基础上,增加与各职能部门平行的专门的项目管理办公室,负责企业内的项目管理,专职的项目经理都归项目管理办公室管理。项目经理不是根据项目临时任命,而是成为常设岗位,这样从组织上、人员上都使项目管理得到了保障。

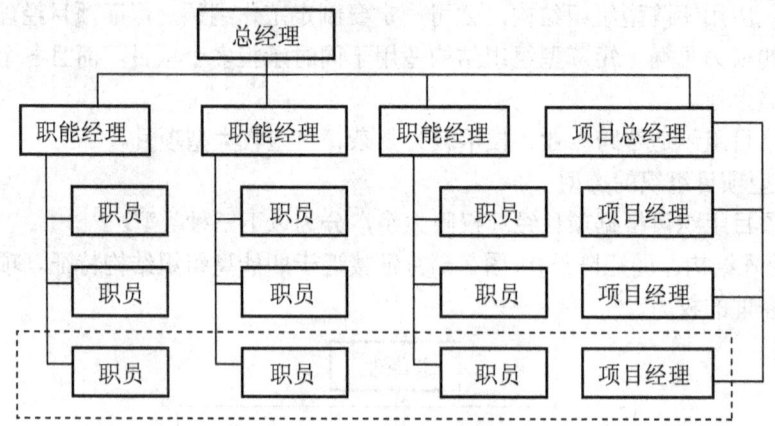

图 3-7　强矩阵结构

矩阵型组织结构的三种形式的权限及其对项目的影响分别如图 3-8 和表 3-3 所示。

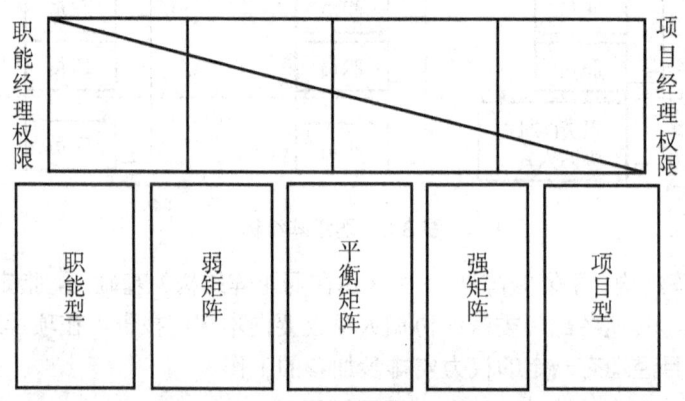

图 3-8　矩阵型组织结构的三种形式的权限示意图

表 3-3　三种类型的矩阵型组织结构形式对项目的影响

项目特征	组织形式		
	弱矩阵	平衡矩阵	强矩阵
项目经理权限	有限	从小到中等	从中等到大
组织中全职人员百分比	0%~25%	15%~60%	50%~95%
项目经理、项目负责人的投入时间	兼职	全职	全职
项目经理人名常用的头衔	项目协调员 项目负责人	项目经理 项目主管	项目经理 计划经理
项目管理行政人员投入项目的时间	兼职	兼职	全职

3.2.3 项目组织结构选择的基本原则

每一种组织结构形式都有其优点、缺点和适用条件，对不同的项目，应根据项目具体目标、任务条件、项目环境等因素选择最合适的组织结构形式。

职能型组织结构适用于项目规模小、专业面窄、以技术为重点的项目。

如果一个组织经常有多个类似的、大型的、重要的、工期长的项目，应采用项目型组织结构。

如果一个组织经常有多个内容差别较大、技术复杂、要求利用多个职能部门资源时，比较适合选择矩阵型组织结构。

项目组织结构是实施项目管理的一个基本手段，也是开展项目管理工作的基础。针对具体的项目情况和实施要求选择合适的组织结构至关重要。一般来说，职能型组织结构比较适用于一个企业内部项目的运作，对于以承担外部客户(业主)为主要经营业务的单位而言并不合适；而项目型组织结构由于存在着严重的资源浪费，通常只运用在大型的、复杂的且周期较长的项目中；对于众多的项目型企业而言，根据其既需要以项目为导向、又需要充分利用现有资源充分共享的特点，矩阵型项目组织形式及其对应的矩阵型管理模式是应用较多的一种组织结构。

选择项目管理组织形式的基本原则如表3-4所示。

表3-4 选择项目管理组织形式的基本原则

项目性质	施工企业类型	企业人员素质	企业管理水平	项目组织形式
大型项目、复杂项目、工期紧的项目	大型综合建筑企业，有得力的项目经理的企业	人员素质较强，专业人才多，职员的技术素质较高	管理水平较高、基础工作较强，管理经验丰富	职能型
小型项目、简单项目、只涉及少数部门的项目	小建筑企业、任务单一的企业、大中型基本保持直线职能的企业	素质较差，力量单薄，人员构成单一	管理水平较低，基础工作较差，项目经理人员难找	项目型
多工种、多部门、多技术配合的项目，管理效率要求很高的项目	大型综合建筑企业，经营范围宽，实力强	文化素质、管理素质、技术素质很高，管理人才多，人员一专多能	管理水平较高，管理渠道畅通，信息沟通灵敏，管理经验丰富	矩阵型

3.3 工程项目组织承发包模式的确定

3.3.1 DBB 模式

设计-招标-建造模式(Design-Bid-Build，DBB)模式是一种传统的模式，在国际上通用。世界银行、亚洲开发银行贷款项目和采用国际咨询工程师联合会(FIDIC)合同条件的项目均采用这种模式。这种模式突出的特点是强调工程项目的实施必须按设计—招标—建造的顺序进行，只有一个阶段结束后另一个阶段才能开始。这种模式要求业主与设计机构(建筑师/工程师)签订专业服务合同，建筑师/工程师负责提供项目设计和施工文件。在设计机构的协助下，通过竞争性招标将工程施工任务交给报价和质量都满足要求且/或最具资质的投标人(总承包商)来完成。在施工阶段，设计人员通常担任重要的监督角色，并且是业主与承包商沟通的桥梁。

在这种模式中，业主委托建筑师/工程师进行前期的各项工作，如投资机会研究、可行性研究等，待项目评估立项后再进行设计。在设计阶段的后期进行施工招标的准备，随后通过招标选择施工承包商。业主还在项目前期委托或用招标的方式选择监理单位并签订管理合同；监理单位的监理工程师协助业主进行整个施工项目发包及招标准备，编制招标文件，确定承包人，签订施工总包合同，并在合同执行过程中对合同进行管理。项目业主、监理工程师、总承包商三个经济上独立的单位共同来完成工程的建设任务。

国际上传统的项目管理模式如图3-9所示。

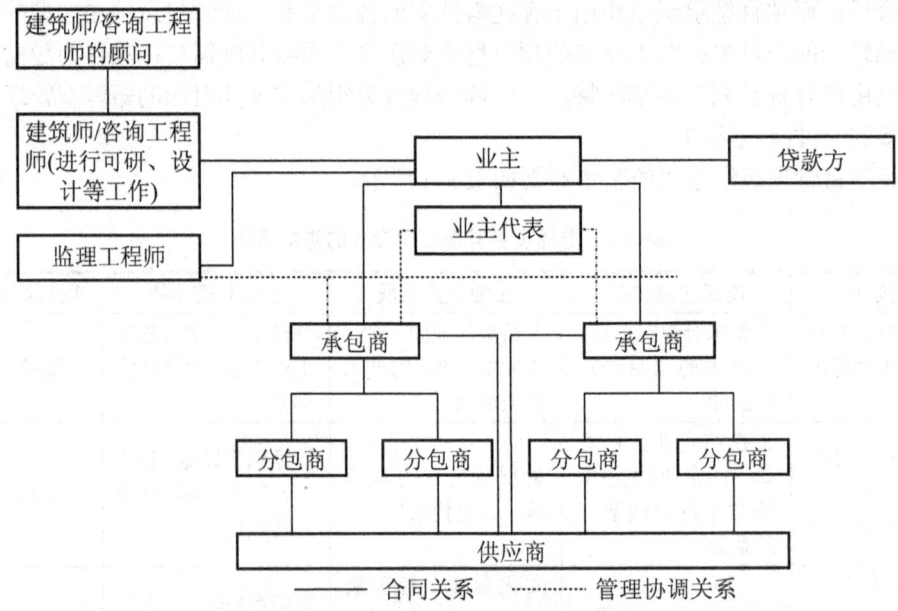

图3-9 国际上传统的项目管理模式

DBB模式的优点是，参与项目的三方即业主、咨询工程师、承包商在各自合同的约定下，各自行使自己的权利和履行义务。因而，这种模式可以使三方的权、责、利分配明确。

DBB模式的缺点是，在项目管理方面的技术基础是按照时间先后顺序进行设计、招标、施工的管理，建设周期长，投资成本容易失控，业主单位管理的成本相对较高，建筑师/工程师与承包商之间协调比较困难。由于建造商无法参与设计工作，设计变更频繁，导致设计与施工的协调困难；可能发生争端，使业主利益受损；另外，项目周期长，业主管理费较高，前期投入较高；变更时容易引起较多的索赔。

DBB模式包括以下两种典型方式。

1. 施工总包项目管理

业主只选择一个总承包商，要求总承包商承担其中主体工程，经业主同意，总承包商可以把一部分专业工程或子项工程分包给分包商。总承包商向业主承担整个工程的施工责任，并接受监理工程师的监督管理。而分包商和总承包商签订分包合同，总承包商除组织好自身承担的施工任务外，还要负责各分包商施工活动的总协调和总监督。

施工总包模式如图 3-10 所示。

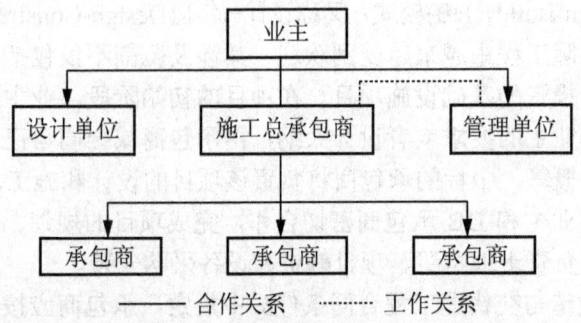

图 3-10 施工总包模式

2. 施工平行承发包项目管理

平行承发包是指项目业主将工程项目的设计、施工和设备材料采购的任务分解后分别发包给若干个设计、施工单位和材料设备供应商，并分别和各个承包商签订合同。各个承包商之间的关系是平行的，他们在工程实施过程中接受业主或业主委托的监理公司的协调和监督。在这种模式下，业主根据工程规模的大小和专业的情况，可委托一家或几家监理单位对施工进行监督和管理。业主采用这种建设方式的优点在于可充分利用竞争机制，选择专业技术水平高的承包商承担相应专业项目的施工，从而取得提高质量、降低造价、缩短工期的效果。但和总包模式相比，业主的管理工作量会增大。

平行承发包项目管理模式是目前我国大中型工程建设中广泛使用的一种建设管理模式，如图 3-11 所示。

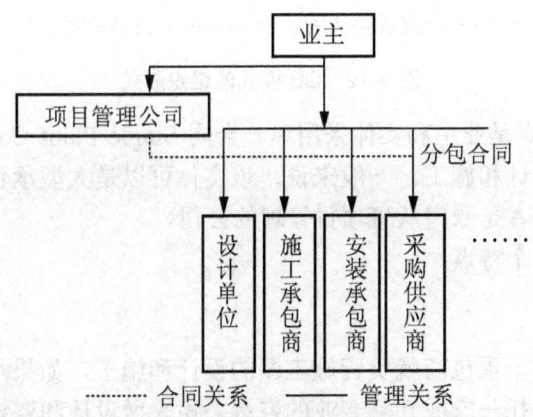

图 3-11 施工平行承发包示意图

平行承发包模式的优点是发包结构简单，隶属关系明确。

平行承发包模式的缺点是业主管理工作量大，需要多次招标，业主必须负责各承包商之间的协调。业主需要有较强的项目管理能力，由于业主管理跨度大，协调困难，因此，项目的计划和设计必须细致、周全，前期时间较长。此外，采用平行承发包模式，容易出现各分包机构推诿责任，工程纠纷复杂，各阶段、各专业易出现管理断层等情况。

3.3.2 DB模式

设计-建造(Design-Build，DB)模式，又称设计-施工(Design-Construction，DC)模式。DB模式的管理方式在国际工程中越来越受到欢迎，其涉及范围不仅包括私人投资的项目，而且也广泛运用于政府投资的基础设施项目。在项目的初始阶段，业主邀请一位或者几位有资格的承包商，根据业主的要求或者设计大纲，由承包商或会同自己委托的设计咨询公司提出初步设计和成本概算。中标的承包商将负责该项目的设计和施工。

在DB模式中，业主和DB承包商密切合作，完成项目的规划、设计、成本控制、进度安排等工作，甚至负责土地购买、项目融资和设备采购安装。

FIDIC《设计-建造与交钥匙工程合同条件》中规定，承包商应按照业主的要求，负责工程的设计与实施，包括土木、机械、电气等综合工程以及建筑工程。

DB模式的组织形式如图3-12所示。

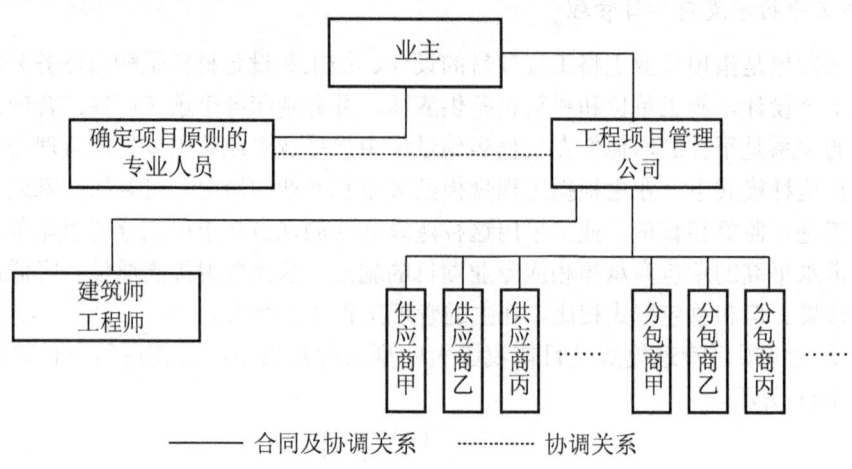

图3-12 DB模式的组织形式

DB模式的主要特点是业主和实体采用单一合同(Single Point Contract)的管理方法，由实体负责实施项目的设计和施工。一般来说，该实体可以是大型承包商、具备项目管理能力的设计咨询公司，或者是专门从事项目管理的公司。

这种模式主要有两个特点。

1. 高效性

一旦合约签订以后，承包商就负责施工图的设计和施工，如果承包商本身不具备设计能力和资质，就需要委托一家或几家专业的咨询公司来做设计和咨询，承包商作为甲方的身份进行设计管理和协调，使得设计既符合业主的意图，又有利于施工和节约成本。

2. 责任单一性

承包商对项目建设负有全部的责任，既避免了工程建设中各方相互推诿，也可以提高管理水平，科学管理创造效益。相对于传统的管理方式而言，承包商拥有更大的权利，不仅可以选择分包商和材料供应商,而且还有权选择设计咨询公司,但最后需要得到业主的认可。

在这种模式中,总承包商与业主签订设计-施工总承包合同,向业主负责整个项目的设计和施工。这种模式把设计和施工紧密地结合在一起,能起到加快工程建设进度和节省费用的作用,并使施工方面的新技术结合到设计中去,也可加强设计施工的配合和设计施工的流水作业。

3.3.3 CM 模式

1. CM 模式概述

CM 模式在国内被译为建设工程管理模式。CM 模式的全称为 Fast-Track-Construction Management,又称快速路径法,主要的特征为工程项目的"边设计,边招标,边施工"。这种承发包模式特别适用于实施周期长、工期要求紧迫的大型复杂建设项目。CM 模式和传统的总承包方式相比,其不同之处在于不用等全部设计完成后才开始施工招标,而是在初步设计完成以后,在工程详细设计进行过程中分阶段完成施工图纸,如基础土石方工程、上部结构工程、金属结构安装工程等均能单独成为一套分项设计文件,分批招标发包。

CM 模式在美国、加拿大、欧洲和澳大利亚等许多国家,广泛地应用于大型建筑项目的承发包和项目管理上。在 20 世纪 90 年代进入我国之后,CM 模式得到了一定程度上的应用,如上海证券大厦建设项目、深圳国际会议中心建设项目等。采取此管理模式,业主从项目决策阶段就聘请具有工程经验的咨询人员参与到项目实施过程中,为设计专业人员(建筑师)提供施工方面的建议,并负责施工过程的管理。

这种管理模式是从开始阶段就雇用具有施工经验的 CM 单位参与到建设工程实施过程中,业主委托一建设工程管理的代理人——建设经理(CM 经理),他作为业主的代理人,有权为业主选择设计人和承包商,并以业主的名义进行工作,业主则对代理人的一切行为负责,以便为设计人员提供施工方面的建议且随后负责管理施工过程。这种模式改变了过去那种设计完成后才进行招标的传统模式,采取分阶段发包,由业主、CM 单位和设计单位组成一个联合小组,共同负责组织和管理工程的规划、设计和施工,CM 单位负责工程的监督、协调及管理工作,在施工阶段定期与承包商会晤,对成本、质量和进度进行监督,并预测和监控成本和进度的变化。当然业主和代理人之间也有委托合同,代理人必须在委托合同规定的范围内工作。采用 CM 模式,关键问题要选择建设经理,一般要求建设经理精通设计、施工、商务、法律、管理,并具有丰富的经验和优良的信誉。

CM 模式可以适用于设计变更可能性较大的建设工程、时间因素最为重要的建设工程、因总的范围和规模不确定而无法准确定价的建设工程。采用 CM 模式,项目业主把具体的项目建设管理的事务性工作通过市场化手段委托给有经验的专业公司,不仅可以降低项目建设成本,而且可以集中精力做好公司运营。所以,该模式符合我国建筑市场发展的需要,在我国的建设市场得到广泛应用。

2. CM 模式基本类型

从国际上的应用实践看,CM 的应用模式多种多样,业主委托工程项目管理公司(简称 CM 公司)承担的职责范围非常广泛,也非常灵活。根据合同规定的 CM 经理的工作范围和角色，CM 模式可分为代理型建设管理(Agency CM)和风险型建设管理(At Risk CM)两种方式。

1) 代理型建设管理方式

在这种方式中，CM 经理是业主的咨询和代理。业主和 CM 经理的服务合同规定费用是固定酬金加管理费。业主在各施工阶段和承包商签订工程施工合同。业主选择代理型 CM 主要是因为其在进度计划和变更方面更具有灵活性。采用这种方式，CM 经理可只是提供项目某一阶段的服务，也可以提供全过程服务。无论施工前还是施工后，CM 经理与业主都是信用委托关系，业主与 CM 经理之间的服务合同是以固定费和比例费的方式计费。施工任务仍然通过投竞标来实现，由业主与承包商签订工程施工合同。CM 经理为业主管理项目，但他与专业承包商之间没有任何合同关系。因此，对于代理型 CM 经理而言，经济风险最小，但是声誉损失的风险很高。

2) 风险型建设管理方式

在这种方式中 CM 经理同时担任施工总承包商，业主通常要求 CM 经理提出保证最高成本限额(Guaranteed Maximum Price，GMP)，以保证业主的投资控制，如最后结算超过 GMP，则由 CM 公司赔偿；如最后结算低于 GMP，节约的投资则归业主所有，但 CM 公司由于额外承担了保证施工成本风险，因而能够得到额外的收入。在这方式中，业主的风险减少，而 CM 经理风险增加。风险型 CM 经理实际上处于一个总承包商位置，与各专业承包商间有直接的合同关系，并负责使工程以不高于 GMP 的成本竣工，这与代理型 CM 经理有很大不同，工程成本越接近 GMP 上限，他的风险越大。

以上两种组织方式如图 3-13 所示。

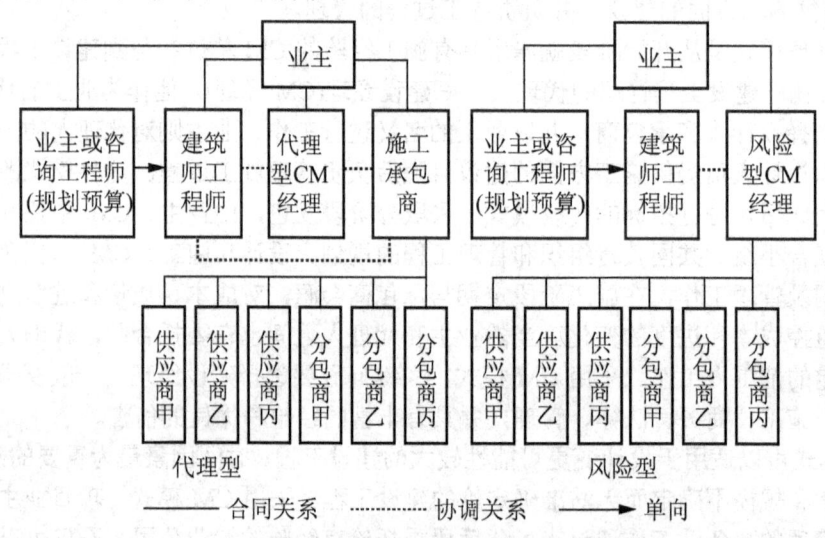

图 3-13　CM 模式的两种组织形式

3. CM 模式的优缺点

1) CM 模式的优点

(1) 建设周期短。这是 CM 模式的最大优点，它打破了传统的设计—施工关系，缩短工程从规划、设计、施工到交付业主使用的周期，即采用快速路径方法实现有条件的"边设计、边施工"。设计与施工之间在时间上产生了搭接，提高了项目的实施速度，缩短了项目施工工期。

(2) CM 经理的早期介入。CM 模式改变了传统管理模式中依靠合同调解的做法，依赖建筑师和(或)工程师、CM 经理和承包商在项目实施中的合作，CM 经理与设计单位是相互协调关系，CM 单位在一定程度上不是单纯按图施工，可以通过合理化建议来影响设计。

2) CM 管理模式的缺点

(1) 对 CM 经理的要求较高。CM 经理所在单位的资质和信誉都应该比较高，而且是具备高素质的从业人员。

(2) 分项招标导致承包费高。

3.3.4 EPC 模式

在设计-采购-建设(Engineering-Procurement-Construction，EPC)模式中，设计不仅包括具体的设计工作，而且可能包括整个建设工程内容的总体策划以及整个建设工程实施组织管理的策划和具体工作；也不是一般意义上的建筑设备材料采购，而更多是指专业设备、材料的采购；建设的内容包括施工、安装、试车、技术培训等。因此，EPC 合同条件更适用于设备专业性强、技术性复杂的工程项目，FIDIC《设计采购施工(EPC)/交钥匙工程合同条件》前言中认为，这种合同条件可适用于以交钥匙方式提供加工或动力设备、工厂或类似设施或基础设施工程或其他类型开发项目。这种方式使项目的竣工价格和竣工工期具有更大程度的确定性；由承包商承担项目的设计和实施的全部职责，业主介入少。

EPC 模式的工程项目管理模式如图 3-14 所示。

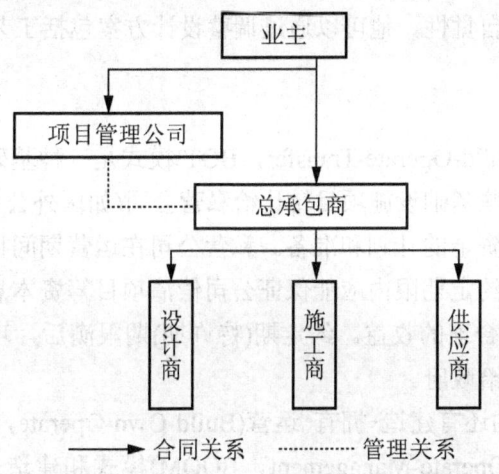

图 3-14 EPC 模式的工程项目管理模式

EPC 工程项目管理有以下主要特点。

(1) 业主将工程设计、采购、施工和试车工作全部委托给工程总承包商负责组织实施，业主只负责整体目标的管理和控制。

(2) 业主可以自行组建管理机构，也可以委托专业的项目管理公司代表业主对工程进行整体的、原则的、目标的管理和控制。业主介入实施程度较低，总承包商能发挥主观能动性。

(3) 业主把管理风险转移给总承包商，因而，工程总承包商在经济和工期方面要承担更多的责任和风险，同时承包商也拥有更多获利的机会。

(4) 业主只与工程总承包商签订工程总承包合同。设计、采购、施工的组织实施是统一策划、统一组织、统一指挥、统一协调和全过程控制的。工程总承包商可以把部分工作委托给分包商完成，分包商的全部工作由总承包商对业主负责。

EPC模式适用一般规模均较大、工期较长，且具有相当的技术复杂性的工程，如工厂、发电厂、石油开发等基础设施。在EPC模式下，传统模式中的外界(包括自然)风险，经济风险一般都要求由承包商来承担，因此，承包商在EPC模式下的报价要比在传统模式下的报价高得很多。

具体来说，总承包方式具有以下的优点：业主转嫁了风险，业主的管理相对简单，因为由单一总承包商牵头，承包商的工作具有连贯性，可以防止设计者与施工者之间推诿责任，提高了工作效率，减少了协调工作量。由于总价固定，基本上不用再支付索赔及追加项目费用。此外，业主管理工作简洁方便，主要体现在招标次数大大减少，通过全包可以减少业主面对的承包商数量，业主经济责任小，面对的纠纷少，同时也有利于承包商进行集中、专业化的管理。

总承包方式具有以下的缺点：业主招标时对工程项目范围缺少详细、精确的定位。增加了造价容易产生总承包商投标报价的风险，主要是由于承包商获得业主变更令以及追加费用的弹性也很小。EPC模式给承包商提供了相当大的弹性空间，但同时也给承包商带来了一定的风险。必须对总承包商的资信、实力、抗风险能力做出准确的评估。实际上，质量的保障全靠承包商的自觉性，他可以通过调整设计方案包括工艺等来降低成本。

3.3.5 BOT模式

建造-运营-转让(Build-Operate-Transfer，BOT)模式是一种基础设施建设管理的方式。它是经政府特许，将某些基础设施项目转让给私营公司(如国外公司)去融资、建造和运营，而不需要政府负责项目资金的计划和准备。私营公司在运营期间拥有对所建造项目的所有权和管理权，在运营的约定期限内应能保证公司偿清项目筹资本息，为项目主办人及其他持股人的股本投入赢得合理的收益。约定期(特许期)期限满后，项目的所有权与管理权就由特许的私营公司转让给政府。

和BOT模式类似的还有建造-拥有-运营(Build-Own-Operate，BOO)模式、建造-拥有-运营-管理(Build-Own-Operate-Management，BOOM)模式和建造-拥有-运营-转让(Build-Own-Operate-Transfer，BOOT)模式。BOT模式一般适用于道路、桥梁、交通隧道、供水、港口、水电站、电信等基础设施建设。

迄今为止，BOT模式主要用于基础设施项目，包括发电厂、机场、港口、收费公路、隧道、电信、供水和污水处理设施等，这些项目都是一些投资较大、建设周期长和可以自己运营获利的项目。已进行的发达国家和地区的BOT项目如横贯英法的英吉利海峡海底隧道工程、澳大利亚悉尼港海底隧道工程、香港东区海底隧道项目等。目前，在许多发展中国家，如中国、马来西亚、巴基斯坦、菲律宾、泰国等都有成功运用BOT模式的项目，如马来西亚的南北高速公路及菲律宾那法塔斯(Novotas)一号发电站、中国广东深圳的沙角火力发电厂B厂等成功案例。

1. BOT模式的各参与方

(1) 东道国政府/政府部委。他们是工程项目的最终所有者。一般首先是国家政府邀请一些私营公司(如国外财团、公司)提交项目实施和特许建议书,再选择、谈判并达成项目建设协议。

(2) 特许或私营项目公司。BOT项目都是由一个特许或私营项目公司主办,公司既可在项目经营期内拥有特许权,也可出租。公司一般是由施工承包商、设备供应商及维修和经营项目的公司所组成的公司联合体。由于BOT项目开发费用高,因此在项目开始获得收益之前,公司联合体的各个成员之间应就其各自承担的费用额达成协议,以便有关各方,包括政府、项目公司、供应商、金融机构及其他投资贷款人和保险公司、负责经营的公司等进行协商。在很多情况下,公司中有许多不直接参与项目的股东,如保险公司、金融机构或项目所在地政府。

(3) 施工联合集团。BOT项目都是大型工程项目,许多已建BOT项目基本上是由国际公司组织和协调的。施工联合集团公司可来自不同的国家,当地或地区性公司可作为分包商参与项目。

在BOT模式中,政府和承包商(特许或私营项目公司)间的特许合同是核心,它明确了在特许期内政府和承包商的权利与义务,反映了双方的风险与回报。特许合同的内容涉及项目的产品性能和质量、建设投资与资产寿命、竣工日期及合作期限、产品价格及价格调整、资本结构和资本回报、原料供应、不可抗力、移交条件及仲裁等事项。

BOT项目的实施是由承包商完成的,但项目成本的最终承担者是用户,项目的最终拥有者是政府,为保证质量,降低成本,政府对项目实施监督。

BOT模式典型结构框架如图3-15所示。

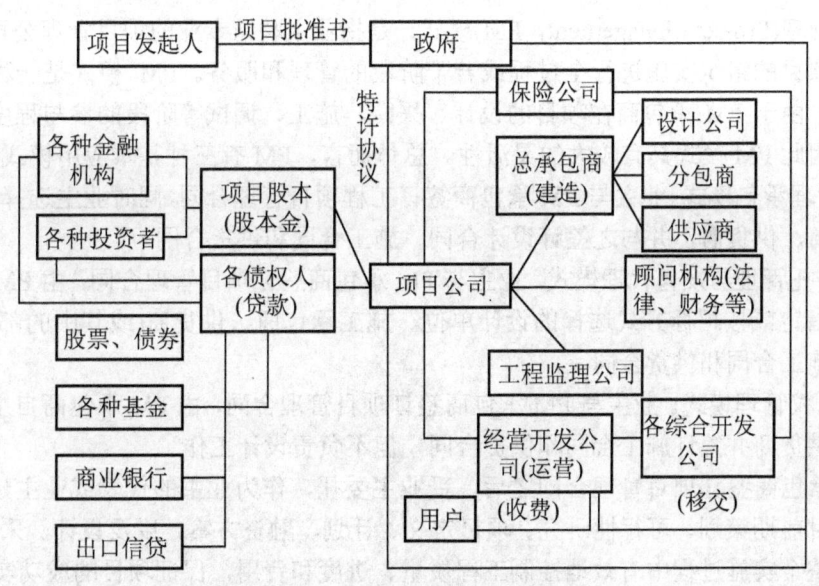

图3-15 BOT模式典型结构框架

2. BOT 模式的优缺点

1) BOT 模式的优点

(1) 私人融资拓宽了投资渠道。BOT 模式在国际上已经成为基础设施建设的重要投资方式，是政府投资的重要补充。通过采取民间资本筹措、建设、经营的方式，道路、码头、机场、铁路、桥梁等基础设施项目建设的融资渠道均得到拓宽。项目融资的所有责任都转移给私人企业，减少了政府主权借债和还本付息的责任。

(2) 项目风险得到分担。BOT 模式融资使政府的投资风险由投资者、贷款者及相关联合体成员等共同分担，投资者承担了绝大部分风险。

(3) 有利于项目协调。BOT 模式组织机构简单，所以政府部门和私人企业协调容易。

(4) 回报率明确，BOT 模式严格按照中标价实施，政府和私人企业之间利益纠纷少。

(5) 利于提高项目运作效率。由于项目资金投入大、周期长，民间资本为了降低风险，获得较多的收益，客观上更注重加强管理，控制造价。

(6) 利于引进先进技术和管理经验。BOT 项目通常由外国的公司来承包，带来先进的技术和管理经验，既给本国的承包商带来较多的发展机会，也促进了国际经济的融合。

2) BOT 模式的缺点

(1) 招投标费用高。政府和私人企业之间需要经过一个长期的调查了解、谈判和磋商过程，因此项目前期过长，使招投标费用过高。

(2) 投资方和贷款人风险大。融资过程审批十分严格，花费时间长。

(3) 参与项目各方存在利益冲突，对融资造成障碍。

(4) 在项目特许经营期内，政府对项目失去控制权。

3.3.6 PM 模式

1. PM 模式的内涵

项目管理(Project Management，PM)模式，是指业主聘请专业的项目管理公司，代表业主对工程项目的组织实施进行全过程或若干阶段的管理和服务。PM 模式是一种新的项目建设方式，由于 PM 承包商在项目的设计、采购、施工、调试等阶段的参与程度和职责范围不同，因此 PM 模式具有较大的灵活性。总体而言，PM 有三种基本应用模式。

(1) 管理承包模式。业主与 PM 承包商签订工程项目管理合同，同时业主选择设计单位、施工承包商、供货商，并与之签订设计合同、施工合同和供货合同。

(2) 委托管理与发包代理模式。业主与 PM 承包商签订项目管理合同，由 PM 承包商分别与业主指定或按招标方式选择的设计单位、施工承包商、供货商(或其中的部分)签订设计合同、施工合同和供货合同。

(3) 全权管理模式。业主与 PM 承包商签订项目管理合同，由 PM 承包商自主选择施工承包商和供货商并签订施工合同和供货合同，但不负责设计工作。

PM 承包商签订项目管理合同之后，受业主委托，作为业主的代表或业主延伸，帮助业主在项目前期策划、可行性研究、项目定义、计划、融资方案，以及设计、采购、施工、试运行等整个实施过程中有效地控制工程质量、进度和费用，保证项目的成功实施。

2. PM 模式的特点

PM 模式一般具有以下特点。

(1) 利于业主的宏观控制。业主把设计管理、投资控制、施工组织与管理、设备管理等承包给 PMC 承包商，把繁重而琐碎的具体管理工作与业主剥离，较好地实现工程建设目标。

(2) 利于 PM 公司管理技术的改进。这种模式管理组织相对固定，能积累整套管理经验，并不断改进和发展，使经验、人员、程序等得以继承和积累，形成专业管理队伍，同时可减少业主的管理工作，有利于项目建成后的人员安置。

(3) 通过工程设计优化降低项目成本。PM 承包商运用自身的技术优势，会根据项目的实际条件，对整个项目进行全面的技术经济分析与比较，本着技术先进、功能完善、经济合理的原则对整个设计进行优化。

(4) 利于项目融资和项目风险分散。先于项目进行融资和风险分担是 PM 模式的另一个非常重要的特征。协助业主进行项目融资是 PM 模式的重要工作，项目融资确实是 PM 项目管理方式的重要内容。PM 模式在项目融资和项目风险分散等方面有许多好的做法，适应了目前大型国际工程多项目、高融资、低风险要求。

3. PM 模式的适用条件

PM 模式通常用于国际性的大型项目中，其适用条件主要包括以下几个方面。

(1) 项目融资超过 10 亿美元，并且有大量复杂的技术含量。
(2) 业主方面包括许多公司，甚至有政府部门介入。
(3) 需要得到商业银行或出口信贷机构的国际信贷。
(4) 业主不以原有资产进行担保。
(5) 业主意图完成项目，但是由于内部资源短缺，而难于实现。

在国内，在没有政府担保的情况下，国际银行的贷款从未超过 10 亿美元，因此采用 PM 模式有利于增强项目融资能力，增强向国际信贷金融机构融资的项目可信性。

本 章 小 结

本章主要介绍了工程项目组织的概念、项目管理组织机构的设置原则、项目管理组织机构选择的影响因素、项目组织结构选择的基本原则、工程项目承发包模式的选择以及几种典型的承发包模式如 DBB 模式、DB 模式、CM 模式、EPC 模式、BOT 模式、PM 模式等。

工程项目的业主、承包商、设计单位、材料设备供应单位都有自己的工程项目管理组织，需要选择合适的项目管理模式，这些因素形成了工程项目的管理组织系统。每一种项目管理组织结构形式和项目管理模式的选择都有其优点、缺点和适用条件，对不同的项目，应根据项目具体目标、任务条件、项目环境等因素选择最合适的组织结构形式和不同的项目管理模式。

习 题

1. 简答题

(1) 简述工程项目组织的概念。
(2) 简述项目管理组织机构的设置原则。
(3) 简述项目管理组织机构选择的影响因素。
(4) 简述项目组织结构选择的基本原则。
(5) 简述工程项目承发包模式的选择依据。
(6) 简述在典型的承发包模式中，DBB 模式、DB 模式、CM 模式、EPC 模式、BOT 模式、PM 模式的特点。
(7) 简述职能型项目组织形式的优点和缺点。
(8) 简述项目型项目组织形式的优点和缺点。
(9) 简述矩阵型项目组织形式的优点和缺点。

2. 判断题

(1) 在职能式项目组织中，团队成员往往优先考虑项目的利益。 (　　)
(2) 项目型组织结构与职能型组织结构类似，资源可实现共享。 (　　)
(3) 一般来说，职能型组织结构不适用于环境变化较大的项目。 (　　)
(4) 在项目型组织结构的公司中，其部门是按项目进行设置的。 (　　)
(5) 项目经理是项目的核心人物。 (　　)
(6) 项目经理不应该把项目的权力下放给项目团队成员。 (　　)

3. 单项选择题

(1) 容易造成多头领导的组织结构是(　　)。
　　A. 项目型　　　B. 矩阵型　　　C. 混合型　　　D. 职能型
(2) 最机动、灵活的组织结构是(　　)。
　　A. 项目型　　　B. 矩阵型　　　C. 混合型　　　D. 职能型
(3) 矩阵型组织结构的最大优点是(　　)。
　　A. 沟通更加容易　　　　　　　B. 报告更加方便
　　C. 改进了项目经理对资源的控制　D. 高级管理层对项目的了解更加直接
(4) 根据项目专业特点，将项目直接安排到公司某一部门内进行，这种组织形式属于(　　)。
　　A. 混合型　　　B. 项目型　　　C. 职能型　　　D. 矩阵型
(5) 对于跨行业风险较大、技术较为复杂的大型项目应采取(　　)组织结构来管理。
　　A. 矩阵型　　　B. 职能型　　　C. 项目型　　　D. 混合型

(6) 项目型组织结构适用于( )。
　　A．项目的不确定因素较多，同时技术问题一般
　　B．项目的规模较小，但是不确定因素较多
　　C．项目的规模较大，同时技术创新性强
　　D．项目的工期较短，采用的技术较为复杂
(7) 项目经理在以下( )组织形式中权力较大。
　　A．职能型　　　B．项目型　　　C．矩阵型　　　D．混合型

4. 多项选择题

(1) 项目干系人包括( )。
　　A．项目经理　　B．供货商　　　C．业主　　　　D．客户
(2) 项目经理的职责包括( )。
　　A．计划　　　　B．组织　　　　C．激励　　　　D．控制
(3) 职能型组织结构的优点有( )。
　　A．沟通简单　　　　　　　　　B．有利于提高部门的专业化水平
　　C．最大限度地利用了资源　　　D．每个项目成员都有明确的责任和权利
(4) 项目型组织的缺点有( )。
　　A．每个项目成员有两个领导　　B．资源配置重复，管理成本高
　　C．需要平衡权利　　　　　　　D．项目成员要担心项目结束后的生计
(5) 采用职能型组织结构，可能会出现的情形有( )。
　　A．项目团队成员都对其参与的项目直接负责
　　B．项目团队成员更关注所属部门的工作，而不是项目的目的
　　C．对客户的需求反应迟缓
　　D．项目团队成员在项目结束后回到所属部门
(6) 项目经理具有的权利包括( )。
　　A．挑选项目团队成员　　　　　B．制定项目的有关决策
　　C．对项目团队的资源进行分配　D．决定项目的预算

第4章

项目经理与项目经理部

教学目标

本章主要讲述项目经理选择与项目经理部组建的基本原则。通过本章学习,应达到以下目标:

(1) 理解工程项目的项目经理的概念与内涵;
(2) 熟悉项目管理实施规划的基本内容和要求;
(3) 掌握工程项目经理的权力与责任。

教学要求

知识要点	能力要求	相关知识
工程项目的项目经理	(1) 理解工程项目的项目经理的概念与内涵 (2) 熟悉项目经理责任制 (3) 掌握工程项目经理的权力与责任	(1) 业主方项目经理 (2) 施工单位项目经理 (3) 设计单位项目经理 (4) 项目经理的能力要素 (5) 项目经理的选聘方式 (6) 项目经理责任制
项目经理部的概念及性质	(1) 理解项目经理部的概念 (2) 熟悉项目经理部的性质	(1) 项目经理部的组建原则 (2) 施工项目经理部的等级划分 (3) 大、中型项目经理部结构
项目管理规划大纲与项目管理实施规划的区别和联系	(1) 理解项目管理规划大纲的基本内容和要求 (2) 熟悉项目管理实施规划的基本内容和要求 (3) 掌握项目管理规划大纲与项目管理实施规划的区别和联系	(1) 项目管理规划的含义 (2) 项目管理规划的种类 (3) 项目管理规划大纲的内容

基本概念

项目经理、项目经理部、项目管理规划大纲、项目管理实施规划

**引例**

某工程为南昌市某小区二期工程第六标段(G组团),包括5号、7号、9号、10号、11号、12号、13号楼共7栋楼,此工程实行项目法施工管理,委派实践经验丰富和管理水平高的人员担任项目部主要负责人,并选聘技术、管理水平高的技术人员、管理人员、专业工长组建项目部。

此项目管理层由项目经理、项目副经理、技术负责人、安全主管、质量主管、材料主管、机械主管和后勤主管组成,在建设单位、监理单位和公司的指导下,负责对本工程的工期、质量、安全、成本等实施

计划、组织、协调、控制和决策,对各生产施工要素实施全过程动态管理。

施工人员均挑选有丰富施工经验和劳动技能的正式工和合同工,分工种组成作业班组,挑选技术过硬、思想素质好的正式职工带班,为保证项目部管理层指令畅通有效,工作安排采用"施工任务书"的形式,要求签发人和执行人签字,项目管理层作为执行的监督者,施工任务书的工作内容完成后由签发人密封并签字。

项目组织机构设置如图4-1所示。

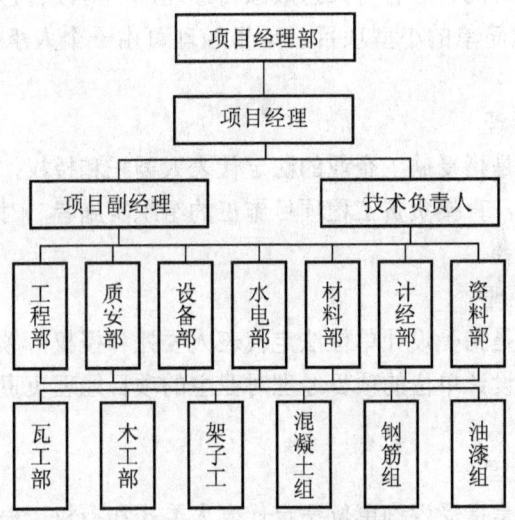

图4-1 项目组织机构设置

各职能部门主要职责分别如下。

工程部:由各分项工程工长组成,直接管理和指挥班组施工。

设备部:现场机械设备的维护、保养、运行记录。

质量安全部(质安部):质量检查、安全检查、文明施工、生活卫生检查。

资料部:资料整理、材料送检。

水电部:水电施工现场指挥。

材料部:材料采购、装卸、保管、发放。

计经部:负责工程计划、预算。

综合部:现场保卫、食堂及综合管理。

4.1 项目经理

4.1.1 工程项目的项目经理内涵

1. 项目经理概述

项目经理是对项目建设实行质量、安全、进度、成本、环保管理的责任保证体系和全面提高工程项目管理水平设立的重要管理岗位;是受企业法人代表委托对工程项目施工过程全面负责的项目管理者,是企业法定代表在工程项目上的代表人。

2. 项目经理的角色分类

1) 业主方项目经理

业主方项目经理是指受项目法人的委托和授权,领导和组织一个完整工程项目建设的总负责人。对于一些规模大、工期长且技术复杂的工程项目,由工程总负责人、工程投资控制者、进度控制者及合同管理者等人组成项目经理部,对项目建设进行全过程的管理。对于一些规模小、技术简单的小型项目,项目经理可由一个人承担,负责全过程的项目管理。

2) 施工单位项目经理

施工单位项目经理是指受施工企业的法定代表人委托和授权,在建设工程项目施工中担任项目经理岗位职务,直接负责工程项目施工的组织实施者,对建设工程项目施工全过程全面负责的项目管理者。

3) 设计单位项目经理

设计单位项目经理是指受设计单位法定代表人委托和授权,领导和组织一个完整工程项目设计的总负责人。设计单位的项目经理对业主的项目经理负责,从设计角度控制工程项目的总目标。

4) 咨询单位项目经理

咨询单位项目经理是指受咨询单位法定代表人委托和授权,根据业主需要进行全过程或其中某一阶段的咨询管理服务的总负责人。这种情况一般发生在项目比较复杂,而业主又没有足够能胜任的人员组建管理班子,因此委托咨询机构来进行项目管理,向业主提供咨询服务。

5) 其他部门项目经理

其他部门项目经理指受企业委托和授权,对项目实行指导、监督等职能的总负责人,如政府派出的项目经理、银行派出的项目经理等。

3. 项目经理的工作性质

(1) 项目计划的制订和执行的监督人。项目经理需要在项目实施前制订周全且符合实际情况的计划,包括工作的目标、原则、程序和方法。使项目组全体成员按照科学的方法协调一致地工作,取得最好效果。项目经理还应在计划实施中进行监督。

(2) 项目组织的指挥员。为了提高项目管理的工作效率,项目经理要确定项目的组织原则和形式,进行良好的组织和分工,为项目组人员提出明确的目标和要求,充分发挥每个成员的作用。

(3) 项目协调工作的纽带。项目经理是负责沟通、协调、解决各种矛盾、冲突、纠纷的关键人物。应该充分考虑各方面的合理潜在的利益,建立良好的关系。因此,项目经理是协调各方面关系使之相互紧密协作配合的桥梁与纽带。

(4) 项目信息的集散中心。项目经理通过各种渠道接收自上、自下、自外而来的信息,通过指令、报告、计划和协议等形式,对上反馈信息,对下、对外发布信息。通过信息的集散达到控制的目的,使项目管理取得成功。

4. 项目经理的权力

(1) 项目团队组建权。项目经理有权对项目组成员选择、聘任、分配任务、考核和解聘,有权根据项目需要对项目组成员进行调配、指挥,并且有权根据项目组成员表现进行奖励和惩罚。

(2) 分包单位选择权。项目经理可以参与选择并使用具有相应资质的分包人,参与选择物资供应单位。

(3) 资源的优化配置权。项目经理根据工作需要和计划安排,在财务制度允许的范围内,有权决定项目资金的投入和使用,对项目预算内的款项进行安排和支配。

(4) 工程价款的及时回收与合理使用权。

(5) 工程项目实施全过程的监控与管理权。项目经理在授权范围内协调与项目有关的内外部关系。

(6) 合理的经济分配权。在企业法人代表授权范围内,项目经理是项目管理的直接组织实施者,有权制订内部的计酬方式、分配方法、分配原则,进行合理的经济分配。

(7) 组织的法定代表人授予项目经理的其他权力。

5. 项目经理的职责

项目经理对具体的工程项目要根据合同内容,组织制订切实可行的工程实施计划,并有效地监督,创新施工工艺,对项目施工中的冲突和矛盾,权衡利弊,及时化解矛盾。另外,项目经理在公司的具体项目中要有必要的人事权和财务权,项目经理的个人收入与项目效益挂钩,可采用项目利润目标和质量目标考核制度。具体来讲,项目经理应履行职责包括以下几方面。

(1) 项目经理目标责任书规定的职责。
(2) 主持编制项目管理实施规划,并对项目目标进行系统管理。
(3) 对资源进行动态管理。
(4) 建立各种专业管理体系并组织实施。
(5) 进行授权范围内的利益分配。
(6) 收集工程资料,准备结算资料,参与工程竣工验收。
(7) 接受审计,处理项目经理部解体后的善后工作。

按照负责不同项目管理任务的项目管理部门进行分解,如图 4-2 和图 4-3 所示。

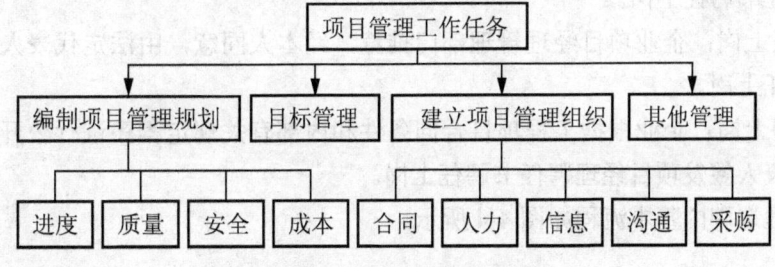

图 4-2　项目管理任务与职责

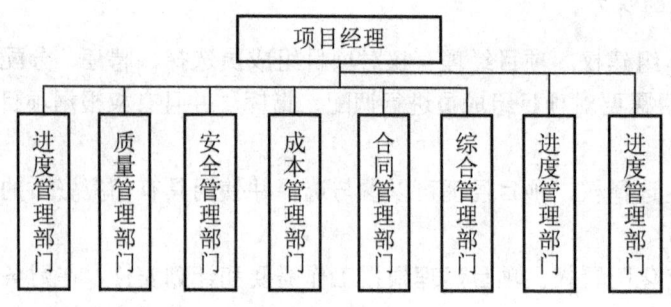

图 4-3 项目管理任务逐层分解

4.1.2 项目经理的选聘

1. 项目经理的能力要素

(1) 总体把握目标的能力。保证项目在预算范围内,按照计划的时间,实现技术目标,使客户满意。

(2) 获得项目资源的能力。项目经理需要借助工作关系和高层领导的支持,通过正常途径获得项目资源。

(3) 组织和建设项目团队的能力。项目经理需要在项目的全过程加强项目的团队建设,始终保持项目团队的活力和战斗力。

(4) 应对危机和解决冲突的能力。项目经理应了解项目冲突产生的原因并能有效解决。

(5) 谈判和广泛的沟通能力。项目经理应能够与管理人员、相关机构、项目的合作伙伴、客户包括项目组成员进行融洽的谈判和广泛的沟通。

(6) 领导和管理能力。项目经理应清楚项目的目标,并制订出一个项目总体管理计划及项目整个实施过程中的指导性文件。

(7) 技术能力。项目经理应该具有与工程项目实施相关联的专业技能。

2. 项目经理的选聘方式

企业根据工程项目的规模与特点,可采取以下三种方式择优选聘项目经理。

(1) 自荐上岗:由本人提出申请,经企业项目经理管理部门考核,由法定代表人签发项目经理聘任书聘任上岗。

(2) 委任上岗:企业项目经理管理部门推荐,经本人同意,由法定代表人签发项目经理聘任书聘任上岗。

(3) 竞聘上岗:企业根据工程项目合同条件和内部有关规定程序进行公开竞聘,中选后由法定代表人签发项目经理聘任书聘任上岗。

项目经理选聘的基本流程如图 4-4 所示。

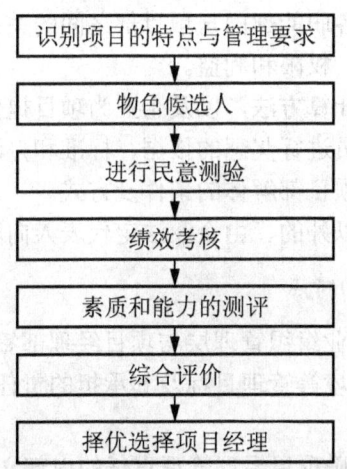

图 4-4 项目经理选聘的基本流程

4.1.3 项目经理责任制

项目经理责任制是以项目经理为责任制的施工项目管理目标责任制制度。项目经理责任制有利于明确项目经理、企业、职工三者之间的责、权、利、效关系，有助于运用经济手段强化项目的管理，有助于项目的规范化、科学化管理，提高工程质量。

项目经理责任制的作用具体如下。

(1) 项目经理责任制确定了项目经理在项目管理中的地位。

项目经理应根据企业法定代表人的授权范围时间和内容对施工项目自开工准备至竣工验收实施全过程全面管理。因此，项目经理是项目管理的核心人物，是项目管理目标的承担者和实现者，对项目的实施进行控制，既要对项目的成果目标向建设单位负责，又要对承担的效益性目标向企业负责。

(2) 项目经理责任制确定了项目经理的基本责任权限和利益。项目经理的具体责任权限和利益，由企业法定代表人通过"项目管理目标责任书"确定。

(3) 项目经理责任制确定了企业的层次及相互关系。企业分为企业管理层、项目管理层和劳务作业层。

企业管理层负责制订和健全施工项目管理制度，规范项目管理，加强计划管理，保证资源的合理分配和有序流动，并为项目生产要素的优化配置和动态管理服务；应对项目管理层的工作进行全过程的指导、监督和检查。项目管理层应做好资源的优化和动态管理，执行和服从企业管理层对项目管理工作的监督、检查和宏观调控。

4.1.4 项目管理目标责任书

工程总承包企业在任命项目经理后，应与项目经理签订项目管理目标责任书，作为考核项目经理和项目部的依据。

1. 项目管理目标责任书的主要内容

项目管理目标责任书包括以下主要内容。

(1) 规定应达到的项目安全目标、质量目标、费用目标和进度目标等。

(2) 明确工程总承包企业各职能部门与项目部之间的关系。
(3) 明确项目经理的责任、权限和利益。
(4) 明确项目所需资源、计算方法,以及企业为项目提供的资源和条件。
(5) 明确企业对项目部人员进行奖惩的依据、标准和办法。
(6) 明确项目经理解职和项目部解体的条件及方式。
(7) 规定在企业制度规定以外的、由企业法定代表人向项目经理委托的事项。

2. 项目管理目标责任书的特点

项目管理目标责任书是企业组织管理层与项目经理部签订的明确项目经理部应达到的成本、质量、进度、安全和环境等管理目标及其承担的责任,并作为项目完成后审核评价依据的文件。

项目管理目标责任书是明确项目经理管理责任的内部文件,而并非法律意义上的合同。其核心是为了完成项目管理目标。

项目管理目标责任书是约束组织和项目经理部各自行为的规范,是项目目标的具体体现,是项目经理工作的目标,是组织考核项目经理和项目经理部成员业绩的标准和依据。

项目完成之后,组织管理层应对项目管理目标责任书的完成情况进行考核,根据考核结果和项目管理目标责任书的奖惩规定,提出考核意见,应充分体现公平、公正的原则,确保目标责任书行为的约束性和管理的有效性。

4.2 项目经理部

4.2.1 项目经理部的概念及性质

以项目经理为核心,项目经理部居于整个项目组织的中心位置。建设项目能否顺利进行,取决于项目经理部及项目经理的管理水平。项目经理部一般由项目经理、项目副经理以及其他技术和管理人员组成,按项目管理职能设置部门,按项目管理流程进行工作。

项目经理部置于项目经理的领导之下。项目经理部各类人员的选聘,先由项目经理或组织人事部门推荐,或由本人自荐,经项目经理与组织法定代表人或组织管理组织协商同意后按组织程序聘任。

项目经理部的特点如下。

(1) 项目经理部在项目经理领导下,负责项目从开工到竣工的全过程施工生产经营的管理。作为项目管理的组织机构,项目经理部是企业在某一工程项目上的管理层,同时对作业层具有管理与服务双重职能。作业层工作的质量取决于项目经理部的工作质量。

(2) 项目经理部是项目经理的办事机构。项目经理部要执行项目经理的决策意图,向项目经理全面负责,为项目经理决策提供信息依据,做好参谋。

(3) 项目经理部是组织结构。其作用包括:完成企业所赋予的基本任务;凝聚管理人员的力量,调动其合作;协调部门之间的关系,发挥每个人的岗位作用;沟通好部门之间,项目经理部与作业队之间、与公司之间、与项目外部环境之间的信息。

4.2.2 项目经理部的组建

1. 项目经理部建立的原则

结合当前国内企业推行施工项目管理的实际,只有当施工项目的规模达到一定要求时才实行施工项目管理。从规模上来讲,1 万 m² 以上的公共建筑、工业建筑、住宅建设小区及其他工程项目投资为 500 万元以上的均实行项目管理。

项目经理部一般可分为三个等级。

(1) 一级施工项目经理部。一级施工项目经理部的建立适用于建筑面积为 15 万 m² 以上的群体工程、面积为 10 万 m² 以上(含 10 万 m²)的单体工程、投资在 8000 万元以上(含 8000 万元)的各类工程项目。

(2) 二级施工项目经理部。二级施工项目经理部的建立适用于建筑面积为 15 万 m² 以下、10 万 m² 以上(含 10 万 m²)的群体工程,面积为 10 万 m² 以下、5 万 m² 以上(含 5 万 m²)的单体工程,投资为 8000 万元以下、3000 万元以上(含 3000 万元)的各类施工项目。

(3) 三级施工项目经理部。三级施工项目经理部的建立适用于建设总面积为 10 万 m² 以下、2 万 m² 以上(含 2 万 m²)的群体工程,面积为 5 万 m² 以下、1 万 m² 以上(含 1 万 m²)的单体工程,投资 3000 万元以下、500 万元以上(含 500 万元)的各类施工项目。

建设总面积为 2 万 m² 以下的群体工程、面积为 1 万 m² 以下的单体工程,按照项目管理经理责任制有关规定,实行栋号承包。承包栋号的队伍,以栋号长为承包人,直接向公司(或工程部)经理负责。

施工项目经理部的等级规模按项目的性质和一般规模划分。项目经理部规模等级的划分标准如表 4-1 所示。

表 4-1 施工项目经理部等级的划分标准

施工项目 经理部等级	施工项目规模		
	群体工程建筑面积/万 m²	单体工程建筑面积/万 m²	各类工程项目投资/万元
一级	15 及以上	10 及以上	8000 及以上
二级	10~15	5~10	3000~8000
三级	2~10	1~5	500~3000

2. 项目经理部的部门设置及人员配备

项目经理部全部岗位职责应能覆盖项目施工的全方位、全过程,应优化设置部门、配置人员,人员应素质高、有流动性、一专多能。

施工项目经理部的部门设置和人员配备一般体现以下规则。

(1) 小型施工项目经理部可设立管理人员,即"一长、一师、四大员"模式,包括工程师、技术员、经济员、总务员、料具员,不设专业部门;也可以设置项目经理、专业工程师(土建、安装、各专业设置等方面的技术人员)、合同管理人员、成本管理人员、信息管理人员、库存管理人、计划人员等。

(2) 大中型施工项目经理部,可设立专业部门,一般是以下五类部门。

① 工程技术部门：主要负责生产调度、技术管理、文明施工、施工组织设计、计划统计等工作。

② 经营核算部门：主要负责合同、预算、资金收支、索赔、劳动配置、成本核算及劳动分配等工作。

③ 物资设备部门：主要负责材料的采购、询价、管理、计划供应、工具管理、运输、机械设备的租赁配套使用等工作。

④ 测试计量部门：主要负责测量、计量、试验等工作。

⑤ 监控管理部门：主要负责工作质量、消防保卫、安全管理、环境保护等。

人员规模可按下述岗位及比例配备：由项目经理、总工程师、总经济师、总会计师、政工师和技术、预算、劳资、定额、计划、质量、保卫、测试、计量以及辅助生产人员15～45人组成。一级项目经理部30～45人，二级项目经理部20～30人，三级项目经理部15～20人。其中，专业职称设岗为：高级3%～8%，中级30%～40%，初级37%～42%，其他10%，实行一职多岗，全部岗位职责覆盖项目施工全过程的全面管理，不留死角，也避免职责重叠交叉。

大中型项目经理部结构如图4-5所示。

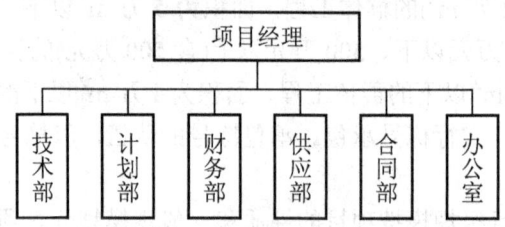

图4-5　大中型项目经理部结构示意图

4.3　项目管理规划大纲

项目管理规划是项目管理工作中具有战略性、全局性和宏观性的指导文件，由组织的管理层或组织委托的项目管理单位编制，目的是满足战略上、总体控制上和经营上的需要。

4.3.1　项目管理规划的种类

1. 按项目管理组织分类

按项目管理组织分类，项目管理规划分为建设单位的项目管理规划、施工单位的项目管理规划、咨询单位的项目管理规划、监理单位的项目管理规划、设计单位的项目管理规划、项目管理单位的项目管理规划。

2. 按编制目的不同分类

按编制目的不同分类，项目管理规划可分为项目管理规划大纲和项目管理实施规划。

1) 项目管理规划大纲

建设单位为了实现全过程的项目管理,需要编制建设工程项目管理规划;咨询单位为了中标项目管理咨询任务、设计单位为了投标揽取设计任务、施工单位为了承揽施工任务、项目管理公司为了取得项目管理任务,都要编制项目管理规划大纲。

2) 项目管理实施规划

项目管理实施规划是由项目经理组织编制,具有作业性或可操作性的工作实施计划。它除了对项目管理规划大纲进行细化外,还可以根据需要补充更具体的内容。除了建设单位之外,其他各单位在中标并签订合同之后都要编制项目管理实施规划。

每个项目都必须有一个全面的项目管理规划大纲和全面的项目管理实施规划。项目管理规划大纲与管理实施规划的区别和联系如表 4-2 所示。

表 4-2 项目管理规划大纲与项目管理实施规划的区别和联系

	定 位	编 制	目的/要求
项目管理规划大纲	项目管理工作中具有战略性、全局性和宏观性的指导文件,作为投标人的项目管理总体构想或项目管理宏观方案,指导项目投标和签订合同	由组织的管理层或组织委托的项目管理单位编制	目的是满足战略上、总体控制上和经营上的需要
项目管理实施规划	项目管理规划大纲的具体化和深化,作为项目经理部实施项目管理的依据,具有作业性和可操作性	由项目经理组织编制	除对项目管理规划大纲进行细化外,还可根据需要补充更具体的内容

3. 按编制项目管理规划的范围分类

按编制项目管理规划的范围分类,项目管理规划可分为局部项目管理规划和全面项目管理规划。

1) 局部项目管理规划

局部项目管理规划是针对项目管理中的某个部分或某个专业的问题进行规划的。项目管理规划的范围很大,花费时间长,消耗资源多,从这一角度来说,局部项目管理规划的编制也是具有良好的效果的。

2) 全面项目管理规划

全面项目管理规划是针对项目全部规划范围和全部规划内容进行的完整的、系统的项目管理规划。

4.3.2 项目管理规划大纲概述

项目管理规划大纲是项目管理工作中具有战略性、全局性和宏观性的指导文件。战略性指其内容具有原则、长期、长效的指导作用。全局性是指它所考虑的是项目管理的整体而不是某一部分或局部,是全过程而不是某个阶段。宏观性是指规划涉及重要的、关键的、大范围的项目规划内容,而非微观内容。

1. 项目管理规划大纲的性质

(1) 具有战略性、全局性和宏观性。

(2) 是由组织的管理层或组织委托的项目管理单位。
(3) 通常是在投标前编制。

2. 项目管理规划大纲的作用

(1) 对项目管理的全过程进行规划，为全过程的项目管理提出方向和纲领。
(2) 是中标后签订合同的依据。
(3) 是承揽业务、编制投标文件的依据。
(4) 是编制项目管理实施规划的依据。
(5) 发包方的项目管理规划对其他合同签订各方的项目管理规划起指导作用。

4.3.3 项目管理规划大纲的内容

项目管理规划大纲一般包括以下13项内容。

1. 项目概况

项目概况包括项目范围描述、项目实施条件分析和项目管理基本要求等。

1) 项目基本情况描述

项目基本情况包括工程规模、投资规模、工程结构与构造、使用功能、建设地点、基本建设条件等。

2) 项目实施条件分析

项目实施条件包括相关自然条件、发包人条件、市场条件、招标条件、现场条件，以及法律、政治和社会条件等。

3) 项目管理基本要求

项目管理基本要求主要包括法规要求、政治要求、政策要求、组织要求、管理模式要求、管理条件要求、管理理念要求、管理环境要求等。

2. 项目范围管理规划

项目范围管理规划通过工作分解结构图实现，既要对项目的过程范围进行描述，又要对项目的最终可交付成果进行描述。

3. 项目管理目标规划

项目管理目标规划应明确质量、成本、进度、职业健康安全与环境等总目标，这些目标是项目管理的努力方向，也是管理成果的体现，需进行可行性论证，提出纲领措施。

项目的目标水平应通过努力能够实现，在项目实施过程中可以用目标进行控制，在项目结束后可以用目标对项目经理部进行考核。

4. 项目管理组织规划

项目管理组织规划包括组织结构形式、项目经理、主要成员人选、职能部门，以及拟建立的规章制度、组织构架图等。

在项目管理规划大纲中，可以原则性地确定项目经理、总工程师等重要人选。

5. 项目成本管理规划

成本计划包括项目总成本目标、按主要成本项目分解的子项目成本目标，以及保证成本目标实现的组织、经济、技术和合同措施。成本计划目标应留有一定的浮动区间，以便激发生产和管理者的积极性。

成本目标是未来项目经理部的成本目标责任和考核的依据。

6. 项目进度管理规划

项目进度管理规划包括进度总工期目标、总工期目标分解、里程碑事件及主要工程活动进度计划、进度计划表，以及保证进度目标实现的组织、经济、技术、合同措施。

项目进度管理规划应考虑环境条件的制约、工程的规模和复杂程度、组织资源投入强度。在制订总进度计划时应参考已完成的当地同类项目的实际进度。

7. 项目质量管理规划

项目质量管理规划目标应符合招标文件规定的质量法律、标准、规范、法规要求，内容包括项目管理工作方案、质量管理体系、质量保证措施、质量控制活动等，这些都要进行规划，都要保证该质量目标的实现。

8. 项目职业健康安全与环境管理规划

项目职业健康安全与环境管理规划包括项目职业健康和安全管理规划，以及环境管理规划。编制针对性的安全技术措施计划和环境保护措施计划，应特别重视项目产品的职业健康安全性和环境保护性。

9. 项目采购与资源管理规划

项目采购规划要识别与采购有关的资源和过程，包括采购什么、何时采购、询价、采购文件的内容和编写等。

10. 项目资源管理规划

项目资源管理规划的内容包括识别、估算、分配相关资源，资源使用进度，资源控制策划等。

11. 项目信息管理规划

项目信息管理规划的内容包括项目信息管理系统的设计，信息收集、处理、储存、调用，以及软件和硬件的获得及投资等。

12. 项目沟通管理规划

项目沟通管理规划的内容包括项目沟通主体，项目沟通计划，项目沟通体系，项目沟通网络、沟通方式和渠道，项目沟通冲突管理方式，项目协调计划等。

13. 项目风险管理规划

根据工程的实际情况对项目的主要风险因素做出预测，并提出相应的对策措施，提出风险管理的主要原则。

14. 项目收尾管理规划

项目收尾管理规划包括工作成果验收和移交、合同终结、费用的决算和结算、项目审计、项目管理组织解体和项目经理解职、项目管理总结、文件归档等。

4.4 项目管理实施规划

4.4.1 项目管理实施规划的性质

项目管理实施规划应以项目管理规划大纲的总体构想和决策意图为指导，具体规定各项管理业务要求、方法。它是项目管理人员的行为指南，是项目管理规划大纲的细化，应具有操作性，应由项目经理组织编制。项目管理实施规划与项目管理规划大纲不同，它在项目实施前编制，为指导项目实施而编制。

项目管理实施规划的作用主要表现在以下几方面。

(1) 执行并细化项目管理规划大纲。
(2) 指导项目的过程管理。
(3) 将项目管理目标责任书落实到项目经理部，形成规划性文件。
(4) 为项目经理指导项目管理提供依据。
(5) 项目管理实施规划是项目管理的重要档案资料，为后续工程提供借鉴。

项目管理实施规划须按照专业和管理职能由项目经理部的各部门或各职能人员编写，然后由项目经理安排人汇总编写内容，最终由项目经理部报给组织的领导批准项目管理实施规划。它不仅对项目经理部有效，而且对组织各个相关职能部门进行服务和监督有效。

如果项目管理实施规划对项目管理规划大纲有重大的或原则性的修改，应报请企业相关权力部门或人员批准。

4.4.2 项目管理实施规划的编制依据

项目管理实施规划的编制依据主要包括项目条件和环境分析资料、项目管理规划大纲、工程合同及相关文件、同类项目的相关资料等。

1. 项目管理规划大纲

项目管理实施规划是项目管理规划大纲的细化和具体化，依据项目管理规划大纲时应注意在招标、投标、开标后的澄清，合同谈判过程新增的信息、错误的信息、不完备信息，以及招标人的新要求等。

2. 项目条件和环境分析资料

编制项目管理实施规划时应通过广泛收集和调查以获得项目条件和环境的资料，使资料及信息可用、适用、有效。

3. 工程合同及相关文件

工程合同是项目管理实施规划编制的背景和任务的来源,这项依据更具有规定性乃至强制性。相关文件是指设计文件、政策文件、法规文件、标准文件、定额文件、指令文件等。

4. 同类项目的相关资料

同类项目具有相近性,积累的同类相关资料可以得到运用和印证。

5. 其他依据

其他依据包括项目经理部的自身条件及管理水平、项目实施中项目经理部的各个职能部门(或人员)与组织的其他职能部门的关系、工作职责的划分等。

4.4.3 项目管理实施规划的编制内容

具体来讲,项目管理实施规划包括以下内容。

1. 项目概况

项目管理实施规划的项目概况具体包括:项目规模及主要任务量,项目特点具体描述,项目用途及具体使用要求,地上、地下层数,工程结构与构造,具体建设地点和占地面积;主要合同目标、合同结构图,现场情况,项目预算费用和合同费用,水、电、暖气、煤气、通信、道路情况,材料、设备、构件供应情况、劳动力,资金供应情况,主要项目范围的任务分工,项目管理组织体系及主要目标,工作清单等。

2. 总体工作计划

总体工作计划包括项目管理工作总体目标、项目管理范围、项目管理工作总体部署、项目管理阶段划分和阶段目标,保证计划完成的组织路线、资源投入、管理方针、技术路线等。

对于施工项目,总体工作计划应明确项目的进度、质量、成本及安全总目标,拟投入的最高人数和平均人数,分包计划,劳务供应计划,物资供应计划,工程施工区段的划分及施工顺序安排等。

3. 组织方案

组织方案包括项目经理部的人员安排、项目结构图。编制好组织结构图、合同结构图、重点工作流程图、职能分工表、任务分工表等,编制项目管理总体工作流程。此外,还要处理好工程分包策略和分包方案、材料供应方案、设备供应方案。

4. 技术方案

技术方案包括项目工艺方法、工艺顺序、工艺流程、技术处理、能源消耗、设备选用、技术经济指标等。施工方案应对单位工程、分部分项工程的施工方法做出说明。

5. 进度计划

进度计划包括进度图、进度说明、进度表,与进度计划相应的材料计划、人力计划、机械设备计划、大型机具计划及相应的说明。应按照项目管理规划大纲与合同的要求编制详细的进度计划。进度计划内容包括以下几方面。

(1) 进度计划说明：用以说明进度计划的指导思想、编制思路、编制依据及使用时应注意的事项。

(2) 进度计划图和表：根据总体工作计划编制进度计划图和表，用以安排进度控制的实施步骤和时间。

(3) 准备工作计划：包括技术准备工作、作业人员和管理人员的组织准备、准备组织及时间安排、资金准备和物资准备。

6. 质量计划

最高管理者首先应确保质量目标满足产品要求所需的内容。质量目标应是可测量的，并与质量方针保持一致。其次要进行质量管理体系策划，并保证质量管理体系的完整性。

7. 职业健康安全与环境管理计划

职业健康安全与环境管理计划应该在项目管理规划大纲基础上细化了以下内容。

(1) 项目的职业健康安全管理点。

(2) 识别危险源及风险等级，针对不同等级的风险采取不同的对策。

(3) 制订安全技术措施计划。

(4) 制订安全检查计划。

(5) 根据污染情况制订防治污染与环境保护计划。

8. 成本计划

在项目管理实施规划中，应具体确定项目的成本数量、主要费用及降低成本数量，确定成本控制方法与措施，确定成本核算体系。

9. 资源需求计划

资源需求计划的编制要用预算法得到资源需要量，列出资源数据表、资源计划矩阵、资源横道图、资源负荷图和资源累积曲线图等。

10. 风险管理计划

风险管理计划应列出项目过程中可能出现的风险因素清单，包括：物价的上涨、气候的变化、由于环境变化导致的风险、不利的地质条件等；参加者各方产生的风险，如业主风险、设计单位风险、监理工程师风险、分包商风险；并力求对风险可能性以及损失程度做出估计。

11. 信息管理计划

信息管理计划包括项目管理中的信息流程、项目管理的信息需求种类、信息来源和传递途径，以及信息管理人员的职责和工作程序。

12. 项目沟通管理计划

项目沟通管理计划包括项目的沟通方式和途径、沟通障碍与冲突管理计划及项目协调方法。

13. 项目收尾管理计划

项目收尾管理计划主要包括项目收尾计划、项目结算计划、文件归档计划、项目创新总结计划。

14. 项目现场平面布置图

现场平面布置图应按照国家或行业规定制图标准绘制。现场平面布置图应包括以下内容。

(1) 在现场范围内现存的永久性建筑。
(2) 拟建的永久性建筑。
(3) 永久性道路和临时道路。
(4) 垂直运输机械。
(5) 临时设施，包括办公室、仓库、配电房、宿舍、料场、搅拌站等。
(6) 水电管网。
(7) 平面布置图说明。

15. 项目目标控制措施

针对工程的具体情况，从组织、经济、技术、合同、法规等方面提出技术组织措施，包括保证进度目标的措施、保证质量目标的措施、保证安全目标的措施、保证成本目标的措施、保证季节性工作的措施、保护环境的措施等。

16. 技术经济指标

项目管理实施规划中应列出规划所达到的技术经济指标。项目完成后，技术经济指标应作为评价项目管理业绩的内容和依据。

技术经济指标至少应包括以下方面。

(1) 进度方面的指标，如总工期。
(2) 质量方面的指标，如工程整体质量标准、分部分项工程的质量标准。
(3) 成本方面的指标，如工程总造价或总成本、单位工程成本、成本降低率。
(4) 资源消耗方等方面的指标，如总用工量、子项目用工量、用料量、高峰人数、节约量、机械设备使用数量。

本 章 小 结

通过本章学习，项目管理规划是项目管理实际工作的指南和项目实施控制的依据。项目管理规划是对项目管理实施过程进行监督、跟踪和诊断的依据，是评价和检验项目管理实施成果的尺度，是对各层次项目管理人员进行业绩评价和奖励的依据。项目管理规划大纲的编写更注重投标前的项目管理目标要求，而项目管理实施规划的编写更注重项目中标后实施过程中对目标管理的控制和保证措施。

项目经理是企业法定代表人在工程项目上的全权委托代理人：对外代表企业与业主及分包单位进行联系，处理与合同有关的一切重大事项；对内全面负责组织项目的实施，是项目的直接领导者和组织者。项目经理部由项目经理在企业的支持下组建并领导、进行项目管理的组织机构。项目经理部，也就是一个项目经理(项目法人)，一支队伍的组合体，是一次性的具有弹性的现场生产组织机构。项目经理根据企业批准的"项目管理规划大纲"，确定项目经理部的管理任务和组织形式，确定项目经理部的层次，设立职能部门与工作岗位，从而确定人员、职责、权限。项目目标由项目经理根据"项目管理目标责任书"进行目标分解，并组织有关人员制定规章制度和目标责任考核、奖惩制度。

习 题

1. 简答题

(1) 简述工程项目的项目经理的概念与内涵。
(2) 简述工程项目经理的权力与责任。
(3) 简述项目经理责任制的概念与作用。
(4) 简述项目经理部的概念与性质。
(5) 简述项目管理规划大纲与项目管理实施规划的区别和联系。
(6) 简述项目管理规划大纲的基本内容和要求。
(7) 简述项目管理实施规划的基本内容和要求。

2. 单项选择题

(1) 项目管理规划大纲在项目管理工作中是具有(　　)的指导性文件。
　A．战略性、全局性和宏观性
　B．作业性和可操作性
　C．战略与战术相结合，宏观与微观相结合
　D．重要性

(2) 在下列选项中，(　　)不是项目管理规划大纲的作用。
　A．承揽业务、编制投标文件的依据
　B．编制项目可行性研究报告的依据
　C．中标后签订合同的依据
　D．编制项目管理实施规划的依据

(3) 项目管理实施规划的编制依据不包括(　　)。
　A．相关市场信息　　　　　　　B．项目条件和环境分析资料
　C．工程合同及相关文件　　　　D．同类项目的相关资料

(4) 在项目管理实施规划的编制依据中，最主要的是(　　)。
　A．企业的发展战略　　　　　　B．项目管理规划大纲
　C．同类项目的相关资料　　　　D．项目条件和环境分析资料

(5) 施工项目管理实施规划的编制时间为( )。
　　A．投标前　　　B．开工前　　　C．设计阶段　　　D．招标前

3. 多项选择题

(1) 项目管理规划大纲的编制应由( )负责。
　　A．项目经理　　　　　　　　B．组织委托的项目管理单位
　　C．施工方　　　　　　　　　D．组织的管理层
　　E．设计方

(2) 关于项目管理规划大纲，下列说法正确的是( )。
　　A．一般在投标前编制
　　B．一般在开工时编制
　　C．一般由组织的管理层编制
　　D．一般由项目经理编制
　　E．具有战略性和战术性相结合、定性与定量相结合、宏观与微观相结合的特性

(3) 关于项目管理实施规划，下列说法正确的是( )。
　　A．应由项目经理组织编制
　　B．应由组织的管理层或组织委托的项目管理单位编制
　　C．执行并细化项目管理规划大纲
　　D．项目管理规划应同时具有指导性和操作性
　　E．为项目经理指导项目管理提供依据

(4) 项目管理实施规划的作用包括( )。
　　A．执行并细化项目管理规划大纲
　　B．指导项目的过程管理
　　C．将项目管理目标责任书落实到监理单位，形成规划性文件，以便实现组织管理层给予的任务
　　D．为项目经理指导项目管理提供依据
　　E．项目管理的重要档案资料，为后续工程提供借鉴

第 5 章

工程项目范围管理

教学目标

本章主要讲述项目范围与范围管理内行,以及管理中的工作分解结构方法。通过本章学习,应达到以下目标:

(1) 理解项目范围的概念及项目范围管理的概念与内涵;

(2) 熟悉项目范围管理的概念与内涵;

(3) 掌握项目范围管理的主要工作过程。

教学要求

知识要点	能力要求	相关知识
项目范围的概念	(1) 理解基本概念 (2) 熟悉项目范围的特性 (3) 掌握产品范围和项目范围	(1) 产品范围 (2) 项目范围
项目范围管理的概念与内涵	(1) 理解项目范围管理的定义 (2) 熟悉项目范围管理的内涵 (3) 掌握项目范围管理的主要工作过程的具体方法	(1) 项目范围定义 (2) 项目范围确认 (3) 项目范围变更控制
项目范围管理中的工作分解结构方法	(1) 理解项目范围定义的主要工作是什么 (2) 熟悉工作分解结构的主要分解方法有哪些 (3) 理解工作分解结构在项目管理中的地位	(1) WBS (2) OBS (3) RBS

基本概念

项目范围、产品范围、项目范围、范围定义、范围确认、变更控制、WBS、OBS、RBS、RAM

引例

某现代化楼宇施工项目占地 3888m²,建筑面积为 31286m²,结合了国际现代项目管理理论,在项目管理规划部分,总投资 1.9 亿元,从施工准备到竣工验收共 2 年,经招标,施工任务由所在地省级建设一公司承担。项目目标与项目描述见表 5-1。

表 5-1　项目目标与项目描述

项目名称	某大楼建设项目
项目目标	2 年完成施工，总投资 1.9 亿元
交付物	一幢总建筑面积 31286m^2，具有一流设施的智能大厦
交付物完成准则	工程设计、建造、室内和室外装修
工作描述	主体结构、公用系统、智能化系统、室外道路和绿化工程
工作规范	依据国家建设工程有关规范
重大里程碑	拆迁及施工准备从当年 1 月 1 日至该年 6 月 30 日完成，基础工程从当年 7 月 1 日开始到该年 8 月 29 日完成

本项目的工作分解工作因为工程量大，为了准确地描述项目的范围，项目部将项目按照工作分解结构原理进行了分解，如图 5-1 所示。

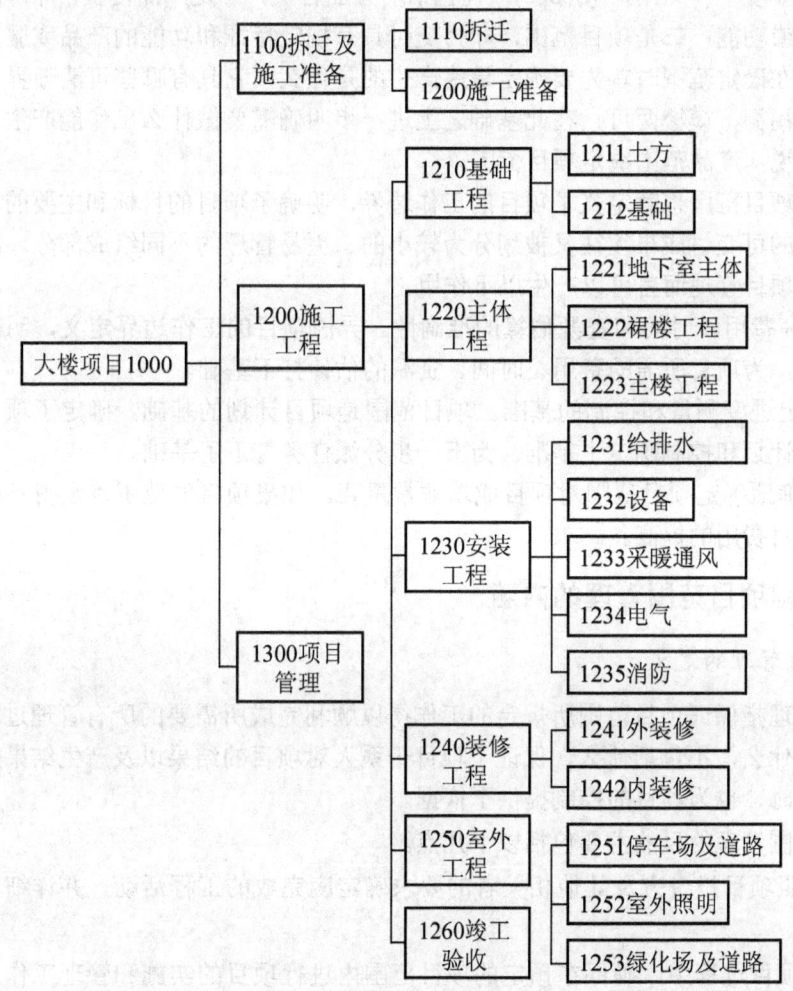

图 5-1　项目工作分解结构原理

5.1 项目范围管理概述

5.1.1 项目范围的概念

项目范围是指为了成功达到项目的目标,所必须完成的工作。简单地说,确定项目范围就是为项目界定一个界限,确定哪些方面是属于项目应该做的,哪些不应该包括在项目之内,从而定义项目管理的工作边界,明确项目的目标和主要的项目可交付成果。

项目干系人必须在项目要产生什么样的产品方面达成共识,也要在如何生产这些产品方面达成一定的共识。

在项目环境中,"范围"(Scope)一词包括两方面含义,一是产品范围,即产品或服务所包含的特征或功能;二是项目范围,即为交付具有规定特征和功能的产品或服务所必须完成的工作。在确定范围时首先要确定最终产生的是什么,它具有哪些可清晰界定的特性,绝不能含含糊糊、模棱两可,在此基础之上进一步明确需要做什么工作能产生所需要的产品。也就是说,产品范围决定项目范围。

确定了项目范围也就定义了项目的工作边界,明确了项目的目标和主要的项目可交付成果。项目的可交付成果往往又被划分为较小的、更易管理的不同组成部分。因此,确定项目范围对项目管理而言可以产生以下作用。

(1) 提高费用、时间和资源估算的准确性。弄清项目的工作边界定义,明确项目的具体工作内容,为项目所需的费用、时间、资源的估计打下基础。

(2) 确定进度测量和控制的基准。项目范围是项目计划的基础,确定了项目范围,就为项目进度计划和控制确定了基准,为下一步分派任务打下了基础。

(3) 正确地确定项目范围对项目成功非常重要,如果项目的范围确定得不好,有可能造成最终项目费用的提高。

5.1.2 工程项目范围管理的内涵

1. 范围管理的定义

范围管理指保证项目范围所规定的工作得以顺利完成所需要的所有管理过程。它定义了项目包括什么,不包括什么,保证了项目干系人对项目的结果以及产生结果的过程的共同理解,同时,也为项目的控制提供了依据。

项目范围管理的目的主要包括以下几点。

(1) 按照项目投资方及其他相关者的要求确定应完成的工程活动,并详细定义、计划这些活动。

(2) 在项目过程中,确保在预定的项目范围内进行项目的实施和管理工作,完成规定的全部工作,不多余又不缺乏。

(3) 确保项目的各项活动满足项目范围定义所描述的要求。

2. 项目范围管理的主要内容

按照 PMI 的定义，项目范围管理应该包括项目范围启动、项目范围计划、项目范围定义、项目范围确认及项目范围变更控制等过程，如图 5-2 所示。

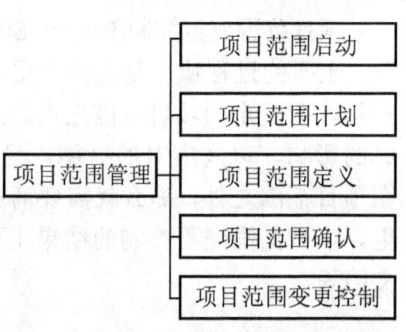

图 5-2 项目范围管理的主要内容

1) 项目范围启动

启动是指组织正式开始一个项目或进行到项目的新阶段。启动过程的一个重要输出就是项目章程。项目章程粗略地规定项目的范围，项目章程还规定了项目经理的权利、项目组中各成员的职责，以及项目其他干系人的职责。

2) 项目范围计划

项目范围计划(Project Scope Plan)是指项目组织编写书面的项目范围计划文件的具体活动。主要在于获得项目初步范围说明书。

3) 项目范围定义

项目范围定义(Project Scope Definition)是指将项目主要的可交付成果细分成较小的、更易管理的组分。项目范围定义是以范围规划的成果为依据，把项目的主要可交付产品和服务划分为更小的、更容易管理的单元，即形成工作分解结构(Work Breakdown Structure，WBS)。项目范围定义的基本目的是要明确以下几个问题。

(1) 项目的基本目标是什么？
(2) 必须做的工作有哪些？
(3) 可以省略的工作有哪些？

因此，范围定义的输入主要是，根据项目目标和要求，全面识别和界定一个项目的可交付成果和项目工作的活动。在这个过程中，项目组要建立 WBS。制定好一个 WBS 的指导思想是逐层深入。先将项目成果框架确定下来，然后在每层下面将工作分解，这种方式的优点是结合进度划分直观，时间感强，评审中容易发现遗漏或多出的部分。将一个项目的可交付成果和项目工作任务的范围予以明确，并将可交付成果进一步细分成具体的、便于管理的具体任务。

4) 项目范围确认

项目范围确认(Project Scope Verification)是对项目范围的正式认定，项目主要干系人，如项目客户和项目发起人等要在这个过程中正式接受项目可交付成果的定义。

这个过程是由项目的利益关系人最终认可和接受项目范围的过程。

范围确认的方法和结果主要包括以下几点。

(1) 范围确认的方法主要是检验。用测量、测验等这样一系列活动去判断承担的工作任务是否符合计划的要求。
(2) 范围确认的方法是项目的正式验收。
(3) 验收文件是当事人或投资者已经认可了这个项目产品或某个阶段的文件，他们必须为完成这项工作准备条件，做出努力。

5) 项目范围变更控制

项目经理在管理过程中必须通过监督绩效报告、当前进展情况等来分析和预测可能出现的范围变更，在发生变更时遵循规范的变更程序来管理变更。

项目范围变更控制(Project Scope Change Control)是指对有关项目范围的变更实施控制。主要的过程输出是范围变更、纠正行动与教训总结。通常对于发生的变更，需要识别是否在既定的项目范围之内。如果变更是在项目范围之内，那么就需要评估变更所造成的影响，以及应对的措施，受影响的各方都应该清楚自己所受的影响；如果变更是在项目范围之外，那么就需要商务人员与用户方进行谈判，是否增加费用，还是放弃变更。项目范围变更控制的结果主要表现为范围变更控制文档、纠正措施文档、经验教训文档等。

5.2 工程项目范围管理的 WBS 方法

5.2.1 WBS 的基本原理

工作分解结构(Work Breakdown Structure，WBS)将工程分解成可以管理的工作单元——工作包(Work Package)。工作分解的过程是从子项目划分开始的。每个子项目再分成若干工作区，每个工作区完成子项目的一个目标，完成了子项目包含的各工作区的任务就实现了子项目的目标。工作区再往下分解，直至工作包。WBS 的基本结构如图 5-3 所示。

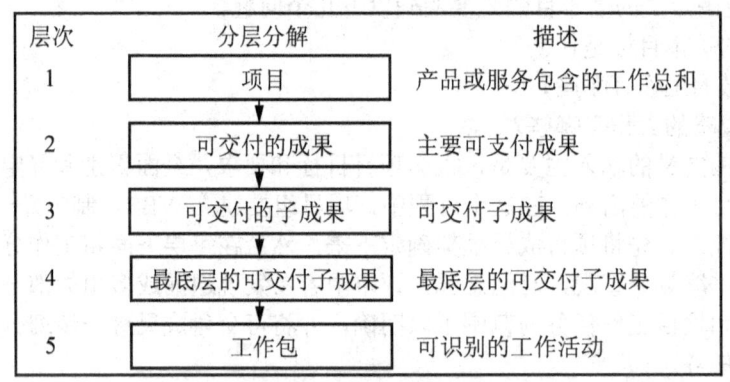

图 5-3 WBS 的基本结构

WBS 的原理是，把一个项目按一定的原则分解，将项目分解成任务，将任务再分解成一项项工作，再把一项项工作分配到每个人的日常活动中，直到分解不下去为止。它归纳和定义了项目的整个工作范围，每下降一层代表对项目工作的更详细定义。WBS 总是处于计划过程的中心，也是制订进度计划、资源需求、成本预算、风险管理计划和采购计划等的重要基础。WBS 同时也是控制项目变更的重要基础。项目范围是由 WBS 定义的，所以 WBS 也是一个项目的综合工具。

WBS 可以由树形结构图或者首行缩进的表格表示。在实际应用中，表格形式的 WBS 应用比较普遍，特别是在项目管理软件中。树形结构图的 WBS 层次清晰，非常直观，结构性很强，但不易修改，对于大的、复杂的项目很难表示出项目的全景；由于其具有主观性，一般在小的，适中的项目中应用较多。

5.2.2 WBS 的分解方式

WBS 的分解可以采用多种方式进行,主要包括对技术系统的结构分解和按照项目的实施过程进行分解两个主要思路。

1. 对技术系统的结构分解

对技术系统的结构分解主要指按功能区间分解(图 5-4)或者按专业要素进行分解(图 5-5)。

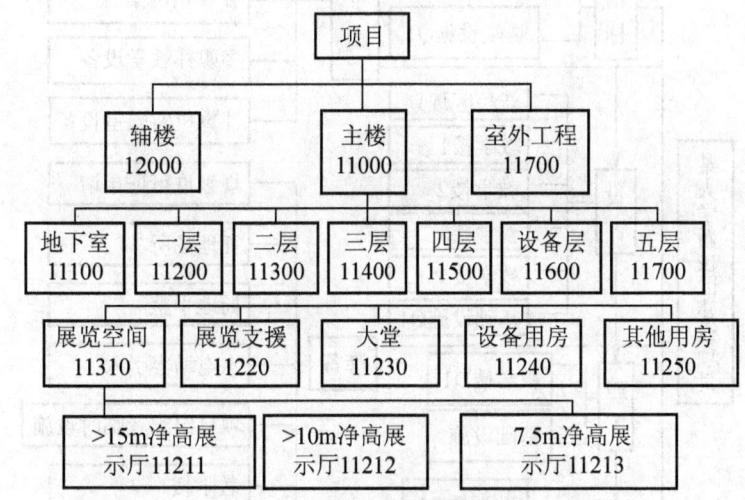

图 5-4 按功能区间分解的 WBS

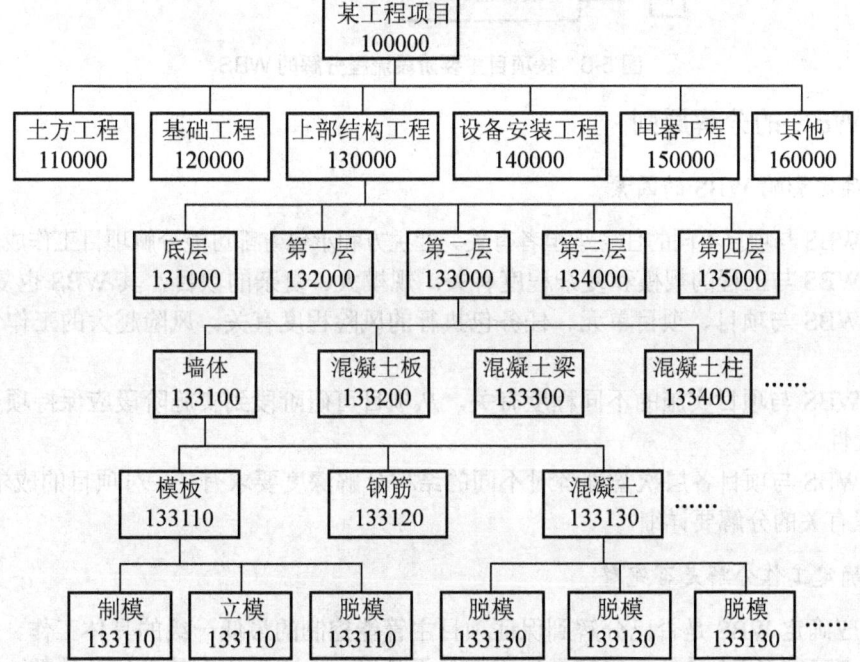

图 5-5 按专业要素进行分解的 WBS

2. 按照项目的实施过程进行分解

按照项目的实施工程进行分解主要是指按项目主要阶段流程分解,如图5-6所示。

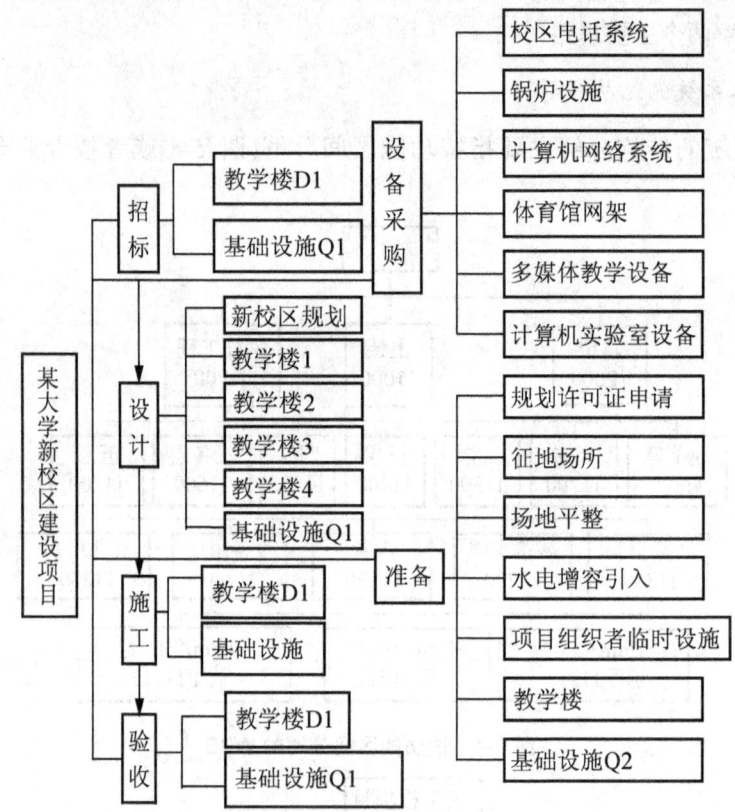

图 5-6　按项目主要阶段流程分解的 WBS

5.2.3　WBS 的分解原则

1. 确定影响 WBS 的因素

(1) WBS 与项目不同的任务承担者有关。业主方和承包方都可能分解项目工作成为 WBS。
(2) WBS 与工程的规模和复杂程度有关。规模大、复杂的项目,其 WBS 也复杂。
(3) WBS 与项目、项目单元、任务包执行的风险程度有关。风险越大的工作包分解越详细。
(4) WBS 与项目实施的不同程度有关,从项目可研阶段到实施阶段应保持项目结构分解的连续性。
(5) WBS 与项目各层次管理者对不同的结构分解深度要求有关。对项目的成本、质量、工期管理有关的分解要详细。

2. 确定工作分解是否完整

(1) 应确定 WBS 是否已分解到保证项目主管能控制的最低一级的具体工作。
(2) 应确定 WBS 最低一级的具体工作是不是以一个主动语态的动词开始的,如果它们是某个工作阶段、产品的组成部分或某个责任领域,则说明该表尚未得到完全分解。

(3) 应确定每项活动的结果是否都有交付物，是否都有人负责该项活动按时在预算内完成并保证质量。

工作分解是否适当，一方面取决于项目的大小、周期以及项目处于哪个阶段等。例如，在一个为期几月的小型项目中，计划的最低层次可能是几小时的活动；在周期为一年的项目中，最适合的工作包是大约两个工作日能完成的活动。再进一步细分就会降低计划和估算的效果，从而减少收益；当然，如果是高风险项目或是对项目成功非常关键的几小时，则另当别论。另一方面，还要考虑经济效益是否合理。一项式定理告诉我们，在估算上的准确度提高两倍，则在计划上的工作量就要提高四倍。这已在统计学上被证实。层次越低，在估算上花费的精力越大。

3. 确定项目分解结构是否存在错误倾向

(1) 将项目分解得到的层次和单元过少。项目单元上的任务和信息容量太大，难以具体、精细设计、计划和控制。

(2) 将项目分解得到的层次太多。这带来的后果如下：
① 结构图与结构表十分复杂。
② 项目结构失去弹性，项目调整的余地较小或变更影响面过大。
③ 计划工作进行困难，网络节点与工作包说明数量大大增加。
④ 信息处理量大大增加。

4. 确定项目分解结构各方的责任

1) 业主的项目分解结构

业主要求按项目任务书进行总体、全面的分解，以整个项目为对象，将项目的全过程、全部空间、所有专业纳入分解范围，但分解得较粗略，一般只抓住上面几层。

2) 承包商的项目分解结构

承包商所完成的项目任务是要完成合同所规定的工作，它所需要分解的项目任务结构仅作为一个工程的子项目和子合同的工作分解结构。

3) 分包商的项目分解结构

对工作包的继续分解通常由小组和分包商来完成。

5.2.4 WBS在工程项目管理中的作用

WBS工作中分解出的项目单元将成为项目设计、计划、目标和责任分解、成本核算、实施控制和资源分配与优化等一系列项目管理工作的对象，也是项目进度计划、资源计划、成本计划的出发点。

通过工作包下的工作单元共享层，可以获得初步的网络图和费用、资源进度计划，从而使得每一个控制单元具有费用和进度信息，从而实现费用和进度数据的共享；同时减轻原来对来自两个子系统的数据的收集、整理和分析的负担，提高数据处理和报告系统的及时性和正确性。要求支持工作包模型的关系数据库须与网络计划数据库有一个很好的数据交换接口。

项目工作包模型由WBS、资源分解子结构(Resource Breakdown Structure, RBS)、组织

分解子结构(Organization Breakdown Structure，OBS)、合同工作分解结构(Contract Work Breakdown Structrue，CWBS)、成本分解结构(Cost Breakdown Structure，CBS)等组成。

1. OBS

OBS 是用来表明项目工作单元被分配给了哪些项目组织的部门或个人的一个说明文件。这个分解结构侧重于项目责任和任务的组织落实情况。

2. RBS

RBS 是组织分解结构的变异，当项目的组成元素被分配给项目组织的某个群体或个人时，常需要使用 RBS 去说明这些工作责任有权得到的资源，以及项目资源的整体分配情况。

3. CWBS

CWBS 是用来定义项目承包商或分包商向项目业主/客户提供的产品和劳务的说明报告。与 WBS 相比，CWBS 相对比较粗略，因为它主要是对项目成果的分解和说明，而 WBS 是为项目范围管理使用的，要详细得多。

4. CBS

通常按工程项目的单项工程、单位工程、分部工程、分项工程的顺序依次将工程投资分解下去。

5. 项目材料清单

项目材料清单(Bill of Material)是在一些应用领域的项目中，一种列出项目所需要材料的清单。

6. 责任分配矩阵

责任分配矩阵(Responsibility Assignment Matrix，RAM)是用来对项目团队成员进行分工，明确其角色与职责的有效工具，通过这样的关系矩阵，项目团队每个成员的角色，即谁做什么，以及他们的职责，也就是谁决定什么，得到了直观的反映。项目的每个具体任务都能落实到参与项目的团队成员身上，确保了项目的事有人做，人有事干。

在矩阵图中，横行表示 WBS 图的具体操作人员，竖行表示 OBS 图的具体工作或任务，则项目内部组织结构可用以上图的矩阵表示。这个矩阵叫做责任分配矩阵，它有效地集成了组织分解结构(OBS)和工作分解结构(WBS)。RAM 图中的每一个交叉点定义了一项活动的内容，这项活动由责任功能组织来负责实施。

项目成员具有明确的权责关系，这样就避免了工作的相互依赖性，避免责任、事故的相互推脱，有利于划清工作界限，确保高效的工作率和优秀的工作质量。

本 章 小 结

工程项目范围管理是指确保项目完成全部规定要做的工作，而且仅仅完成规定要做的工作，从而成功地达到项目目标的管理过程，即在满足工程项目使用功能的条件下，对项目应该包括哪些具体的工作进行定义和控制。工程项目范围管理的内容包括工程项目范围定义、项目范围确认和范围的变更控制。

确定项目范围对项目管理来说一是可提高项目费用、项目时间和项目资源估算的准确性；二是提供了进度衡量和控制的基准；三是有助于清楚地分派责任，可提高项目费用、时间和资源估算的准确性。

习　题

1. 简答题

(1) 简述项目的范围、产品范围和项目范围的定义。
(2) 简述项目范围管理的定义，项目范围管理的主要工作过程。
(3) 简述项目范围定义的主要工作.
(4) 简述 WBS 的主要分解方法。
(5) 简述 WBS 在项目管理中的地位。

2. 判断题

(1) 项目的范围就是为了交付特定的产品或服务必须进行的活动。　　　　(　)
(2) 确定项目范围的工具是工作分解结构。　　　　(　)
(3) 项目工作分解结构是项目资源需求计划、活动工期估计、任务成本估计、人员安排、项目跟踪控制的基础。　　　　(　)
(4) 项目的范围需要项目小组成员知道即可，不必通知客户。　　　　(　)
(5) 项目变更控制委员会的作用就是阻止项目范围的变更。　　　　(　)
(6) 项目执行时，只要出现了偏差就要采取纠偏措施。　　　　(　)
(7) 项目范围的变化一般不会影响项目的成本、进度、质量或其他目标。　　　　(　)
(8) 项目范围说明书是项目范围定义的工作结果。　　　　(　)
(9) 在项目范围定义过程中，要对项目的工作任务进行分解。　　　　(　)
(10) 项目范围确认可以针对一个项目整体的范围进行确认，也可以针对一个项目阶段的范围进行确认。　　　　(　)
(11) 进行工作结构分解编码时，要保证编码的唯一性。　　　　(　)
(12) 责任分配矩阵能使项目团队中每个成员认识到自己在项目组织中的基本职责。
　　　　(　)
(13) 项目发生了变化，就一定会导致项目的变更。　　　　(　)
(14) 项目控制贯穿了项目生命周期的全过程。　　　　(　)
(15) 项目的执行应该从始至终以项目计划为依据。　　　　(　)
(16) 当项目发生变更时，原来的计划将作废，项目的计划从头开始。　　　　(　)
(17) 项目行动计划表是以责任分配矩阵为基础编制的。　　　　(　)

3. 单项选择题

(1) 下列有关项目范围表述正确的是(　　)。
　　A. 确定项目施工地点的范围　　B. 确定项目干系人和施工地点的范围
　　C. 确定项目都要做什么工作　　D. 确定项目产品的范围

(2) 项目范围定义时经常使用的工具是(　　)。
　　A. 工作分解结构　　B. 需求分析
　　C. 可行性研究　　D. 网络图

(3) 项目范围变更申请可以是(　　)。
　　A. 口头的或书面的　　B. 直接的或间接的
　　C. 由外部或内部引发的　　D. 以上各项都是

(4) 项目范围确认关心的是(　　)。
　　A. 改善项目成本和进度的精确性
　　B. 检查项目交给客户前的最后活动
　　C. 记录项目产品或服务的特征
　　D. 接受而不是纠正项目范围定义的工作结果

(5) 一个项目的目标变更已经完成,现在项目经理正在更新项目技术文件,下一步需要做的工作是(　　)。
　　A. 通知相关的项目干系人
　　B. 通知公司的管理系统
　　C. 从该项目的发起人和客户那里得到正式的认可
　　D. 准备一份业绩报告

(6) 指定WBS过程生成的关键文件是(　　)。
　　A. 实际的工作分解结构　　B. 项目范围说明书
　　C. 范围管理计划　　D. 成果说明书

(7) 项目范围核实的主要工具与技术是(　　)。
　　A. WBS　　B. 分解　　C. 偏差分析　　D. 检查

(8) 项目范围变化是不可避免的。对于项目管理者而言,关键问题是(　　)。
　　A. 应寻找引起项目范围变化的原因
　　B. 应弄清项目范围变化的规律
　　C. 应预测可能发生的变化,并采取预防措施
　　D. 应控制项目范围变化对项目产生的影响

(9) 由于法律原因,如果项目经理负责的项目不得以发生范围改变,项目经理更新了项目中的计划文件,他还需要(　　)。
　　A. 正式通知干系人　　B. 获得客户的正式承认
　　C. 总结经验教训　　D. 准备绩效报告

(10) 公司的一个项目使用了分包商,他们需要更详细的项目计划和管理工作的服务,建议它们首先应当(　　)。
　　A. 建立一个项目管理信息系统
　　B. 制定一个子项目的WBS

C. 按照 WBS 安排工作

D. 建立一个编码结构

(11) 下列对工程项目范围确认的描述中不正确的是(　　)。

A. 确认是项目业主正式接收项目工作成果的过程

B. 描述变更工作的各种文件是范围确认的依据

C. 满足质量要求的工作，业主都应接收

D. 第三方评价报告一定要由具有独立法人资格和相应资质的实体，或相应的政府机构来完成

(12) 变更令不一定包括的内容是(　　)。

A. 变更的费用额

B. 依据合同的哪一条款发出变更令

C. 变更工作的具体内容

D. 咨询工程师名称、咨询工程师授权代表签字

4. 多项选择题

(1) 下列关于 WBS 的叙述中正确的是(　　)。

A. 对于大型工程项目，业主可以利用 WBS，把工作包或工作分派给某个人或某个作业队伍，由其唯一负责

B. WBS 可与网络计划技术共同使用

C. WBS 可用于估计项目全过程的费用

D. WBS 可用于确定项目需要完成的工作内容和项目各项工作或活动的顺序

E. 无法将项目的每一工作或活动与公司的财务账目相联系

(2) 咨询工程师批准工作范围变更应遵循如下原则(　　)。

A. 有利于降低费用和缩短工期

B. 变更后的项目不能降低使用标准

C. 业主同意支付变更费用

D. 变更工作在技术上可行

E. 事前征询承包商的意见

第6章

工程项目进度管理

教学目标

本章主要讲述工程项目进度管理的基本理论和方法。通过本章学习,应达到以下目标:
(1) 掌握网络进度计划的绘制与时间参数计算;
(2) 熟悉进度计划的划分方法;
(3) 理解进度控制和调整的措施、方法。

教学要求

知识要点	能力要求	相关知识
建设工程进度管理内涵	(1) 理解进度管理的概念 (2) 熟悉进度管理的内涵 (3) 掌握工程项目进度目标的分解方法	(1) 项目进度目标 (2) 进度目标分解
进度计划编制	(1) 理解进度和进度计划的概念 (2) 熟悉施工进度计划编制的依据和步骤 (3) 掌握网络图的绘制和时间参数计算	(1) 衡量进度的指标 (2) 进度计划系统的类型 (3) 进度计划的不同形式
网络进度计划的方法	(1) 熟悉网络进度计划的两种主要方法 (2) 掌握网络图的绘制和时间参数计算	(1) 工程项目进度计划编制的几种主要方法 (2) 网络进度计划的 6 个时间参数的含义 (3) 网络进度计划的 6 个时间参数的计算方法和过程

**基本概念**

工程项目进度、单代号网络图、双代号网络图、紧前工作、紧后工作、关键路径、总工期、自由活动时差、总时差

引例

广州白云机场是中国广东省广州市的一座大型民用机场,是广州市的门户,是国内三大航空枢纽机场之一,在中国民用机场布局中具有举足轻重的地位,目前为中国南方航空集团公司的枢纽机场及深圳航空公司的重点机场。项目立项时航站区按满足 2010 年旅客吞吐量 2500 万人次要求设计。目前楼内所有设施设备均达到当今国际先进水平。

目前,白云机场是中国南方航空集团公司和深圳航空公司的基地机场。白云国际机场一期由主楼、连接楼、指廊和高架连廊四大建筑结构组成,总面积达 31 万 m², 共分为 4 层,包括地上 3 层及地下 1 层,其中第三层为出发及候机大厅,第二层为到达夹层,第一层为到达及接机大厅和商业层,负一层则通往地

铁、停车场和机场酒店。

白云国际机场一期工程场内占地 1434hm^2，其中飞行区约 860hm^2，其他区域约占地 574hm^2。此外，中转油库和导航工程占地约 17hm^2。

项目实施时在进度管理方面首先制订了总进度计划的体系，其中最高层次为总进度纲要(进度目标论证)，其次是进行总进度计划的规划(项目实施指导性计划)，进而进行的是分区进度计划(分区实施控制性计划)，最下层次是单体进度计划(单体实施控制性计划)。总进度纲要部分结构划分如图6-1所示。

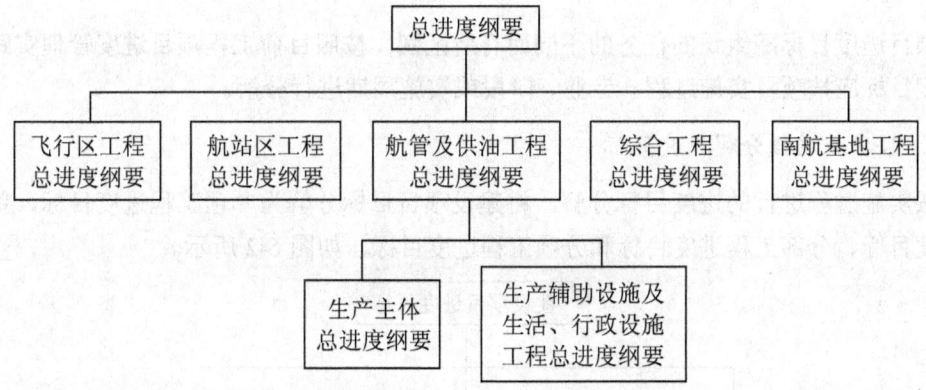

图 6-1 总进度纲要部分结构划分示意图

进度管理中的十大里程碑事件包括：
2001.5.31 完成航站楼±0.000 以下结构工程；
2002.5.30 完成航站楼±0.000 以下结构工程；
2002.12.31 完成航站主楼玻璃幕墙施工工程；
2003.6.30 航站主楼土建工程完工；
2003.7.31 机电安装工程完成单机及系统调试；
2003.12.31 全面完成航站楼精装修及收尾工作，机电安装及智能化弱化工程进行联动调试，工程交付初验；
2001.3.31 飞行区土方工程和排水工程完成；
2002.9.30 跑道、滑行道及联络道工程完成；
2003.10.31 飞行区试飞调试完成；
2003.12.31 飞行区验收。

6.1 工程项目进度管理概述

6.1.1 工程进度的含义

进度(Schedule)，有计划的含义，是指活动顺序、活动之间的相互关系、活动持续时间和活动的总时间。它是指作业在时间上的排列，强调的是一种作业进展以及对作业的协调和控制。对于进度，通常还常以其中的一项内容"工期"(Duration)来代称。讲工期即讲进度，其实质都是对工作进行计划，并按计划来做工作。

进度的合理安排，对保证工程项目的工期、质量和成本有直接的影响。符合合同条款要求的进度，有利于控制工程成本和工程质量。仓促赶工或进度推迟，往往导致项目成本的失控，也会影响工程质量。因此，项目合同签订各方，尤其是承包商，要充分重视项目进度问题，为工程项目按期完成打下坚实的基础。

6.1.2 项目进度目标及分解

项目进度目标随组织的任务的不同而有所区别。按照目前工程项目进度管理实践，项目进度目标应按项目实施过程、专业、阶段或实施周期进行分解。

1. 按实施过程分解进度目标

按实施过程进行的进度目标分解，将建设项目目标分解为单项工程进度目标、单位工程进度目标、分部工程进度目标和分项工程进度目标，如图6-2所示。

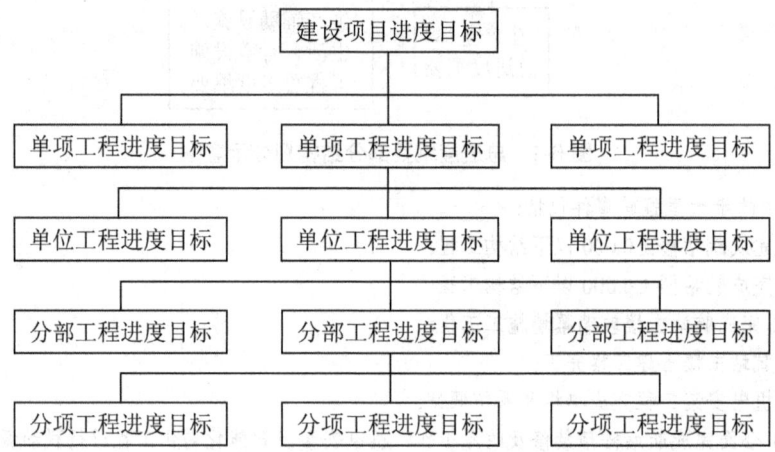

图6-2 按实施过程分解进度目标

2. 按专业分解进度目标

按专业进行的进度目标分解，将项目目标分解为建筑、结构、设备、市政、园林绿化等专业进度目标，如图6-3所示。

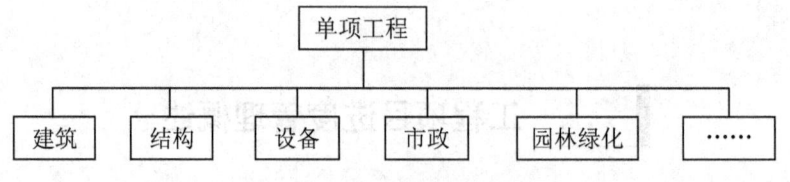

图6-3 按专业分解进度目标

3. 按阶段分解进度目标

(1) 建设项目业主方按阶段分解的进度目标，包括项目建议书、可行性研究、设计、建设准备、施工、竣工验收、交付使用等进度目标，如图6-4所示。

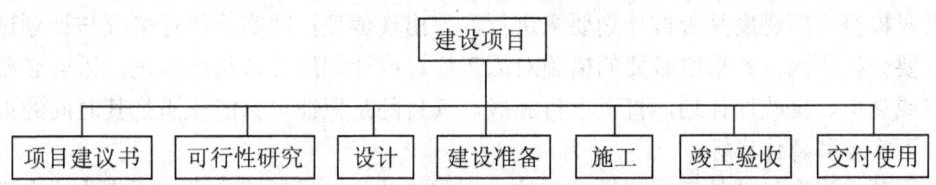

图6-4 业主方按阶段分解进度目标

(2) 设计单位可按阶段将项目目标分解为设计准备、初步设计、技术设计、施工图设计等进度目标，如图6-5所示。

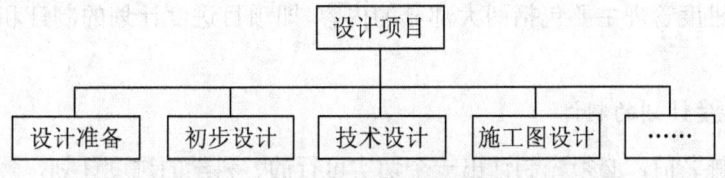

图6-5 设计方按阶段分解进度目标

(3) 施工单位可将项目按阶段分解为基础、安装、收尾、竣工验收等进度目标，如图6-6所示。

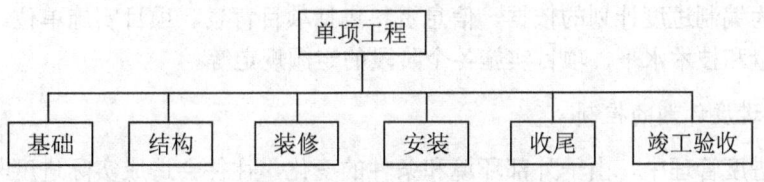

图6-6 施工项目按阶段分解项目进度目标

4. 按周期分解进度目标

设计项目和施工项目可按周期分解为年度、季度、月度、旬度等进度目标，如图6-7所示。

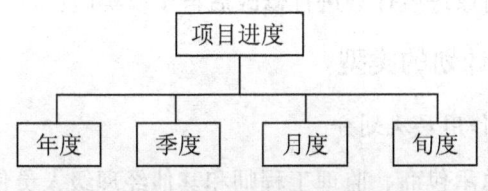

图6-7 按周期分解项目进度目标

6.2 工程项目进度管理内涵

6.2.1 工程项目进度管理的含义

工程项目进度管理是指在项目实施过程中，对各阶段的进展程度和项目最终完成的期限所进行的管理。在规定的时间内，拟订出合理且经济的进度计划，并在执行进度计划过程中及时检查实际进度是否按计划要求进行，若出现偏差，即实际执行情况与计划进度不一致，要分析原因，并采取必要的措施对原工程进度计划进行调整或修正，采取必要的补救措施或调整、修改原计划，直至项目完成。其目的是保证项目能在满足其时间约束条件的前提下实现其总体目标。

工程项目进度管理是工程项目管理的一个重要部分，是保证项目如期完成或合理安排资源供应、节约工程成本的重要保证。

6.2.2 工程项目进度管理的内容

工程项目进度管理主要包括两大部分的内容，即项目进度计划的制订和项目进度计划的控制。

1. 项目进度计划的制订

在项目实施之前，必须先制订出一个切实可行的、科学的进度计划，然后按计划逐步实施。其制订步骤一般包括收集信息资料、估算项目活动时间、分解项目结构、编制项目进度计划(包括网络进度计划和横道图计划)等步骤。

为保证项目进度计划的科学性与合理性，在编制进度计划前，必须收集真实、可信的信息资料作为编制进度计划的依据。信息资料包括项目背景、项目实施单位、项目实施条件、人员数量和技术水平、项目实施各个阶段的定额规定等。

2. 项目进度计划的控制

在项目进度管理中，由于外部环境和条件的变化，往往会造成实际进度与计划进度发生偏差，如不能及时发现这些偏差并加以纠正，项目进度管理目标的实现就一定会受到影响。

项目进度计划控制以项目进度计划为依据，在实施过程中不断进行跟踪检查，收集有关实际进度的信息，比较和分析实际进度与计划进度的偏差，找出偏差产生的原因和解决办法，确定调整措施，对原进度计划进行修改后再予以实施。

6.2.3 工程项目进度计划的类型

1. 按照进度计划的作用层次划分

第一层次是业主、总承包商、监理工程师和其他经理级人员使用的进度。实质是里程碑进度和主要作业的形象进度，通常称为一级进度(Level 1 Schedule)或主进度、总进度(Master Schedule)或里程碑进度(Milestone Schedule)。

它是一个项目的进度骨架，可看出具体的项目进展状况。它是对其他层次的进度计划的指导和控制。这一层次的进度是不可变的。

第二层次是监理工程师或总承包商使用的进度。它是对一级进度的保证、落实，是对各承包商从设计、采购、土建、安装、调试等各环节进行协调和控制的一种进度，通常称为二级进度(Level 2 Schedule)。

第三层次是承包商的进度，通常称为三级进度(Level 3 Schedule)。三级进度是按照具体的施工条件对二级进度的一种细化。

三级进度按具体的施工条件、施工状态及确定的作业之间的逻辑关系，只要能保证一级进度不受影响，各作业之间的时间排列是可以变动的。

从目前的工程实践来看，可以继续按照时间要素来划分，即继续划分为四级进度、五级进度和六级进度。四级为季进度，五级为月进度，六级为天进度。

2. 按照工程项目形象进度划分

工程项目形象进度是表明工程活动进度的主要方法之一。根据一个单项工程内各单位工程的形象进度，可以说明整个单项工程的形象进度。同样道理，根据单项工程的形象进度，就可以说明整个建设项目的形象进度。根据工程项目的形象进度进展，可以观察到项目处于各个不同施工阶段的个数，如准备阶段、土建施工阶段、安装阶段、建成投产或交付使用阶段的个数。

工程项目形象进度计划通常是按工程对象编制的。

工程项目形象进度计划可以分为施工总进度计划、单位工程进度计划、单项工程施工进度计划。下面对后两种进度计划进行简单介绍。

1) 单项工程进度计划

单项工程进度计划一般是建设工程项目的施工进度计划。它是用来确定建设工程项目中所包含的各单位工程的施工顺序、施工时间及相互衔接关系的计划。

单项工程进度计划的依据有资源供应条件、施工方案、合同文件、各类定额资料、工程动用时间目标、建设地区自然条件和技术经济资料等。

单项工程进度计划既可以用横道图表示，也可以用网络图表示。

2) 单位工程进度计划

单位工程进度计划是根据规定的施工方案、项目总进度计划工期和各种资源供应条件，对单位工程中的各分部分项工程的施工顺序、施工起止时间及衔接关系进行合理安排的计划。

单位工程进度计划的作用主要包括以下几个方面：落实总进度计划，确定单位工程的工期和进度；作为施工进度控制的直接依据；作为编制资源进度计划的基础；作为编制月旬作业计划的依据。

6.3 工程项目计划编制的方法与技术

编制进度计划可使用文字说明、里程碑计划图、工作量表、横道图、网络图等方法。作业计划必须采用网络计划方法或横道图计划方法。它们都是将工程项目按一定要求划分成作业或工序，然后确定作业之间的逻辑关系，以及各作业的起止时间和工期等。

6.3.1 里程碑计划图法

里程碑计划是以工程项目中某些关键性重要事件的开始或完成时间点为基准形成的计划，是一种战略计划或建设项目进度框架。它规定了建设项目的可实现的中间结果，可以是关键工作开始时刻或完成时刻的计划。

里程碑代表一个关键事件，并表明必须完成的时间界限。它是根据建设项目要达到最终目标所必须经历的工作环节确定的重大而关键的工作序列。里程碑计划一般适用于较为复杂、工期较长的大型建设项目。具体形式如图 6-8 所示。

1. 里程碑进度的关键性事件

(1) 主要工作环节的完成日期。
(2) 保证建设项目完成的关键性决策工作的日期。
(3) 建设项目的结束日期。

2. 里程碑计划的编制特点

(1) 把关键工作的完成时间截止在里程碑计划的关键事件处，不允许有任何推迟，采取一切措施也要确保在里程碑计划所标示的时间内完成预定的关键环节任务。

(2) 工期长、技术复杂的大型建设项目，在确定建设项目目标时就明确了有关的里程碑进度，编制总进度计划时必须以该里程碑计划为依据，并在总进度计划上保证里程碑计划的实现。

(3) 在项目建设中要根据事件在项目建设进行中的位置及其对前后事件的作用和影响设立里程碑，或参照同类建设项目的实施经验加以确定。里程碑例图如图 6-8 所示。

序号	工程名称	进度(月末)														
		1	2	3	4	5	6	7	8	9	10	11	12	13	14	15	16
1	挖土开始	▲															
2	挖土完成		▲														
3	底板完成				▲												
4	地下结构完成					▲											
5	结构施工开始					▲											
6	结构封顶										▲						
7	屋面防水完成											▲					
8	室内装修开始											▲					
9	室内装修完成														▲		
10	室外装修开始												▲				
11	室外装修完成														▲		
12	水暖电煤热等完成															▲	
13	室外工程完成															▲	
14	验收交付完成																▲

▲表示重要里程碑关键时间点。

图 6-8　某工程项目里程碑计划表示意图

6.3.2　横道图法

横道图，又称条线图或甘特图，它是一种传统的进度计划方法。20 世纪初，H. L. 甘特创造了横道图计划法。横道图表示工程项目进度计划成为了一个比较普遍的方法。横道图横向表示进度并与时间相对应，纵向表示工作内容。每一水平横道显示每项工作的开始和结束时间，每一横道的长度表示该项工作的持续时间。在表示时间的横向方向上，根据项目计划的需要，度量项目进度的时间单位可以用月、旬、周或天表示。横道图计划直观、简单、容易操作、便于理解。具体形式如图 6-9 所示。

横道图计划法的优点在于较直观，易看懂计划编制的意图。横道图计划法具体优点体现在以下几个方面。

(1) 便于研究和决策。在大型建设项目中，项目高层管理人员了解项目建设的各有关部位的进展情况，便于研究和决策。

(2) 用横道图计划法可向建设项目的决策者提供相对独立的工作分块环节的进度计划，对建设项目决策有一定参考作用。

(3) 横道图计划法可以用于任何项目层次的进度控制。

(4) 有利于偏差控制。实际进度以同样的条形在同一个横道图的工作内容的横道上表示出来，可以十分直观地对比实际进度与计划进度间的偏离。

(5) 有利于进度计划的优化。可用于资源的优化和编制资源及费用计划。

横道图计划法不足之处在于建设项目所包含的工作之间的逻辑关系不易表达清楚；不能在进度偏离原订计划时迅速简单地进行调整与控制，更无法实行多方案的比选；此外，横道图难以明确表达项目进度与资源消耗之间的内在关系，不宜进行优化和控制，难以适应大的进度计划系统。

施工进度计划表

玉林国际中药港(一期工程)中药材市场1#~27#楼(无地下室)

编号	分部分项工程	时间(天)	工作人数(人)	工程量	工期：8月份 12 15 18 21 24 27 31；9月份 3 6 9 12 15 18 21 24 27 30；10月份 3 6 9 12 15 18 21 24 27 30；11月份 3 6 9 12 15 18 21 24 27
1	施工准备	6	15		
2	土方开挖	4	44		
3	岩石爆破	4	33		
4	独立桩基础	5	15		
5	土方回填	2	10		
6	一层主体	10	18		
7	二层主体	8	18		
8	三层主体	7	15		
9	四层主体	7	12		
10	砌体工程	15	15		
11	屋面	8	6		
12	墙面抹灰	12	20		
13	门窗安装	8	8		

图 6-9　某工程的横道图计划法示意图

6.3.3　曲线图法

曲线图法所形成的曲线通常是 S 形曲线，可以动态地表示进度状况，各项目组织均可使用，形象直观。曲线图法主要指 S 形曲线比较法和香蕉图曲线。

1. S 形曲线比较法

S 形曲线以纵坐标表示任务量的完成情况，以横坐标表示时间。可以是工时消耗、实物工程量大小或费用支出额，也可用相应的百分比，表示纵坐标工程单位时间(天、周、月、季度等)的资源(人、财、物)消耗，从整个时间范围来看，工程量消耗通常是两头少而中间多，而且往往资源前期消耗较少，后期增加而逐渐增多，在达到高峰后又逐渐减少直至工程完成。因此，任务量累加后便形成一条形如 S 的曲线，如图 6-10 所示。

2. 香蕉图曲线

由两条 S 形曲线组合而成的香蕉图曲线实际上是由两条具有同一开始时间和同一结束时间的曲线组成的，其中一条是以各工作均按最早开始时间安排进度所绘制的 S 形曲线，简称 ES 曲线；而另一条是以各工作按最迟开始时间安排进度所绘制的 S 形曲线，简称 LS 曲线。

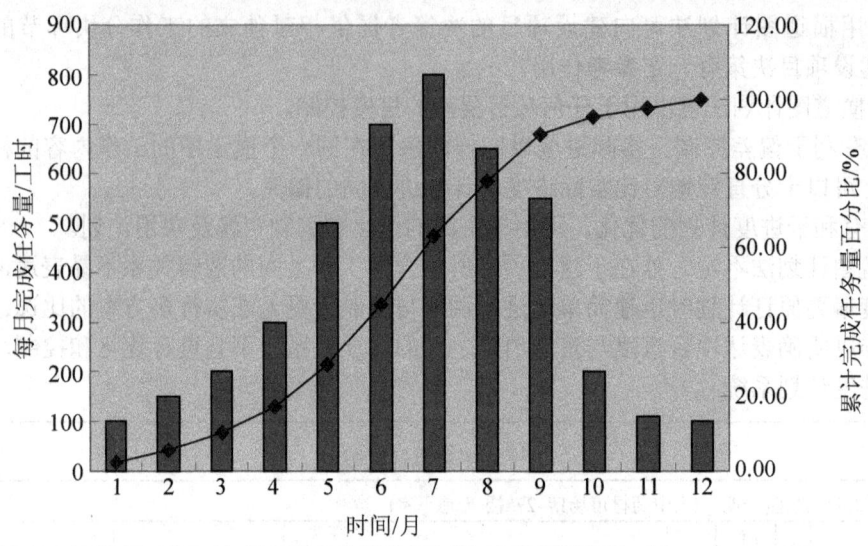

图 6-10　工程项目 S 形曲线示意图

如图 6-11 所示，除开始点和结束点外，ES 曲线上其余各点均应落在 LS 曲线的左侧，在某一时刻两条曲线各对应完成的任务量是不同的。通常，在工程项目实施过程中，理想的状态是任一时刻按实际进度描出的点均应落在这两条曲线所包的区域内，如图 6-11 中的曲线 R。

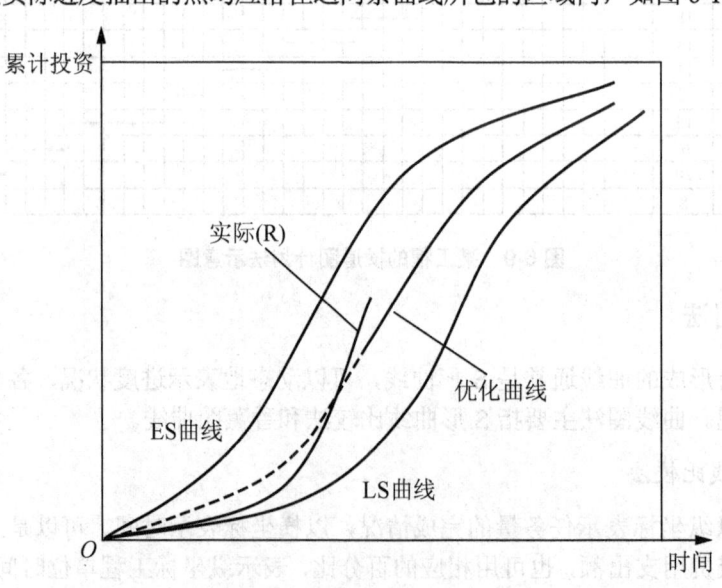

图 6-11　工程项目"香蕉图"曲线

香蕉图曲线是以工作的最早开始时间和最迟开始时间来绘制的，通常用来表示某工程的总体进度的进展情况。

6.3.4 网络计划法

网络计划技术现在在我国已广泛应用于国民经济各个领域的计划管理中，尤其在工程项目进度计划管理中应用最为广泛。

网络图由箭线和节点组成，是用来表示工作流程的有向、有序网状图形。一个网络图表示一项计划任务。网络图中的工作是计划任务按需要粗细程度划分而成的消耗时间或同时也消耗资源的一个子项目或子任务。在工程项目中，工作可以是单位工程，也可以是分部工程、分项工程；一个施工过程也可以作为一项工作。

目前，双代号网络图法和单代号网络图法是网络图的两种主要方法。

1. 双代号网络图法

双代号网络图是指用两个节点和一根箭线表示一项工作的网络图形，其基本符号包括圆圈、箭线和编号。

双代号网络图又称箭线式网络图，它是以箭线及其两端节点的编号表示工作；同时，节点表示工作的开始或结束以及工作之间的连接状态。箭线间的节点表示活动间的相互依赖关系。它使用虚活动表示活动的依赖关系，但它实际上不是项目的一项实际活动，并不消耗资源，也没有历时，只是表示了活动间的逻辑关系。

双代号网络图中的工作由带有两个节点的箭线来表示。在为双代号网络图节点编号时，应遵循以下基本原则。

① 箭尾节点的编号必须大于箭头节点的编号，即 $j>i$。

② 每个节点用正整数编号，且编号不能重复。

从网络图的起点节点开始，到达终点节点的一系列箭线、节点的通路，称为线路。

双代号网络图的工作标注方法如图 6-12 所示。

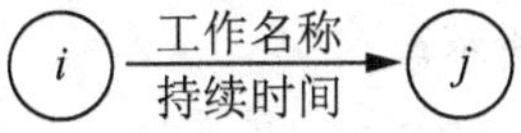

图 6-12 双代号网络图的工作标注方法

进度计划中的时间参数(图 6-13)及相关术语主要有以下六个：

——最早开始(Early Start，ES)时间；

——最早完成(Early Finish，EF)时间；

——最迟开始(Late Start，LS)时间；

——最迟完成(Late Finish，LF)时间；

——总活动时差(Total Float，TF)；

——自由活动时差(Free Float，FF)。

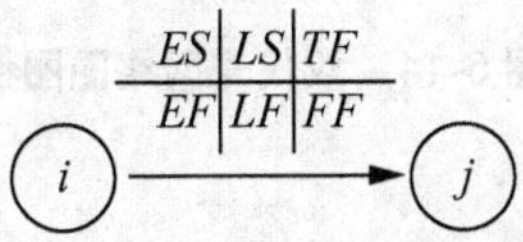

图 6-13 双代号网络图的时间参数标注方法

网络图中的逻辑关系是指工作之间相互制约或依赖的关系。逻辑关系包括工艺关系和组织关系。工艺关系是指生产工艺上客观存在的先后顺序。组织关系是指在不违反工艺关系的前提下，人为安排的工作的先后顺序关系。

在双代号网络图中，箭线有实箭线和虚箭线之分，实箭线代表实实在在的工作(实工作)，虚箭线代表虚拟的工作(虚工作)，虚工作无工作内容，既不占用时间，也不消耗资源，其唯一作用是为了正确地表达各项实工作之间的逻辑关系。虚工作在双代号网络图中既可以将应该连接的工作连接起来，又能够将不应该连接的工作断开。

双代号网络图的绘制规则主要体现在以下几个方面。

(1) 正确表达各项工作之间的逻辑关系。

(2) 网络图中不允许出现循环回路。

(3) 网络图中不允许出现带有双向箭头或无箭头的连线。

(4) 网络图中不允许出现没有箭尾节点和没有箭头节点的箭线。

(5) 在一张网络图中，一般只允许出现一个起点节点和一个终点节点(计划任务中有部分工作要分期进行的网络计划除外)。

(6) 当网络图的起点节点有多条外向箭线或终点节点有多条内向箭线时，为使图形简洁，可用母线法绘制。

(7) 网络图中不允许出现同编号工作，应尽量避免箭线交叉。

根据网络图中有关作业之间的相互关系，可以将作业逻辑关系划分为紧前作业、紧后作业、平等作业和交叉作业。

(1) 紧前作业：紧接在该作业之前的作业。紧前作业不结束，则该作业不能开始。

(2) 紧后作业：紧接在该作业之后的作业。该作业不结束，紧后作业不能开始。

(3) 平等作业：能与该作业同时开始的作业。

(4) 交叉作业：能与该作业相互交替进行的作业。

双代号网络图图例如图 6-14 所示。

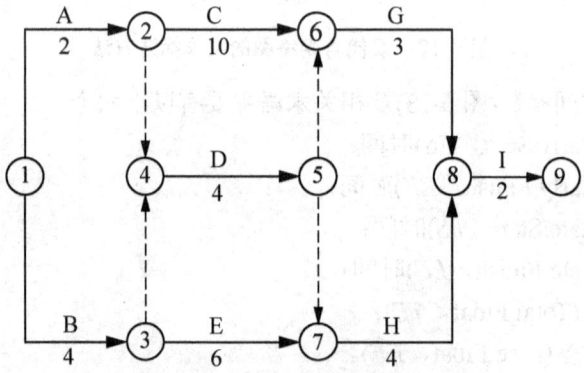

图 6-14 双代号网络图图例

2. 单代号网络图法

单代号网络图又称节点式网络图。它用节点表示工作，用箭线表示工作间的逻辑关系。

单代号网络图的基本元素有节点、箭线和线路。在单代号网络图中，节点宜用圆圈或方框表示。单代号网络图中的节点必须编号，编号标注在节点内，其号码可间断，但严禁重复。一项工作必须有唯一的一个节点及相应的一个编号。单代号网络图中的箭线表示紧邻工作之间的逻辑关系。箭线水平投影的方向应自左向右，表示工作的进行方向。

单代号网络图的逻辑关系包括工艺关系和组织关系，在网络图中表现为工作之间的先后顺序。

单代号网络图的绘制规则主要体现在以下几个方面。

(1) 单代号网络图必须正确表述已定的逻辑关系。

(2) 单代号网络图中严禁出现循环回路。

(3) 单代号网络图中严禁出现双向箭头或无箭头的连线。

(4) 单代号网络图中严禁出现没有箭尾节点和没有箭头节点的箭线。

(5) 绘制网络图时，箭线不宜交叉。当交叉不可避免时，可采用过桥法或指向法绘制(过桥法绘图及指向法与双代号网络图中相同)。

(6) 在单代号网络图中，只应有一个起点节点和一个终点节点。当网络图中出现多项无内向箭线的工作或多项无外向箭线的工作时，应在网络图的左端或右端分设一项虚工作，作为该网络图的起点节点与终点节点。

单代号网络图中的工作用节点表示，如图 6-15 所示。

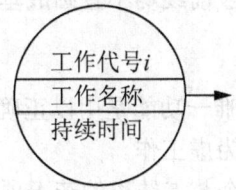

图 6-15　单代号网络图工作表示法图例

其中，工作代号由该节点的编号表示，如工作 i。

单代号网络图工作表示法的六时标注法和二时标注法图例分别如图 6-16 和图 6-17 所示。

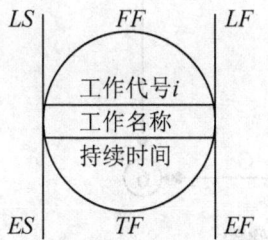

图 6-16　单代号网络图工作表示法的
六时标注法图例

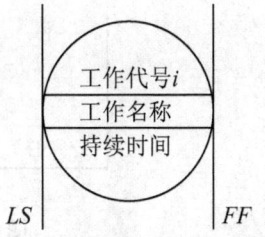

图 6-17　单代号网络图工作表示法的
二时标注法图例

6.4 工程项目网络图的绘制及时间参数的计算

6.4.1 网络图绘制的相关概念

根据上述内容,下面给出在网络图绘制过程中的几个主要相关概念。

1. 节点

在网络图中箭线的出发和交汇处画上圆圈,用以标示该圆圈前面一项或若干项工作的结束和允许后面一项或若干项工作的开始的时间点称为节点。

表示整个计划开始的节点称为网络图的起点节点,整个计划最终完成的节点称为网络图的终点节点,其余称为中间节点。

2. 箭线

箭线表示一项工作,箭线的箭尾节点表示该工作的开始,箭线下的数字表示某项工作的持续时间,箭线的箭头节点表示该工作的结束。箭线可以画成直线、折线和斜线。必要时,也可以画成曲线,但以水平直线画法为主。箭线水平投影的方向为自左向右,表示工作安排前后顺序。除了虚工作,一般箭线均不宜画成垂直线。

3. 虚箭线

在双代号网络图中,虚箭线的唯一功能是用以正确表达相关工作的逻辑关系。它不消耗资源,持续时间为零,所以又称为虚工作。

例如,从一个节点开始到另一个节点结束的若干项平行的工作,如图6-18所示,图中有四项工作,A、B同时开始,C、D同时结束,D在A、B后同时进行,C仅在A后进行,增加一个虚箭线就能正确表达相关工作的逻辑关系,在这个例子中,虚箭线联系A和D,隔断B和C。

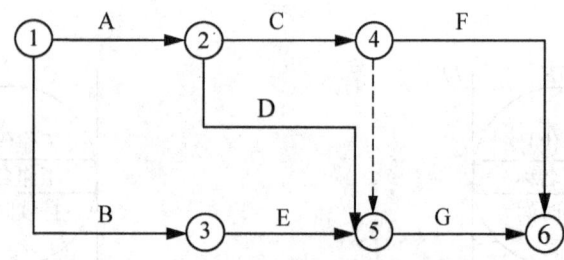

图6-18 有虚工作的双代号网络图

4. 紧前工作和紧后工作

在一个网络图中,可以有许多工作通向一个节点,也可以有许多工作由同一个节点出发。把通向某节点的工作称为该节点的紧前工作(或前面工作);把从某节点出发的工作称为该节点的紧后工作(或后面工作)。

在网络图中，当几项工作相互衔接时，其中某项工作，顺箭头方向所指，与其紧密相连的工作称为本工作的紧后工作，表示与其相连的工作只有在本工作完成之后才可开始进行。反之，逆箭头方向，与该工作紧密相连的工作称为紧前工作，表示该工作只有在与其相连的工作完成之后才能开始进行。

一项工作可以有多个紧前工作，也可以有多个紧后工作，这要根据各工作之间具体的逻辑关系而定，如图 6-19 所示。

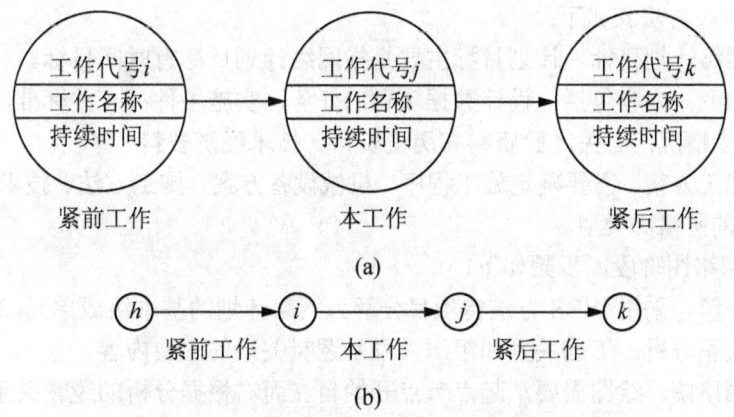

图 6-19 紧前工作、紧后工作与本工作关系示意图

5. 线路

网络图中从起点节点开始，沿箭线方向连续通过一系列箭线与节点，最后到达终点节点的通路称为线路。每一条线路都有自己确定的完成时间，它等于该线路上各项工作持续时间的总和，也是完成这条线路上所有工作的计划工期。

6. 关键路径

在整个项目中，时间最长(花费时间最多)的活动路径完成项目才算结束，这条在整个网络图中最长的路径称为关键路径。所以花费时间最多的那条路径(关键路径)代表可以完成项目的最短时间。关键路径的任何活动的延迟都会导致整个项目完成时间的推迟。

关键路径用粗箭线或双箭线连接。关键路径在网络图中不止一条，可能同时存在几条，即这几条路径上的持续时间相同。位于关键路径上的工作称为关键工作，它没有机动时间(即无时差)。

关键路径并不是一成不变的，在一定条件下，关键路径和非关键路径可以互相转化。当采用了一定的技术组织措施，缩短了关键路径上各工作的持续时间，就有可能使关键路径发生转移，使原来的关键路径变成非关键路径，而原来的非关键路径却变成关键路径。

7. 逻辑关系

工作之间的逻辑关系包括工艺关系和组织关系。

(1) 工艺关系：生产工艺上客观存在的先后顺序。

例如，项目施工时，先做基础，后做主体；先做结构，后做装修，这一顺序是客观的，是不能随意改变的。

(2) 组织关系：在不违反工艺关系的前提下，由于管理上的要求而人为安排的工作的先后顺序。按安全、经济、高效的原则统筹安排。

6.4.2 网络图的绘图规则和编制

国家标准《网络计划技术》及行业标准《工程网络计划技术规程》规定，网络计划的编制程序包括七个阶段，具体程序如下。

(1) 准备阶段。步骤如下：
① 确定网络计划目标。计划目标主要是指网络计划目标有时间目标。
② 调查研究。内容包括：设计数据项目的任务、实施条件；有关标准、规程、制度；资源供应和需求情况；有关经验资料和历史资料、技术经济资料。
③ 编制施工方案。需要确定施工程序、机械设备方案、施工方法、技术政策或组织原则，以及采用的网络图类型。

(2) 绘制网络图阶段。步骤如下：
① 项目分解。采用 WBS 方法将项目分解为网络计划的基本组成单元(工作)。
② 逻辑关系分析。工艺关系和组织关系是逻辑关系的主要内容。
③ 编制网络图。绘图需要从起点节点开始自左而右根据分析的逻辑关系绘制网络图；检查所绘网络图的逻辑关系是否有错、漏等情况并修正；按绘图规则完善网络图并编号。

(3) 时间参数计算与确定关键路径阶段。步骤如下：
① 计算网络各工作持续时间。
② 计算其他时间参数。计算最早时间，确定总工期，计算最迟时间，计算时差。
③ 确定关键线路。

(4) 编制可行网络计划阶段。步骤如下：
① 检查与调整。
② 绘图并形成可行网络计划。

(5) 优化并绘制正式网络计划阶段。步骤如下：
① 优化网络。
② 绘制正式网络计划。

(6) 实施、调整与控制阶段。步骤如下：
① 网络计划的实施。
② 实施过程中的检查和数据采集。
③ 网络计划的控制和调整。

(7) 结束阶段的网络图实施及调整和控制的总结分析。

6.4.3 网络图绘制过程中的时间参数

1. 网络计划时间参数计算公式

双代号网络计划与单代号网络计划都会涉及最早开始时间、最早完成时间、最迟开始时间、最迟完成时间、总活动时差、自由活动时差六个时间参数。这六个时间参数的计算应遵循以下规则。

(1) 最早开始时间：开始一项活动最早的可能日期，各紧前工作全部完成后，本工作有可能开始的最早时刻，等于其各个紧前工作的最早开始时间，加该紧前工作持续时间所得之和中的最大值，即

$$ES_{i\text{-}j}=\max[ES_{h\text{-}i}+D_{h\text{-}i}] \tag{6.1}$$

式中：$ES_{i\text{-}j}$——工作 $i\text{-}j$ 的最早开始时间；

$ES_{h\text{-}i}$——工作 $i\text{-}j$ 的紧前工作 $h\text{-}i$ 的最早开始时间；

$D_{h\text{-}i}$——工作 $i\text{-}j$ 的紧前工作 $h\text{-}i$ 的持续时间。

(2) 最早完成时间：各紧前工作全部完成后，本工作有可能完成的最早时刻。工作最早完成时间等于本工作的最早开始时间加本工作的持续时间，即

$$EF_{i\text{-}j}=ES_{i\text{-}j}+D_{i\text{-}j} \tag{6.2}$$

式中：$EF_{i\text{-}j}$——工作 $i\text{-}j$ 的最早完成时间；

$ES_{i\text{-}j}$——工作 $i\text{-}j$ 的最早开始时间；

$D_{i\text{-}j}$——工作 $i\text{-}j$ 的持续时间。

(3) 最迟开始时间：开始一项活动最晚的可能日期，即在不影响整个任务按期完成的前提下，本工作必须开始的最迟时刻。工作最迟开始时间等于其紧后工作的最迟开始时间减去本工作持续时间所得之差的最小值，即

$$LS_{i\text{-}j}=\min[LS_{j\text{-}k}-D_{i\text{-}j}] \tag{6.3}$$

式中：$LS_{i\text{-}j}$——工作 $i\text{-}j$ 的最迟开始时间；

$LS_{j\text{-}k}$——工作 $i\text{-}j$ 的紧后工作 $j\text{-}k$ 的最迟开始时间；

$D_{i\text{-}j}$——工作 $i\text{-}j$ 的持续时间。

(4) 最迟完成时间：开始一项活动最晚的可能日期，即在不影响整个任务按期完成的前提下，本工作必须完成的最迟时刻。工作最迟完成时间等于工作最迟开始时间加本工作持续时间，即

$$LF_{i\text{-}j}=LS_{i\text{-}j}+D_{i\text{-}j} \tag{6.4}$$

式中：$LF_{i\text{-}j}$——工作 $i\text{-}j$ 的最迟完成时间；

$LS_{i\text{-}j}$——工作 $i\text{-}j$ 的最迟开始时间；

$D_{i\text{-}j}$——工作 $i\text{-}j$ 的持续时间。

(5) 总活动时差：在不影响计划工期的前提下，本工作可以利用的机动时间。总活动时差反映活动的机动性，是一个活动在不影响整个项目完成时间的情况下可以延迟的时间，因此也称最大的机动时间。工作总活动时差等于本工作最迟开始时间减本工作的最早开始时间，即

$$TF_{i\text{-}j}=LS_{i\text{-}j}-ES_{i\text{-}j} \tag{6.5}$$

式中：$TF_{i\text{-}j}$——工作 $i\text{-}j$ 的总活动时差；

$LS_{i\text{-}j}$——工作 $i\text{-}j$ 的最迟开始时间；

$ES_{i\text{-}j}$——工作 $i\text{-}j$ 的最早开始时间。

(6) 自由活动时差：可以在不推迟任何后续活动最早开始时间的情况下，本工作可以利用的机动时间。一般情况下，$FF<TF$。工作自由活动时差等于各紧后工作最早开始时间分别减本工作的最早完成时间之差的最小值，即

$$FF_{i\text{-}j}=\min[ES_{j\text{-}k}-EF_{i\text{-}j}] \tag{6.6}$$

式中：FF_{i-j}——工作 $i-j$ 的自由活动时差；
ES_{j-k}——工作 $i-j$ 的紧后工作 $j-k$ 的最早开始时间；
EF_{i-j}——工作 $i-j$ 的最早完成时间。

网络计划时间参数如表 6-1 所示。

表 6-1　网络计划时间参数表

序号	参数名称		知识要点	表示方法	
				双	单
1	持续时间		一项工作从开始到完成的时间	D_{i-j}	D_i
2	工期	计算工期	根据网络计划时间参数计算而得到的工期	T_c	
3		要求工期	任务委托人所提出的指令性工期	T_r	
4		计划工期	根据要求工期和计算工期所确定的作为实施目标的工期	T_p	
5	最早开始时间		在其所有紧前工作全部完成后，本工作有可能开始的最早时刻	ES_{i-j}	ES_i
6	最早完成时间		在其所有紧前工作全部完成后，本工作有可能完成的最早时刻	EF_{i-j}	EF_i
7	最迟完成时间		在不影响整个任务按期完成的前提下，本工作必须完成的最迟时刻	LF_{i-j}	LF_i
8	最迟开始时间		在不影响整个任务按期完成的前提下，本工作必须开始的最迟时刻	LS_{i-j}	LS_i
9	总活动时差		在不影响总工期的前提下，本工作可以利用的机动时间	TF_{i-j}	TF_i
10	自由活动时差		在不影响其紧后工作最早开始时间的前提下，本工作可以利用的机动时间	FF_{i-j}	FF_i
11	节点的最早时间		在双代号网络计划中，以该节点为开始节点的各项工作的最早开始时间	ET_i	
12	节点的最迟时间		在双代号网络计划中，以该节点为完成节点的各项工作的最迟完成时间	LT_j	
13	时间间隔		本工作的最早完成时间与其紧后工作最早开始时间之间可能存在的差值	LAG_{i-j}	

2. 网络计划时间参数的计算方法

(1) 计算工作最早时间。工作最早时间自左而右依次进行计算。

工作最早开始时间加上持续时间得到工作最早完成时间。只有紧前工作的最早完成时间计算完成以后，才能确定本工作的最早开始时间。如果本工作有两项以上的紧前工作，则本工作的最早开始时间取各紧前工作最早完成时间的大数，如图 6-20 所示。

(2) 确定计算工期和计划工期。与终点节点相连的工作最早完成时间的天数，就是计算工期。然后，根据要求工期和计算工期确定计划工期。本例的计划工期等于计算工期。计划工期应为 10 天。

(3) 计算工作最迟时间。工作最迟时间自右而左依次进行计算。先计算工作最迟完成时间，再减去工作持续时间，得出工作最迟开始时间。只有紧后工作的最迟开始时间计算完成以后，才能确定本工作的最迟完成时间。如果本工作有两项以上的紧后工作，则本工作的最迟完成时间取各紧后工作最迟开始时间的小数,如图 6-21 所示。

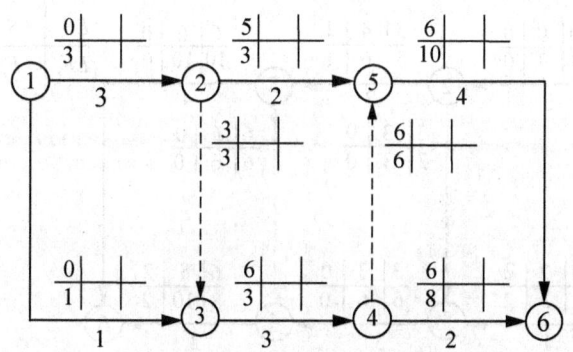

图 6-20　计算最早时间和计算工期

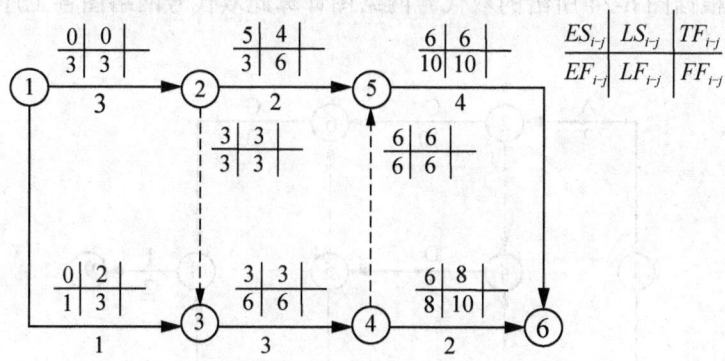

图 6-21　计算最迟开始时间

(4) 计算工作总活动时差。工作活动总时差等于最迟完成时间减最早完成时间,或等于最迟开始时间减最早开始时间,如图 6-22 所示。

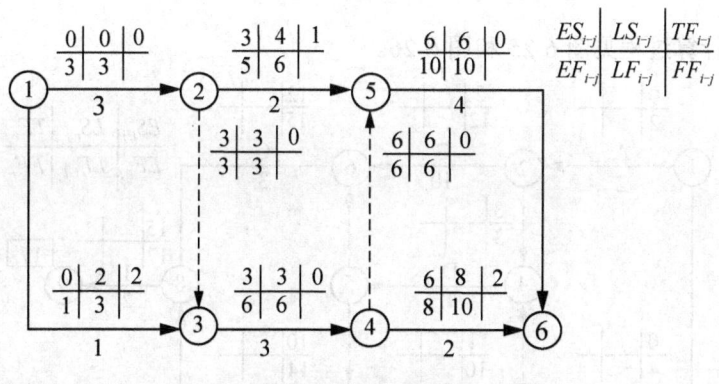

图 6-22　计算总活动时差

(5) 计算工作自由活动时差。工作自由活动时差等于紧后工作的最早开始时间减本工作的最早完成时间,如图 6-23 所示。

117

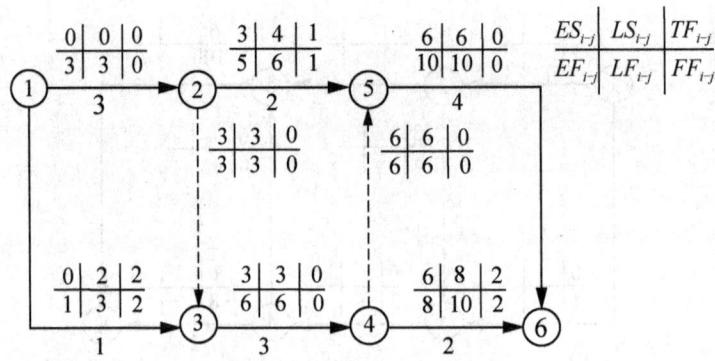

图 6-23 计算自由活动时差

【例 6-1】根据图 6-24 所给的双代号网络图计算此双代号网络图各工序的 6 个时间参数及总工期。

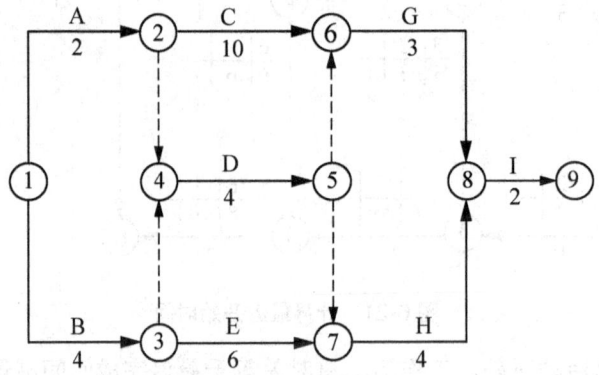

图 6-24 双代号网络图图例

解：具体计算过程见图 6-25 和图 6-26。

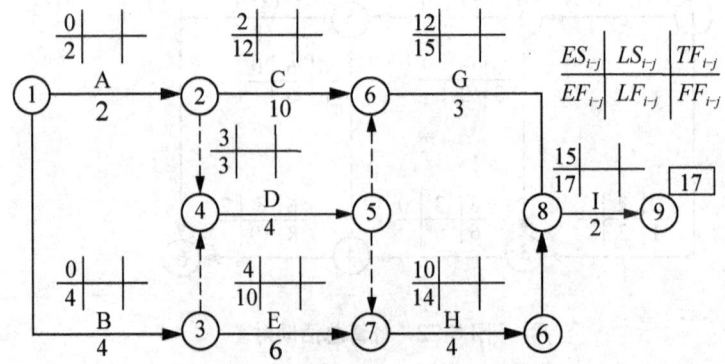

图 6-25 计算网络计划最早时间

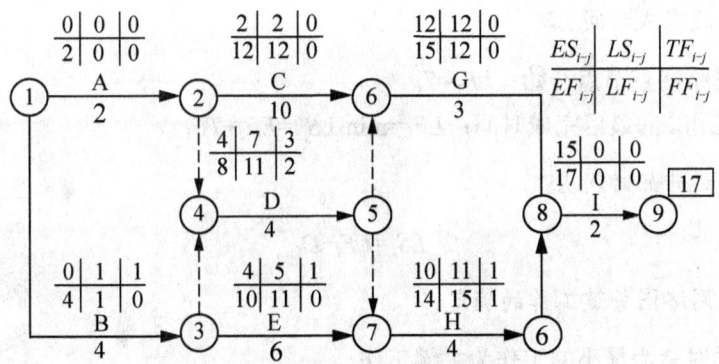

图 6-26　时间参数计算结果

6.4.4　网络图时间参数的计算方法

单代号网络图时间参数的计算原理与双代号网络图基本相同。所不同的是，单代号网络图要计算前后两项工作之间的时间间隔，即 $LAG_{i\text{-}j}$。其值是后项工作的最早开始时间 ES_j 减前项工作的最早完成时间 EF_i。计算公式为

$$LAG_{i\text{-}j} = ES_j - EF_i \tag{6.7}$$

如果一项工作只有一项紧后工作，其工作自由活动时差就是该间隔时间；如果一项工作有多项紧后工作，其工作自由活动时差应是各间隔时间中的小数。

1. 工作最早开始时间 ES_i

(1) 从网络起点节点开始：$ES_i = 0$。

(2) 其他工作最早开始：$ES_i = \max[ES_h + D_h]$。

2. 工作最早完成时间 EF_i

$$EF_i = ES_i + D_i \tag{6.8}$$

3. 相邻两项工作时间间隔

相邻两项工作(i 工作与 j 工作)时间间隔用 $LAG_{i\text{-}j}$ 表示，即紧后工作的最早开始时间 ES_j 与前项工作最早完成时间 EF_i 之差：

$$LAG_{i\text{-}j} = ES_j - EF_i \tag{6.9}$$

4. 工作总活动时差 TF_i

(1) 应从网络终点节点开始：$TF_n = T_p$ 或 EF_n。

(2) 其他工作 i 的总活动时差：$TF_i = \min[TF_j + LAG_{i\text{-}j}]$。

5. 自由活动时差 FF_i

(1) 应从网络终点节点开始：$FF_n = T_p - EF_n$。

(2) 其他工作 i 的自由活动时差：$FF_i=\min[LAG_{i\text{-}j}]$。

6. 工作最迟完成时间 LF_i

(1) 应从网络终点节点开始：$LF_n=T_p$。

(2) 其他工作 i 的最迟完成时间：$LF_i=\min[LS_j]=EF_i+TF_i$

7. 工作最迟开始时间 LS_i

$$LS_i=LF_i-D_i \tag{6.10}$$

8. 单代号网络图关键工作的确定

(1) 总活动时差为最小的工作为关键工作。

(2) 从起点节点开始到终点节点均为关键工作且工作时间间隔均为零的线路应为关键路径。

单代号网络图计算时间参数的顺序：$ES_i \to EF_i \to T_c \to T_p \to LAG_{i\text{-}j} \to TF_i \to FF_i \to LF_i \to LS_i$。

6.4.5 网络图时间参数的计算实例

单代号网络图如图 6-27 所示，其计算结果如图 6-28 所示。

双代号网络活动的关键工作是总活动时差最小的工作。关键工作相连而形成的通路就是关键路径。图 6-27 的最小总活动时差为 0，故关键路径为 1→2→3→4→5→6。

单代号网络图的关键工作是总活动时差最小的工作。关键路径是间隔时间为零的各关键工作相连而形成的通路。关键路径是 1→2→5→6→8。

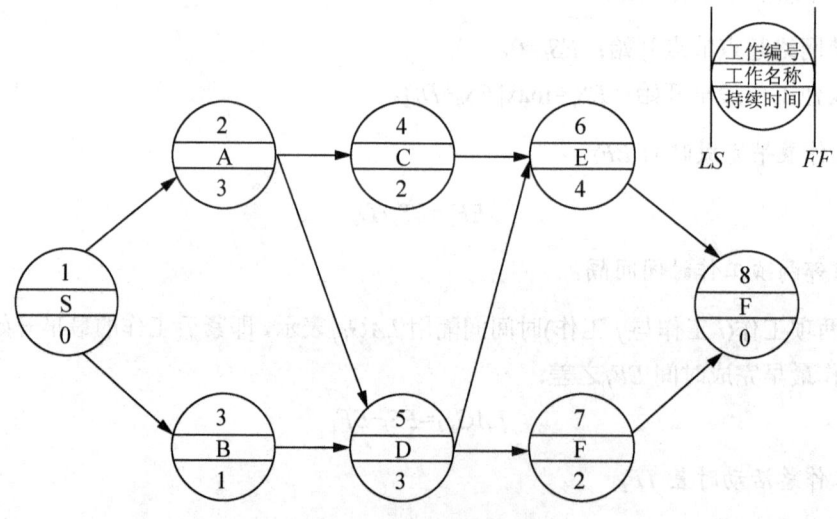

图 6-27 单代号网络图

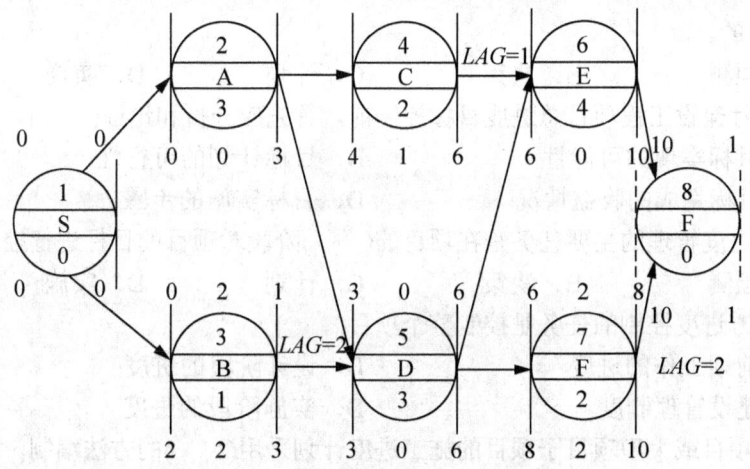

图 6-28 单代号网络图参数的计算结果

本 章 小 结

网络计划技术应用网络计划图表达计划中各项工作的相互关系。它具有逻辑严密、层次清晰、主要矛盾突出等优点,有利于计划的优化、控制和调整,有利于电子计算机在计划管理中的应用。编制网络计划图时,首先将施工项目的施工过程分解成若干项工作,根据工程量及施工定额计算各施工过程的施工天数,以规定的网络符号表达各项工作之间的相互制约和依赖关系,并根据各项工作的开展顺序和相互关系,从左至右排列起来,最后形成的网状图形,即网络计划图。

项目进度管理是项目管理的一个重要部分,它与项目成本管理、项目质量管理等同为项目管理的重要组成。它是保证项目如期完成或合理安排资源供应,节约工程成本的重要保证。

习 题

1. 简答题

(1) 简述项目进度目标及分解方法。
(2) 简述工程项目进度管理的内涵。
(3) 简述进度计划的类型。
(4) 简述工程项目计划编制的一般方法。
(5) 简述单代号网络图法。
(6) 简述双代号网络图法。

2. 单项选择题

(1) 建设工程项目的总进度目标指的是整个项目的进度目标,它是在项目(　　)阶段项目定义时确定的。

  A．预测   B．决策   C．计划   D．实施

(2) 在进行建设工程项目总进度目标控制前，首先应分析和论证(　　)。

  A．目标实现的可能性   B．目标计划的可行性

  C．目标完成的收益情况   D．目标实施的步骤

(3) 项目进度管理的主要任务是在项目的(　　)阶段对项目的目标进行控制。

  A．预测   B．决策   C．计划   D．实施

(4) 业主方进度控制的任务是控制整个项目(　　)。

  A．前期工作的进度   B．设计阶段的进度

  C．建设管理制度   D．实施阶段的进度

(5) 小型项目或大型项目子项目的施工进度计划采用(　　)的方法编制。

  A．横道图   B．单代号网络图

  C．双代号网络图   D．双代号网络时标计划

(6) 双代号网络图中的虚箭线表示(　　)。

  A．工作的持续时间   B．非关键工作

  C．工作之间的逻辑关系 D．自由活动时差

(7) 单代号网络图中的每一个节点表示(　　)，节点宜用圆圈或矩形表示。

  A．一项工作   B．连接点

  C．一个时间点   D．一项活动

(8) 单代号网络计划的关键路径为从起点节点开始到终点节点均为关键工作，且所有工作的(　　)的线路。

  A．自由活动时差为零

  B．持续时间最长

  C．总活动时差最大

  D．时间间隔为零=紧后工作的 ES-本工作 EF

3．多项选择题

(1) 下列选项中，关于横道图进度计划法的表述中，正确的是(　　)。

  A．表达方式较直观，易看懂计划编制的意图

  B．工序(工作)之间的逻辑关系可以表达清楚

  C．适用于手工编制计划

  D．难以适应大的进度计划系统

  E．计划调整只能用手工方式进行，其工作量较大

(2) 在双代号网络计划中，关键线路是指(　　)。

  A．自始至终全部由关键工作组成的线路

  B．线路上总的工作持续时间最长的线路

  C．线路上总的工作持续时间最短的线路

  D．自由时差为零的线路

  E．两端节点为关键节点的线路

(3) 施工进度计划的调整应包括( )。
   A．工程量的调整   B．工作(工序)起止时间的调整
   C．工作关系的调整   D．施工预算的调整
   E．资源提供条件的调整

4．计算题

(1) 某承包商经业主批准的网络图如图 6-29 所示。

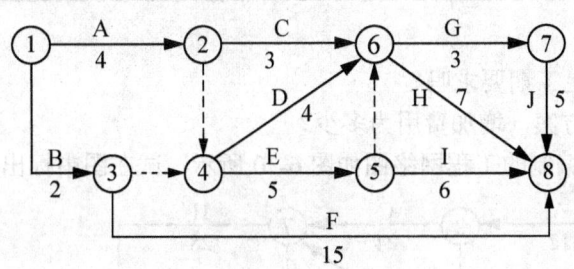

图 6-29 网络图

在施工过程中，由于承包商自身原因导致 A 工作拖后了 2 个月，为此承包商召开工地会议，研究处理方案，初步计划另行租赁一台设备工作，而无需等 E 工作施工完再转到 G 工作施工。

问题：
① 请计算业主批准的网络图的工期与关键路径。
② 画出承包商调整后的新网络图。
③ 承包商调整计划后能否满足原计划的工期要求？

(2) 某项工程项目活动及逻辑关系如表 6-2 所示。

表 6-2 项目活动及逻辑关系

活动	A	B	C	D	E	F	G	H	I	J	K
持续时间/天	5	4	10	2	4	6	8	4	3	3	2
紧前活动	—	A	A	A	B	B, C	C, D	D	E, F	G, H, F	I, J

根据上述关系绘制双代号网络图。

若合同规定，工期每提前后拖后一天奖励或惩罚 5 万元。在施工过程中，由于承包商自身原因导致工作拖后了 2 个月，因为 A 工作为关键工作，将使工期拖后 2 个月。为此承包商召开工地会议，研究，处理方案，经研究，处理方案有以下三个。

A 方案：不赶工，任由业主罚款。

B 方案：另行租赁一台设备工作，而无需等 E 工作施工完再转到 G 工作施工，另租一台设备施工，费用每月增加 5 万元。

C 方案：压缩网络图某些关键工作的时间，以满足工期要求，网络图各工作压缩施工时间所花费用及最短施工时间如表 6-3 所示。

表 6-3　压缩施工时间所花费用及最短施工时间

单位：万元/月

活动	A	B	C	D	E	F	G	H	I	J
最短作业时间	4	2	2	2	4	1	2	4	6	3
每月赶工费				2	8	2	7	4		4

问题：

① B 方案能满足工期要求吗？

② 试选择处理方案，增加费用为多少？

(3) 某施工单位编制的工程网络图如图 6-30 所示，试在图中标出各工作的持续时间。

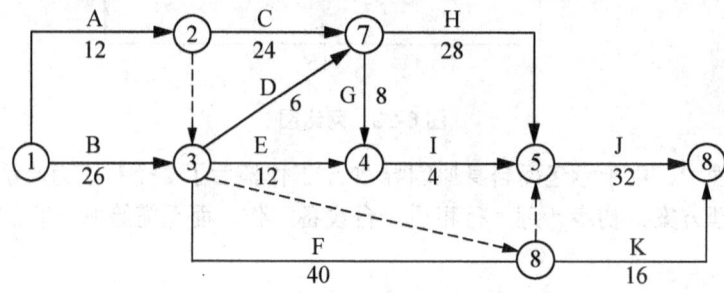

图 6-30　编制的工程网络图

问题：

① 请分别计算 H、I、J、K 四个工序的最迟完成时间 LS 与总活动时差 TF。

② 请写出本网络的关键路径。

③ 写出该网络图总工期。

(4) 某工程的计划网络图如图 6-31 所示，在进度检查观测点第 6 个月月底和第 11 个月月底的前锋线如图 6-31 所示。

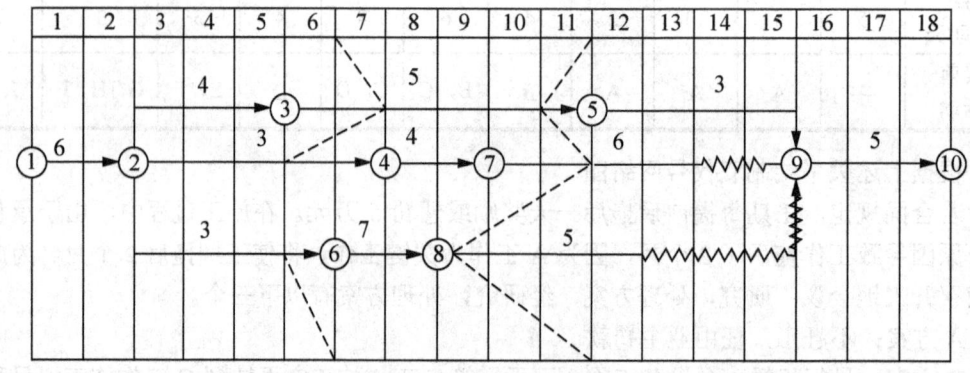

图 6-31　计划网络图

第 1～18 个月各月已完工程实际投资累计分别获得如表 6-4 所示数据。

表6-4 已完工程实际投资累计数据

月	1	2	3	4	5	6	7	8	9
已完工程实际投资累计	6	12	22	34	45	57	69	85	97
月	10	11	12	13	14	15	16	17	18
已完工程实际投资累计	118	132	146	156	159	160	166	170	177

问题：

① 根据时标网络图进度前锋线分析第6个月月底、第11个月月底工程进度情况。

② 试从投资角度分析第6个月月底和第11个月月底的进度偏差。

第 7 章 工程项目进度控制

教学目标

本章主要讲述进度控制原理及进度控制的主要方法。通过本章学习,应达到以下目标:
(1) 掌握工程项目进度控制原理;
(2) 熟悉进度计划的偏差分析的原则;
(3) 掌握进度检测的主要方法:
——什么是进度控制;
——工程项目进度控制原理;
——进度检测过程;
——进度检测的主要方法;
——横道图比较法、S形曲线比较法、前锋线比较法的进度偏差分析的基本原理;
——进度计划的偏差分析的原则;
——工程项目进度控制管理的两种主要方法。

教学要求

知识要点	能力要求	相关知识
工程项目进度控制的原理	(1) 理解什么是进度控制 (2) 熟悉工程项目进度控制的原则 (3) 掌握工程项目进度控制的原理	(1) 工程项目进度控制概念 (2) 影响进度控制的风险因素
进度检测的主要方法	(1) 理解进度检测 (2) 熟悉进度检测过程 (3) 掌握进度检测的主要方法	(1) 横道图比较法 (2) S形曲线比较法 (3) 前锋线比较法
工程项目进度控制管理的两种主要方法	(1) 理解工程项目进度控制管理的内涵 (2) 熟悉进度计划的偏差分析的原则 (3) 掌握网络计划优化方法	(1) 工期优化 (2) 费用优化

基本概念

进度控制、进度检测、横道图比较法、S形曲线比较法、前锋线比较法

第7章 工程项目进度控制

引例

普洛斯公司计划在中国大规模开发高水平的物流园区,尤其是在中国的三大经济圈,如长三角、珠三角、环渤海区域重点投资。广州是普洛斯公司重点投资的中心城市之一,普洛斯公司计划在广州开发数个高水平的物流园区项目,以支持广州的物流业和制造业的高速增长。普洛斯广州云埔工业区物流园项目就是该计划的项目之一。

由于该项目的客户 St-Anda 公司(未来实际使用者)对该设施的要求交付时间短,合同工期为 10 个月,而正常工期为 12 个月。故要求项目经理能在合理工期的基础上运用项目管理的知识,尽量压缩工期以满足客户的要求。

该项目设施的特别功能要求多,项目实施过程中客户变更特别多,合同条件特别苛刻,这就要求项目经理及时和项目参与各方(上海总部工程项目部、公司市场部、设计院、总承包单位、监理工程师、政府有关部门)保持良好的沟通与协调,以随时处理变更,应对冲突与危机,最大限度地提高客户满意度。

关于工期,项目组采取了以下措施,确保了项目在合同约定的工期内完工并交付设施。

(1) 利用公司和政府方面沟通协调方面的优势,争取到政府部门对项目某些方面的支持,以缩短工期,加快工程进度,如提前开工——可以在尚未拿到施工许可证的情况下便报建边施工;简化某些政府程序——质检站中间验收及分部分项验收可以先施工候补办手续;允许夜晚加班施工(增加了费用)——项目可以 24 小时施工等。

(2) 由于工程施工仅为 10 个月,合理正常工期为 12 个月,故进度控制管理在项目管理的三个因数中尤为关键。根据项目管理理论,项目管理的三大核心目标控制:进度、质量、成本成三角形关系或者定义为空间三维坐标关系。在保证质量的前提下,通过适当地增加费用来达到压缩工期的目的(要求各承包商增加人力投入和机械设备投入以加快进度;要求监理工程师每天核对并统计各施工单位的现场作业人员和机械的数量,以确保各承包单位按计划投入的资源实时到位)。

首先,结合项目实际建立合理完善的 WBS,至少分四层,尽量做到不漏项,不重复,并给每一个作业估计工期。

其次,根据 WBS 以及作业间的逻辑关系,绘制网络图,找出关键路径,计算出最短工期。

然后,与要求工期比较,再对关键路径的工期进行合理的优化压缩,以满足合同要求工期。

最后,根据优化的网络图制作具有进度里程碑的进度计划表(横道图),这样的进度计划才是合理可信的,在项目实施过程中可作为控制进度的计划依据。

(3) 在本项目进度控制管理中,项目管理组织运用以下原理和方法对项目的进度进行控制,最后达到整个项目最终的按计划交付。

① 分成分级三级控制。在项目的实施过程中,实行项目进度分成分级三级控制:现场施工员和现场工程师负责每一个作业和分项工程在计划的工期内完成;总工长负责每一个分部工程按计划完成;监理工程师每周每月核对进度,实时控制协调;项目经理重点监控周进度、月进度,以控制项目的总体进度。

② 重点控制关键路径上的关键事项。在项目的进度控制中重点控制关键路径上的关键工作,在总体资源(人力、机械等)有限的情况下合理调配资源,重点支持关键工作,以确保关键工作的工期按计划完成。

③ 面向里程碑交付的过程进度控制。项目经理不能只看到项目的最终交付日期,一定要重点控制每一个里程碑事项按计划交付,以控制项目的总体进度,确保项目的最终按计划交付。

(4) 对于分包商和供应商的进度控制管理,首先制订详密的总工程进度计划表,以总进度计划为依据,再要求各承包商和各专业供应商相应地做出各专业工程施工和设备供应和安装的子进度计划。

7.1 进度控制概述

1. 进度控制的概念

工程项目进度控制是指在进度计划的实施过程中经常检查实际进度是否按计划要求进行，对出现的偏差情况进行分析，采取补救措施或调整原计划后再付诸实施，如此循环，直到建设工程竣工验收交付使用。进度计划是进度控制的依据，是实现工程项目工期目标的保证。

2. 进度控制的原则

进度控制原则，主要表现在以下方面。

1) 全过程的控制

进度控制不仅仅包括施工阶段，还包括设计阶段、施工准备阶段等，涵盖了项目建设的全过程。

2) 全方位的控制

项目管理者必须对整个项目结构的进度控制进行全方位控制，即对组成项目的所有构成部分的进度都要进行控制，如土建、设备安装、采暖通风、给水排水、电气、绿化、道路等工程以及与这些工程有紧密联系的相关工作，如工程招标、施工准备等工作的进度。

3) 风险因素的控制

影响进度的因素很多，必须对这些影响因素实施控制从而实现有效的进度控制，积极采取措施，减少或避免这些因素的影响。

4) 工程建设项目进度全方位的控制措施

进度控制所采取的措施主要有组织措施、技术措施、合同措施、经济措施和管理措施等。

(1) 组织措施：建立进度控制的组织系统，落实各层次的控制人员及其职责分工，建立各种有关进度控制的制度和程序。

(2) 技术措施：采用先进的进度计划编制技术和控制方法、手段，保证进度控制有效进行。

(3) 合同措施：采用有利于进度目标实现的合同模式，通过签订合同明确进度控制责任，加强合同管理，以合同管理为手段保证进度目标的实现。

(4) 经济措施：保证进度计划实现所需资金，采取对工期提前给予奖励、对工期延误给予惩罚等措施。

(5) 管理措施：通过内部管理提高进度控制水平，通过管理消除或减轻各种因素对进度的影响。

3. 进度控制的原理

进度控制的基本对象是工程活动。项目进度状况通常是通过各工程活动完成程度(百分比)逐层统计汇总计算得到的。进度控制的基本原理概括为以下几个方面。

1) 动态控制原理

项目的进行是一个动态的过程。项目管理人员需要在项目各阶段制定各种层次的进度计划，需要不断监控项目进度并根据实际情况及时进行调整。

2) 系统原理

项目各实施主体、各阶段、各部分各层次的计划之间相互联系、相互影响，因此必须用系统的理论和方法解决进度控制问题。

3) 封闭循环原理

项目进度控制其活动包括编制计划、实施计划、检查、比较与分析、确定调整措施、修改计划。进度控制过程就是这种封闭的循环系统不断运行的过程。

4) 信息原理

信息是项目进度控制的依据，必须建立信息系统，及时有效地进行信息传递和反馈。

5) 弹性原理

工程项目工期长、体积庞大、影响因素多而复杂，因此编制计划时必须留有余地，使计划有一定的弹性。

7.2 建设工程进度检测

建设工程进度检测是工程项目进度管理过程中重要的工作内容，通过检查分析，当原有进度计划已不能适应实际情况时，为保证进度控制目标的实现，就必须对原有进度计划进行调整，确定新的计划目标，形成新的进度计划。

7.2.1 进度检测内涵

项目管理者应在建设工程实施过程中经常、定期地对进度计划的执行情况进行跟踪检查，如发现进度计划在执行过程中存在偏差问题，及时采取措施加以解决。

进度检测过程可以总结为以下过程。

1. 进度计划执行跟踪检测

在进度计划执行过程中进行跟踪检查，定期收集反映工程实际进度的有关数据，可以有效地获得计划执行信息，为进度分析和调整提供了依据，是进度控制的关键环节。

为了全面、准确地掌握进度计划的执行情况，应有序进行以下三方面的工作。

1) 定期收集进度报表资料

定期收集进度报表资料是获得有效进度信息的重要途径。进度计划执行单位(如分包商等)应按照进度管理规定的时间和报表内容，定期填写和报送进度报表。项目管理者通过收集进度报表资料掌握工程实际进展况。

2) 现场实地检查工程进展

项目管理者应通过检查现场，随时检查进度计划的实际执行情况，加强进度监测工作。可视具体情况，每月、每半月或每周检查一次。在重大环节或关键技术执行过程中，甚至需要每日进行一次进度检查。

3) 定期召开现场会议

定期召开现场会议，项目管理者通过与进度计划执行单位的有关人员面对面的交谈，可以全面了解工程实际进度状况，也可以协调各协作方面的进度关系。

2. 实际进度数据的加工处理

实际进度与计划进度的比较是进度检查工程中必须进行的一项重要工作。必须对收集到的实际进度数据进行加工处理。

3. 实际进度与计划进度的对比分析

将实际进度数据与计划进度数据进行比较，形成实际进度与计划进度的比较数据及结论等，具体工作如下。

(1) 确定建设工程实际执行情况与计划目标间的差距。

(2) 采用表格或图形对实际进度与计划进度进行对比分析，得出超前、滞后还是一致的结论。

7.2.2 进度检测的主要方法

实际进度与计划进度的比较是建设工程进度检测的主要环节。常用的进度比较方法有横道图比较法、S形曲线比较法、香蕉图曲线比较法、前锋线比较法。

1. 横道图比较法

横道图比较法是将项目实施过程中检查实际进度收集到的数据，经加工整理后直接用横道线平行绘于原计划的横道线处，进行实际进度与计划进度的比较方法。采用横道图比较法，可以形象、直观地反映实际进度与计划进度的比较情况。

1) 匀速进展横道图比较法

匀速进展是指每项工作累计完成的任务量与时间呈线性关系。通常完成的任务量可以用实物工程量、劳动消耗量或费用支出的百分比表示。采用匀速进展横道图比较法时，首先需要编制横道图进度计划，然后在进度计划上标出检查日期；在检查进度计划时，将检查收集到的实际进度数据经加工整理后按比例用涂黑的粗线标于计划进度的下方，如图 7-1 和图 7-2 所示。

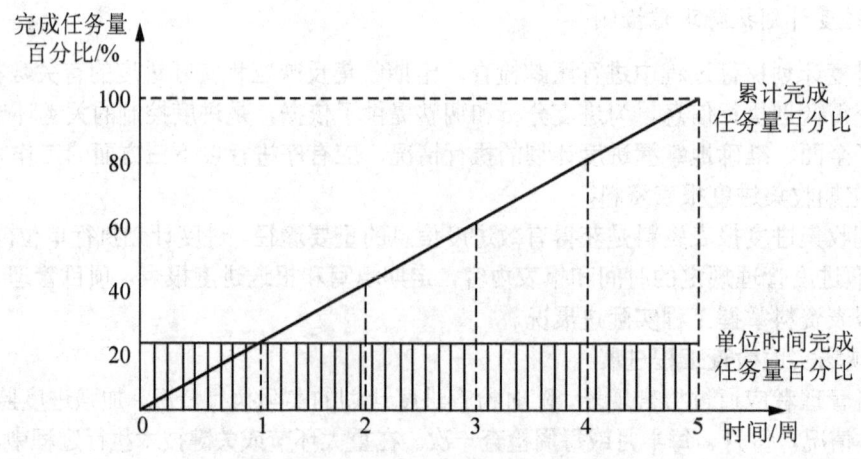

图 7-1 工作匀速进展时任务量与时间关系曲线

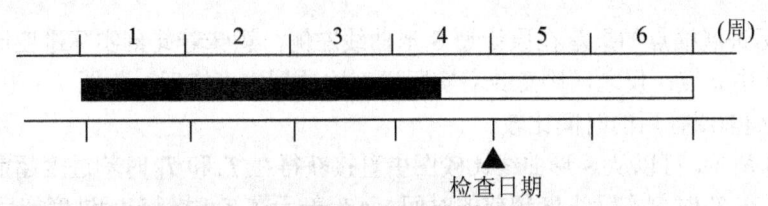

图 7-2　匀速进展横道图

观测图 7-2,可以根据以下原则对比分析实际进度与计划进度。
(1) 如果涂黑的粗线右端落在检查日期左侧,表明实际进度拖后。
(2) 如果涂黑的粗线右端落在检查日期右侧,表明实际进度超前。
(3) 如果涂黑的粗线右端与检查日期重合,表明实际进度与计划进度一致。

在图 7-2 中,由于如果涂黑的粗线右端落在检查日期左侧,原计划完成工作量应在 4 周末水平,实际只完成在 3~4 周之间,表明实际进度拖后大约半周左右。

2) 非匀速进展横道图比较法

当工作的进展速度为匀速时,可以采用匀速进展横道图比较法;如果工作的进展速度为非匀速,则只能采用非匀速进展横道图比较法。

非匀速进展横道图比较法在用涂黑粗线表示工作实际进度的同时,还要标出其对应时刻完成任务量的累计百分比,并将该百分比与其同时刻计划完成任务量的累计百分比相比较,判断工作实际进度与计划进度之间的关系。

采用非匀速进展横道图比较法时,用涂黑粗线标出工作的实际进度,从开始之日标起,同时反映出该工作在实施过程中的连续与间断情况;通过比较同一时刻实际完成任务量累计百分比和计划完成任务量累计百分比,判断工作实际进度与计划进度之间的关系。一般来说,可以根据以下原则对比分析非匀速进展的横道图实际进度与计划进度。

(1) 如果同一时刻横道线上方累计百分比大于横道线下方累计百分比,表明实际进度拖后,拖欠的任务量为二者之差。
(2) 如果同一时刻横道线上方累计百分比小于横道线下方累计百分比,表明实际进度超前,超前的任务量为二者之差。
(3) 如果同一时刻横道线上、下方累计百分比相等,表明实际进度与计划进度一致。

2. S 形曲线比较法

S 形曲线比较法是另外一种进度检测的重要方法。

在进行 S 形曲线比较时,在坐标内以横坐标表示时间,以纵坐标表示累计完成任务量,按计划时间绘制一条累计完成任务量的 S 形曲线;然后将工程项目实施过程中各检查时间实际累计完成任务量的 S 形曲线也绘制在同一坐标系中,对实际进度与计划进度进行比较。

1) 实际进度与计划进度的比较

在工程项目实施过程中,按照规定时间将检查收集到的实际累计完成任务量绘制在原计划 S 形曲线图上,即可得到实际进度 S 形曲线。S 形曲线的主要特点是能反映工程的整体实际进展情况,但无法看到工程项目局部进展情况。在工程施工过程中,定期将实际进展情况绘制在原计划 S 形曲线所在的坐标系内进行直观比较,如图 7-3 所示。通过比较,可以获得信息:实际工程进展速度比较。

工程实际进展描点如果落在原计划 S 形曲线左侧，意味着此刻实际进度比计划进度超前，如图 7-3 中 a 点；反之，则意味着实际进度比计划进度拖后，如图 7-3 中 b 点。

2) 进度超前或拖后的时间比较

如图 7-3 所示，可以从 S 形曲线比较图中直接获得在 T_a 和 T_b 时刻进度超前和拖后的时间。ΔT_a 表示在 T_a 时刻实际进度超前的时间，ΔT_b 表示在 T_b 时刻实际进度拖后的时间。

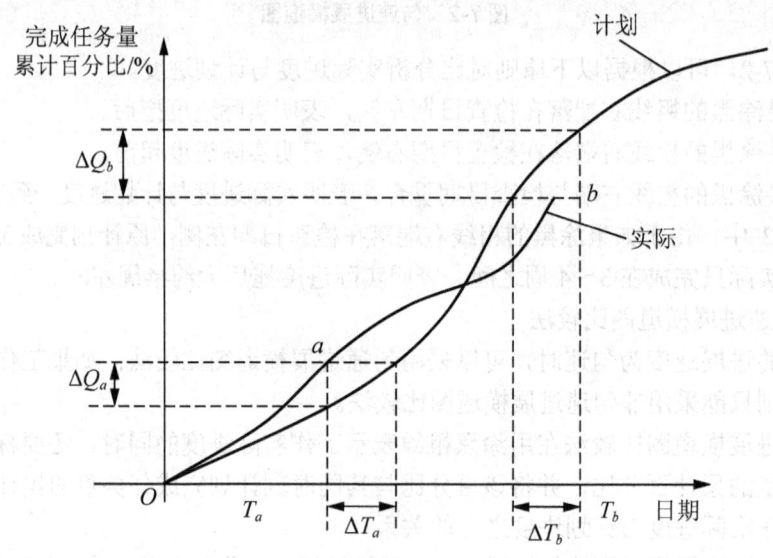

图 7-3　S 形曲线进度偏差分析比较示意图

3) 进度超前或拖后的任务量

如图 7-3 所示，可以从 S 形曲线比较图中直接获得在 T_a 和 T_b 时刻进度超前和拖后的任务量。ΔQ_a 表示在 T_a 时刻实际进度超前的任务量，ΔQ_b 表示在 T_b 时刻实际进度拖后的任务量。

4) 后期工程进度超前或拖后的时间预测

可根据检查日期时的施工速度和资源安排，预测工程项目后期工程进度超前或拖后工期。

3. 前锋线比较法

前锋线比较法进行实际进度与计划进度的比较时，首先绘制时标网络图。时标网络图的上方和下方各设一时间坐标。工程项目实际进度前锋线是在时标网络图上标示的。

前锋线可以直观地反映出与检查日期有关的工作实际进度与计划进度之间的关系。对于某项工作而言，其实际进度与计划进度之间的关系可能存在以下三种情况。

(1) 工作实际进展位置点与检查日期重合，表明该工作实际进度与计划进度一致。

(2) 工作实际进展位置点落在检查日期的右侧，表明该工作实际进度超前，超前的时间为二者之差。

(3) 工作实际进展位置点落在检查日期的左侧，表明该工作实际进度拖后，拖后的时间为二者之差。

【例 7-1】 某工程的时标计划网络图如下，在进度检查观测点第 6 月底和第 11 月底前锋线为：

1～18 月各月已完工程实际投资累计分别获得如表 7-1 所示的数据。

表 7-1　已完工程实际投资累计数据

月	1	2	3	4	5	6	7	8	9
已完工程实际投资累计	6	12	22	34	45	57	69	85	97
月	10	11	12	13	14	15	16	17	18
已完工程实际投资累计	118	132	146	156	159	160	166	170	177

假设 1～18 月各月各项工作均匀速进展，其中：工作箭线上方的数字为该工作每月完成的投资额(单位：万元)。

问题：试从投资角度分析第 6 个月月底和第 11 个月月底的进度偏差。

解：从投资角度分析进度偏差，其计算公式为：

$$进度偏差=拟完工程计划投资-已完工程计划投资$$

(1) 6 月底拟完工程计划投资为：6×2+4×3+5×1+3×4+3×4=51(万元)；

6 月底已完工程计划投资为：6×2+4×3+5×2+3×3=43(万元)。

则 6 月底进度偏差=51-43=8(万元)，即实际进度拖延 8 万元。

(2) 11 月底拟完工程计划投资为：6×2+4×3+5×6+3×5+4×2+6×2+3×4+7×2+5×3=132(万元)；

11 月底已完工程计划投资为：6×2+4×3+5×5+3×5+4×2+6×2+3×4+7×2=110(万元)。则 11 月底进度偏差=132-110=22(万元)，即实际进度拖延 22 万元。

7.3　进度计划的调整

7.3.1　进度计划调整的基本过程

在实际项目工作中，当出现进度偏差时，需要分析产生偏差的原因及其对后续工作和总工期的影响，采取合理、有效的进度计划调整措施，保证进度总目标的实现。

进度调整的具体过程如下。

1. 分析进度偏差的原因

将实际进度与计划进度的比较，发现进度偏差并分析进度偏差产生的具体原因。

2. 分析进度偏差对进度的影响

查明进度偏差原因之后，应分析进度偏差对后续工作和总工期的影响，包括关键节点、后续工作的限制条件以及总工期允许变化的范围。当出现的进度偏差影响到后续工作或总工期而需要采取进度调整措施时，应首先确定可调整进度的范围。如有必要采取进度调整措施，应以后续工作和总工期的限制条件为依据，确保要求的进度目标得到实现。

3. 实施调整后的进度计划

调整进度计划之后，应采取措施包括组织、经济、技术等措施进行进度计划调整，并继续检测其执行情况。

7.3.2 进度计划偏差分析的原则

1. 进度计划调整的基本原则

1) 分析出现进度偏差的工作是否为关键工作

出现进度偏差的工作一旦位于关键路径上，则必须对该工作采取相应的调整措施。

2) 分析出现进度偏差非关键工作对总工期及后续工作的影响

非关键工作如果出现偏差，就需要根据进度偏差值与总活动时差和自由活动时差的关系来判定是否需要调整。此时又分为以下几种情况。

(1) 如某项工作进度偏差大于该工作的总活动时差，则此进度偏差必将影响其后续工作和总工期，必须采取相应的调整措施；如果网络计划中某项工作进度拖延的时间超过其总活动时差，则无论该工作是否为关键工作，其实际进度都将对后续工作和总工期产生影响。此时，进度计划的调整方法又可分为以下三种情况。

① 项目总工期不允许拖延。原计划工期不可更改，唯有采取缩短关键路径上后续工作持续时间的方法来调整计划。

② 项目总工期允许拖延。原计划工期可更改，此时只需以实际数据取代原计划数据，可重新绘制实际进度检查日期后的简化网络计划。

③ 项目总工期允许拖延的时间有限。原计划工期可更改时间有限，也需要对网络计划进行调整。可以以总工期的限制时间作为规定工期，对检查日期后面尚未实施的网络计划进行工期优化，即缩短关键路径上后续工作持续时间来使总工期满足要求。

(2) 如果工作的进度偏差未超过该工作的总时差，则此进度偏差不影响总工期。至于对后续工作的影响程度，还需要根据偏差值与其自由活动时差的关系做进一步分析。

(3) 分析进度偏差是否超过自由活动时差，如果工作的进度偏差未超过该工作的自由活动时差，则此进度偏差不影响后续工作，因此，原进度计划可不做调整。如果工作的进度偏差大于该工作的自由活动时差，此进度偏差将对其后续工作产生影响，应根据后续工作的限制条件确定调整方法；可以根据进度偏差的影响程度，制订纠偏措施进行调整，获得新进度计划。

(4) 分析进度偏差已超过其自由活动时差但未超过其总活动时差。此时该工作的实际进度不会影响总工期,而只对其后续工作产生影响。因此,把进度拖延对后续工作的影响减少到最低程度,是项目管理者的重要工作。后续工作时间上的任何变化,都会带来协调上的麻烦,引起索赔。因此,当后续工作对时间的拖延有要求时,同样需要进行进度计划的调整。

2. 进度计划调整的主要方法

在实际工作中根据具体情况进行进度计划的调整的方法主要有:

1) 压缩关键工作的持续时间来缩短工期

具体措施包括以下内容。

(1) 组织措施:包括组织更多的施工队伍,增加工作面;增加工作日施工时间(如采用三班制等);增加施工机械和劳动力的数量。

(2) 技术措施:包括改进施工技术和施工工艺,缩短工艺技术间歇时间;采用更先进的施工方法,采用更先进的施工机械,更改技术工艺方案等。

(3) 经济措施:包括实行对所采取的技术措施给予相应的经济补偿、包干奖励、提高奖金数额等。

(4) 其他配套措施:如改善外部配合条件,实施强有力的调度,改善劳动条件等。

应注意的是,在调整项目进度计划时,还应利用费用优化的原理选择费用增加量最小的关键工作作为压缩对象。

2) 组织搭接作业或平行作业来缩短工期

通过改变某些工作的逻辑关系来压缩某些工作的持续时间,如组织搭接作业或平行作业来缩短工期。

7.3.3 进度计划控制的调整原则

进度计划的调整应考虑以下原则。

(1) 压缩后续工作的工期。压缩时应注意,压缩追加费用少的工作、资源有保证的工作、对质量和安全影响不大的工作。

(2) 合理配置资源强度。在总活动时差的限度内移动非关键工作,使资源用量逐步下降至规定的数量之下,减少组织管理难度与资源调度的难度,即通过调整资源峰值,削减资源高峰,直至非关键工作不能移动为止。

(3) 调整后续工作做到成本最小。将工期压缩在某个时间之内,而使增加的费用最少。调整的方法是依次压缩有压缩潜力的、增加费用最少的关键工作。

7.4 网络计划的优化

网络计划的优化一般归纳为工期优化、费用优化和资源优化三种。

7.4.1 工期优化

在不改变网络计划中各工作逻辑关系前提下,通过压缩关键工作的持续时间来达到工期优化目标,不能将关键工作压缩成非关键工作。此外,当在工期优化过程中出现多条关键路径时,要将各条关键路径的总持续时间压缩相同数值,这样才能有效地缩短工期。

网络计划的工期优化可按下列步骤进行。

(1) 计算原始网络计划的关键路径和计算工期。

(2) 按要求工期计算应缩短的时间ΔT:

$$\Delta T = T_c - T_r$$

式中:T_c——网络计划的计算工期;

T_r——要求工期。

(3) 选择压缩对象。压缩对象应在关键工作中考虑下列因素。

① 缩短持续时间对质量和安全影响不大的工作。

② 有充足备用资源的工作。

③ 缩短持续时间所需增加的费用最少的工作。

(4) 压缩选中的关键工作,使持续时间至最短。注意不能将关键工作压缩成非关键工作。若被压缩的工作变成非关键工作,则应延长其持续时间,使之仍为关键工作。

(5) 重复上述过程,直至计算工期满足要求工期或计算工期已不能再缩短为止。

双代号网络图中箭线下方括号外数字为工作的正常持续时间,括号内数字为最短持续时间;箭线上方括号内数字为优选系数,该系数应综合考虑质量、安全和费用增加情况而确定。选择关键工作压缩其持续时间时,应选择优选系数最小的关键工作。若需要同时压缩多个关键工作的持续时间时,则它们的优选系数之和(组合优选系数)最小者应优先作为压缩对象。

7.4.2 费用优化

费用优化又叫工期成本优化,是寻求最低成本的最短工期安排。

1. 工程费用

工程费用分为两部分:一是直接费,如人工费、材料费、施工机械使用费等;二是间接费,如现场管理费和场地租赁费等。在总费用曲线中,必定有一个总费用最少的工期,对应的工期称为最优工期。

费用优化的基本思路是,从网络计划的各工作持续时间和费用的关系中,依次找出能使计划工期缩短而又能使直接费用增加最少的工作,不断缩短其持续时间,同时考虑其间接费用叠加,即可求出工程总费用最低时的最优工期和工期指定时相应的最低费用。工程费用与工期的关系如图7-4所示。

2. 直接费用率

工作的持续时间每缩短单位时间而增加的直接费称为直接费用率。直接费用率越大,该工作的持续时间缩短一个时间单位,所需增加的直接费就越多。因此,压缩关键工作的持续时间应将直接费用率最小的关键工作作为压缩对象。当有多条关键路径出现而需要同时压缩多个关键工作的持续时间时,应将它们的直接费用率之和(组合直接费用率)最小者作为压缩对象。

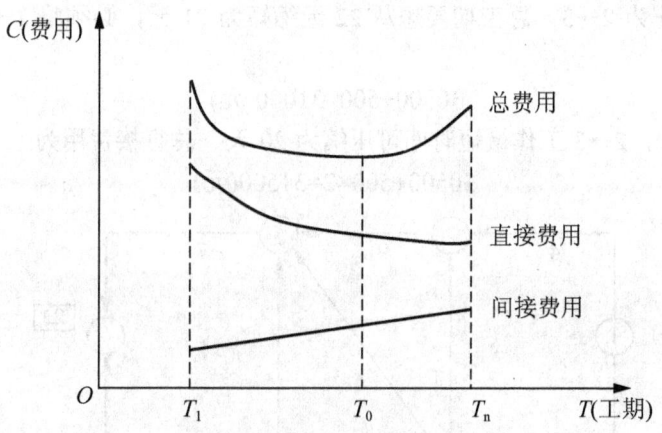

图 7-4 费用-工期关系曲线

T_1—最短工期；T_0—最优工期；T_n—正常工期

【例 7-2】图 7-5 为一个网络图，项目的直接费用为 30500 元，间接费用为 6000 元，项目原定 22 天完成。试求出工期较短而费用最少的优化方案(箭线下的数字为正常持续时间，括号内数字为最短持续时间)。相关数据如表 7-2 所示。

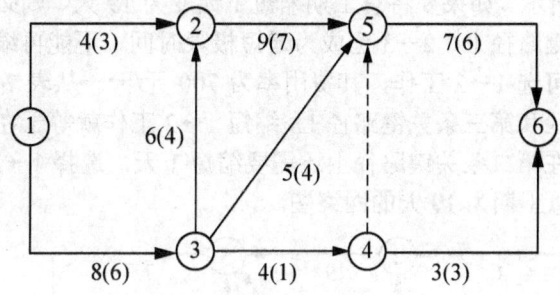

图 7-5 网络图

表 7-2 工作时间与费用

工序	正常		最短		相关		费用率/(元/天)
	时间/天	费用/元	时间/日	费用/元	时间/日	费用/元	
1→2★	4	2100	3	2800	1	700	700
1→3	8	4000	6	5600	2	1600	800
2→3★	6	5000	4	6000	2	1000	500
2→5	9	5400	7	6000	2	600	300
3→4	4	5000	1	11000	3	6000	2000
3→5★	5	1500	4	2400	1	900	900
4→6	3	1500	3	1500	—	—	—
5→6★	7	6000	6	7500	1	1500	1500

注：★表示关键工作。

此网络计划的工期现计算得出为 22 天，关键路径为 1→2→3→5→6，如图 7-6 所示。压缩工期必须以关键工作为对象，同时选择费用率最低的工作。从表 7-2 可以看出，最低

费用率的关键工作为 2→3，总工期要想从 22 天缩短为 21 天，必须将 2→3 缩短 1 天，这时总直接费用为

$$30500+500=31000(元)$$

由表 7-2 可知，2→3 工作最短时间可压缩为 20 天，总直接费用为

$$30500+500×2=31500(元)$$

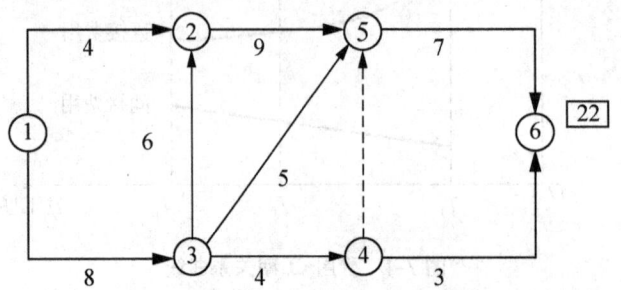

图 7-6　总工期为 22 天的网络图

但是，需要注意的是，总工期缩短到 20 天后，在网络图中出现了三条总工期同为 20 天的关键路径(图 7-7)：①1→2→3→5→6；②1→3→5→6；③1→2→5→6。这三条关键路径的费用率如表 7-3 所示。如果要将总工期缩短 1 天变为 19 天，则必须三条关键路径各缩短 1 天。在第一条关键路径上，2→3 已成为最短极限时间，不能再缩短，这时就要再选择费用率较低的工作，可选 1→2 工作，其费用率为 700 元/天。从表 7-3 可看出，1→2 工作同时在第一条关键路径和第三条关键路径上，缩短 1→2 工作就等于在第一条和第三条关键路径上各缩短 1 天。在第二条关键路径上还需要缩短 1 天，选择 1→3 工作的费用率最少，即 800/天。图 7-8 为总工期为 19 天的网络图。

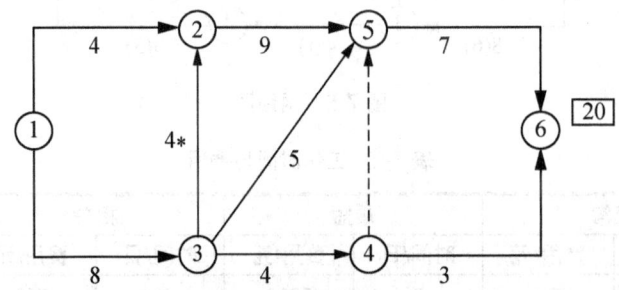

图 7-7　总工期为 20 天的网络图
注：*表示已成为最短极限时间。

表 7-3　关键路径的费用率

第一条关键路径		第二条关键线路		第三条关键线路	
工作	费用率/(元/天)	工作	费用率/(元/天)	工作	费用率/(元/天)
1→2	700	1→3	800	1→2	700
2→3	500			2→5	300
3→5	900	3→5	900		
5→6	1500	5→6	1500	5→6	1500

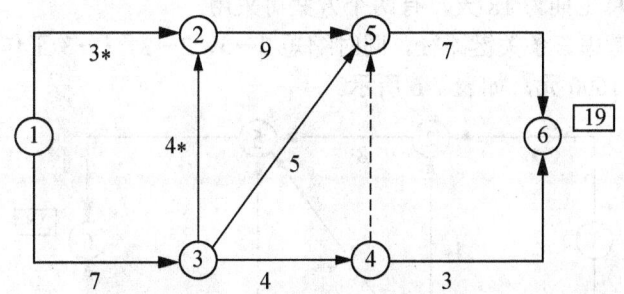

图 7-8 总工期为 19 天的网络图(方案一)

注：*表示已成为最短极限时间。

根据上述过程，总工期缩短到 19 天，总直接费用为如表 7-4 所示。

表 7-4 总工期缩短到 19 天所需总直接费用(一)

工作	缩短/天	费用/元
1→2	1	700
2→3	2	500×2=1000
1→3	1	800
合计		2500

此外，总工期缩短为 19 天还有一个方案：1→3 工作的 8 天不压缩，将 3→5 工作缩短 1 天，这时由于第一条关键路径已缩短为 18 天，因此可将 2→3 工作改为 5 天，总工期仍为 19 天，如图 7-9 所示，其费用如表 7-5 所示。

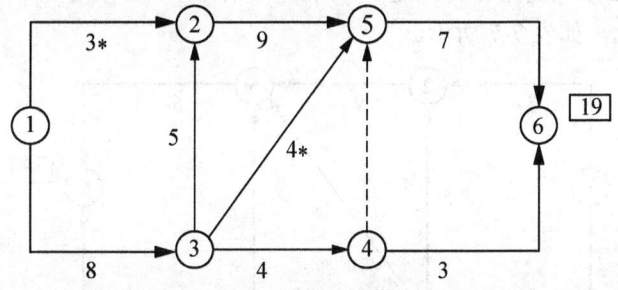

图 7-9 总工期为 19 天的网络图(方案二)

注：*表示已成为最短极限时间。

表 7-5 总工期缩短到 19 天所需总直接费用(二)

工作	缩短/天	费用/元
1→2	1	700
2→3	1	500
3→5	1	900
合计		2100

目前有两个方案总工期缩短为 19 天，第二种方案所需费用为 2100 元，比第一种方案可省 400 元，故采用第二种方案。

若进一步缩短总工期为 18 天，有两个方案可采用。

第一种方案：考虑三条关键路径，同时缩短 2→5，2→3，1→3 工作各 1 天，如图 7-10 所示。所需费用为 1600 元，如表 7-6 所示。

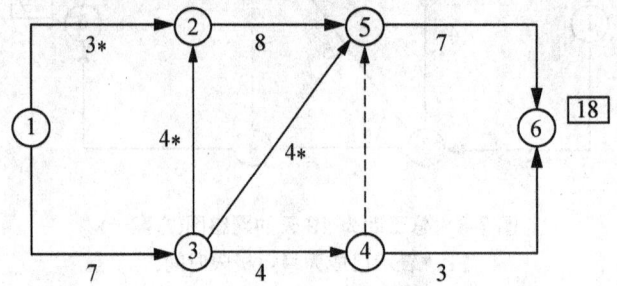

图 7-10　总工期为 18 天的网络图(方案一)
注：*表示已成为最短极限时间。

表 7-6　总工期缩短到 18 天所需总直接费用(一)

工作	缩短/天	费用/元
2→5	1	300
2→3	2	500
1→3	1	800
合计		1600

第二种方案：三条关键路径均经过 5→6 工作，将 5→6 工作缩短 1 天，如图 7-11 所示。所需费用为 1500 元，如表 7-7 所示。

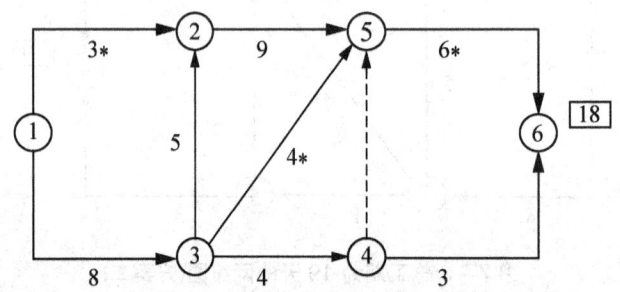

图 7-11　总工期为 18 天的网络图(方案二)
注：*表示已成为最短极限时间。

表 7-7　总工期缩短到 18 天所需总直接费用(二)

工作	缩短/天	费用/元
5→6	1	1500
合计		1500

两种方案比较后，第二种方案较合理。

总工期缩短为 17 天，如图 7-12 所示，所需费用如表 7-8 所示。

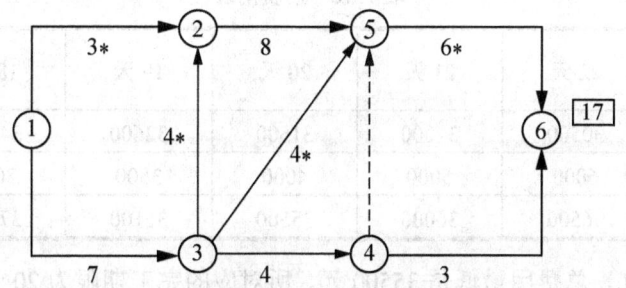

图 7-12 总工期为 17 天的网络图

注：*表示已成为最短极限时间。

表 7-8 总工期缩短到 17 天所需总直接费用

工作	缩短/天	费用/元
2→5	1	300
2→3	1	500
1→3	1	800
合计		1600

从图 7-12 可知，第一条关键路径 1→2→3→5→6 全部达到最短工作时间，已经不能再缩短了，即 17 天为此项目的最短工期。

缩短工期与直接费用的关系如表 7-9 所示。

表 7-9 缩短工期(天)与直接费用的关系

工作	正常时间	压缩 1 天	压缩 2 天	压缩 3 天	压缩 4 天	压缩 5 天	极限时间
1→2	4	4	4	3	3	3	3
1→3	8	8	8	8	8	7	6
2→3	6	5	4	5	5	4	4
2→5	9	9	9	9	9	8	7
3→4	4	4	4	4	4	4	1
3→5							
4→6	3	3	3	3	3	3	3
5→6	7	7	7	7	6	6	6
总时间	22	21	20	19	18	17	17
直接费用/元	30500	31000	31500	32600	34100	35700	42850

下一步将间接费用计入，则可算出总费用，如表 7-10 所示。

表 7-10 总费用表

费用/元 \ 总工期	22 天	21 天	20 天	19 天	18 天	17 天
直接费用	30500	31000	31500	32600	34100	35700
间接费用	6000	5000	4000	3500	3000	2500
总费用	36500	36000	35500	36100	37100	38200

由表 7-10 可知，总费用最低是 35500 元，所对应的完工期限为 20 天的方案是最优的；而其他工期，均会使总费用有所增加。

7.4.3 资源优化

资源是为完成一项计划任务需投入的人力、材料、机械设备和资金等。资源优化的目的是通过改变工作的开始时间和完成时间，使资源按照时间的分布符合优化目标。

网络计划的资源优化分为两种，即资源有限，工期最短的优化；工期固定，资源均衡的优化。前者通过调整计划，在满足资源限制条件下，使工期延长最少；而后者通过调整计划安排，工期保持不变，使资源需用量尽可能均衡的过程。资源优化前提条件如下。

(1) 优化过程不改变网络计划中各项工作之间的逻辑关系。
(2) 优化过程不改变网络计划中各项工作的持续时间。
(3) 网络计划中各项工作的资源强度(单位时间所需资源数量)为常数，而且是合理的。
(4) 一般不允许中断工作，应保持其连续性。

一般情况下，理想的资源计划应当是平行于时间坐标轴的一条直线，每日的资源需求要保持不变，如图 7-13 所示。但是，一般情况下是不可能做到的。资源的安排趋于平均水平、上下波动少就是较理想状态。在进度规定下追求资源均衡的安排问题，即希望高峰值减少到最低程度。在实际工作中一般把这类问题称为削峰问题。

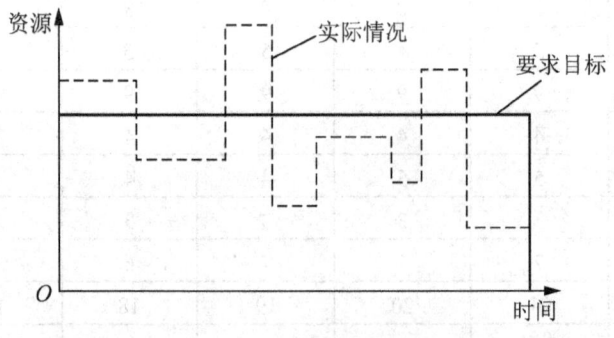

图 7-13 资源使用计划

【例 7-3】某项目的时标网络图如图 7-14 所示，箭线上方数字表示工作需要的资源数量。根据图 7-14 计算的资源需求量如表 7-11 所示。根据表 7-11 可以画出资源需求分布图，如图 7-15 所示。

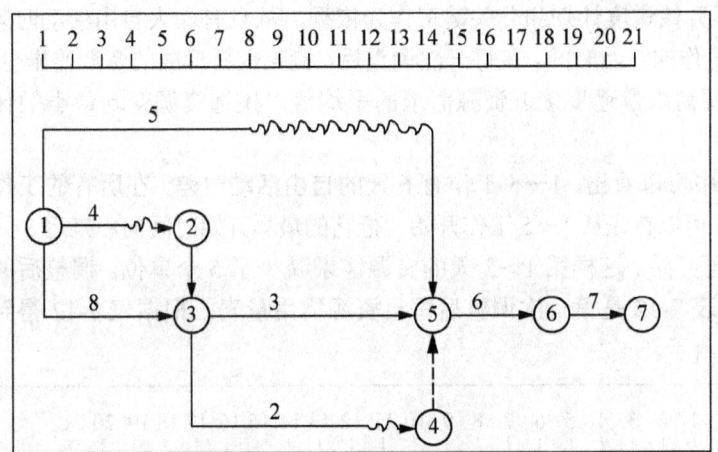

图 7-14 时标网络图

表 7-11 每日资源需要量表

工作日	1	2	3	4	5	6	7	8	9	10	11	12	13	14	15	16	17	18	19	20
资源数量	17	17	17	13	13	10	10	5	5	5	5	5	3	6	6	6	6	7	7	7

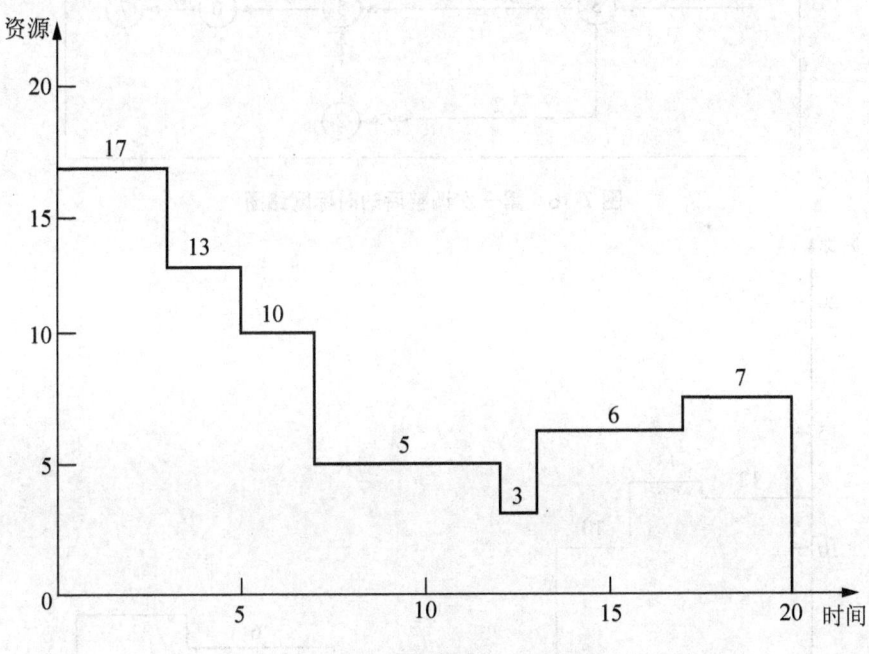

图 7-15 资源需求分布图

解：资源的综合平衡是为了使各项活动的资源需求活动最小，对总活动时差或自由活动时差进行再次分配。

资源综合平衡的一般操作步骤如下。

(1) 首先计算各阶段的平均资源需求量。例 7-3 中总体对资源的需求量之和是 170，该项目的工期是 20 天，每天需要 170÷20=8.5(个)资源需求量。可以以每天 9 个需求量计。

(2) 以最早开始进度计划和非关键工作为依据，从具有最大自由活动时差的工作开始，逐渐推迟某个工作的开始时间。在每一次调整后，检查重新形成的资源需求分布图(图 7-15)，使平衡后的资源需求量逐步接近资源需求的平均值。挑选资源变动最小的计划作为资源平衡的结果。

从图 7-14 中可以看出，1→5 工作有 6 天的自由活动时差，在所有的工作中自由活动时差最大。因此，可以首先从 1→5 工作开始，把它的最早开始时间向后推迟 3 天，使其在 1→2 工作结束之后再开始。这样第 1~3 天的资源需求减少了 5 个单位。调整后的时标网络图如图 7-16 所示。表 7-12 是第一次调整后每日资源需用量表。根据表 7-12 得到的资源需求分布图如图 7-17 所示。

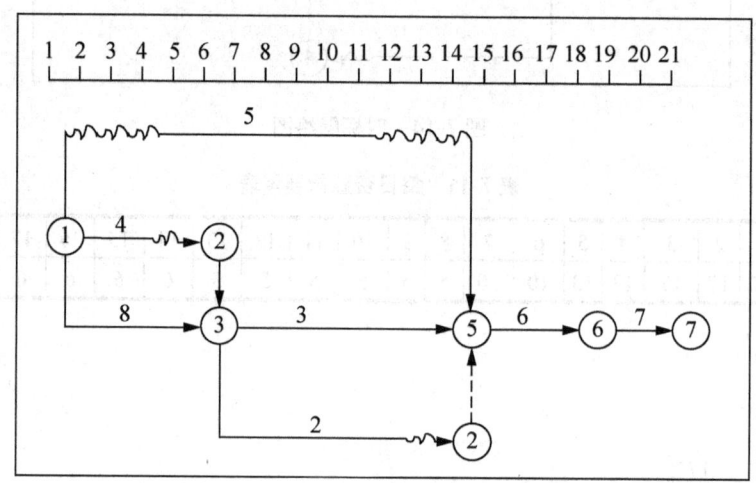

图 7-16　第一次调整后的时标网络图

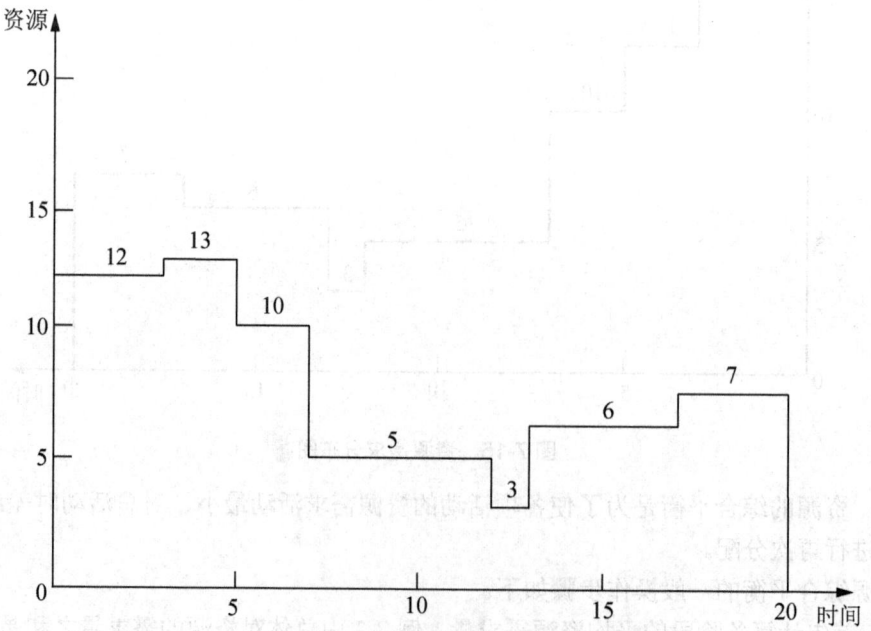

图 7-17　第一次调整后的资源需求分布图

从表 7-12 可以看出，资源需求最多的是第 4 天和第 5 天，需求量为 13 个单位；最小的是第 13 天，需求量为 3 个单位。根据第一次调整后的时标网络图，1→5 工作仍具有进一步向后调整的可能。接着进行第二次调整，将 1→5 工作再向后调整两天至 1→2 工作后，进一步减少资源需求的波动范围。

表 7-12　第一次调整后每日资源需用量表

工作日	1	2	3	4	5	6	7	8	9	10	11	12	13	14	15	16	17	18	19	20
资源数量	12	12	12	13	13	10	10	10	10	10	10	5	5	3	6	6	6	6	7	7	7

图 7-18 为第二次调整后的时标网络图。

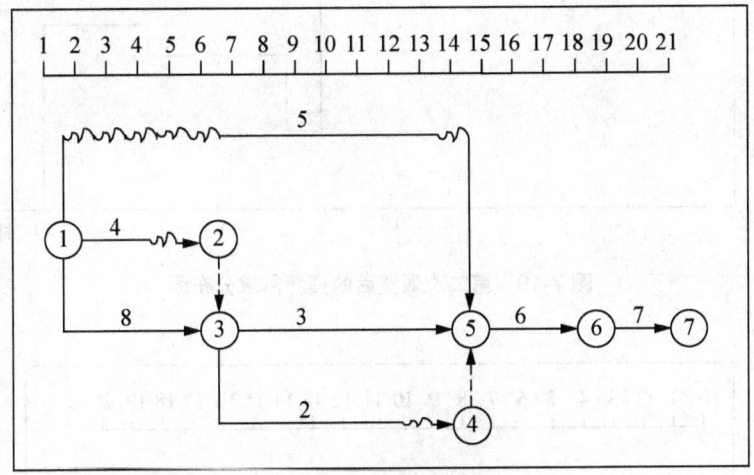

图 7-18　第二次调整后的时标网络图

根据调整后的网络计划得到调整后的资源需求量表，如表 7-13 所示。

表 7-13　第二次调整后每日资源需用量表

工作日	1	2	3	4	5	6	7	8	9	10	11	12	13	14	15	16	17	18	19	20
资源数量	12	12	12	8	8	10	10	10	10	10	5	5	3	6	6	6	6	7	7	7

从表 7-13 可以看出，资源最大需求量是 12 个单位，最小资源需求量仍为 3 个单位。

根据图 7-18，1→2 工作有 2 天的自由活动时差。若将 1→2 工作作为第二个调整对象，将其向后推迟 1 天或 2 天，发现只能使第 4 天和第 5 天的资源需求量从每天的 8 个单位增加到 12 个单位，并没有使项目的资源需求的波动范围减小。所以，不能将 1→2 工作作为第二个调整对象。

第二次调整后的资源需求分布图如图 7-19 所示。

下面接着研究最后一个具有积极意义的自由活动时差的 3→4 工作，按计划 3→4 工作将在第 5 天开始。如果把它的开始时间向后推迟 1 天，则可以得到第三次调整后的时标网络图，如图 7-20 所示。

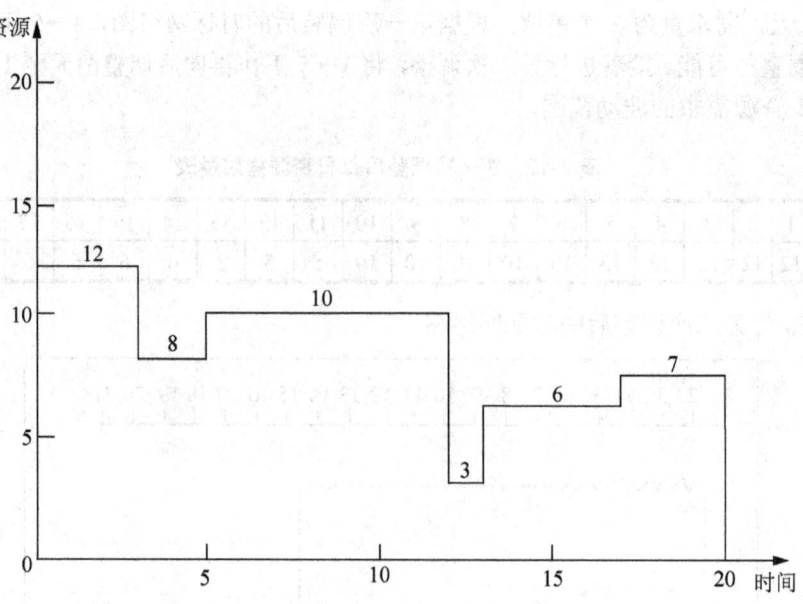

图 7-19 第二次调整后的资源需求分布图

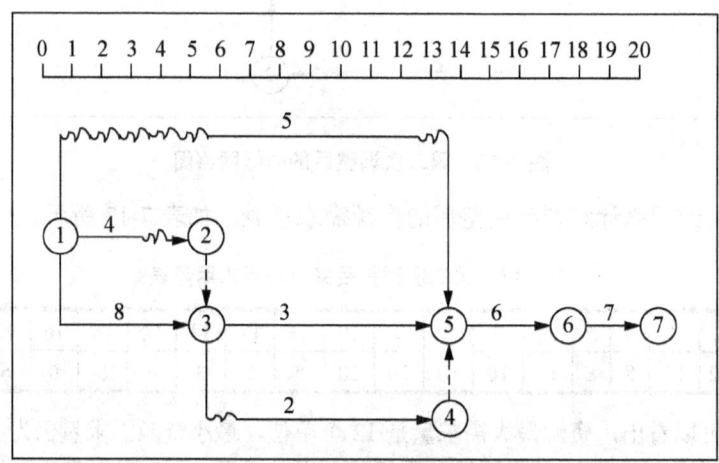

图 7-20 第三次调整后的时标网络图

根据时标网络图得到第三次调整后的每日资源需用量，如表 7-14 所示。

表 7-14 第三次调整后每日资源需用量表

工作日	1	2	3	4	5	6	7	8	9	10	11	12	13	14	15	16	17	18	19	20
资源数量	12	12	12	8	8	10	10	10	10	10	5	5	3	6	6	6	6	7	7	7

可以根据表 7-14 的第三次调整后每日资源需用量表画出资源需求分布图，如图 7-21 所示。

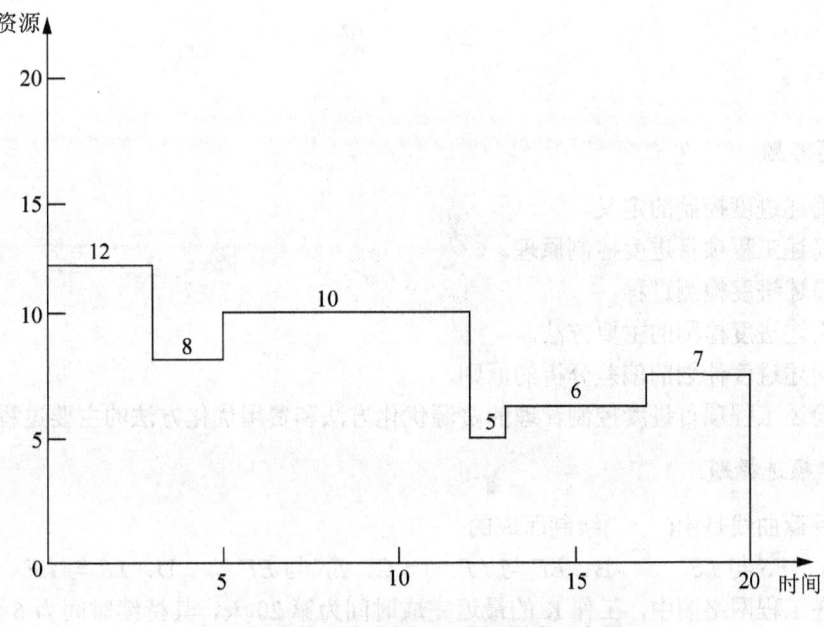

图 7-21 第三次调整后的资源需求分布图

从图 7-21 中可以看出,资源需求的最大值仍是每天 12 个单位,但是最小的资源需求量变为每天 5 个单位,所以,项目的资源需求变动范围减少至 7 个单位。

第三次调整后的方案,与其他方案相比,其资源需求的变换范围是比较小的。在不延长整个项目工期的情况下,资源需求变化做到了最小化,最大限度地达到了资源均衡。

本 章 小 结

进度控制随着项目的进展而不断进行。项目管理人员需要在项目各阶段制订各种层次的进度计划,需要不断监控项目进度并根据实际情况及时进行调整。工程项目进度控制管理是采用科学的方法确定进度目标,编制进度计划与资源供应计划,进行进度控制,在与质量、费用、安全目标协调的基础上,实现工期目标。由于进度计划实施过程目标明确,而资源有限,不确定因素多,干扰因素多,这些因素有客观的、主观的,主、客观条件不断变化,计划也随着改变。因此,在项目施工过程中必须不断掌握计划的实施状况,并将实际情况与计划进行对比分析,必要时采取有效措施,使项目进度按预定的目标进行,确保目标的实现。进度控制管理是动态的、全过程的管理。

习　　题

1. 简答题

(1) 简述进度控制的定义。
(2) 简述工程项目进度控制原理。
(3) 简述进度检测过程。
(4) 简述进度检测的主要方法。
(5) 简述进度计划的偏差分析的原则。
(6) 简述工程项目进度控制管理的资源优化方法和费用优化方法的主要过程。

2. 单项选择题

(1) 香蕉曲线是由(　　)绘制而成的。
　　A. ES 与 LS　　　B. EF 与 LF　　　C. ES 与 EF　　　D. LS 与 LF

(2) 在工程网络图中，工作 K 的最迟完成时间为第 20 天，其持续时间为 6 天，该工作有三项紧前工作，它们的最早完成时间分别为第 8 天、第 10 天、第 12 天，则工作 K 的总活动时差为(　　)天。
　　A. 8　　　　　　　B. 6　　　　　　　C. 4　　　　　　　D. 2

(3) 某项工作有两端紧前工作 A、B，其持续时间分别为 3，4，其最早开始时间分别为 5，6，则本工作的最早开始时间是(　　)。
　　A. 5　　　　　　　B. 6　　　　　　　C. 8　　　　　　　D. 10

(4) 某工作的最早开始时间为第 17 天，其持续时间为 5 天。该工作有三项紧后工作，它们的最早开始时间分别为第 25 天、第 27 天和第 30 天，则该工作的自由活动时差为(　　)天。
　　A. 13　　　　　　　B. 8　　　　　　　C. 5　　　　　　　D. 3

(5) 对某网络计划在某时刻进行检查，发现工作 A 尚需作业天数为 4 天，该工作到计划最迟完成时间尚需 3 天，则该工作(　　)。
　　A. 可提前 1 天完成　　　　　　　　　B. 正常
　　C. 影响总工期 1 天　　　　　　　　　D. 影响总工期 3 天

(6) 某网络计划在执行中发现 B 工作还需作业 5 天，但该工作至计划最迟完成时间尚有 4 天，则该工作(　　)。
　　A. 正常　　　　　　　　　　　　　　B. 影响总工期 1 天
　　C. 影响总工期 4 天　　　　　　　　　D. 影响总工期 5 天

(7) 在工程网络计划过程中，如果只发现工作 P 进度出现拖延，但拖延的时间未超过原计划总活动时差，则工作 P 实际进度(　　)。
　　A. 影响工程总工期，同时也影响其后续工作
　　B. 影响其后续工作，也有可能影响工程总工期

C．既不影响工程总工期，也不影响其后续工作

D．不影响工程总工期，但有可能影响其后续工作

(8) 在工程网络计划执行过程中，当某项工作实际进度出现的偏差超过其总活动时差时，需要采取措施调整进度计划时，首先应考虑(　　)的限制条件。

A．紧后工作最早开始时间　　B．后续工作最早开始时间

C．各关键节点最早时间　　　D．后续工作和总工期

(9) 从整体角度判定工程项目实际进度偏差，并能预测后期工程进度的比较方法是(　　)。

A．S形曲线比较法　　　　　B．前锋线比较法

C．列表比较法　　　　　　　D．横道图比较法

(10) 在双代号网络图中，下列说法正确的是(　　)。

A．两端为关键节点的工作一定是关键工作

B．关键节点的最早时间与最迟时间有可能相等

C．关键工作两端的节点不一定是关键节点

D．由关键节点组成的线路一定有关键路径

3．多项选择题

(1) 某分部工程双代号时标网络图如图7-22所示，该计划所提供的正确信息有(　　)。

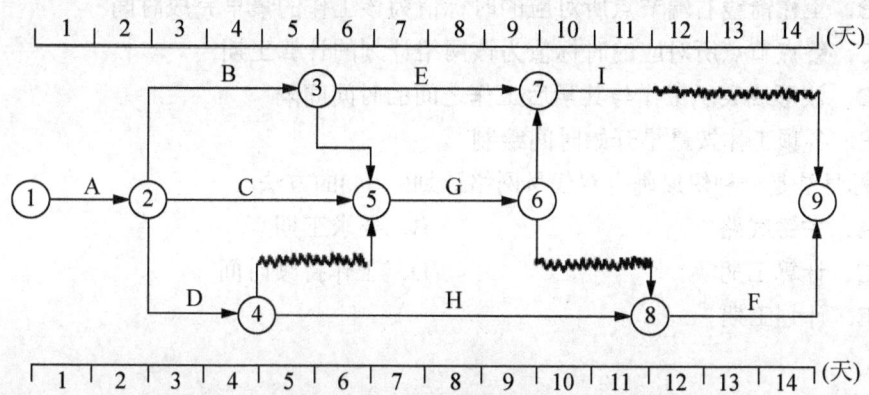

图7-22　双代号时标网络图

A．工作B的总活动时差为3天　　B．工作C的总活动时差为2天

C．工作D为关键工作　　　　　　D．工作E的总活动时差为3天

E．工作G的自由活动时差为3天

(2) 网络图中工作之间的先后关系叫做逻辑关系，包括(　　)。

A．工艺关系　　　　　　　　B．组织关系

C．技术关系　　　　　　　　D．控制关系

E．搭接关系

(3) 当采用匀速进展横道图比较法比较工作的实际进度与计划进度时，如果表示实际进度的横道线右端点落在检查日期的左侧，则该横道线右端点与检查日期的差距表示该工作实际(　　)。

　　A．超额完成的任务量　　　　B．拖欠的任务量
　　C．超前的时间　　　　　　　D．拖后的时间
　　E．少花费的时间

(4) 在网络计划的工期优化过程中，为了有效地缩短工期，应选择(　　)的关键工作作为压缩对象。

　　A．持续时间最长　　　　　　B．缩短时间对质量影响不大
　　C．直接费用最小　　　　　　D．直接费用率最小
　　E．有充足备用资源

(5) 在工程网络计划的执行过程中，如果需要判断某项工作的进度偏差对总工期及后续工作的影响程度，应重点分析该工作的进度偏差与其相应(　　)的关系。

　　A．总活动时差　　　　　　　B．直接费
　　C．直接费用率　　　　　　　D．自由活动时差
　　E．质量和安全

(6) 在双代号时标网络图中(　　)。

　　A．工作箭线左端节点中心所对应的时标值为该工作的最早开始时间
　　B．工作箭线右端节点所对应的时标值为该工作的最早完成时间
　　C．终点节点所对应的时标值为该网络计划的计算工期
　　D．波形线表示工作与其紧后工作之间的时间间隔
　　E．各项工作按最早开始时间绘制

(7) 标号法是一种快速确定双代号网络计划(　　)的方法。

　　A．关键线路　　　　　　　　B．要求工期
　　C．计算工期　　　　　　　　D．工作持续时间
　　E．计划工期

第8章

工程项目成本管理

教学目标

本章主要讲述工程项目成本构成以及成本管理的主要内容和阶段划分。通过本章学习，应达到以下目标：

(1) 工程项目成本构成；
(2) 工程项目成本估算与成本预算的主要过程和方法；
(3) 工程项目成本控制的基本过程和主要方法。

教学要求

知识要点	能力要求	相关知识
工程项目成本构成	(1) 从业主方角度和承包方角度来看工程项目成本构成的两种含义 (2) 掌握项目成本构成的定额计价方法 (3) 掌握理解工程项目成本构成的清单报价方法	(1) 从业主方角度定义工程投资成本构成 (2) 从承包商角度定义工程成本构成
工程项目成本估算与成本预算	(1) 理解工程项目成本估算的内涵 (2) 熟悉工程项目成本估算主要方法 (3) 掌握工程项目成本预算的基本过程和主要方法	(1) 成本预算的基准计划 (2) 工程项目费用累计曲线
工程项目成本控制的基本过程和主要方法	(1) 理解工程项目成本控制的基本过程 (2) 熟悉工程项目成本控制的净值分析法 (3) 掌握挣值分析法的主要参数和分析过程	(1) 成本控制的概念 (2) 挣值分析法

成本基准计划、累计 S 形曲线、挣值、进度偏差、投资偏差、费用执行指标、进度执行指标

引例

A 项目是×集团公司×施工处所属的一个项目。×集团公司具有工程施工总承包一级资质，是大型国有施工企业，其下属各施工处也具备工程施工总承包一级资质，资金、技术实力雄厚，尤其是在公路工程项目成本管理方面更是在国内处于领先地位，得到了业内及外界人士的充分认可。

A 项目作为××路的一个标段，主要承建大桥和与之相接的路基工程，全长 2.5km，工程量总计 1.2 亿元，其中土方工程 3580 万元。

在该项目成本管理的实施过程中，自 A 项目立项之后，组建了精简高效的领导班子，项目领导很注重培养各管理层的人员的成本管理意识，让成本管理的观念深入到每个职工的脑海里，并将其贯彻到具体的工作中去；同时培养职工具备先进的成本管理理念，即建立了以项目经理为核心的组织机构，形成了一个高效的组织管理系统。

工程管理部门主要负责项目责任成本预测，提供施工组织设计，安排项目施工生产计划。

合同预算报价部门主要负责审核和签订分包合同，落实分包成本，编制施工图预算和工料机分析；计算、分析、落实和审核项目责任成本和各期项目成本收入。

人财部主要负责人员管理和财务管理。

主管工程师主要负责施工项目组织设计，优化施工设计，协助编制用料计划。

在施工项目成本管理实施的过程中，A 项目充分考虑了项目成本的各影响因素，制定出相应的对策和办法，将现代成本管理理念融入其中。同时，A 项目还根据项目自身的特点，将目标成本法穿插使用，取得了良好的效果。

在 A 项目中标之后，施工企业根据施工组织设计和中标后预算以及企业的整体情况，下达了一个目标利润，即要求 A 项目实现利润的最低限。但是，A 项目并未根据这个目标利润制定目标成本，而是在考虑了当前市场状况和项目综合实力的基础上，重新确定成本目标。结合项目的实际状况和当前的市场价格，重新做出施工预算，确定施工项目的预算成本。在综合考虑了项目整体施工进度和施工质量之后，对施工预算成本中各分部分项工程以及重要工序再次进行分析，找出能够降低成本的关键点，进行资源配置的合理优化，并根据其重新确定目标成本。

8.1 工程项目成本构成

8.1.1 业主方工程项目投资成本构成

从业主方或投资者的角度来理解的工程项目成本是指有计划地建设某项工程，预期开支或实际开支的全部固定资产投资和流动资产投资的费用。工程成本就是工程投资费用。非生产性建设项目的工程总成本就是建设项目固定资产投资的总和；而生产性建设项目的总成本是固定资产投资和铺底流动资金(流动资金的 30%)投资的总和。建设项目总投资指项目建设期用于项目的建设投资、建设期贷款利息、固定资产投资方向调节税和流动资金的总和。

从业主方或投资者的角度来定义，建设项目工程投资成本构成如图 8-1 所示。

1. 设备及工器具购置费

设备及工器具购置费由设备购置费和工器具及生产家具购置费组成。它是固定资产投资中的组成部分。在生产性工程建设中，设备及工器具购置费与资本的有机构成相联系。设备及工器具购置费占项目投资比例的增大，意味着生产技术的进步和资本有机构成的提高。

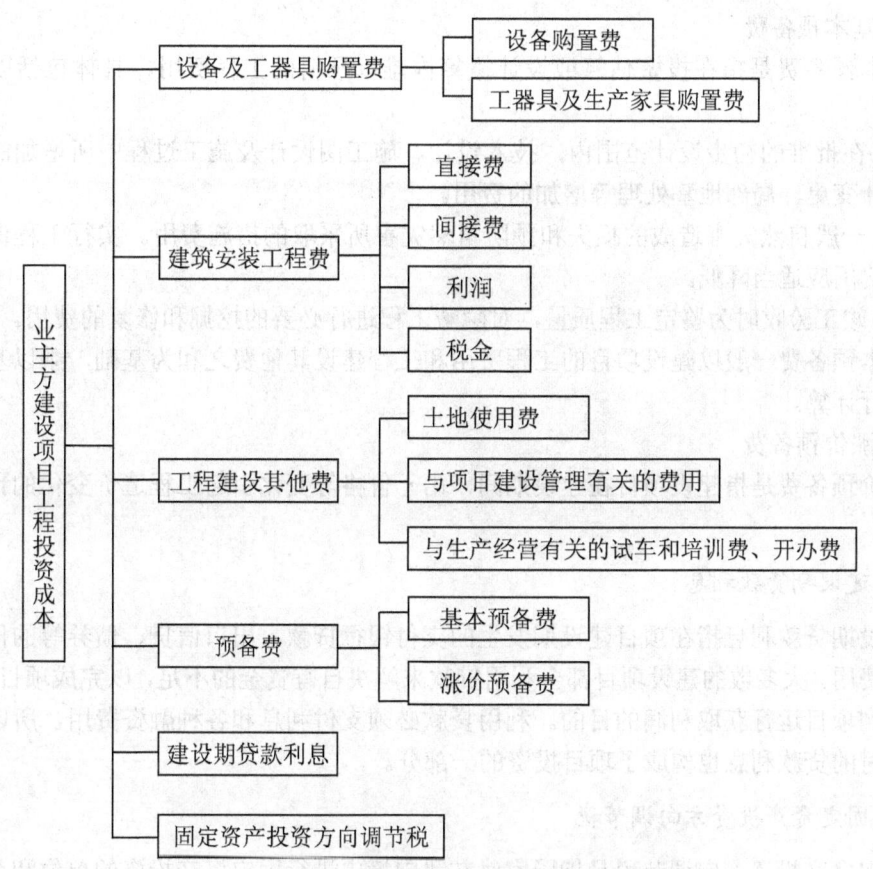

图 8-1 业主方建设项目工程投资成本构成示意图

2. 建筑安装工程费

建筑安装工程费直接费、间接费、利润和税金组成。其中直接费由直接工程费和措施费组成，间接费由规费和企业管理费组成。

3. 工程建设其他费

工程建设其他费是指从工程筹建起到工程竣工验收交付生产或使用止的整个建设期间，除建筑安装工程费和设备及工器具购置费以外的为保证工程建设顺利完成和交付使用后能够正常发挥效益或效能而发生的各项费用。工程建设其他费主要包括与项目建设管理有关的费用，如建设单位管理费、工程监理费、工程质量监督费、招标代理费、工程造价咨询费；与项目建设土地管理有关的费用，如土地征用及补偿费、建设单位租用建设项目土地使用权在建设期支付的租地费用等；与生产经营有关的试车和培训费、开办费等。

4. 预备费

除建筑安装工程费、工程建设其他费以外，在编制建设项目投资估算、设计总概算时，应计算预备费、建设期贷款利息、固定资产投资方向调节税。

按我国现行规定，预备费包括基本预备费和涨价预备费两种。

1) 基本预备费

基本预备费是指在投资估算或设计概算内难以预料的工程费用,具体包括以下费用内容。

(1) 在批准的初步设计范围内,技术设计、施工图设计及施工过程中所增加的工程费用,设计变更、局部地基处理等增加的费用。

(2) 一般自然灾害造成的损失和预防自然灾害所采取的措施费用。实行工程保险的工程项目费用应适当降低。

(3) 竣工验收时为鉴定工程质量,对隐蔽工程进行必要的挖掘和修复的费用。

基本预备费一般以建设项目的工程费用和工程建设其他费之和为基础,乘以基本预备费率进行计算。

2) 涨价预备费

涨价预备费是指建设项目在建设期间,由于价格等变化引起工程造价变化的预测预留费用。

5. 建设期贷款利息

建设期贷款利息指在项目建设期发生的支付银行贷款、出口信贷、债券等的借款利息和融资费用。大多数的建设项目都会利用贷款来解决自有资金的不足,以完成项目的建设,从而达到项目运行获取利润的目的。利用贷款必须支付利息和各种融资费用,所以,在建设期支付的贷款利息也构成了项目投资的一部分。

6. 固定资产投资方向调节税

固定资产投资方向调节税是指国家对在我国境内进行固定资产投资的单位和个人,就其固定资产投资的各种资金征收的一种税。目前该税已暂停征收。

8.1.2 承包方工程项目成本构成

从承包商、供应商、设计市场供给主体来定义工程成本,工程成本是指为建设某项工程,预计或实际在土地市场、设备市场、技术劳务市场、承包市场等交易活动中,形成的工程承发包(交易)价格。

1. 第一种构成方法——按照建筑安装工程费构成

人们通常将工程成本的第二种含义认定为工程承发包价格。它是在建筑市场通过招标,由需求主体投资者和供给主体建筑商共同认可的价格。

按照原建设部、财政部建标[2003]206号文件《关于印发〈建筑安装工程费用项目组成〉的通知》规定,建筑安装工程费由直接费、间接费、利润和税金组成,如图8-2所示。

1) 直接费

直接费由直接工程费和措施费组成。

(1) 直接工程费。直接工程费指施工过程中耗费的构成工程实体的各项费用,包括人工费、材料费、施工机械使用费。

第8章 工程项目成本管理

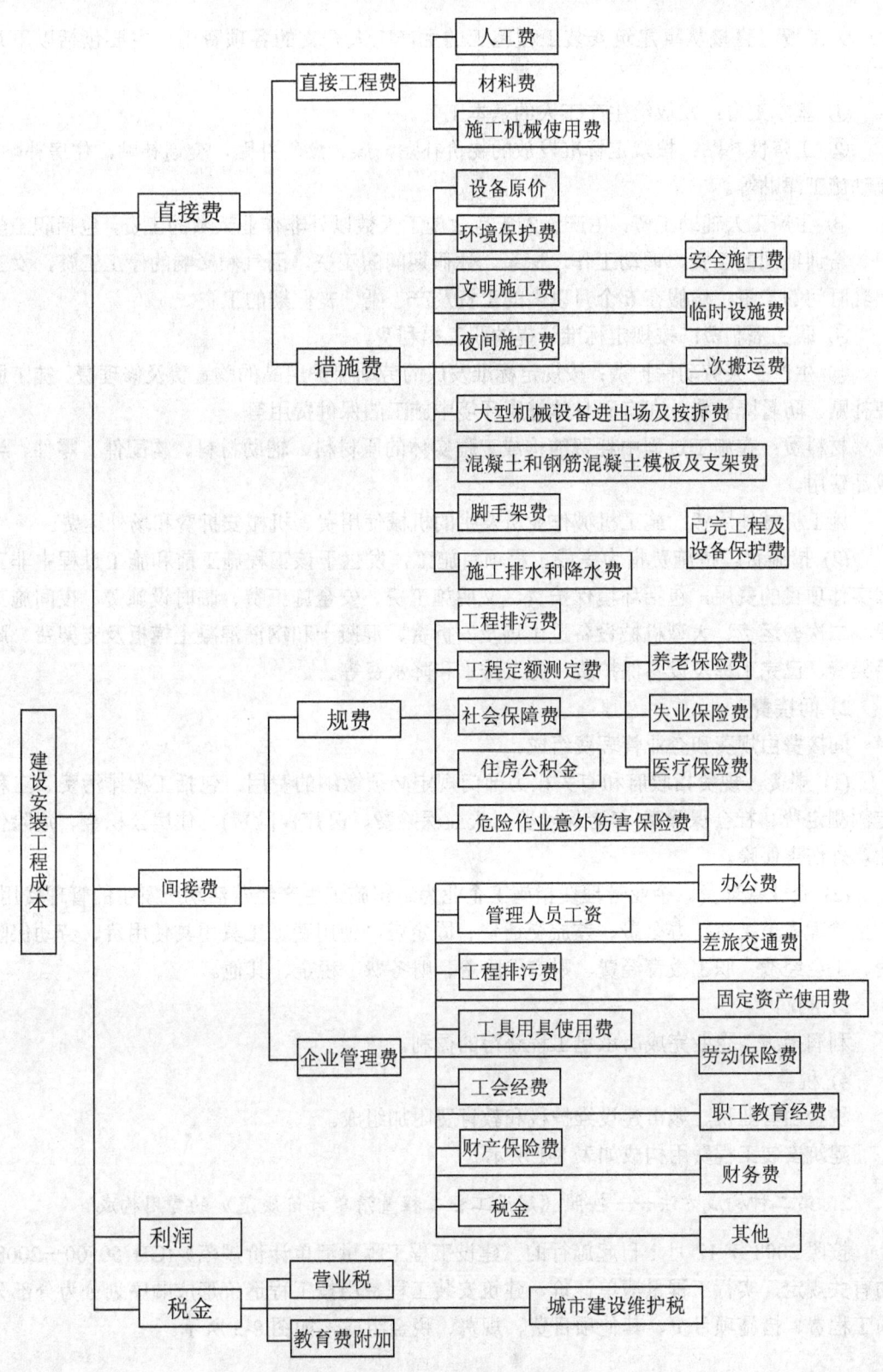

图 8-2 建筑安装工程成本构成示意图

人工费：直接从事建筑安装工程施工的生产工人开支的各项费用，主要包括以下几方面。

① 基本工资：发放给生产工人的基本工资。

② 工资性补贴：按规定标准发放的物价补贴，煤、燃气补贴，交通补贴，住房补贴，流动施工津贴等。

③ 生产工人辅助工资：生产工人年有效施工天数以外非作业天数的工资，包括职工学习、培训期间的工资，调动工作、探亲、休假期间的工资，因气候影响的停工工资，女工哺乳时间的工资，病假在6个月以内的工资及产、婚、丧假期的工资。

④ 职工福利费：按规定标准计提的职工福利费。

⑤ 生产工人劳动保护费：按规定标准发放的劳动保护用品的购置费及修理费、徒工服装补贴、防暑降温费、在有碍身体健康环境中施工的保健费用等。

材料费：在施工过程中耗费的构成工程实体的原材料、辅助材料、构配件、零件、半成品费用。

施工机械使用费：施工机械作业所发生的机械使用费、机械安拆费和场外运费。

(2) 措施费。措施费指为完成工程项目施工，发生于该工程施工前和施工过程中非工程实体项目的费用，包括环境保护费、文明施工费、安全施工费、临时设施费、夜间施工费、二次搬运费、大型机械设备进出场及安拆费、混凝土和钢筋混凝土模板及支架费、脚手架费、已完工程及设备保护费、施工排水和降水费等。

2) 间接费

间接费由规费和企业管理费组成。

(1) 规费。规费指政府和有关权力部门规定必须缴纳的费用，包括工程排污费、工程定额测定费、社会保障费(养老保险费、失业保险费、医疗保险费)、住房公积金、危险作业意外伤害保险。

(2) 企业管理费。企业管理费指施工企业为组织施工生产经营活动所发生的管理费用，包括管理人员工资、办公费、差旅交通费、固定资产使用费、工具用具使用费、劳动保险费、工会经费、职工教育经费、财产保险费、财务费、税金、其他。

3) 利润

利润指施工企业完成所承包工程获得的盈利。

4) 税金

税金由营业税、城市建设维护税和教育费附加组成。

建筑安装工程费用构成如表 8-1 所示。

2. 第二种构成方法——按照《建设工程工程量清单计价规范》的费用构成

按照 2008 年 12 月 1 日起施行的《建设工程工程量清单计价规范》(GB 50500—2008)的有关规定，实行工程量清单计价，建筑安装工程费用按工程造价形成顺序划分为分部分项工程费、措施项目费、其他项目费、规费、税金组成，如图 8-3 所示。

表 8-1 建筑安装工程费用构成

建设安装工程费	直接费	直接工程费	人工费		人工费=∑(工日消耗量×日工资单价)
			材料费		材料费=∑(材料消耗量×材料基价)+检验试验费
			施工机械使用费		施工机械使用费=∑(施工机械台班消耗量×机械台班单价)
		措施费	环境保护费		环境保护费=直接工程费×环境保护费费率
			文明施工费		文明施工费=直接工程费×文明施工费费率
			安全施工费		安全施工费=直接工程费×安全施工费费率
			临时措施费		临时措施费=(周转使用临建费+一次性使用临建费)×(1+其他临时设施所占比例)
			夜间施工费		
			二次搬运费		二次搬运费=直接工程费×二次搬运费费率
			大型机械设备进出场及安拆费		
			混凝土和钢筋混凝土、模板及支架费		模板及支架费=模板摊销量×模板价格+支、拆、运费
			脚手架费		脚手架搭拆费=脚手架摊销量×脚手架价格×搭、拆、运费
			已完工程及设备保护费		已完工程及设备保护费=成品保护所需机械费+材料费+人工费
			施工排水和降水费		施工排水和降水费=三排水降水机械台班费×排水降水周期+排水降水使用材料费、人工费
	间接费	规费	工程排污费		规费=计算基数×规费费率
			工程定额测定费		
			社会保障费	养老保险费	
				失业保险费	
				医疗保险费	
			住房公积金		
			危险作业意外伤害保险费		
		企业管理费	管理人员工资		企业管理费=计算基数×企业管理费费率
			办公费		
			差旅交通费		
			固定资产使用费		
			工具用具使用费		
			劳动保险费		
			工会经费		
			职工教育经费		
			财产保险费		
			财务费		
			税金		
			其他		
	利润				利润=计算基数×企业管理费费率
	税金				税金=(直接费+间接费+利润)×税率

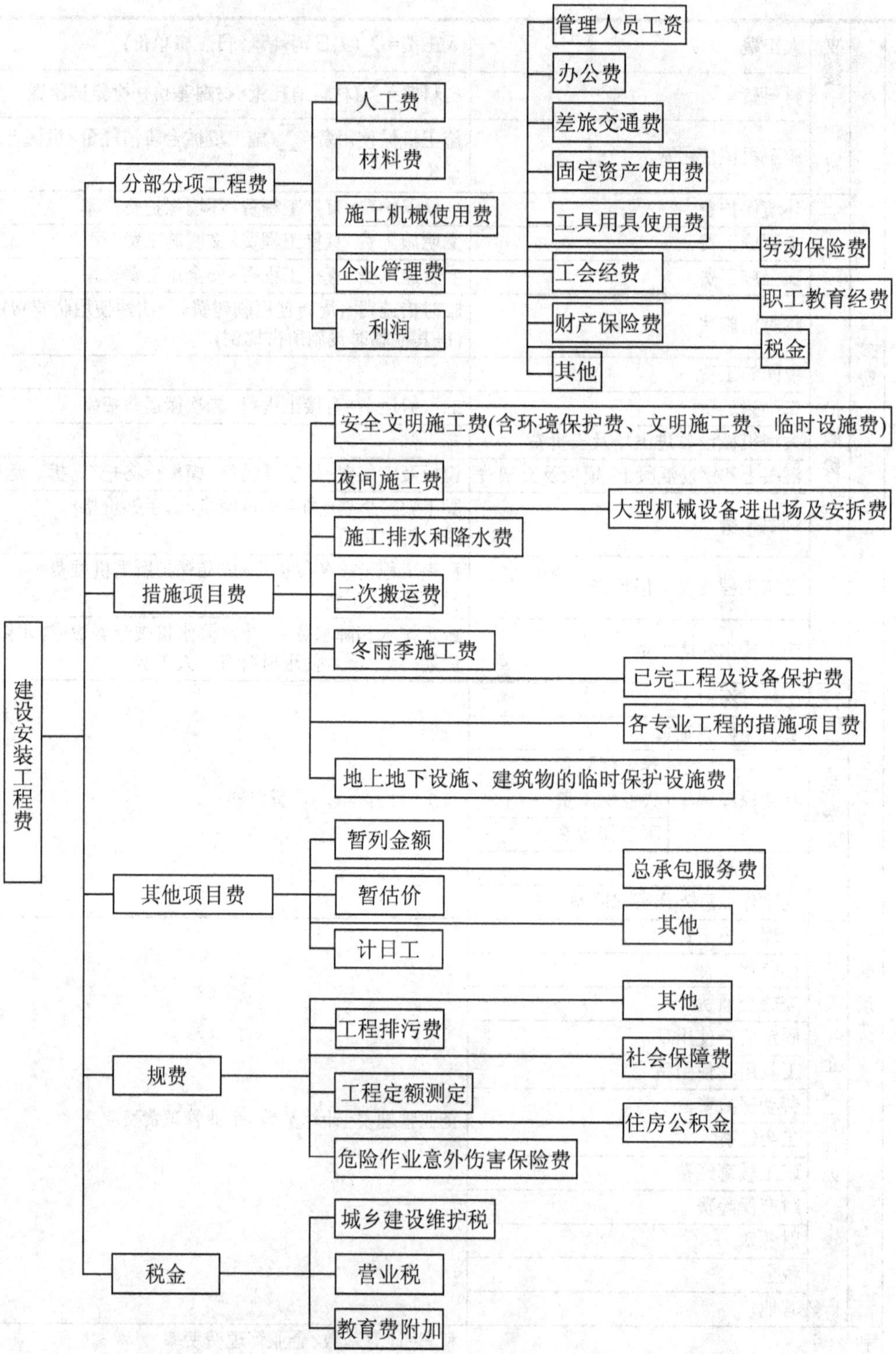

图 8-3 基于工程量清单计价模式下的建筑安装工程费用构成

《建筑安装工程费用项目组成》(建标[2003]206号)主要表述建筑安装工程费用项目的组成,而《建设工程工程量清单计价规范》(GB 50500—2008)的建筑安装工程费用要求是建筑安装工程在工程交易和工程实施阶段工程费用的组价要求。二者在计算建筑安装工程造价的角度上存在差异,应引起注意。

8.2 工程项目成本估算

8.2.1 工程项目成本估算的简单估算方法

建设项目工程费与工程建设其他费的估算方法有以下几种。

1. 生产能力指数法

生产能力指数法又称指数估算法,是根据已建成的类似项目生产能力和投资额来粗略估算拟建项目投资额的方法,是对单位生产能力估算法的改进。其计算公式为

$$C_2 = C_1 \left(\frac{Q_2}{Q_1}\right)^x \times f \tag{8.1}$$

式中: x——生产能力指数;
C_2——拟建项目静态投资额;
C_1——已建类似项目静态投资额;
Q_2——拟建项目的生产能力;
Q_1——已建项目的生产能力。

上式表明造价与规模(或容量)呈非线性关系,且单位造价随工程规模(或容量)的增大而减小。在正常情况下,$0 \leqslant x \leqslant 1$。不同生产率水平的国家和不同性质的项目中,$x$ 的取值是不相同的,如化工项目。美国取 $x=0.6$,英国取 $x=0.66$,日本取 $x=0.7$。

若已建类似项目的生产规模与拟建项目生产规模相差不大,Q_1 与 Q_2 的比值为 0.5~2,则指数 x 的取值近似为 1。

若已建类似项目的生产规模与拟建项目生产规模相差不大于 50 倍,且拟建项目生产规模的扩大仅靠增大设备规模来达到时,则 x 的取值为 0.6~0.7;若是靠增加相同规格设备的数量达到时,x 的取值为 0.8~0.9。

生产能力指数法主要应用于拟建装置或项目与用来参考的已知装置或项目的规模不同的场合。

【例 8-1】已知建设年产 30 万吨乙烯装置的投资额为 6000 万元,现有一年产 70 万吨的乙烯装置,工作条件与此装置配套,试估算该装置的投资额为多少万元?($x=0.6$,$f=1.2$)

解:根据式(8.1)有

$$C_2 = C_1 \left(\frac{Q_2}{Q_1}\right)^x \times f = 6000 \times \left(\frac{70}{30}\right)^{0.6} \times 1.2 = 11.97(万元)$$

生产能力指数法有它独特的好处，即这种估价方法不需要详细的工程设计资料，只知道工艺流程及规模即可，在总承包工程报价时，承包商大都采用这种方法估价。

2. 系数估算法

系数估算法也称因子估算法，是以拟建项目的主体工程费或主要设备费为基数，以其他工程费与主体工程费的百分比为系数估算项目总投资的方法。这种方法简单易行，但是精度较低，一般用于项目建议书阶段。系数估算法的种类很多，其中在我国国内常用的方法有设备系数法和主体专业系数法，朗格系数法是世界银行项目投资估算常用的方法。

1) 设备系数法

以拟建项目的设备费为基数，根据已建成的同类项目的建筑安装费和其他工程费等与设备价值的比例，求出拟建项目建筑安装工程费和其他工程费，进而求出建设项目总投资。其计算公式为

$$C = E(1 + f_1 P_1 + f_2 P_2 + f_3 P_3 + \cdots) + I \tag{8.2}$$

式中：C——拟建项目投资额；

E——拟建项目设备费；

P_1、P_2、$P_3 \cdots$——已建项目中建筑安装费及其他工程费等与设备费的比例；

f_1、f_2、$f_3 \cdots$——由于时间因素引起的定额、价格、费用标准等变化的综合调整系数；

I——拟建项目的其他费用。

2) 主体专业系数法

以拟建项目中投资比例较大，并与生产能力直接相关的工艺设备投资为基数，根据已建同类项目的有关统计资料，计算出拟建项目各专业工程(总图、土建、采暖、给排水、管道、电气、自控等)与工艺设备投资的比例，据以求出拟建项目各专业投资，然后加总即为项目总投资。其计算公式为

$$C = E(1 + f_1 P_1' + f_2 P_2' + f_3 P_3' + \cdots) + I \tag{8.3}$$

式中：P_1'、P_2'、$P_3' \cdots$——已建项目中各专业工程费用与设备投资的比例；

其他符号同前。

【例8-2】某新建项目设备投资为10000万元，根据已建同类项目统计数据情况，一般建筑工程占设备投资的28.5%，安装工程占设备投资的9.5%，其他工程费用占设备投资的7.8%。该项目其他费用估计为800万元，试估算该项目的投资额多少万元？(调整系数 $f = 1$)

解：$C = E(1 + f_1 P_1 + f_2 P_2 + f_3 P_3 + \cdots) + I = 10000 \times (1 + 28.5\% + 9.5\% + 7.8\%) + 800 = 15380$(万元)

3) 朗格系数法

以设备费为基数，乘以适当系数来推算项目的建设费用。这种方法在国内不常见，是世界银行项目投资估算常采用的方法。该方法的基本原理是将总成本费用中的直接成本和间接成本分别计算，再合为项目建设的总成本费用。其计算公式为

$$C = E\left(1 + \sum K_i\right) K_c \tag{8.4}$$

式中：C——总建设费用；

E——主要设备费；

K_i——管线、仪表、建筑物等费用的估算系数；

K_c——管理费、合同费、应急费等费用的估算系数。

总建设费用与设备费用之比为郎格系数 K_L，即

$$K_L = (1 + \sum K_i)K_c \tag{8.5}$$

设备费用在一项工程中所占的比例对于石油、石化、化工工程而言占 45%～55%，几乎占一半左右，同时一项工程中每台设备所配有的管道、电气、自控仪表、绝热、油漆、建筑等，都有一定的规律。所以，只要准确掌握各种不同类型工程的朗格系数，估算精度仍可较高。朗格系数法估算误差为 10%～15%。

4) 比例估算法

根据统计资料，先求出已有同类企业主要设备投资占全厂建设投资的比例，然后估算出拟建项目的主要设备投资，即可按比例求出拟建项目的建设投资。其表达式为

$$I = \frac{1}{K}\sum_{i=1}^{n} Q_i P_i \tag{8.6}$$

式中：I——拟建项目的建设投资；

K——已建项目主要设备投资占拟建项目投资的比例；

n——设备种类数；

Q_i——第 i 种设备的数量；

P_i——第 i 种设备的单价(到厂价格)。

8.2.2　工程项目成本估算的详细估算方法

工程项目成本估算的详细估算法主要是指指标估算法。

指标估算法是把建设项目工程造价划分为建筑工程费、建筑安装工程费、设备及工器具购置费及工程建设其他费用等费用项目或单位工程，再根据各种具体的投资估算指标，进行各项费用项目或单位工程投资的估算，在此基础上，可汇总成每一单项工程的投资。另外再估算工程建设其他费用及预备费，即求得建设项目总投资。建设项目工程造价构成如图 8-4 所示。

1. 建筑工程费用估算

建筑工程费用是指为建造永久性建筑物和构筑物所需要的费用，一般采用单位建筑工程投资估算法、单位实物工程量投资估算法、概算指标投资估算法等进行估算。

(1) 单位建筑工程投资估算法：以单位建筑工程量投资乘以建筑建筑工程总量计算。一般工业建筑与民用建筑以单位建筑面积(m^2)的投资，工业窑炉砌筑以单位容积(m^3)的投资，水库以水坝单位长度(m)的投资，铁路路基以单位长度(km)的投资，矿上掘进以单位长度(m)的投资，乘以相应的建筑工程量计算建筑工程费。

(2) 单位实物工程量投资估算法：以单位实物工程量的投资乘以实物工程总量计算。土石方工程以每立方米投资，矿井巷道衬砌工程以每延米投资，路面铺设工程以每平方米投资，乘以相应的实物工程总量计算建筑工程费。

(3) 概算指标投资估算法：对于没有上述估算指标且建筑工程费占总投资比例较大的项目，可采用概算指标投资估算法。采用这种方法，应具有较为详细的工程资料、建筑材料价格和工程费用指标，投入的实践和工作量大。

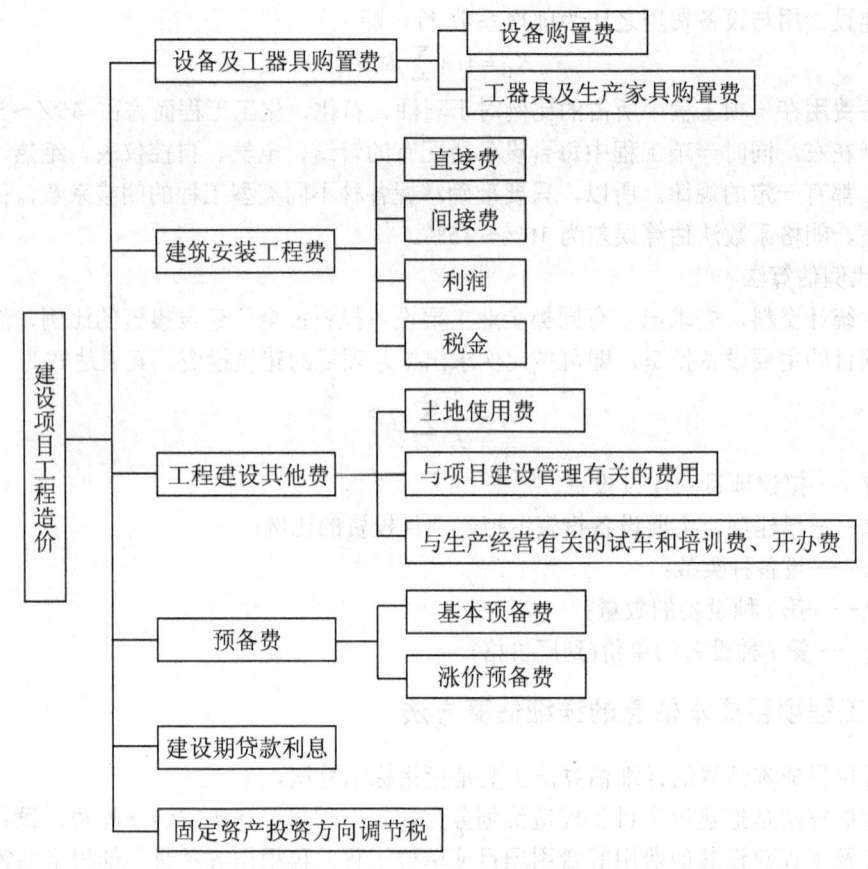

图 8-4　建设项目工程造价构成

2. 建筑安装工程费估算

建筑安装工程费通常按行业或专门机构发布的安装工程定额、取费标准和指标估算投资，具体可按安装费费率、每吨设备安装费或单位安装实物工程量的费用估算，即

$$\text{安装工程费} = \text{设备原价} \times \text{安装费费率} \tag{8.7}$$

$$\text{安装工程费} = \text{设备吨位} \times \text{每吨安装费} \tag{8.8}$$

$$\text{安装工程费} = \text{安装工程实物量} \times \text{安装费指标} \tag{8.9}$$

使用指标估算法，应注意以下事项。

(1) 使用估算指标法应根据不同地区、年代而进行调整。因为地区、年代不同，设备与材料的价格均有差异，调整方法可以按主要材料消耗量或"工程量"为计算依据；也可以按不同的工程项目的"万元工料消耗定额"而定不同的系数。在有关部门颁布有定额或材料价差系数(物价指数)时，可以据其调整。

(2) 使用估算指标法进行投资估算决不能生搬硬套，必须对工艺流程、定额、价格及费用标准进行分析，经过实事求是的调整与换算后，才能提高其精确度。

3. 设备及工器具购置费估算

设备及工器具购置费是指为建设项目购置或自制的达到固定资产标准的各种国产或进

口设备、工具、器具的购置费用。它由设备原价和设备运杂费构成。

$$设备购置费=设备原价+设备运杂费 \quad (8.10)$$

式中： 设备原价——国产设备或进口设备的原价；

设备运杂费——除设备原价之外的关于设备采购、运输、途中包装及仓库保管等方面支出费用的总和。

设备购置费根据项目主要设备表及价格、费用资料编制，工器具购置费按设备费的一定比例计取。价值高的设备应按单台(套)估算购置费，价值较小的设备可按类估算，国内设备和进口设备应分别估算。

1) 国内设备费估算

国产设备原价一般指设备制造厂的交货价，或订货合同价。它一般根据生产厂或供应商的询价、报价、合同价确定，或采用一定的方法计算确定。国产设备原价分为国产标准设备原价和国产非标准设备原价。

(1) 国产标准设备原价估算。国产标准设备是指按照主管部门颁布的标准图纸和技术要求，由我国设备生产厂批量生产的、符合国家质量检测标准的设备。国产标准设备原价有两种，即带有备件的原价和不带有备件的原价。在计算时，一般采用带有备件的原价。

(2) 国产非标准设备原价估算。国产非标准设备是指国家尚无定型标准，各设备生产厂不可能在工艺过程中采用批量生产，只能按一次订货，并根据具体的设计图纸制造的设备。国产非标准设备原价有多种不同的计算方法，按成本计算估价法，国产非标准设备的原价由以下各项组成。

① 材料费：其计算公式为

$$材料费=材料净重\times(1+加工损耗系数)\times每吨材料综合价 \quad (8.11)$$

② 加工费：包括生产工人工资和工资附加费、燃料动力费、设备折旧费、车间经费等。其计算公式为

$$加工费=设备总质量(吨)\times设备每吨加工费 \quad (8.12)$$

③ 辅助材料费(简称辅材费)：包括焊条、焊丝、氧气、氩气、氮气、油漆、电石等费用。其计算公式为

$$辅助材料费=设备总质量\times辅助材料费指标 \quad (8.13)$$

④ 专用工具费：按①~③项之和乘以一定百分比计算。

⑤ 废品损失费：按①~④项之和乘以一定百分比计算。

⑥ 外购配套件费：按设备设计图纸所列的外购配套件的名称、型号、规格、数量、重量，根据相应的价格加运杂费计算。

⑦ 包装费：按①~⑥项之和乘以一定百分比计算。

⑧ 利润：可按①~⑤项加⑦项之和乘以一定利润率计算。

⑨ 税金：主要指增值税。计算公式为

$$增值税=当期销项税额-进项税额 \quad (8.14)$$
$$当期销项税额=销售额\times适用增值税率 \quad (8.15)$$

式中：销售额——按①~⑧项之和计算。

⑩ 非标准设备设计费：按国家规定的设计费收费标准计算。

综上所述，国产单台非标准设备原价可用下面的公式表达：

单台国产非标准设备原价={[(材料费+加工费+辅助材料费)×(1+专用工具费费率)×

(1+废品损失费费率)+外购配套件费]×(1+包装费费率)-

外购配套件费}×(1+利润率)+销项税额+

国产非标准设备设计费+外购配套件费 (8.16)

【例 8-3】 某工厂采购一台国产非标准设备，制造厂生产该台设备所用材料费为 20 万元，加工费为 2 万元，辅助材料费为 4000 元，专用工具费费率为 1.5%，废品损失费费率为 10%，外购配套件费为 5 万元，包装费费率为 1%，利润率为 7%，增值税率为 17%，国产非标准设备设计费为 2 万元，求该国产非标准设备的原价。

解： 专用工具费=(20+2+0.4)×1.5%=0.336(万元)

废品损失费=(20+2+0.4+0.336)×10%=2.274(万元)

包装费=(22.4+0.336+2.274+5)×1%=0.3(万元)

利润=(22.4+0.336+2.274+0.3)×7%=1.772(万元)

销项税额=(22.4+0.336+2.274+5+0.3+1.772)×17%=5.454(万元)

该国产非标准设备的原价=22.4+0.336+2.274+0.3+1.772+5.454+2+5=39.536(万元)

2) 进口设备费估算

进口设备采用最多的是装运港船上交货价(FOB)，其抵岸价的构成可概括为

进口设备抵岸价=货价+国际运费+运输保险费+银行财务费+外贸手续费+关税+

增值税+消费税+海关监管手续费+进口车辆购置附加费 (8.17)

(1) 货价：一般指装运港船上交货价(FOB)。设备货价分为原币货价和人民币货价，原币货价一律折算为美元表示，人民币货价按原币货价乘以外汇市场美元兑换人民币中间价确定。进口设备货价按有关生产厂商询价、报价、订货合同价计算。

(2) 国际运费：从装运港(站)到达我国抵达港(站)的运费。我国进口设备大部分采用海洋运输，小部分采用铁路运输，个别采用航空运输。进口设备国际运费计算公式为

国际运费(海、陆、空)=原币货价(FOB)×运费费率 (8.18)

国际运费(海、陆、空)=运量×单位运价

其中，运费费率或单位运价参照有关部门或进出口公司的规定执行。

(3) 运输保险费：对外贸易货物运输保险由保险人(保险公司)与被保险人(出口人或进口人)订立保险契约，在被保险人交付议定的保险费后，保险人根据保险契约的规定对货物在运输过程中发生的承保责任范围内的损失给予经济上的补偿。这是一种财产保险。其计算公式为

$$运输保险费 = \frac{原币货价(FOB)+国外运费}{1-保险费费率} \times 保险费费率 \quad (8.19)$$

其中，保险费费率按保险公司规定的进口货物保险费费率计算。

(4) 银行财务费：一般是指中国银行手续费，可按下式简化计算：

银行财务费=人民币货价(FOB)×银行财务费费率 (8.20)

(5) 外贸手续费：按对外经济贸易部门规定的外贸手续费率计取的费用，外贸手续费率一般取 1.5%。其计算公式为

外贸手续费=[装运港船上交货价(FOB)+国际运费+运输保险费]×

外贸手续费费率 (8.21)

(6) 关税：由海关部门对进出国境或关境的货物和物品征收的一种税。其计算公式为

$$关税 = 到岸价格(CIF) \times 进口关税税率 \qquad (8.22)$$

其中，到岸价格(CIF)包括离岸价格(FOB)、国际运费、运输保险费，它作为关税完税价格。进口关税税率分为优惠和普通两种。优惠税率适用于与我国签订关税互惠条款的贸易条约或协定的国家的进口设备；普通税率适用于与我国未签订关税互惠条款的贸易条约或协定的国家的进口设备。进口关税税率按我国海关总署发布的进口关税税率计算。

(7) 增值税：对从事进口贸易的单位和个人，在进口商品报关进口后征收的税种。我国增值税条例规定，进口产品均按组成计税价格和增值税税率直接计算应纳税额。即

$$进口产品增值税 = 组成计税价格 \times 增值税税率 \qquad (8.23)$$

$$组成计税价格 = 关税完税价格 + 关税 + 消费税 \qquad (8.24)$$

其中，增值税税率根据规定的税率计算。

(8) 消费税：对部分进口设备(如轿车、摩托车等)征收，一般计算公式为

$$消费税额 = \frac{到岸价 + 关税}{1 - 消费税税率} \times 消费税税率 \qquad (8.25)$$

其中，消费税税率根据规定的税率计算。

(9) 海关监管手续费：海关对进口减税、免税、保税货物实施监督、管理、提供服务的手续费。对于全额征收进口关税的货物不计本项费用。其计算公式为

$$海关监管手续费 = 到岸价 \times 海关监管手续费费率 \qquad (8.26)$$

其中，海关监管手续费费率一般取 0.3%。

(10) 进口车辆购置附加费：进口车辆需缴进口车辆购置附加费。其计算公式为

$$进口车辆购置附加费 = (到岸价 + 关税 + 消费税 + 增值税) \times$$
$$进口车辆购置附加费费率 \qquad (8.27)$$

【例 8-4】某进口设备的到岸价为 100 万元，银行财务费为 0.5 万元，外贸手续费费率为 1.5%，关税税率为 20%，增值税税率为 17%。该设备无消费税和海关监管手续费，则该进口设备的抵岸价为多少万元？

解：已知

进口设备抵岸价 = 货价 + 国际运费 + 运输保险费 + 银行财务费 + 外贸手续费 +
关税 + 增值税 + 消费税 + 海关监管手续费 + 进口车辆购置附加费

外贸手续费 = [装运港船上交货价(FOB) + 国际运费 + 运输保险费] × 外贸手续费费率

关税 = 到岸价格(CIF) × 进口关税税率

进口产品增值税 = 组成计税价格 × 增值税税率

组成计税价格 = 关税完税价格 + 关税 + 消费税

由于到岸价格(CIF)包括离岸价格(FOB)、国际运费、运输保险费，它作为关税完税价格。所以，该进口设备的抵岸价为 (100 + 0.5 + 100 × 1.5% + 100 × 20%) + (100 + 100 × 20%) × 17% = 122 + 20.4 = 142.4(万元)。

4. 工程建设其他费用估算

工程建设其他费用估算一般较为常用的是利用工程建设其他费用按各项费用科目的费率或者取费标准估算。工程建设其他费用按其内容大体可分为三类：土地使用费、与工程

建设有关的其他费用、与未来企业生产经营有关的其他费用。

1) 土地使用费

土地使用费包括土地征用及迁移补偿费、土地使用权出让金等。

2) 与项目建设有关的其他费用

与项目建设有关的其他费用包括建设单位管理费、勘察设计费、研究试验费、建设单位临时设施费、工程监理费、工程保险费、引进技术和进口设备其他费用、工程承包费。

3) 与未来企业生产经营有关的其他费用

与未来企业生产经营有关的其他费用包括联合试运转费、生产准备费、办公和生活家具购置费。

工程建设其他费的构成如图8-5所示。

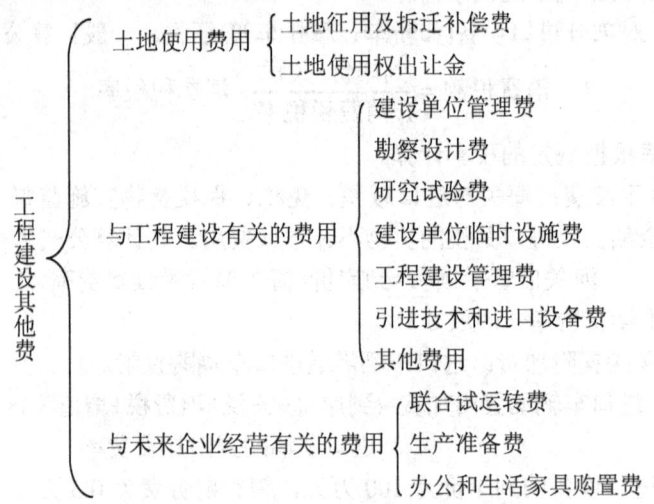

图 8-5 工程建设其他费的构成

按各项费用科目的费率或者取费标准估算如下：

(1) 土地征用费或土地使用权出让金，按国家有关规定逐项计算，而后加总得出。

(2) 建设单位管理费=工程费×费率指标。

(3) 勘察设计费，按有关规定计算。

(4) 研究试验费，根据项目需要提出的要求计算。

(5) 联合试运转费，一般根据项目工艺设备购置费的百分比计算。

(6) 生产职工培训费，根据需要培训的人数及培训时间，按生产准备费指标进行估算。

(7) 办公和生活家具购置费，可按设计定员人数乘以综合指标，一般按 600~800 元/人计算。

(8) 工程监理费，按工程建设监理收费标准，即占所监理工程概算或预算的百分比计算。

(9) 供电贴费，按项目所在地供电部门现行规定计算。

(10) 供水贴费，按项目所在地供水部门现行规定计算。

5. 预备费估算

1) 基本预备费估算

基本预备费是按设备及工器具购置费、建筑安装工程费和工程建设其他费三者之和为计取基础，乘以基本预备费费率进行计算。

基本预备费=(设备及工器具购置费+建筑安装工程费+工程建设其他费)×基本预备费费率 (8.28)

基本预备费费率的取值应执行国家及部门的有关规定。一般较为常用的做法是将基本预备费在建设项目的工程费用和工程建设其他费基础之上乘以基本预备费率。

2) 涨价预备费估算

涨价预备费包括人工、设备、材料、施工机械的价差费，建筑安装工程费及工程建设其他费调整，利率、汇率调整等增加的费用。

通常，涨价预备费以建筑工程费、设备及工器具购置费、建筑安装工程费(工程建设其他费、基本预备费)之和为计算基数。涨价预备费的计算公式为

$$PF = \sum_{t=1}^{n} I_t \left[(1+f)^t - 1 \right] \tag{8.29}$$

式中：PF——涨价预备费；

I_t——第 t 年的建筑工程费、设备及工器具购置费、建筑安装工程费(工程建设其他费、基本预备费)之和；

f——建设期价格上涨指数；

n——建设期。

【例 8-5】某项目投资建设期为三年，第一年投资额是 1000 万元，且每年以 15%速度增长，预计该项目年均投资价格上涨率为 5%，则该项目建设期间涨价预备费是多少万元？

解：首先计算出各年投资额：

I_1=1000 万元；

I_2=1000×(1+15%)=1150(万元)；

I_3=1000×(1+15%)^2=1322.5(万元)。

然后套用公式计算各年的涨价预备费：

PF_1=1000×[(1+5%)-1]=50(万元)；

PF_2=1150×[(1+5%)^2-1]=117.88(万元)；

PF_3=1322.5×[(1+5%)^3-1]=208.46(万元)；

PF=50+117.88+208.46=376.34(万元)。

6. 建设期贷款利息估算

在建设投资分年计划的基础上可设定初步融资方案，采用债务融资的项目应估算建设期贷款利息。建设期贷款利息指筹措债务资金时在建设期内发生并按规定允许在投产后计入固定资产原值的利息，即资本化利息。

建设期贷款利息包括银行借款和其他债务资金的利息，以及其他融资费用。其他融资费用是指某些债务融资中发生的手续费、承诺费、管理费、信贷保险费等融资费用，一般

情况下应将其单独计算并计入建设期贷款利息；在项目前期研究的初期阶段，也可做粗略估算并计入建设投资；对于不涉及国外贷款的项目，在可行性研究阶段，也可做粗略估算并计入建设投资。

估算建设期贷款利息，应根据不同情况选择名义年利率或有效年利率。分期建成投产的项目，应按各期投产时间分别停止借款费用的资本化，此后发生的借款利息应计入总成本费用。

估算建设期贷款利息，需要根据项目进度计划，提出建设投资分年计划，列出各年投资额，并明确其中的外汇和人民币，应注意名义利率和有效年利率的换算。将名义年利率折算为有效年利率的计算公式为

$$\text{有效年利率}=(1+r/m)^m-1 \tag{8.30}$$

式中：r——名义年利率；
m——每年计息次数。

当建设期用自有资金按期支付利息时，可不必进行换算，直接采用名义利率计算建设期贷款利息。计算建设期贷款利息时，为了简化计算，通常假定借款均在每年的年中支用，借款当年按半年计息，其余各年份按全年计息。

采用自有资金付息时，按单利计算：

$$\text{各年应计利息}=(\text{年初借款本金累计}+\text{本年借款额}\div 2)\times\text{名义年利率} \tag{8.31}$$

采用复利方式计息时：

$$\text{各年应计利息}=(\text{年初借款本息累计}+\text{本年借款额}\div 2)\times\text{有效年利率} \tag{8.32}$$

对于有多种来源的借款资金，每笔借款的年利率各不相同的项目，既可分别计算每笔借款的利息，也可先计算出各笔借款加权平均的年利率，并以加权平均利率计算全部借款的利息。

【例8-6】某新建项目的建设期为4年，分年均衡进行贷款，第一年贷款1000万元，以后各年贷款均为500万元，年利率为6%，建设期内利息只计息不支付，该项目建设期贷款利息为多少万元？

解：建设期贷款利息的计算可按当年借款在年中支用考虑，即单年贷款按半年计息。
第一年贷款利息：1000×6%×1/2=30(万元)；
第二年贷款利息：(1000+30)×6%+500×6%×1/2=76.8(万元)；
第三年贷款利息：(1030+500+76.8)×6%+500×6%×1/2=111.408(万元)；
第四年贷款利息：(1030+1000+76.8+111.408)×6%+500×6%×1/2=148.092(万元)；
项目建设期贷款利息：30+76.8+111.408+148.092=366.30(万元)。

8.3 工程项目成本预算

1. 成本预算的基本原则

成本预算是制定项目成本控制基准的项目管理工作，即为了确定测量项目实际绩效的基准计划而把整个成本估算按照时间段分配到具体工作包或者活动上。

在这个过程中,项目成本预算按照成本计划分配项目资源,项目工作获得所需要的资源。项目成本预算为项目管理者监控项目施工进度提供基准,同时项目成本也是一种控制机制,项目工作所花费的实际成本应该尽量控制在预算成本的限度以内。

在成本预算过程中,任何项目在执行过程中都会有意想不到的事情发生,不可预见费用的准备就在项目本管理中十分必要。通常,要在整个项目预算中留出 10%~15%来应付项目进行过程中可能出现的意外情况。

2. 项目成本预算的依据

1) 项目范围说明书

可在项目章程或合同中正式规定项目资金开支的阶段性限制。这些资金的约束在项目范围说明书中反映,可能是由卖方组织和其他组织需要对年度资金进行授权所致。

2) 工作分解结构

项目成本预算工作分配估算成本的依据就是工作分解结构,根据项目工作分解结构分解出的完成项目所必需的基本工作和活动,进行估算成本的分解,它确定了项目的所有组成部分和项目可交付成果之间的关系。

3) 活动成本估算

汇总一个工作包内每个活动成本估算,来获得每个工作包的成本估算。

4) 项目进度计划

项目进度计划包括项目活动计划的开始和结束日期、进度里程碑、工作包、计划包和控制账目,是按时间分配资金的依据。

5) 资源日历

资源日历用于确定在项目存续期间何时以及多长时间内,项目资源的可利用情况。

3. 项目成本预算的成果

项目成本预算的成果主要表现为项目的成本基准计划。成本基准是按时间分段的预算,是度量和监控项目整体成本执行(绩效)的基准。

成本基准计划是成本预算的成果之一,是项目从开始到结束的整个生命周期内的费用累计曲线。它描述了项目生命周期到某个时点为止的累计费用,是项目的期望成本。

成本基准计划是一项面向阶段时间的预算,主要用于测量和监控项目费用的执行情况,是将按阶段估算的费用汇总后制定的,可以用 S 形曲线图形的形式来表示(图 8-6),其中横坐标表示时间,纵坐标表示成本。

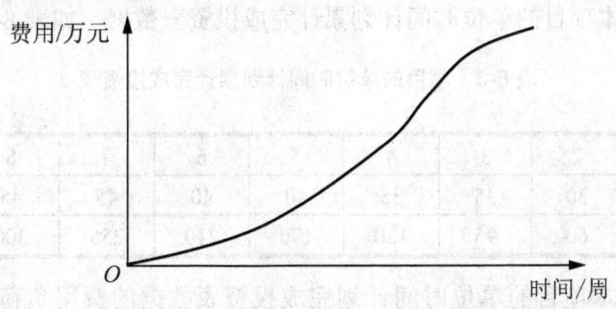

图 8-6 成本基准计划的累计 S 形曲线表示

4. 成本预算的过程和方法

在成本预算过程中，主要用到的项目工具有横道图、柱状图、累计 S 形曲线。

【例 8-7】某项目总工期为 10 周，各项活动持续时间及成本计划如表 8-2 所示，试绘制本项目成本累计 S 形曲线。

表 8-2 各项活动持续时间及成本计划

项目活动单元	A	B	C	D	E	F
持续时间/周	2	1	3	4	5	6
成本计划/万元	20	20	60	60	100	80
单位成本/(万元/周)	10	20	20	15	25	20

解：成本预算编制的具体过程、方法及成本基准计划(S 形曲线)的获得步骤如下。

(1) 确定工程项目进度计划，绘制进度计划的横道图。

(2) 根据每单位时间内完成的实物工程量或投入的人力、物力和财力，计算单位时间的费用，并用柱状图表示出来。

(3) 计算规定时间 t 计划累计完成的费用额，是各单位时间计划完成的费用额的累加求和。下面是该项目的工期起止时间计划：项目活动 A 起止时间计划为 1～2 周；项目活动 B 起止时间计划为 1 周；项目活动 C 起止时间计划为 2～4 周；项目活动 D 起止时间计划为 3～6 周；项目活动 E 起止时间计划为 5～8 周；项目活动 F 起止时间计划为 7～10 周。试绘制本项目总工期内的 S 形曲线。

第一步：绘制本项目的横道图，如图 8-7 所示。

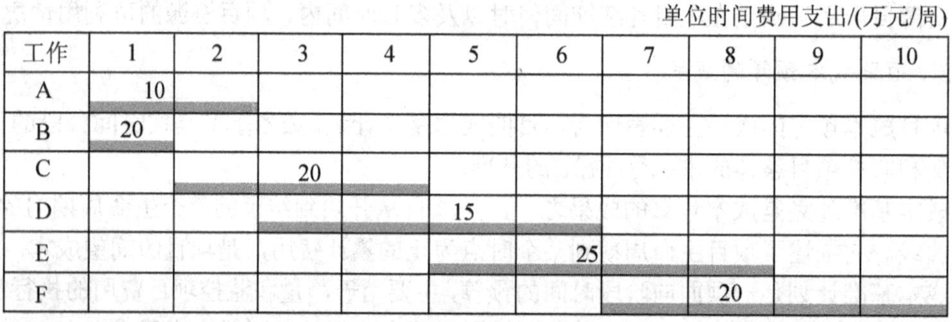

单位时间费用支出/(万元/周)

工作	1	2	3	4	5	6	7	8	9	10
A	10									
B	20									
C			20							
D					15					
E							25			
F								20		

图 8-7 项目的横道图

第二步：获得本项目的单位时间计划累计完成投资表数据，如表 8-3 所示。

表 8-3 项目的单位时间计划累计完成投资表

单位：万元

日期/周	1	2	3	4	5	6	7	8	9	10
合计	30	30	35	35	40	40	45	45	20	20
累计	30	60	95	130	170	210	255	300	320	340

第三步：获得本项目的单位时间计划完成投资表数据的费用负荷柱状图，如图 8-8 所示。

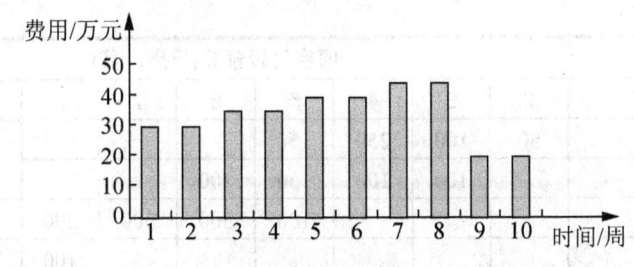

图 8-8 费用负荷柱状图

第四步：获得本项目累计 S 形曲线，如图 8-9 所示。

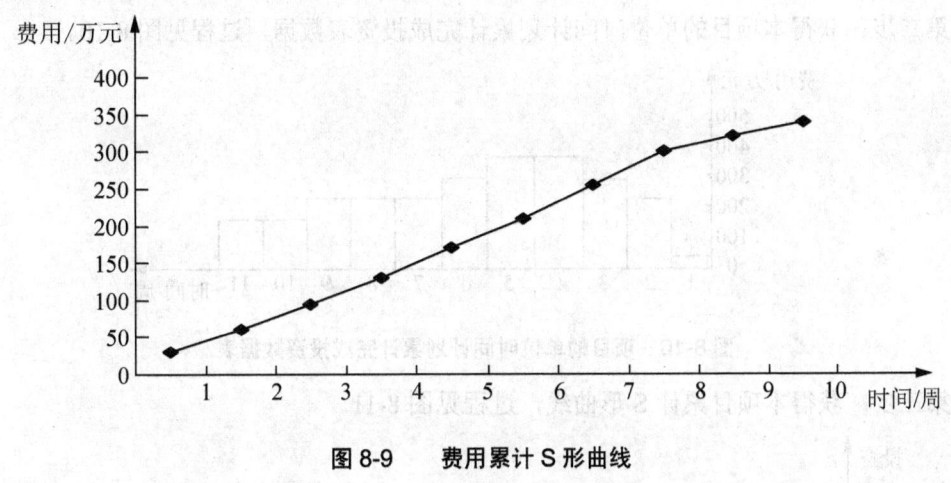

图 8-9 费用累计 S 形曲线

【例 8-8】已知某工程项目工作包成本预算表内容如表 8-4 所示，请编制该项目的成本基准计划。

表 8-4 工程项目工作包成本预算表

工作包	预算值/万元	项目日程预算(日历：月)										
		1	2	3	4	5	6	7	8	9	10	11
A	400	100	200	100								
B	400		50	100	150	100						
C	550		50	100	250	150						
D	450			100	100	150	100					
E	1100					100	300	300	200	200		
F	600								100	100	200	200

解：第一步：获得本项目的单位时间计划累计完成投资表数据，过程见表 8-5。

表 8-5 本项目单位时间计划累计完成投资表

工作包	预算值/万元	项目日程预算(日历：月)										
		1	2	3	4	5	6	7	8	9	10	11
A	400	100	200	100								
B	400		50	100	150	100						

续表

工作包	预算值/万元	\multicolumn{11}{c}{项目日程预算(日历：月)}
		1	2	3	4	5	6	7	8	9	10	11
C	550		50	100	250	150						
D	450				100	100	150	100				
E	1100					100	300	300	200	200		
F	600								100	100	200	200
合计		100	300	400	500	500	400	300	300	300	200	200
累计	3500	100	400	800	1300	1800	2200	2500	2800	3100	3300	3500

第二步：获得本项目的单位时间计划累计完成投资表数据，过程见图 8-10。

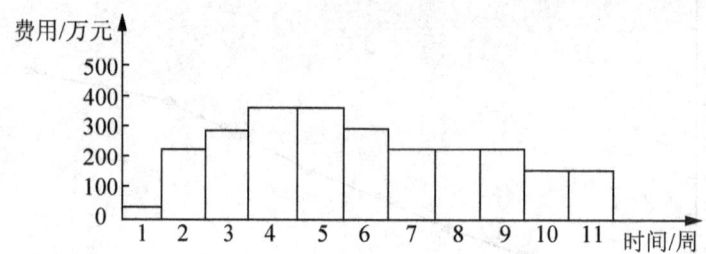

图 8-10　项目的单位时间计划累计完成投资数据表

第三步：获得本项目累计 S 形曲线，过程见图 8-11。

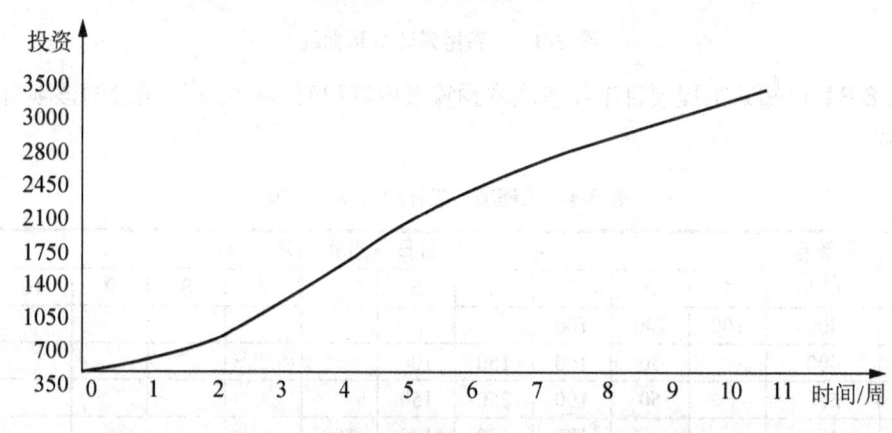

图 8-11　费用累计 S 形曲线(预算基准线)

5. 成本预算对成本控制的作用与影响

成本控制是指在项目管理过程中，根据成本管理计划对项目成本进行管理，尽量将项目成本控制在预算范围内。成本控制基本原理见图 8-12。

成本预算基准计划对成本控制管理的作用主要表现在以下几个方面。

(1) 项目经理必须通过监视实际成本与成本基线的差异，获得偏差，然后找出偏差产生的原因，修正成本基准计划。如果需要对项目的成本进行变更，应该提出变更请求。

(2) 报告预算的执行情况，同时对项目将来可能出现的问题向项目组成员做出警示。

(3) 总结经验教训。

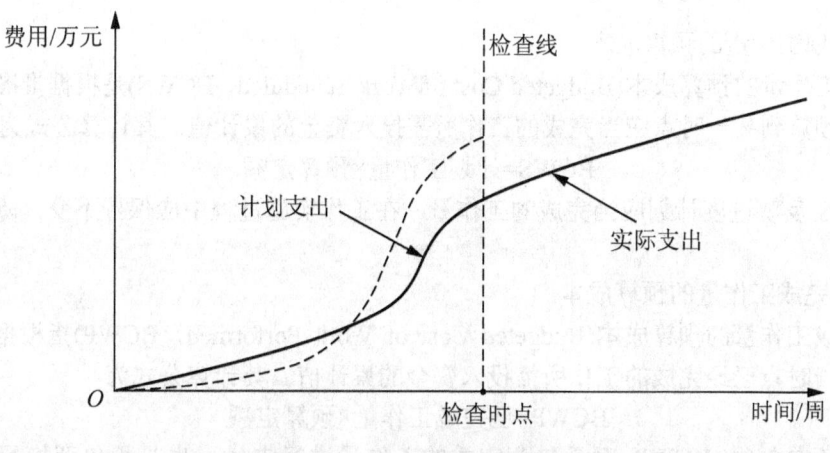

图 8-12 成本控制的基本原理

8.4 工程项目成本分析

8.4.1 工程项目成本分析的特点

成本分析管理的特点主要表现在以下几个方面。

1) 成本控制的综合性

成本目标不是孤立的,应与进度目标、质量目标、范围目标/效率消耗等相结合,追求各目标之间的综合平衡。在进行成本控制时要同时分析进度、管理效率以及工程质量等,得到反映实际的真实信息,否则容易产生误导。

2) 成本分析的周期性

成本控制实施间隔时间具有周期性,控制周期不可以太长,通常需要定期进行核算、对比、分析。

3) 成本分析的及时性

成本控制需要及时准确的信息反馈,包括对工程消耗、工程进度、质量执行情况及时进行成本核算,审查成本报表,再由控制部门分析和审核,然后将已经发生的成本费用与预算相比较,分析是否超支,并采取措施及时弥补。

8.4.2 工程项目成本分析的基本方法

挣值(Eamedvalue)分析法又称偏差分析法、赢得值法,是工程项目成本、进度综合度量和监控的有效方法。挣值分析法是评价项目进度和成本预算的最成熟的分析方法。该方法用三个参数和四个指标来控制衡量费用使用情况。1977 年,美国国防部制定费用/进度控制系统准则(Cost/schedule Control System Criteria, SCSC),正式采用了挣值的概念。

1. 挣值分析法的参数

1) 计划工作量的预算成本

计划工作量的预算成本(Budgeted Cost of Work Scheduled，BCWS)是根据批准认可的进度计划和预算到某一时点应当完成的工作所需投入资金的累计值。其计算公式为

$$BCWS=计划工作量×预算定额$$

BCWS 反映进度计划应当完成的工作量，在工作实施过程中应保持不变，除非合同有更改。

2) 已完成工作量的预算成本

已完成工作量的预算成本(Budgeted Cost of Work Performed，BCWP)指根据认可的预算，到某一时点已经完成的工作所需投入资金的累计值。其计算公式为

$$BCWP=已完成工作量×预算定额$$

业主正是根据 BCWP 对承包商完成的工作量进行支付，也是承包商挣得的金额。BCWP 又称"挣值"，通常来自项目内进度报告。

3) 已完成工作量的实际费用

已完成工作量的实际费用(Actual Cost of Work Performed，ACWP)指项目实施过程中某阶段实际完工的工作量所消耗的工时(或费用)。ACWP 主要是反映项目执行的实际消耗指标，通常来自财务部门的报告。

【例 8-9】某公路施工承包商拟修筑 100km 铁路，计划工期为 10 个月，总预算投入成本为 1000 万元。如果假设工程匀速施工，即每月完成工程量平均。在第 8 个月月底进行工程成本检测与跟踪控制时，发现工程已经完成 90km 公路，质量合格。实际完成工程花费的资金为 850 万元，试根据上述情况确定第 8 个月月底挣值分析法三个参数的值；并分析三个参数之间存在的差值反映了什么。

解：本案例第 8 个月月底挣值分析法确定的三个参数的值如下。

$$BCWS=计划工作量×预算定额=80×(1000÷100)=800(万元)$$
$$BCWP=已完成工作量×预算定额=90×(1000÷100)=900(万元)$$
$$ACWP=已完工工作量消耗成本=850 万元$$

以上三个参数之间存在的差值反映了以下问题：BCWP 与 BCWS 之间相差 100 万元，说明当前已完成工作量的预算定额比原计划应完成工作量的预算定额多 100 万元，说明提前完成了计划 100 万元，工程进度提前了。BCWP 与 ACWP 之间相差 50 万元，说明实际完成工作的实际投资额比实际完成工作的预算投资额少花费了 50 万元，说明工程进展到目前节约了 50 万元。

2. 挣值分析法的评价指标

1) 费用偏差

费用偏差(Cost Variance，CV)是指检查期间 BCWP 与 ACWP 之间的差异。其计算公式为

$$CV=BCWP-ACWP$$

CV 为正值，表示有节余或效率高，具体如图 8-13 所示；CV 为负值，表示执行效果不佳，超支，具体如图 8-14 所示。CV 等于零，表示实际消耗人工等于预算值。

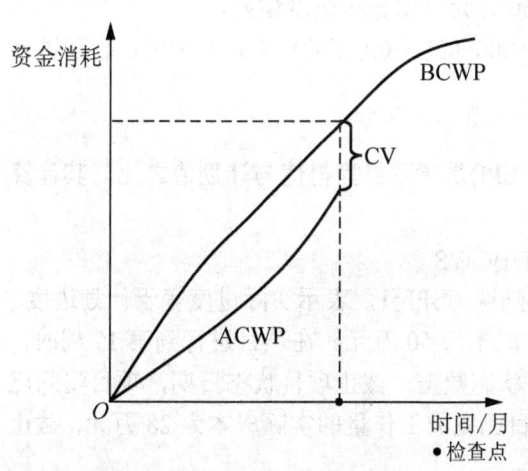

图 8-13　CV 为正值示意图　　　　图 8-14　CV 为负值示意图

2) 费用执行标准

费用执行指标(Cost Performed Index，CPI)是指预算费用与实际费用值之比(或工时值之比)。其计算公式为

$$CPI=BCWP/ACWP$$

CPI>1，表示低于预算；CPI<1，表示超出预算；CPI=1，表示实际费用与预算费用吻合。

【例 8-10】某公路施工承包商拟修筑 100km 铁路，计划工期为 10 个月，总预算投入成本为 1000 万元。如果假设工程匀速施工，即每月完成工程量平均。在第 8 个月月底进行工程成本检测与跟踪控制时，发现工程已经完成 90km 公路，质量合格。实际完成工程花费的资金为 850 万元，请分析费用偏差。

解：第 8 个月月底时，CV=BCWP-ACWP=900-850=50(万元)。CV 为正值，表示节约资金 50 万元，管理效率高。

3) 进度偏差

进度偏差(Scheduled Variance，SV)是指检查日期 BCWP 与 BCWS 之间的差异。其计算公式为

$$SV=BCWP-BCWS$$

SV 为正值时，表示进度提前，实际完成工程量超过计划预算值，如图 8-15 所示。同理，SV 为负值时，表示进度落后，实际完成工程量落后于计划预算值。

【例 8-11】某公路施工承包商拟修筑 100km 铁路，计划工期为 10 个月，总预算投入成本为 1000 万元。如果假设工程匀速施工，即每月完成工程量平均。在第 8 个月月底进行工程成本检测与跟踪控制时，发现工程已经完成 90km 公

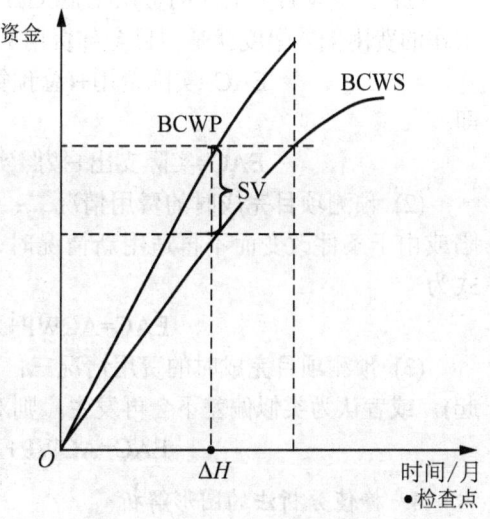

图 8-15　SV 为正值示意图

路，质量合格。实际完成工程花费的资金为850万元，请分析进度偏差。

解：第8个月月底时，SV=BCWP-BCWS=900-800=100(万元)。SV为正值，表示进度提前，实际完成工程量超过计划预算值。

4) 进度执行偏差

进度执行指标(Schedule Performed Index，SPI)是指项目挣得值与计划值之比。其计算公式为

$$SPI=BCWP/BCWS$$

SPI>1，表示进度提前；SPI<1，表示进度延误；SPI=1，表示实际进度等于计划进度。

【例8-12】某项目计划工期为40周，预算成本为50万元。在项目进行到第19周时，项目经理列出了前18周(包含第18周)的项目状态数据：截止项目状态日期，项目实际已完成的工作量为50%；截止项目状态日期，项目已完成工作量的实际成本为28万元；截止项目状态日期，项目的计划成本为26万元。

问题：

(1) 确定截止项目状态日期时项目的BCWP、ACWP、BCWS。

(2) 对该项目在进度和费用控制方面情况的执行状况进行分析。

解：已知预算总投资(40周)为50万元。

(1) 第18周周末三个参数分别为BCWP=50万元×50%=25万元，ACWP=28万元，BCWS=26万元。

(2) 第18周周末的费用偏差与费用执行指标分别为CV=25-28=-3(万元)<0，CPI=25/28<1。说明费用超支，管理效率低。

第18周周末的进度偏差与进度执行指标分别为SV=25-26=-1(万元)<0，SPI=25/26<1。说明进度拖后。

3. 挣值分析法的预算修正

(1) 预测项目完成时的费用(Estimate at Completion，EAC)情况一：认为项目当前已完工作的费用偏差幅度就是项目全部费用的偏差幅度。其计算公式为

$$EAC=实际费用+(总预算费用-BCWP)\times(ACWP/BCWP)$$

即

$$EAC=实际支出+按照实施情况对剩余预算所做的修改$$

(2) 预测项目完成时的费用情况二：当过去的执行情况表明先前的费用假设有根本缺陷或由于条件改变而不再适用新情况时，需要对所有未完工作重新估算费用。其计算公式为

$$EAC=ACWP+对剩余工作的新估计值$$

(3) 预测项目完成时的费用情况三：当现有的偏差被认为是不正常的(由于偶然因素引起)，或者认为类似偏差不会再发生，则对所未完工作按原估计费用计。其计算公式为

$$EAC=ACWP+对剩余工作的原估计值$$

4. 挣值分析法的图形解析

下面根据在同一个坐标图中三个参数BCWS、BCWP、ACWP之间位置差异对图形所反映的管理问题(包括进度偏差与成本偏差等问题)进行解析。

如图 8-16～图 8-21 所示,利用挣值分析法分析图中参数间的关系、进度与成本管理的现状,并给出采取的措施。

情形一(图 8-16):

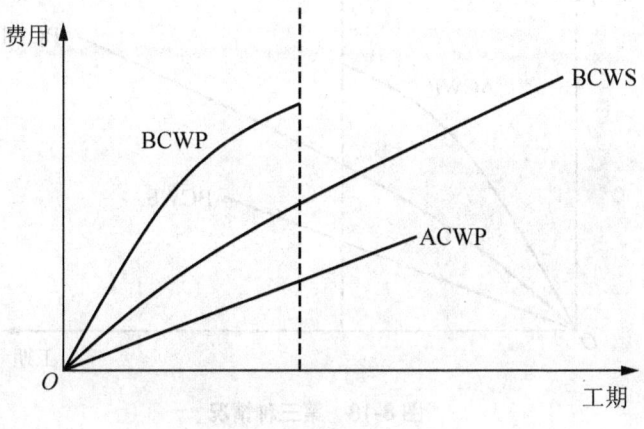

图 8-16 第一种情况

解析(表 8-7):

表 8-7 第一种情况解析

参数间的关系	现　状	措　施
BCWP＞BCWS＞ACWP SV＞0,CV＞0	进度较快,成本节约,效率高	若偏离不大,可以维持现状

情形二(图 8-17):

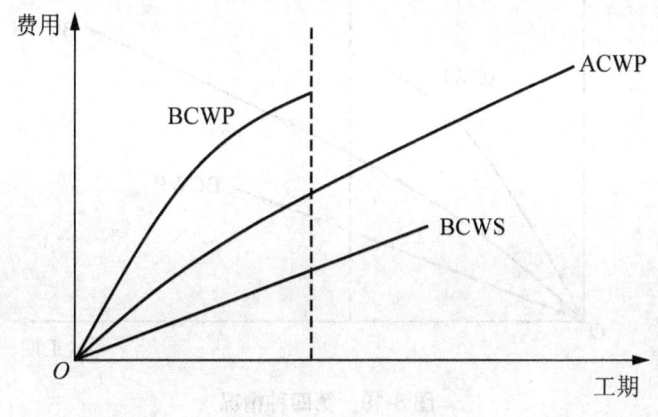

图 8-17 第二种情况

解析(表 8-8):

表 8-8 第二种情况解析

参数间的关系	现　状	措　施
BCWP＞ACWP＞BCWS SV＞0,CV＞0	成本节约,进度很快,效率较高	可以抽出部分人员和资金,放慢速度,注重质量检查

情形三(图 8-18)：

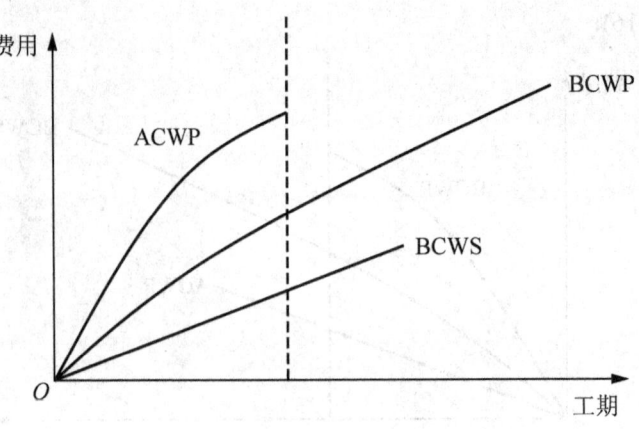

图 8-18　第三种情况

解析(表 8-9)：

表 8-9　第三种情况解析

参数间的关系	现　　状	措　　施
ACWP＞BCWP＞BCWS SV＞0，CV＜0	进度较快，费用超前，效率较低	可以抽出部分人员和资金，增加少量骨干人员

情形四(图 8-19)：

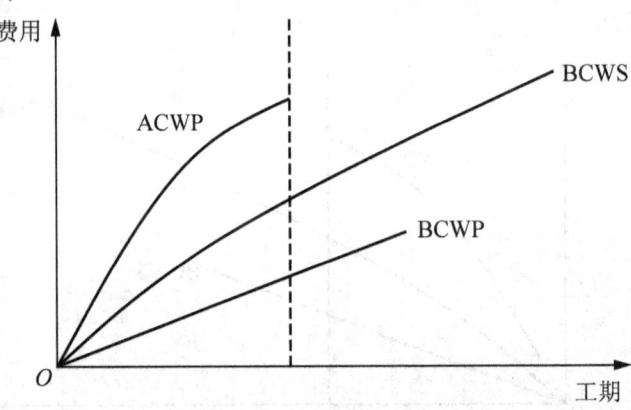

图 8-19　第四种情况

解析(表 8-10)：

表 8-10　第四种情况解析

参数间的关系	现　　状	措　　施
ACWP＞BCWS＞BCWP SV＜0，CV＜0	进度较慢，费用超支，效率低	用工作效率高的人员更换效率低的人员

情形五(图 8-20):

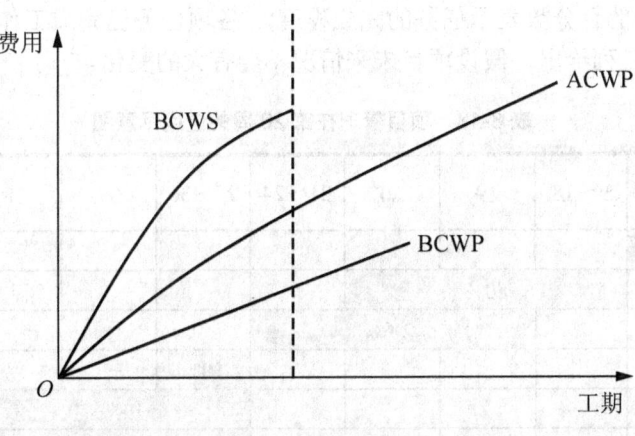

图 8-20　第五种情况

解析(表 8-11):

表 8-11　第五种情况解析

参数间的关系	现　状	措　施
BCWS＞ACWP＞BCWP SV＜0，CV＜0	进度慢，费用超支，效率低	增加高效率工作人员和资金投入

情形六(图 8-21):

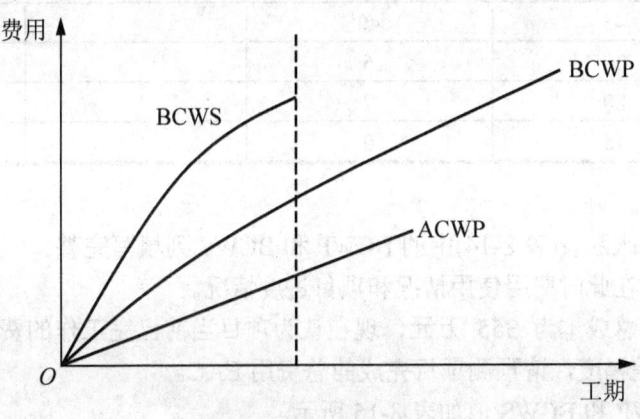

图 8-21　第六种情况

解析(表 8-12):

表 8-12　第六种情况解析

参数间的关系	现　状	措　施
BCWP＞BCWS＞ACWP SV＜0，CV＞0	进度较慢，费用节约，效率较高	迅速增加人员投入，应对原因进行分析

【例 8-13】某项目共有 9 项任务，在第 20 周结束时有一个检查点。项目经理在该点实

施检查时发现，一些任务已经完成，一些任务正在实施，另外一些任务还没有开工，如表 8-13 所示(图中的百分数表示任务的完成程度)。各项任务已完成工作量的实际耗费成本在表 8-14 中的第三列给出，假设项目未来情况不会有大的变化。

表 8-13 项目管理在第 20 周的进度示意图

序号 \ 周	1～9	9～18	19	20	21～24	25～36	37	38	39	40
1	100%									
2		80%								
3				20%						
4						10%				
5								0		
6								0		
7							0			
8								0		
9							0			

表 8-14 项目跟踪表

单位：万元

序号	成本预算	ACWP	BCWP	BCWS
1	25	22		
2	45	40		
3	30	6		
4	80	7		
5	75	0		

问题：

(1) 请将项目跟踪表(表 8-14)中的 BCWP 和 BCWS 列填写完整。

(2) 判断项目在此时费用使用情况和项目进度情况。

(3) 如原预算总成本为 355 万元，现在认为项目当前已完工作的费用偏差幅度就是项目全部费用的偏差幅度，请预测项目完成的总费用 EAC。

解：(1) BCWP 和 BCWS 值如表 8-15 所示。

表 8-15 补充完整后的项目跟踪表

单位：万元

序号	成本预算	ACWP	BCWP	BCWS
1	25	22	25	25
2	45	40	36	45
3	30	6	6	10
4	80	7	8	0
5	75	0	0	0

(2) 由表 8-15 可知，CV=BCWP-ACWP=0，CPI=BCWP/ACWP=1，成本没有超支也没有节约。

SV=BCWP-BCWS=-5 万元<0，进度落后。

SPI=BCWP/BCWS=0.93<1，进度落后。

(3) EAC=实际费用+(总预算费用-BCWP)×ACWP/BCWP)=355 万元。

【例 8-14】某工程计划投资 600 万元，工期为 12 个月，施工单位按投资计划编制的每个月的计划施工费用如表 8-16 所示。

根据工程施工的实际进度和施工费用完成情况，统计得出的设备工程费用有关数据见表 8-16。

表 8-16 费用统计表

单位：万元

项目＼月份	1	2	3	4	5	6	7	8	9	10	11	12
拟完工程计划费用	20	40	60	70	80	80	70	60	40	30	30	20
拟完工程累计计划费用	20	60	120	190	270	350	420	480	520	550	580	600
已完工程实际费用	20	40	60	80	90	100	70	60	50	40	30	
已完工程累计实际费用	20	60	120	200	290	390	460	520	570	610	640	
已完工程计划费用	10	20	50	60	70	110	80	70	60	40	30	
已完工程累计计划费用	10	30	80	140	210	320	400	470	530	570	600	

问题：

(1) 试分析该工程第 2 个月和第 9 个月的累计费用偏差和累计进度偏差。

(2) 试计算并分析该工程第 2 个月和第 9 个月的费用执行指标。

(3) 试分析该工程第 2 个月和第 9 个月的费用偏差的类型及纠偏对象。

解：(1) 该工程进行到第 2 个月时：

SV=拟完工程累计计划费用-已完工程累计计划费用=60-30=30(万元)

CV=已完工程累计实际费用-已完工程累计计划费用=60-30=30(万元)

结果说明合同执行到第 2 个月时，费用超支 30 万元，进度拖后 30 万元。

工程进行到第 9 个月时：

SV=拟完工程累计计划费用-已完工程累计计划费用=520-530=10(万元)

CV=已完工程累计实际费用-已完工程累计计划费用=570-530=40(万元)

结果说明合同执行到第 9 个月时，费用超支 40 万元，进度提前 10 万元。

(2) 该工程进行到第 2 个月时：

CPI=已完工程累计计划费用/已完工程累计实际=30/60=0.5

表示第 2 个月的费用效益差、效率低。

该工程进行到第 9 个月时：

CPI=已完工程累计计划费用/已完工程累计实际费用=530/570=0.93

表示第 9 月的费用效益比第 2 个月有了较大提高，但效率还是偏低。

(3) 通过问题(2)的计算结果，可以知道合同执行到第 2 个月时，费用超支 30 万元，进度拖后 30 万元,即费用增加且进度拖延,对这种类型的偏差必须高度重视,纠偏措施要坚决果断。在此基础上,对纠偏的主要对象采取以下措施进行纠偏。

① 经济措施。经济措施包括检查费用控制目标分解是否合理,资金使用计划有无保障,会不会与工程实施进度计划发生冲突,工程变更有无必要,是否超标等。

② 组织措施。组织措施指从费用控制的组织管理方面采取的措施,包括落实费用控制的组织机构和人员,明确各级费用控制人员的任务、职能分工、权力和责任,改善费用控制工作流程等。

③ 合同措施。在纠正费用偏差时,合同措施主要指索赔管理,包括审查有关索赔依据是否符合合同规定,索赔计算是否合理等。

④ 技术措施。当发生较大的费用偏差时,也可运用技术措施纠偏。不同的技术措施会有不同的经济效果,因此要对不同的技术方案做技术经济分析后加以选择。

8.5 工程项目成本控制

8.5.1 工程项目成本控制的基本内容

1. 直接成本和间接成本

工程项目成本控制的内容包括直接成本和间接成本。

1) 直接成本

直接成本包括施工中所消耗的主、辅材料,工程设备、施工机械的台班费、租赁费,工程质量返修费,支付给生产工人的工资、奖金等构成工程实体的各项费用。

2) 间接成本

间接成本包括现场管理人员的人工费、奖金、资产使用费、工具用具使用费、临时设施费、保险费、检验试验费、工程保修费、工程排污费及其他费用等。

2. 变动成本和固定成本

工程项目成本控制的直接成本和间接成本又可分为变动成本和固定成本。

1) 变动成本

变动成本是随经济活动变化而变化的成本。在工程项目中,直接成本是变动成本,如施工用的原材料、辅助材料、燃料和动力、外协加工费、生产工人工资等。

2) 固定成本

凡成本总额在一定时期和一定产值范围内不受产值增减变动影响而相对固定不变的,称为固定成本,如管理费中的办公费、差旅费、折旧费、管理人员工资等。

8.5.2 工程项目成本控制的依据

工程项目成本控制的依据包括以下内容。

1. 承包合同

成本控制围绕降低工程成本这个目标,首先必须以工程承包合同价格为依据,努力挖掘增收节支潜力，获得最大的经济效益。

2. 成本计划

施工成本计划是施工成本控制的指导文件，是实现控制目标的措施和规划，以及预定的具体成本控制目标。

3. 进度报告

进度报告提供了各时期实际完成量、工程施工成本实际支付情况以及实际收到工程款情况等重要信息。此外，进度报告还有助于及时发现工程存在的隐患，并在未造成重大损失之前采取有效措施，尽量避免损失。

4. 工程变更

一旦出现变更，工程量、工期、成本都必将发生变化，使施工成本控制工作变得复杂。需要通过对变更要求当中各类数据的计算、分析，掌握成本变化和索赔额度。

除了上述几种工程项目成本控制主要依据外，分包合同文本、施工组织设计、等也是施工成本控制的依据。

8.5.3 工程项目成本控制的内容

(1) 人工成本的控制。
① 合理安排生产工人进出场时间，加强劳动组织。
② 严格执行劳动定额管理，实行计件工资制。
③ 提高劳动生产率，强化生产工人技术素质。。
(2) 材料成本的控制。
① 加强材料采购成本的管理。
② 加强材料消耗的管理，从限额发料和现场消耗两个方面控制。
(3) 工程设备成本的控制。
包括设备采购成本、设备交通运输成本和设备质量成本等。
(4) 施工机械费的控制。
① 按施工方案和施工技术措施中规定的机种和数量安排使用。
② 提高施工机械的利用率和完好率。
③ 严格控制对外租赁施工机械。
(5) 其他直接费的控制，以收定支，严格控制。
(6) 间接费用的控制。
① 尽量减少管理人员的比例，要一人多岗。
② 对各种费用支出要用指标控制。

8.5.4 工程项目成本控制过程的基本原则

项目成本控制应在项目实施过程中责任到人，按照制度和有关章程办理，基本原则如下。

1. 掌握工程基本情况

决策层及管理层要通过调查了解该项工程的标书编制情况、取费标准、定额的费用、主要工程量、中标价、施工现场的周围环境，掌握进入现场施工队伍的技术状况、人员素质、工程工期、设备能量以及工程施工的难易程度、要求的开工竣工时间，制定出科学的施工方案和有效的施工方法。

2. 高度重视主要成本项目

在工程施工中，主要成本项目是工程直接材料，在直接成本中一般占60%以上，降低成本首先要从价格上予以控制。

3. 机械使用费的控制

合理确定机械台班定额，提高机械使用效率，同时，注意控制机械设备的维护成本。

4. 控制人工费成本和现场经费

工程项目组织结构要精干、高效，另一方面注意间接费用的控制，特别控制招待费、差旅费、电话费、办公费、低额耗品的耗用等杂项开支。

5. 全过程控制原则

1) 施工准备阶段

(1) 优化施工方案，对施工顺序、施工方法、作业组织形式的确定、机械设备的选择、技术组织措施等方面进行认真研究分析，运用价值工程理论，制定出技术先进、经济合理的施工方案。

(2) 编制成本计划并进行分解。

(3) 对施工队伍、临时设施建设、机械的调迁等其他间接费用的支出，做出预算，进行控制。

2) 施工阶段

(1) 对分解的计划成本进行落实。

(2) 及时准确地记录、整理、核算实际发生的费用，计算实际成本。

(3) 经常进行成本差异分析，采取有效的纠偏措施。

(4) 控制工程变更，预测不可预计的外部条件对成本控制的影响。

3) 竣工交付使用及保修阶段

(1) 工程移交后，要及时结算工程款，做出成本分析总结。

(2) 控制保修期的保修费用支出，并将此问题反馈至有关责任者。

(3) 进行成本控制考评，落实奖惩制度。

【例8-15】2009年某市建筑工程公司参加了一项污水处理厂工程的投标，为了保证中标，公司组织有关人员根据招标文件和施工图编制了合理的标书，结合企业定额对人工、材料、机械、现场管理人员的人工费、固定资产使用费、临时设施费、工程保修费、二次搬运费等成本进行了分析，以最低的标价和完善的施工组织设计而中标。工程合同价为2350万元。工程设备由建设单位提供。中标以后，经施工单位成本中心通过对施工用的原材料、辅助材料、燃料和动力、外协加工费、生产工人工资、管理人员工资、管理费中的办公费、差旅费、机械折旧费等费用进行了测算,在确保企业投标时确定的利润基础上,给项目部考核成本为 2150 万元。公司给项目部签订的承包合同,成本降低率为 5%。项目部通过合理地使用机械和人工,优化施工方案,压缩非生产人员比例,测算人工费可降低 2%,材料费可降低 4.7%,机械费可降低 5.0%,其他直接费可降低 10%,间接费可降低 10%,项目部采取了有效的措施,进行了成本管理,完成了目标成本。

问题:

(1) 本工程项目成本如何构成?二次搬运费、固定资产使用费、临时设施费、工程保修费分别是什么成本?

(2) 在施工用的原材料、辅助材料、燃料和动力、外协加工费、生产工人工资、管理费中的办公费、机械折旧费、管理人员工资等费用中,哪些属于固定成本?哪些属于变动成本?

(3) 若人工费占计划成本的 15%,材料费占 55%,机械费占 18%,其他直接费占 5%,间接费占 10%,则项目计划目标成本是多少?成本降低额是多少?

解:(1) 工程项目成本由直接成本和间接成本构成。本例中的临时设施费、二次搬运费是直接成本;固定资产使用费、工程保修费是间接成本。

(2) 施工用的原材料、辅助材料、燃料和动力、外协加工费、生产工人工资等是变动成本;管理费中的办公费、差旅费、机械折旧费、管理人员工资等是固定成本。

(3) 项目部考核成本为 2150 万元。项目部签订的承包合同所确定的成本为项目部计划成本。

计划成本=2150×(1-5%)=2042.5(万元)

人工费降低额=2042.5×15%×2%=6.12(万元)

材料费降低额=2042.5×55%×4.7%=52.80(万元)

机械费降低额=2042.5×18%×5%=18.38(万元)

其他直接费降低额=2042.5×5%×10%=10.21(万元)

间接费降低额=2042.5×10%×10%=20.42(万元)

所以,项目部共计成本降低额为 107.92 万元。

【例 8-16】某施工单位通过激烈竞争在某地承包炼油厂建设工程项目,按建筑安装工程费组成除去税金和公司管理费后,工程造价为 1000 万元,按现有成本控制计划,工程造价比工程含税与含利润的实际总成本还低 10%。公司要求项目部通过编制降低成本计划进行成本管理,创造利润 60 万元。项目部通过对现有成本控制计划中措施内容的认真分析,认为工程中几个重要工序要重新编制施工方案,按新方案人工费可在原来基础上降低 20%,材料费可降低 3%,机械使用费可降低 40%,其他直接费可降低 10%,间接费上涨 12%。

问题:

(1) 该工程费用由哪几部分组成?

(2) 已知按原成本控制计划,人工费占实际成本的 10%,材料费占实际成本的 60%,机械使用费占 15%,其他直接费占 5%,间接费占 10%。请编制降低成本计划表,计算能否达到60万元利润?

解：(1) 建筑安装工程费由直接费、间接费、利润和税金四部分组成。

(2) 简单计算如下：

实际成本=1000×(1+10%)=1100(万元)

人工费降低额=1100×10%×20%=22(万元)

材料费降低额=1100×60%×3%=19.8(万元)

机械费降低额=1100×15%×40%=66(万元)

其他直接费降低额=1100×5%×10%=5.5(万元)

间接费升高额=1100×10%×12%=13.2(万元)

共计降低额为 22+19.8+66+5.5-13.2=100.1(万元)

降低成本计划表如表 8-17 所示。

表 8-17 降低成本计划表

成本降低额/万元					
合计	人工费	材料费	机械费	其他直接费	间接费用
100.1	22	19.8	66	5.5	-13.2

根据新的方案，可以达到 60 万元利润。

本 章 小 结

承包方为使项目成本控制在计划目标之内所作的预测、计划、控制、调整、核算、分析和考核等都属于工程项目成本管理工作。项目成本管理就是要确保在批准的预算内完成项目，具体项目要依靠制定成本管理计划、成本估算、成本预算、成本控制四个过程来完成。项目成本管理是在整个项目的实施过程中，为确保项目在以批准的成本预算内尽可能好地完成而对所需的各个过程进行管理。

习 题

1. 简答题

(1) 从业主方角度和从承包方角度来看工程项目造价构成的两种含义。

(2) 简述工程项目造价构成的清单计价方法。

(3) 简述工程项目造价构成的定额计价方法。

(4) 简述工程项目成本预算的基本过程和主要方法。

(5) 简述挣值分析法的主要参数和分析过程。

(6) 简述工程项目成本控制的基本过程和主要方法。

2. 单项选择题

(1) 如果你是项目的监控人员，项目经理需要了解项目未来一年的成本，以判断这个项目的预算应该增加还是减少，他要求你向他呈交一份项目成本预测报告。你在做预测时，除了一般的信息资源以外，还应该考虑下列各项中哪一项？(　　)
  A．类似项目的成本估算　　　　B．工作分解结构
  C．项目进度时间表　　　　　　D．现有的变更要求

(2) 项目经理通过检查累计成本曲线可以调整(　　)。
  A．挣值　　B．计划价值　　C．成本差异　　D．成本绩效指数

(3) (　　)是通过对施工过程中产量、利润、成本的分析，寻找到提高利润的途径的方法。
  A．价值工程分析　　　　　　B．挣值分析法
  C．百分比法　　　　　　　　D．量本利分析法

(4) (　　)是通过分析项目目标实施与项目目标值之间的差异，从而判断项目实施的费用、进度绩效的一种方法。
  A．挣值分析法　　　　　　　B．价值工程分析
  C．百分比法　　　　　　　　D．量本利分析法

(5) 利用挣值分析法则费用偏差用公式(　　)求得。
  A．已完成工作预算费用-计划完成工作预算费用
  B．已完成工作预算费用-已完成工作实际费用
  C．计划完成工作预算费用-已完成工作实际费用
  D．已完成工作实际费用-已完成工作预算费用

(6) 利用挣值分析法则进度偏差用公式(　　)求得。
  A．已完成工作预算费用-计划完成工作预算费用
  B．已完成工作预算费用-已完成工作实际费用
  C．计划完成工作预算费用-已完成工作实际费用
  D．已完成工作实际费用-已完成工作预算费用

(7) 因为你认识到成本控制的重要性，你在挣值管理系统中加入了一些可以接受的偏差。当某些不可接受的差异出现的时候，项目变更是不可避免的。在每个"不可接受的"变更出现的时候，你首先应(　　)。
  A．更新预算　　　　　　　　B．对成本预测进行修改
  C．调整项目计划　　　　　　D．记录经验

(8) 施工项目(　　)是施工过程中，对影响施工项目成本的各种因素加强管理，并采用各种有效措施，将施工中实际发生的各种消耗和支出严格控制在成本计划范围内，贯穿于施工项目从投标阶段开始直到项目竣工验收的全过程，是企业全面成本管理的重要环节。
  A．成本预测　　B．成本分析　　C．成本控制　　D．成本考核

(9) 施工项目(　　)是指按照规定开支范围对施工费用进行归集，计算出施工费用的实际发生额，并根据对象，计算出该施工项目的总成本和单位成本。
  A．成本分析　　B．成本核算　　C．成本计划　　D．成本控制

3. 多项选择题

(1) 挣值分析法主要运用以下值中( )进行分析。
   A. 已完成工作预算进度
   B. 已完成工作预算费用
   C. 计划完成工作预算费用
   D. 已完成工作实际费用
   E. 计划工作进度

(2) 在下列情况中，( )表示进度延误。
   A. 进度绩效指数 SPI<1
   B. 进度偏差 SV 为负值
   C. 进度绩效指数 SPI>1
   D. 进度偏差 SV 为正值
   E. 费用绩效指数 CPI<1

4. 计算题

(1) 某施工项目进行到 17 周时对前 16 周的工作进行了统计检查，有关情况如表 8-18 所示。

表 8-18 前 16 周的工作统计数据

工作代号	计划完成工作预算费用/万元	已完成工作量/%	实际发生费用/万元
A	300	100	310
B	280	100	290
C	260	100	250
D	560	100	560
E	720	50	320
F	450	100	430
G	600	40	270
H	360	0	0
I	350	80	300
J	290	100	260
K	150	0	0
L	180	100	180

问题：

① 简述挣值分析法中三个参数(费用值)的代号及含义。
② 求出前 16 周的挣得值及 16 周末的挣得值。
③ 求出 16 周的 CV 与 SV。
④ 求出 16 周的 CPI、SPI，并分析成本和进度情况。

(2) 某工程计划进度与实际进度如表 8-19 所示，表中粗实线表示计划进度(进度线上方的数据为每周计划投资)，粗虚线表示实际进度(进度线上方的数据为每周实际投资)，若各分项工程每周计划和实际完成的工程量相等且匀速进展。

第8章 工程项目成本管理

表 8-19 工程计划进度与实际进度表

单位：万元

分项工程	进度计划/周									
	1	2	3	4	5	6	7	8	9	10
A	6 6	6 6	6 5							
B		5	5 4	5 4	5	5	5			
C				8	8 8	8 8	8 7	7		
D						3	3 4	3 4	3 3	3

问题：

① 计算每周投资数据，并将结果填入表 8-20 中。

表 8-20 每周投资

项 目	投资数据									
	1	2	3	4	5	6	7	8	9	10
每周计划完成工程投资										
拟完工程累计计划投资										
每周已完工程实际投资										
已完工程累计实际投资										
每周已完工程计划投资										
已完工程累计计划投资										

② 绘制该工程三种投资曲线，即：(a)拟完工程计划投资曲线；(b)已完工程实际投资曲线；(b)已完工程计划投资曲线。

③ 分析第5周和第8周末的投资偏差和进度偏差。

第 9 章

工程项目质量管理

教学目标

本章主要讲述建设工程质量管理的基本原则和质量控制的主要方法。通过本章学习，应达到以下目标：

(1) 理解建设工程质量管理的依据和标准；
(2) 熟悉项目质量管理的影响因素；
(3) 掌握几种重要的工程质量分析方法。

教学要求

知识要点	能力要求	相关知识
建设工程质量与质量管理	(1) 理解建设工程质量管理的依据和标准 (2) 熟悉工程项目质量概念内涵 (3) 掌握项目质量管理的影响因素	(1) 建设工程质量概念 (2) 建设各方质量责任 (3) 项目质量管理的影响因素
建设工程质量控制的主要内容	(1) 理解建设工程质量控制的主要内容 (2) 熟悉设计交底与图纸会审的主要内容 (3) 掌握施工项目质量控制过程	(1) 设计交底 (2) 图纸会审 (3) 质量控制点
工程项目质量问题原则和方法	(1) 理解工程程质量控制分析的基本原则 (2) 熟悉工程质量控制分析的基本方法 (3) 掌握几种重要的工程质量分析方法	(1) 因果分析图法 (2) 排列图法 (2) 控制图法

基本概念

设计交底、图纸会审、质量控制点、排列图、控制图、因果分析法、隐蔽工程验收目测法、实验法、量测法

引例

某建筑公司承接了一项综合楼任务，建筑面积为 109828m³，地下 3 层，地上 26 层，箱形基础，主体为框架剪力墙结构。该项目地处城市主要街道交叉路口，是该地区的标志性建筑物。因此，施工单位在施工过程中加强了对工序指令的控制。在第 5 层楼板钢筋隐蔽工程验收时发现整个楼板受力钢筋型号不对、位置放置错误，施工单位非常重视，及时进行了返工处理。在第 10 层混凝土部分试块检测时发现强度达不到设计要求，但实体经有资质的检测单位检测鉴定，强度达到了要求。由于加强了预防和检查，没有再发生类似情况。该楼最终顺利完工，达到验收条件后，建设单位组织了竣工验收。

本项目工序质量控制的内容主要有：①制订工序质量控制的计划；②严格遵守施工工艺规程；③主动

控制工序活动条件的质量；④及时检查工序活动效果的质量；⑤设置工序质量控制点。

在施工过程中，测得的工序特性数据是有波动的，产生波动的原因有两种，因此波动也分为两类。一类是操作人员在相同的技术条件下按照工艺标准操作，可是不同产品的工序特性数据却存在着波动，这种波动在目前的技术条件下还不能控制，是由无数客观原因引起的，此类因素称为偶然因素，如构件允许范围内的尺寸误差、季节气候的变化、机具的正常磨损等。另一类是在施工过程中发生了异常现象，如不遵守工艺标准，违反操作规程，机械、设备发生故障，仪器、仪表失灵等，这类因素称为异常因素，经有关人员的共同努力在技术上是可以控制的。工序管理就是分析和发现影响施工中每道工序质量的异常因素，并采取相应的技术和管理措施使这些异常因素被控制在允许范围内，从而保证每道工序的质量。工序管理的实质是工序质量控制，是为把工序质量的波动限制在要求的范围内所进行的质量控制活动，一旦工序质量波动超出允许范围，立即对影响工序质量波动的因素进行分析，针对问题采取必要的管理措施，使工序质量处于稳定受控状态。另外，还需做好施工中重、难点工序的质量控制。

9.1 建设工程质量管理概述

9.1.1 建设工程质量

工程质量包括狭义和广义两个方面的含义。狭义的工程质量指施工的工程质量(施工质量)。广义的工程质量除指施工质量外，还包括工序质量、工作质量和产品质量，如图 9-1 所示。

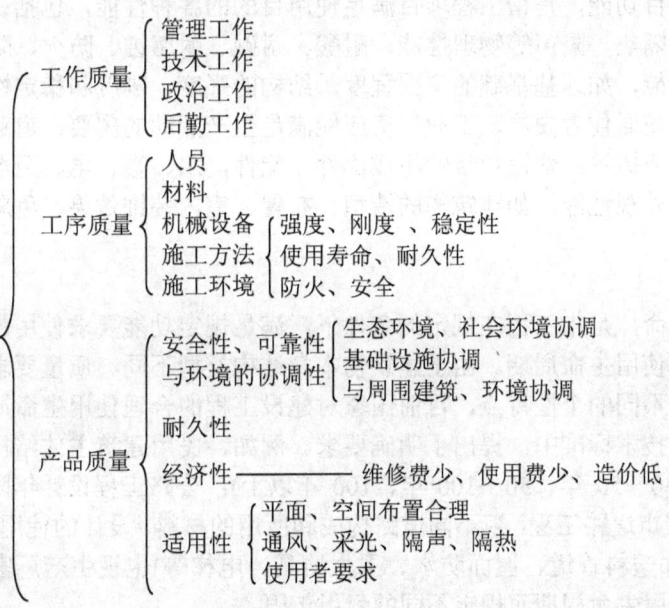

图 9-1 建设工程质量

1. 工作质量

工作质量是指施工企业的生产指挥工作、技术组织工作、经营管理工作对达到施工质量标准、减少不合格产品的保证程度。它也是施工企业生产经营活动各项工作的总质量。

工作质量不像产品质量那样直观,一般难以定量,通常是通过工程质量的高低、不合格率的多少、生产效率以及企业盈亏等经济效果来间接反映和定量的。工作质量反映参与项目建设全过程人员,为保证项目建设质量所表现的工作水平和完善程度。工作质量控制目标可分解为管理工作质量、政治工作质量、技术工作质量和后勤工作质量四项。

2. 工序质量

工序质量也称生产过程质量,是指施工过程中影响工程质量的主要因素,如人员、机械设备、材料、施工方法和施工环境五大因素等对工程项目的综合作用过程,是生产过程五大要素的综合质量。

为了达到设计要求的工程质量,必须掌握五大要素的变化与质量波动的内在联系,改善不利因素,不断提高工序质量。工程项目建设全过程是通过一道道工序来完成的。

每道工序的质量,必须满足下道工序相应要求的质量标准,工序质量必然决定产品质量。

3. 产品质量

产品质量是指工程项目满足相关标准规定或合同约定的要求,包括在使用功能、安全及其耐久性能、环境保护等方面所有明显和隐含的能力的特性总和。

产品质量控制目标可分解为适用性、安全性、耐久性、可靠性、经济性和与环境的协调性六项。

1) 适用性

适用性即项目功能,是指工程项目满足使用目的的各种性能,包括:理化性能,如规格尺寸、保温、隔热、隔声等物理性能,耐酸、耐碱、耐腐蚀、防火、防风化、防尘等化学性能;结构性能,如地基基础的牢固程度,结构的强度、刚度和稳定性;使用性能,如民用住宅工程应使居住者安居,工业厂房应能满足生产活动的需要,道路、桥梁、铁路、航道等应能通达便捷等;建设项目的组成部件、配件,水、暖、电、卫器具,设备应能满足其使用功能;外观性能,如建筑物的造型、布置、室内装饰效果、色彩等美观大方、协调等。

2) 耐久性

耐久性即寿命,是指工程在规定的条件下,满足规定功能要求使用的年限,也就是工程竣工后的合理使用生命周期。由于建筑物本身结构类型不同、质量要求不同、施工方法不同、使用性能不同的个性特点,目前国家对建设工程的合理使用生命周期还缺乏统一的规定,仅在少数技术标准中,提出了明确要求。例如,民用建筑主体结构耐用年限分为四级(15~30 年、30~50 年、50~100 年、100 年以上);公路工程设计年限一般按等级控制为 10~20 年;城市道路工程,视不同道路构成和所用的材料,设计的使用年限也有所不同;工程组成部件(如塑料管道、屋面防水、卫生洁具、电梯等)也视生产厂家设计的产品性质及工程的合理使用生命周期而规定不同的耐用年限。

3) 安全性

安全性是指工程建成后在使用过程中保证结构安全,保证人身和环境免受危害的程度。建设工程产品的结构安全度、抗震、耐火及防火能力,人民防空的抗辐射、抗核污染、抗爆炸波等能力,是否能达到特定的要求,都是安全性的重要标志。工程交付使用之后,必须保证人身财产、工程整体都能免遭工程结构破坏及外来危害的伤害；工程组成部件，如阳台栏杆、楼梯扶手、电器产品漏电保护、电梯及各类设备等，也要保证使用者的安全。

4) 可靠性

可靠性是指工程在规定的时间和条件下完成规定功能的能力。工程不仅要求在交工验收时达到规定的指标，而且在一定的使用时期内保持应有的正常功能。

例如，工程上的防洪与抗震能力、防水隔热、恒温恒湿措施、工业生产用的管道防"跑、冒、滴、漏"等，都属于可靠性的质量范畴。

5) 经济性

经济性是指工程从规划、勘察、设计、施工到整个产品使用生命周期内的成本和消耗的费用。工程经济性具体表现为设计成本、施工成本、使用成本三者之和，包括从征地、拆迁、勘察、设计、采购(材料、设备)、施工、配套设施等建设全过程的总投资和工程使用阶段的能耗、水耗、维护、保养乃至改建更新的使用维修费用。通过分析比较，判断工程是否符合经济性要求。

6) 与环境的协调性

与环境的协调性是指工程与其周围生态环境协调，与所在地区经济环境协调以及与周围已建工程相协调，以适应可持续发展的要求。

上述六个方面的质量特性彼此之间是相互依存的，总体而言，适用性、耐久性、安全性、可靠性、经济性、与环境的协调性，都是必须达到的基本要求，缺一不可。但是对于不同门类、不同专业的工程，如工业建筑、民用建筑、公共建筑、住宅建筑、道路建筑，可根据其所处的特定地域环境条件、技术经济条件的差异，有不同的侧重面。

9.1.2 建设工程质量问题的主要原因分析

按照实际工程统计，质量问题的原因主要出现在如下几个方面：设计的问题、施工责任、材料问题、使用责任、其他问题。

从总体上看，设计、施工、材料、使用是造成质量问题的根本原因。

1. 项目质量事故产生的主要原因

建设工程质量事故产生的主要原因如下。

(1) 违背建设程序：不进行可行性论证和调查分析就进行决策；没有工程地质、水文资料就仓促开工；无证设计、无图施工、任意修改设计、不按图纸施工；竣工不试车；不验收就交付使用等。

(2) 工程地质勘察原因：地质资料和数据有误，地质勘察时，钻孔间距过大，不能全面真实反映地基实际情况；地质勘察时，钻孔深度不够大，没有查清地下软土层、滑坡、墓穴、孔洞等情况；地质报告不详细、不准确，造成地基不均匀沉降、失稳、墙体开裂。

(3) 未加固处理好地基：对于软弱土、回填土、膨胀土、岩层、土洞等不均匀地基未进行加固处理或处理不当。

(4) 设计计算问题：如荷载取值小、内力分析有误、沉降缝及伸缩缝设置不当，悬挑结构未进行抗倾覆试验等。

(5) 建筑材料及制品不合格：如钢筋物理力学性能不符合标准，水泥过期、砂石级配不合理、混凝土配合比不合理、外加剂性能不符合要求、预制构配件断面尺寸不准，等等。

(6) 施工和管理问题。主要表现为以下几方面。

① 不按施工验收规范施工：现浇混凝土结构不留施工缝，不按照规定强度拆除模板等。
② 不按照有关操作规程施工：混凝土浇捣不按操作规程操作，浇捣不实；砖砌体灰浆不饱满，不横平竖直。
③ 施工管理混乱：技术交底不清，违章作业，不进行质量检查。
④ 自然条件的影响。
⑤ 建筑结构使用问题：超荷载加层，任意开槽、打洞。

工程质量控制按其实施主体不同，分为自控主体和监控主体。前者是指直接从事质量职能的活动者(如勘察设计单位、施工单位)，后者是指对他人质量能力和效果的监控者(如各级政府的质量监管部门、工程监理单位)。工程项目质量是按照工程建设程序，经过工程建设系统各个阶段而逐步形成的。所有与建设活动有关的单位都要在此时参与质量形成的活动。所以，施工阶段的质量控制是工程项目质量控制的重点，也是最重要的阶段。

2. 项目质量管理的影响因素

任何工程项目的实施要素都包括人员、材料、机械设备、方法和环境等，又称为4M1E，如图 9-2 所示。这些要素决定着最终的工程质量。

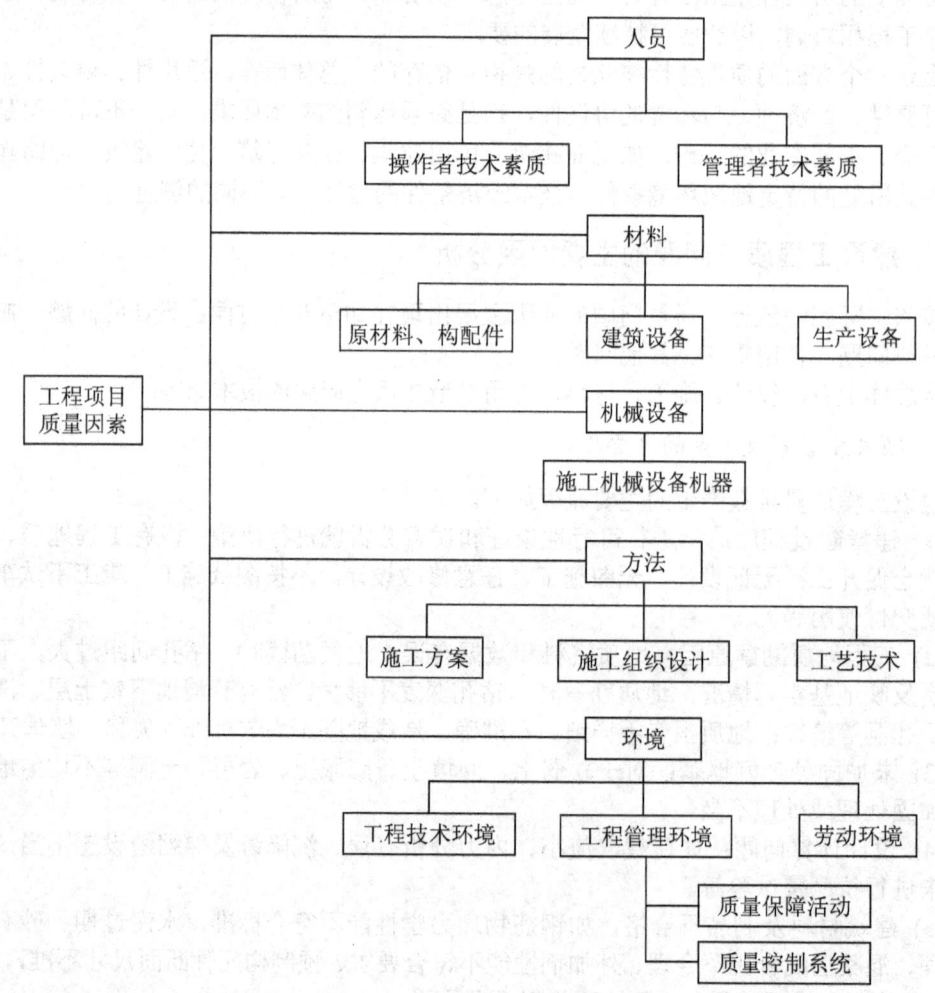

图 9-2 工程项目质量因素

1) 人员因素

项目施工的人员包括直接参与工程施工的决策者、组织者、指挥者和操作者，人员问题是质量问题的主要原因，包括由许多技术、管理、环境和意外事故造成的质量问题最终也常常归结到人身上。施工企业领导者的素质、项目经理及项目理部成员的素质、施工作业人员的素质、分包队伍中的人员素质都在不同程上影响着工程质量。重视项目经理综合素质的考察，加强施工作业人员的专业岗培训，选择人员素质较高的分包队伍，是项目质量管理的前提。

2) 材料因素

材料包括原材料、成品、半成品、构配件，它们是工程施工的物质条件，没有材料无法施工。材料质量是工程质量的基础，材料质量不符合要求，工程质量也就不可能符合标准。因材料质量造成的安全事故时有发生，一些有名的豆腐渣工程就是因为使用了劣质建筑材料，给国家和人民生命财产造成了巨大损失。所以，加强材料质量的管理，是提高工程质量的保证，是创造正常施工条件、实现成本控制和进度控制的前提。

3) 机械设备因素

施工机械设备是实现施工机械化的重要物质基础，是现代化工程建设中必不可少的设施，对工程项目的进度和工程质量均有直接的影响。加强机械设备的管理，使控制机械设备的购置、检查验收、安装质量和试车运转符合要求；按使用要求确定机械设备的类型；按设计选型购置设备进场时，要按设备的名称、型号、规格、数量的清单逐一检查验收；设备安装要符合有关设备的技术要求和质量标准。

4) 方法因素

方法控制是指对工程项目所采取的施工方案、工艺流程、组织措施、检测手段、施工组织设计等的控制。其中施工方案的正确与否，是直接影响工程项目的进度控制、质量控制和成本控制三大目标能否实现的关键，往往由于施工方案考虑不周而拖延进度，影响质量，增加成本。因此，在制订施工方案时，必须结合工程实际，从技术、组织、管理、工艺、操作、经济等方面进行全面分析，综合考虑，力求方案技术可行、经济合理、工艺先进、措施得力、操作方便，有利于提高质量、加快进度、降低成本。

5) 环境因素

影响工程项目质量的环境因素较多，包括：工程技术环境，如工程地质、水文、气象等；工程管理环境，如质量保证体系、质量管理制度等；劳动环境，如劳动组合、劳动工具、工作面等。环境因素对工程质量的影响具有复杂多变的特点，直接影响工程质量，往往前一工序就是后一工序的环境，前一分项、分部工程就是后一分项、分部工程的环境。因此，根据工程特点和具体条件，应对影响质量的环境因素采取有效的措施，严加控制。

在建设工程设计过程质量管理的系统过程中，工程项目管理中的质量控制主要表现为施工组织和施工现场的质量控制，控制的内容包括工艺质量控制和产品质量控制。无论是对投入物质资源的控制，还是对施工及安装生产过程的控制，都应当对影响工程实体质量的五个重要因素(人员、材料、机械设备、施工方法和施工环境)进行严格控制，这是保证工程质量的关键。

9.1.3 建设工程质量控制的主要内容

施工项目质量控制是一个从工序质量到分项工程质量、分部工程质量、单位工程质量的系统控制过程,也是一个由对投入原材料的质量控制开始,直到完成工程质量检验为止的全过程的系统工程。

建设工程质量控制的主要内容从不同的角度可以做如下的划分。

1. 按照工程项目质量管理主体划分

1) 建设方质量控制

(1) 选择合适的承包商,采用业主负责制。

(2) 配备质量管理组织或聘请监理工程单位。

(3) 开工前的图纸会审及技术交底。

(4) 组织竣工验收。

(5) 承担甲供设备的质量责任。

2) 施工方质量控制

施工单位的质量控制目标是通过施工全过程的全面质量自控,保证交付满足施工合同及设计文件所规定的质量标准(含工程质量创优要求)的建设工程产品。施工方作为工程施工质量的自控主体,既要遵循本企业质量管理体系的要求,也要根据其在所承建工程项目质量控制系统中的地位和责任,通过具体项目质量计划的编制与实施,有效地实现自主控制的目标。一般情况下,对施工承包企业而言,无论工程项目的功能类型、结构形式及复杂程度存在着怎样的差异,其施工质量控制过程都可归纳为以下相互作用的八个环节:施工准备质量控制,图纸会审、施工组织设计、施工力量设备的配置等,材料采购质量控制,施工生产质量控制,试验与检验质量控制,工程功能检测质量控制,竣工验收质量控制,质量回访及保修质量控制。

3) 监理方质量控制

工程建设监理单位在接受业主委托承担监理业务时,要与委托单位签订工程建设监理合同,明确监理单位与委托单位的权利和义务。在监理过程中,要贯彻国家现行的工程建设法律、法规、技术标准,严格依据监理委托合同和工程承包合同对工程实施监理。

监理单位通过审核施工质量文件、报告报表及现场旁站检查、平行检测、施工指令和结算支付控制等手段的应用,监控施工承包单位的质量活动行为,协调施工关系,正确履行工程质量的监督责任,以保证工程质量达到施工合同和设计文件所规定的质量标准。监理人员具有事前介入权、事中检查权、事后验收权、质量认证和否决权。

4) 工程质量监督机构的主要任务

(1) 根据政府部门的委托,受理建设工程项目的质量监督。

(2) 制定质量监督方案,如确定质量监督师。

(3) 检查施工现场工程建设各方主体的质量行为,如检查工程建设各方有关人员的资质和资格。

(4) 检查建设工程实体质量,如抽查工程建设的主要建筑材料质量。
(5) 监督工程质量验收。
(6) 向委托部门报送工程质量监督报告。
(7) 对预制建筑构件和商品混凝土的质量进行监督。
(8) 受委托部门委托按规定收取工程质量监督费。
(9) 政府主管部门委托的工程监督管理和其他工作。

2. 按照工程项目施工阶段划分

施工质量控制的过程包括施工准备质量控制、施工过程质量控制和竣工验收质量控制,如图 9-3 所示。

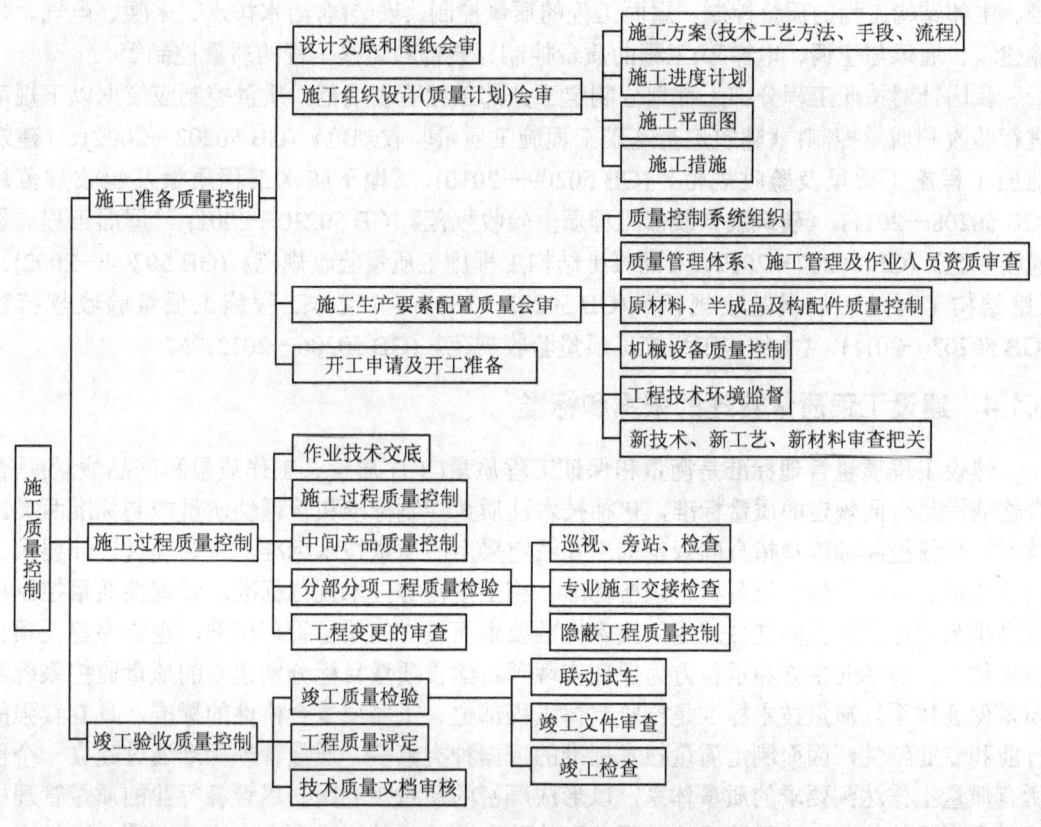

图 9-3 施工质量控制的过程

1) 施工准备质量控制

施工准备质量控制是指工程项目开工前的全面施工准备和施工过程中各分部分项工程施工作业前的施工准备(或称施工作业准备),此外还包括季节性的特殊施工准备。施工准备质量属于工作质量范畴,然而它对建设工程产品质量的形成具有重要的影响。

2) 施工过程质量控制

施工过程质量控制是指施工作业技术活动的投入与产出过程的质量控制,包括全过程施工生产及其中各分部分项工程的施工作业过程。

3) 竣工验收质量控制

竣工验收质量控制是指对已完工程验收时的质量控制，即工程产品质量控制，包括隐蔽工程验收、检验批验收、分项工程验收、分部工程验收、单位工程验收和整个建设工程项目竣工验收过程的质量控制。

3. 按照工程分部工程划分

按照工程分部工程划分，工程项目施工质量管理过程分为工序质量管理、分项工程质量管理、分部工程质量管理、单位工程质量管理、单项工程质量管理。其中单位工程质量管理与单项工程质量管理包括建筑施工质量管理、安装施工质量管理与材料设备质量管理。具体来讲，以建筑工程为例，按照工程分部工程划分可以划分为地基与基础工程的质量控制、主体结构工程的质量控制、屋面工程的质量控制、安装(含给水排水、采暖、电气、智能建筑、通风与空调、电梯等)工程的质量控制、装饰和装修工程的质量控制等。

我国针对按照工程分部工程划分制定了分部工程验收规范，质量控制应依据以下规范进行验收和质量控制：《建筑地基基础工程施工质量验收规范》(GB 50202—2002)、《建筑地面工程施工质量及验收规范》(GB 50209—2010)、《地下防水工程质量及验收规范》(GB 50208—2011)、《建筑装饰装修工程质量验收规范》(GB 50210—2001)、《屋面工程质量验收规范》(GB 50207—2012)、《混凝土结构工程施工质量验收规范》(GB 50204—2002)、《钢结构工程施工质量验收规范》(GB 50205—2001)、《砌体工程施工质量验收规范》(GB 50203—2011)、《木结构工程施工质量验收规范》(GB 50206—2012)等。

9.1.4 建设工程质量管理的依据和标准

建设工程质量管理标准是衡量和保证工程质量(工序质量、工作质量和产品质量)是否合格或满足合同规定的质量标准，包括技术性质量控制标准和管理性质量控制标准两类。技术性质量控制标准是指合同规定选用和法定采用的质量技术标准，包括项目设计要求、设计规范、设计文件、设备材料规格标准、施工规范等技术规范标准。管理性质量控制标准是指为保证达到合同文件规定的技术标准要求而设立的质量管理标准，也称为建设项目质量体系，包括业主方和承包方为保证实现项目建设质量目标分别建立的质量监控系统和质量保证体系。质量技术标准是检验具体工程部位、工序质量合格性的标准，具有较强的行业和专业特性，因而制定质量技术标准的依据种类繁多。质量管理标准通过建立一个使所有质量工作达到要求的质量体系，以形成严密的质量控制网。尽管各行业的质量管理标准都有自己的特色，然而除了特殊行业和特殊专业外，其构成和内容比较一致，即符合全国质量管理和质量保证标准化技术委员会制定的 GB/T 19000-ISO 9000 系列标准：《中华人民共和国建筑法》；《中华人民共和国合同法》；国家有关工程建设和质量监督的法律法规；国家有关技术标准、设计规范和标准图集等；国家有关施工及验收规范；其他有关工程建设的规章规定等。

例如，原建设部于1999年实行了《工程项目质量管理制度》，主要包括以下内容。

1. 工程项目质量总承包负责制度

总承包单位对工程的全部分部分项工程质量向建设单位负责。每月向业主监理呈交一份本月的技术质量总结。

2. 技术交底制度

坚持以技术进步来保证施工质量的原则。技术部门应编制有针对性的施工组织设计，积极采用新工艺、新技术；针对特殊工序编制有针对性的作业指导书。每个工种、每道工序施工前要组织各级技术交底，包括项目工程师对工长的技术交底、工长对班组的技术交底、班组长对作业班组的技术交底。各级交底以书面进行。因技术措施不当或交底不清而造成质量事故的要追究有关部门和人员的责任。

3. 材料进场检验制度

本工程的钢筋、水泥和混凝土等各类材料需具备出厂合格证，并根据国家规范要求分批分量进行抽检，抽检不合格的材料一律不准使用，因使用不合格材料而造成质量事故的要追究验收人员的责任。

4. 样板引路制度

施工操作注意工序的优化、改进和标准化操作，通过不断探索，积累必要的管理和操作经验，提高工序的操作水平，确保操作质量。每个分项工程或工种(特别是量大面广的分项工程)都要在开始大面积操作前做出示范样板，包括样板墙板、样板件等，统一操作要求，明确质量目标。

5. 施工挂牌制度

主要工种如钢筋、混凝土、模板、砌砖、抹灰等，在施工现场实行挂牌制，注明管理者、操作者、施工日期，并做相应的图文记录，作为重要的施工档案保存。因现场不按规范、规程施工而造成质量事故的要追究有关人员的责任。

6. 过程三检制度

实行并坚持自检、互检、交接检制度，自检要做文字记录。隐蔽工程要由工长组织项目技术负责人、质量检查员、班组长检查，并做出较详细的文字记录。

7. 质量否决制度

对不合格分项、分部和单位工程必须进行返工。不合格分项工程流入下道工序，要追究班组长的责任，不合格分部工程流入下道工序要追究工长和项目经理的责任，不合格工程流入社会要追究公司经理和项目经理的责任。有关责任人员要针对出现不合格品的原因采取必要的纠正和预防措施。

8. 成品保护制度

应当像重视工序的操作一样重视成品的保护。项目经理人员应合理安排施工工序，减少工序的交叉作业。上下工序之间应做好交接工作，并做好记录。如下道工序的施工可能对上道工序的成品造成影响时，应征得上道工序操作人员及管理人员的同意，并避免破坏和污染，否则，造成的损失由下道工序操作者及管理人员负责。

9. 质量文件记录制度

质量记录是质量责任追溯的依据，应力求真实和详尽。各类现场操作记录及材料试验

记录、质量检验记录等要妥善保管，特别是各类工序接口的处理，应详细记录当时的情况，理清各方责任。

10. 有关工程技术、质量的文件资料管理制度

工程文件资料的完整是工程竣工验收的重要依据，应真实和详尽。由专职资料员收集、整理、保管存档，做到工程技术、质量保证资料及验收资料随工程进度同步进行。

11. 工程质量等级评定、核定制度

竣工工程首先由施工企业按国家有关标准、规范进行质量等级评定，然后报当地工程质量监督机构进行等级核定，合格的工程发给质量等级证书，未经质量等级核定或核定为不合格的工程不得交工。

12. 竣工服务承诺制度

工程竣工后在建筑物醒目位置镶嵌标牌，注明建设单位、设计单位、施工单位、监理单位以及开工竣工的日期。做好回访工作，按有关规定实行工程保修服务。

13. 培训上岗制度

工程项目所有管理人员及操作人员应经过业务知识技能培训，并持证上岗。因无证指挥、无证操作造成工程质量不合格或出现质量事故的，除要追究直接责任者外，还要追究企业主管领导的责任。

9.2 工程项目施工准备过程质量管理

9.2.1 承包商在施工前准备阶段的质量工作

承包商在施工前准备阶段必须做好的准备工作包括施工现场准备、技术准备、物质准备、组织准备及施工机械设备的控制。

1. 施工现场准备

施工现场准备包括：证件许可的准备，如用地许可证、规划许可证、建设工程施工许可证、临时场地占用许可证等；三通一平，如通水、通电、通路；拆迁与平整场地等准备情况。

2. 技术准备

技术准备包括全部必要的技术文件(施工、设计规范与详细图纸)的提供和相应的会审。此外，检查各项施工准备工作在正式开展作业技术活动前，是否按预先计划的安排落实到位的状况，做好作业技术准备状况的检查，有利于实际施工条件的落实，避免在技术准备工作不到位的情况下贸然施工。

3. 物质准备

物质准备包括材料订货、采购、运输与进场，施工设备的调遣及进场安装，配置的人员、材料、机具、场所环境、通风、照明、安全设施等。

4. 组织准备

组织准备包括劳动力调遣、人员培训、安全教育等。

业主委托监理工程师在此阶段的质量管理工作主要包括以下两方面。

(1) 对承包商做的施工准备工作的质量进行全面检查与控制，包括通过资质审查，对施工队伍及人员的质量控制；从采购、加工制造、运输、装卸、进场、存放和使用等方面，对工程所需原材料、半成品、构配件和永久性设备、器材等进行全过程、全面的管理；对施工方法、方案和工艺进行管理，包括对施工组织设计(或施工计划)、施工质量保证措施和施工方案等进行审查；根据施工组织设计(或施工计划)对施工用机械、设备进行审查；审查与控制承包商对施工环境与条件方面的准备工作质量；对测量基准点和参考标高的确认及工程测量放线的质量控制。

(2) 做好监控准备工作、设计交底和图纸会审、设计图纸的变更及其控制工作；做好施工现场场地及通道条件的保障工作；严把开工关等事前质量保证工作。

5. 施工机械配置的控制

(1) 施工机械设备的选择，除应考虑施工机械的技术性能、工作效率、工作质量，可靠性及维修难易、能源消耗，以及安全、灵活等方面对施工质量的影响与保证外，还应考虑其数量配置对施工质量的影响与保证条件。此外，要注意设备形式应与施工对象的特点及施工质量要求相适应。在选择机械性能参数方面，也要与施工对象特点及质量要求相适应，例如，选择起重机械进行吊装施工时，其起重量、起重高度及起重半径均应满足吊装要求。

(2) 审查施工机械设备的数量是否足够。

(3) 审查所需的施工机械设备，是否按已批准的计划备妥；所准备的机械设备是否与监理工程师审查认可的施工组织设计或施工计划中所列者相一致；所准备的施工机械设备是否都处于完好的可用状态等。

9.2.2 材料采购质量控制

采购质量控制主要包括对采购产品工程分包的控制，应符合规定的采购要求。

1. 物资采购

制订采购要求和验证采购产品、采购物资应符合设计文件、标准、规范、相关法规及承包合同要求。

2. 分包服务

评价及选择分包方应遵循以下原则。

(1) 有合法的资质。

(2) 与本组织或其他组织合作的业绩、信誉。

(3) 分包方质量管理体系对按要求如期提供稳定质量的产品的保证能力。

(4) 对采购物资的样品、说明书或检验、试验结果进行评定。

3. 采购产品验证

对采购产品的验证有多种方式，如在供方现场检验、进货检验，查验供方提供的合格证据等。组织应根据不同产品或服务的验证要求规定验证的主管部门及验证方式，并严格执行。

当组织或其顾客拟在供方现场实施验证时，组织应在采购要求中事先做出规定。

(1) 凡由承包单位负责采购的原材料、半成品或构配件，在采购订货前应向监理工程师申报；对于重要的材料，还应提交样品，供试验或鉴定，有些材料则要求供货单位提交理化试验单(如预应力钢筋的硫、磷含量等)，经监理工程师审查认可后，方可进行订货采购。

(2) 对于半成品或构配件，应按经过审批认可的设计文件和图纸要求采购订货，质量应满足有关标准和设计的要求，交货期应满足施工及安装进度安排的需要。

(3) 考查优选合格的供货厂家，大宗的器材或材料的采购应当实行招标采购的方式。

(4) 对于半成品和构配件的采购、订货，监理工程师应提出明确的质量要求，质量检测项目及标准、出厂合格证或产品说明书等质量文件的要求，以及是否需要权威性的质量认证等。

(5) 某些材料，如瓷砖等装饰材料，订货时最好一次订齐和备足货源，以免由于分批而出现色泽不一的质量问题。

(6) 供货厂方应向需方(订货方)提供质量文件，用以表明其提供的货物能够完全达到需方提出的质量要求。

9.2.3 设计交底

设计交底与图纸会审不仅是工程建设中的惯例，而且是法律、法规规定的相关各方的义务。《中华人民共和国建筑法》、《建设工程质量管理条例》、《建设工程勘察设计管理条例》以及国家发改委、住房和城乡建设部和各地方政府的相关配套法规、规章均对此有明文规定和具体要求，特别是《建设工程勘察设计管理条例》第28条规定，施工单位、监理单位发现建设工程勘察、设计文件不符合工程建设强制性标准、合同约定的质量要求，应当报告建设单位，建设单位有权要求建设工程勘察、设计单位对建设工程勘察设计文件进行补充、修改；第30条规定，建设工程勘察、设计单位应当在建设工程施工前，向施工单位和监理单位说明建设工程勘察、设计，解释建设工程的勘察、设计文件，并应及时解决施工中出现的勘察、设计问题。这些是图纸会审和设计交底的直接法律依据。

设计交底是指在施工图完成并经审查合格后，设计单位在设计文件交付施工时，按法律规定的义务就施工图设计文件向施工单位和监理单位做出详细的说明，其目的是对施工单位和监理单位正确贯彻设计意图，使其加深对设计文件特点、难点、疑点的理解，掌握关键工程部位的质量要求，确保工程质量。

设计交底的主要内容一般包括：施工图设计文件总体介绍，设计意图说明，特殊的工艺要求，建筑、结构、工艺、设备等各专业在施工中的难点、疑点和容易发生的问题说明，对施工单位、监理单位、建设单位等对设计图纸疑问的解释等。

工程施工前由设计单位向施工单位有关人员进行设计交底的主要内容包括以下几方面。

(1) 地形、地貌、水文气象、工程地质及水文地质等自然条件。

(2) 施工图设计依据：初步设计文件，规划、环境等要求，设计规范。

(3) 设计意图：设计思想、设计方案比较、基础处理方案、结构设计意图、设备安装和调试要求、施工进度安排等。

(4) 施工注意事项：对基础处理的要求、对建筑材料的要求、采用新结构的要求、施工组织和技术保证措施等。

设计交底建设单位负责组织，设计单位向施工单位和承担施工阶段监理任务的监理单位等相关参建单位进行交底。图纸会审由承担施工阶段监理任务的监理单位负责组织，施工单位、建设单位、设计单位等相关参建单位参加。

设计交底与图纸会审通常做法是，设计文件完成后，设计单位将设计图纸移交建设单位，报经有关部门批准后，建设单位发给承担施工监理的监理单位和施工单位。由施工阶段监理单位组织参建各方进行图纸会审，并整理成会审问题清单，在设计交底前一周交设计单位。承担设计阶段监理的监理单位组织设计单位做交底准备，并对会审问题清单拟定解答。设计交底一般以会议形式进行，先进行设计交底，后转入图纸会审问题解释，通过设计、监理、施工三方或参建多方研究协商，确定图纸中存在的各种技术问题的解决方案。设计交底应在施工开始前完成。

设计交底应由设计单位整理会议纪要，图纸会审应由施工单位整理会议纪要，与会各方会签。设计交底与图纸会审中涉及设计变更的尚应按监理程序办理设计变更手续。设计交底会议纪要、图纸会审会议纪要一经各方签认，即成为施工和监理的依据。

9.2.4 图纸会审

图纸会审是设计单位和施工单位进行质量控制的重要手段，图纸会审的主要内容包括以下几方面。

(1) 对设计者的资质进行认定。

(2) 设计是否满足抗震、防火、环境卫生等要求。

(3) 图纸与说明是否齐全，有无分期供图的时间表。

(4) 图纸中有无遗漏、差错或相互矛盾之处，几个设计单位共同设计的图纸相互间有无矛盾，图纸表示方法是否清楚并符合标准要求。

(5) 地质及水文条件等资料是否充分、可靠。

(6) 所需材料来源有无保证，能否替代。

(7) 施工工艺、方法是否合理，是否切合实际，是否便于施工，能否保证质量要求；

(8) 施工单位是否具备施工图及说明书中涉及的各种标准、图册、规范、规程等。

(9) 易导致质量、安全、工程费用增加等方面的问题。

(10) 工艺管道、电气线路、设备装置、运输道路与建筑物之间或相互间有无矛盾，布置是否合理。

(11) 施工安全、环境卫生有无保证。

图纸会审应特别注意过分设计、不足设计两种极端情况。对于建筑施工图，主要应审核房间、车间的尺寸及布置情况，门窗及内外装修，材料选用，要求的建筑功能是否满足等；对于结构施工图，主要应审核承重结构的布置情况，结构材料的选择，施工质量的要求等；对于给排水施工图，主要应审核水处理工艺设备及管道的布置和走向，加工安装的质量要求等。

图纸会审的目的有两方面，一是使施工单位和各参建单位熟悉设计图纸，了解工程特点和设计意图，找出需要解决的技术难题，并制定解决方案；二是为了解决图纸中存在的问题，减少图纸的差错，消除图纸中的质量隐患。

9.3 工程项目施工过程质量管理

9.3.1 施工过程质量管理

1. 施工方施工过程质量管理内容

在施工过程中的质量管理过程中，对于施工单位而言，施工过程中对施工工序的质量控制效果如何，应在施工单位自检的基础上，在现场对工序施工质量进行检验，以判断工序活动的质量效果是否符合质量标准的要求。工程施工过程质量控制的内容和方法如图9-4所示。

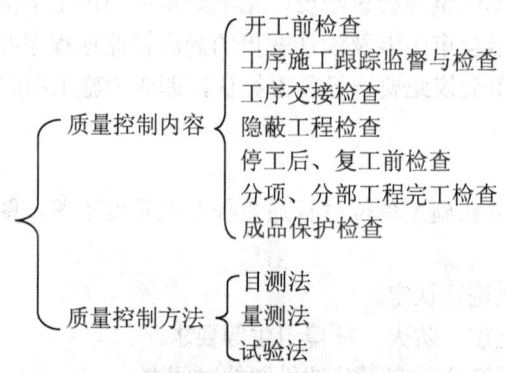

图9-4 工程施工过程质量控制的内容与方法

施工过程体现在一系列的作业活动中，作业活动的效果将直接影响施工过程的施工质量。因此，监理工程师质量控制工作应体现在对作业活动的控制上。

为确保施工质量，项目管理者要对施工过程进行全过程、全方位的质量监督、控制与检查。

在工程实施阶段实施动态质量跟踪控制，动用质量控制系统在工程项目实施过程中进行连续不断的评价、验证及质量改进，这是工程项目质量实施控制过程中的重要任务。动态控制的具体内容及应用手段主要如图9-5所示。

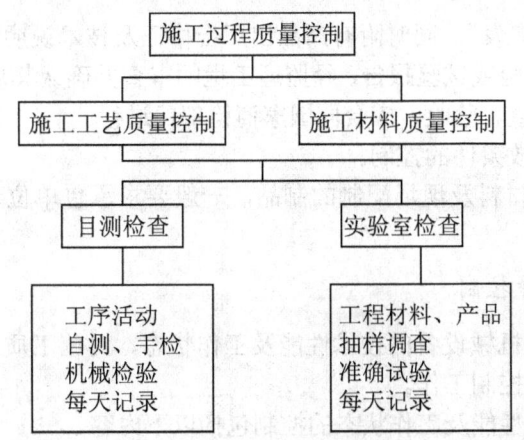

图 9-5　承包方实施过程质量管理的动态控制

2. 业主方施工过程质量管理内容

在施工过程中的质量管理过程中，业主委托监理工程师在此阶段主要执行以下质量管理工作。

(1) 对自检系统与工序的质量控制、对施工承包商的质量控制工作的监控。

(2) 在施工过程中对承包商各项工程活动进行质量跟踪监控，严格进行工序间交接检查，建立施工质量跟踪档案等。

(3) 审查并组织有关各方对工程变更或图纸修改进行研究。

(4) 对工序产品的检查和验收，以及对重要工程部位和工序专业工程等进行试验、技术复核等。

(5) 处理已发生的质量问题或质量事故。

(6) 下达停工指令、控制施工质量等。

业主委托监理工程师组织对分部、分项工程质量的验收，组织联动试车或设备的试运转，组织单位工程或整个工程项目的竣工验收等工作。其中对分部、分项工程质量的验收具有三大作用，不可忽视。

(1) 保证作用：通过对分部、分项工程的验收可以判断是否有"不合格"的分部、分项工程，把住质量关，使不符合标准的分部、分项工程经过返修达到质量标准后才转入下道工序。

(2) 预防作用：通过对分部、分项工程的验收可以预防在施工过程中出现质量不合格的分部、分项工程，即使发现也能及时采取有效措施纠正，从而使工程质量处于稳定状态，起到预防的作用。

(3) 信息反馈作用：通过对分部、分项工程的验收所得的数据和情况进行分析和评价，将从中所获得的质量信息及时通知承包商，改进工作。

9.3.2　进场材料设备及人员质量控制

1. 进场材料的质量控制

(1) 凡运到施工现场的原材料、半成品或构配件，进场前应向项目监理机构提交"工程材料/构配件/设备报审表",同时附有产品出厂合格证及技术说明书,由施工承包单位按规定要求进行检验的检验或试验报告,经监理工程师审查并确认其质量合格后,方准进场。

(2) 进口材料的检查、验收,应会同国家商检部门进行。

(3) 材料构配件存放条件的控制。

(4) 对于某些当地材料及现场配制的制品,一般要求承包单位事先进行试验,达到要求的标准方准施工。

2. 进场设备的质量控制

保证施工现场作业机械设备的技术性能及工作状态,对施工质量有重要的影响,因此监理工程师要做好现场控制工作。

进场施工机械设备性能及工作状态的控制包括以下内容。

(1) 施工机械设备的进场检查。

(2) 机械设备工作状态的检查。

(3) 特殊设备安全运行的审核。

(4) 大型临时设备的检查。

3. 施工测量及计量器具性能、精度的控制

(1) 工地试验室的设立应符合有规定。

(2) 监理工程师对工地试验室的检查。

(3) 工地测量仪器的检查。

4. 现场劳动组织的控制

劳动组织涉及从事作业活动的操作人员、管理人员,以及相应的各种管理制度。

(1) 操作人员:从事作业活动的操作者数量必须满足作业活动的需要,相应工种配置能保证作业有序持续进行,不能因人员数量及工种配置不合理而造成停顿。

(2) 管理人员到位:作业活动的直接负责人(包括技术负责人)、专职质检人员、安全员,以及与作业活动有关的测量人员、材料员、试验员必须在岗。

(3) 相关制度要健全:如管理层及作业层各类人员的岗位职责;作业活动现场的安全、消防规定;作业活动中的环保规定;实验室及现场试验检测的有关规定;紧急情况的应急处理规定等。同时要有相应措施及手段,以保证制度、规定的落实和执行。

9.3.3 质量控制点设置

1. 质量控制点的概念

质量控制点是指为了保证作业过程质量而确定的重点控制对象、关键部位或薄弱环节。设置质量控制点是保证达到施工质量要求的必要前提,监理工程师在拟定质量控制工作计划时,应予以详细考虑,并以制度来保证落实。对于质量控制点,一般要事先分析可能造成质量问题的原因,再针对原因制定对策和措施进行预控。

承包单位在工程施工前应根据施工过程质量控制的要求,列出质量控制点明细表,表中详细地列出各质量控制点的名称或控制内容、检验标准及方法等,提交监理工程师审查批准后,在此基础上实施质量预控。

2. 选择质量控制点的一般原则

可作为质量控制点的对象涉及面广，它可能是技术要求高、施工难度大的结构部位，也可能是影响质量的关键工序、操作或某一环节。总之，结构部位、影响质量的关键工序、操作、施工顺序、技术、材料、机械、自然条件、施工环境等均可作为质量控制点来控制。概括地说，应当选择那些保证质量难度大的、对质量影响大的或者是发生质量问题时危害大的对象作为质量控制点。

(1) 施工过程中的关键工序或环节以及隐蔽工程，如预应力结构的张拉工序、钢筋混凝土结构中的钢筋架立。

(2) 施工中的薄弱环节，或质量不稳定的工序、部位或对象，如地下防水层施工。

(3) 对后续工程施工或对后续工序质量或安全有重大影响的工序、部位或对象，如预应力结构中的预应力钢筋质量、模板的支撑与固定等。

(4) 采用新技术、新工艺、新材料的部位或环节。

(5) 施工上无足够把握的、施工条件困难的或技术难度大的工序或环节，如复杂曲线模板的放样等。

显然，是否设置为质量控制点，主要视其对质量特性影响的大小、危害程度以及其质量保证的难度大小而定。表 9-1 为建筑工程质量控制点设置的一般位置示例。

表 9-1 质量控制点的设置位置

分项工程	质量控制点
工程测量定位	标准轴线桩、水平桩、龙门板、定位轴线、标高
地基、基础（含设备基础）	基坑(槽)尺寸、标高、土质、地基承载力，基础垫层标高，基础位置、尺寸、标高，预留孔洞、预埋件的位置、规格、数量，基础标高、杯底弹线
砌 体	砌体轴线，皮数杆，砂浆配合比，预留孔洞、预埋件位置、数量，砌块排列
模 板	位置、尺寸、标高，预埋件位置，预留孔洞尺寸、位置，模板强度及稳定性，模板内部清理及润湿情况
钢筋混凝土	水泥品种、强度等级，砂石质量，混凝土配合比，外加剂比例，混凝土振捣，钢筋品种、规格、尺寸、搭接长度，钢筋焊接，预留洞孔及预埋件规格、数量、尺寸、位置，预制构件吊装或出场(脱模)强度，吊装位置、标高、支承长度、焊缝长度
吊 装	吊装设备起重能力、吊具、索具、地锚
钢结构	翻样图、放大样
焊 接	焊接条件、焊接工艺
装 修	视具体情况而定

3. 作为质量控制点重点控制的对象

(1) 人的行为：对于某些作业或操作，应以人为重点进行控制。例如，高空、高温、水下、危险作业等，对人的身体素质或心理应有相应的要求；技术难度大或精度要求高的作业，如复杂模板放样、精密、复杂的设备安装，以及重型构件吊装等对人的技术水平均有相应的较高要求。

(2) 物的质量与性能：施工设备和材料是直接影响工程质量和安全的主要因素，对某些工程尤为重要，常作为控制的重点。例如，对于基础的防渗灌浆，灌浆材料细度及可灌性，作业设备的质量、计量仪器的质量都是直接影响灌浆质量和效果的主要因素。

(3) 关键的操作：如预应力钢筋的张拉工艺操作过程及张拉力的控制，是可靠地建立预应力值和保证预应力构件质量的关键过程。

(4) 施工技术参数：如对填方路堤进行压实时，对填土含水量等参数的控制是保证填方质量的关键；对于岩基水泥灌浆，灌浆压力和吃浆率、冬季施工混凝土受冻临界强度等技术参数是质量控制的重要指标。

(5) 施工顺序：对于某些工作必须严格执行作业之间的顺序。例如，对于冷拉钢筋应当先对焊、后冷拉，否则会失去冷拉强度；对于屋架固定一般应采取对角同时施焊，以免焊接应力使已校正的屋架发生变位等。

(6) 技术间歇：有些作业之间需要有必要的技术间歇时间。例如，砖墙砌筑后与抹灰工序之间，以及抹灰与粉刷或喷涂之间，均应保证足够的间歇时间；混凝土浇筑后至拆模之间也应保证一定的间歇时间；混凝土大坝坝体分块浇筑时，相邻浇筑块之间也必须保证足够的间歇时间等。

(7) 新工艺、新技术、新材料的应用：由于缺乏经验，施工时可作为重点进行严格控制。

(8) 产品质量不稳定、不合格率较高及易发生质量通病的工序：应列为重点，仔细分析、严格控制，如防水层的铺设、供水管道接头的渗漏等。

(9) 易对工程质量产生重大影响的施工方法：例如，液压滑模施工中的支承杆失稳问题、升板法施工中提升差的控制等，都是一旦施工不当或控制不严，即可能引起重大质量事故问题，也应作为质量控制的重点。

(10) 特殊地基或特种结构：如大孔性湿陷性黄土、膨胀土等特殊土地基的处理、大跨度和超高结构等难度大的施工环节和重要部位等都应予特别重视。

总之，质量控制点的选择要准确、有效。为此，一方面需要有经验的工程技术人员来进行选择，另一方面也要集中群体智慧，由有关人员充分讨论，在此基础上进行选择。

选择时要根据对重要的质量特性进行重点控制的要求，选择质量控制的重点部位、重点工序和重点的质量因素作为质量控制点，进行重点控制和预控，这是进行质量控制的有效方法。

9.3.4 施工作业层次系统控制

工程建设项目可以划分为若干层次。例如，建筑工程项目按照国家标准可以划分为单位工程、分部工程、分项工程、检验批等层次；而如水利水电、港口交通等工程项目可划分为单项工程、单位工程、分部工程、分项工程等层次。

各组成部分之间具有一定的施工先后顺序的逻辑关系。显然，施工作业过程的质量控制是最基本的质量控制，决定了有关检验批的质量；而检验批的质量又决定了分项工程的质量。在施工阶段全过程中，项目管理人员要进行全过程、全方位的监督、检查与控制，不仅涉及最终产品的检查、验收，而且涉及施工过程的各环节及中间产品的监督、检查与验收。

施工项目质量控制过程如图9-6所示。

在每项工程开始前，承包单位须做好施工准备工作，然后填报工程开工/复工报审表，附上该项工程的开工报告、施工方案、施工进度计划、人员及机械设备配置、材料准备情况等，报送监理工程师审查。若审查合格，则由总监工程师批复准予施工；否则，承包单位应进一步做好施工准备，待条件具备时，再次填报开工申请。

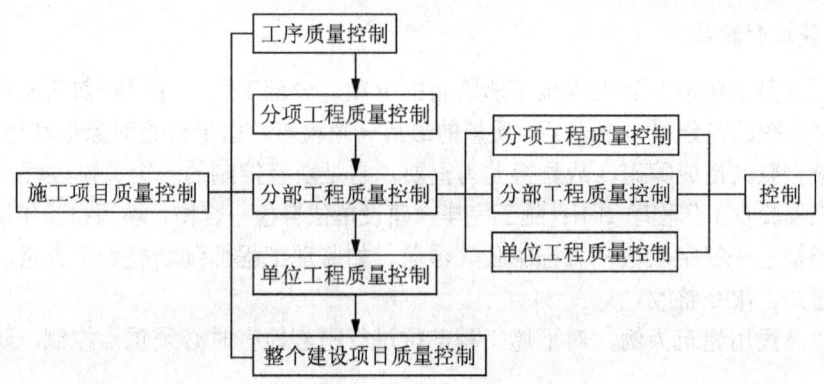

图 9-6 施工项目质量控制过程

在施工过程中，监理程师应督促承包单位加强内部质量管理，严格执行质量控制。施工作业过程均应按规定工艺和技术要求进行。在每道工序完成后，承包单位应进行自检，自检合格后，填报报验申请表交监理工程师检验。监理工程师收到检查申请后应在合同规定的时间内到现场检验，检验合格后予以确认。只有上一道工序被确认质量合格后，方能准许下道工序施工，按上述程序逐道完成工序。当一个检验批、分项、分部工程完成后，承包单位首先对检验批、分项、分部工程进行自检，填写相应质量验收记录表，确认工程质量符合要求，然后向监理工程师提交报验申请表附上自检的相关资料，经监理工程师现场检查及对相关资料审核后，符合要求予以签认验收；反之，则指令承包单位进行整改或返工处理。在施工质量验收过程中，涉及结构安全的试块、试件以及有关材料，应按规定进行见证取样。

工程项目质量检验程序如图 9-7 所示。

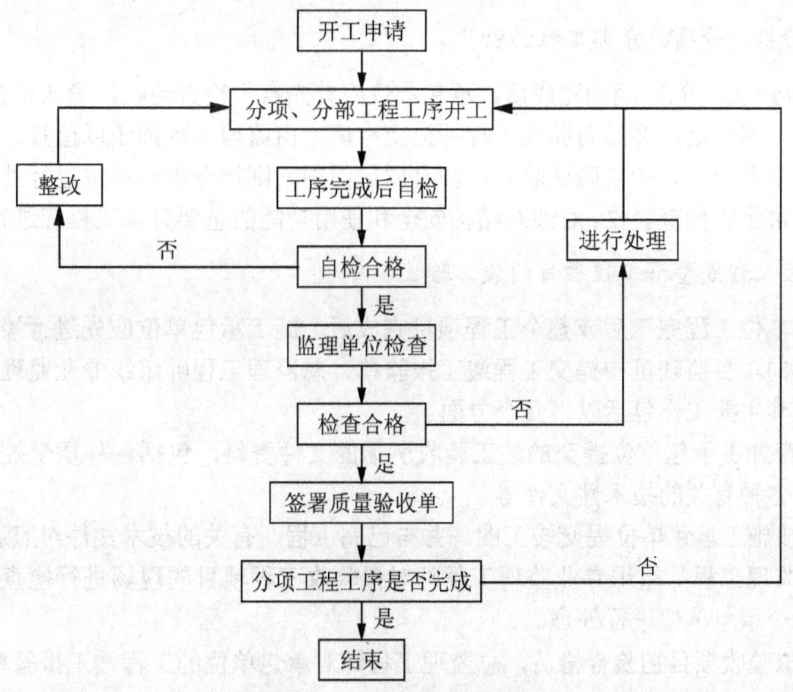

图 9-7 工程项目质量检验程序

1. 隐蔽工程验收

隐蔽工程是指将被其后工程施工所隐蔽的分项、分部工程，在隐蔽前所进行的检查验收。它是对一些已完分项、分部工程质量的最后一道检查，由于检查对象被其他工程覆盖，给以后的检查整改造成障碍，故显得尤为重要，它是质量控制的一个关键过程。

隐蔽工程验收工作程序如下：施工完毕—建设单位自检—合格，填写报验申请表—监理工程师到场检查—签字确认—工程隐蔽、覆盖。如监理工程师到场检查不合格，则签发不合格项目通知，限令整改。

以工业及民用建筑为例，对下述工程部位进行隐蔽检查时必须重点控制，防止出现质量隐患。

① 基础施工前对地隐蔽工程检查验收的质量控制要点有基质量的检查，尤其要检测地基承载力。

② 基坑回填土前对基础质量的检查。

③ 混凝土浇筑前对钢筋的检查(包括模板检查)。

④ 混凝土墙体施工前，对敷设在墙内的电线管质量的检查。

⑤ 防水层施工前对基层质量的检查。

⑥ 建筑幕墙施工挂板前对龙骨系统的检查。

⑦ 屋面板与屋架(梁)埋件的焊接检查。

⑧ 避雷引下线及接地引下线的连接的检查。

⑨ 覆盖前对直埋于楼地面的电缆、封闭前对敷设于暗井道、吊顶、楼板垫层内的设备管道的检查。

⑩ 易出现质量通病的部位的检查。

2. 检验批、分项、分部工程的验收

检验批(分项、分部工程)完成后，承包单位应首先自行检查验收，确认符合设计文件、相关验收规范的规定，然后向监理工程师提交申请，由监理工程师予以检查、确认。如确认其质量符合要求，则予以确认验收；如有质量问题，则指令承包单位进行处理，待质量符合要求后再予以检查验收。对涉及结构安全和使用功能的重要分部工程应进行抽样检测。

3. 单位工程或整个工程项目的竣工验收

在一个单位工程完工后或整个工程项目完成后，施工承包单位应先进行竣工自检，自检合格后，向项目监理机构提交工程竣工报验单，总监理工程师组织专业监理工程师进行竣工初验，其主要工作包括以下几个方面。

(1) 审查施工承包单位提交的竣工验收所需的文件资料，包括各种质量控制资料、试验报告以及各种有关的技术性文件等。

(2) 审核施工承包单位提交竣工图，并与已完工程、有关的技术文件对照进行核查。

(3) 总监理工程师组织专业监理工程师对拟验收工程项目的现场进行检查，如发现质量问题应指令承包单位进行处理。

(4) 对拟验收项目初验合格后，总监理工程师对承包单位的工程竣工报验单予以签认，并上报建设单位，同时提出工程质量评估报告。工程质量评估报告是工程验收中的重要资料,由项目总监理工程师和监理单位技术负责人签署,主要包括以下主要内容。

① 工程项目建设概况介绍,参加各方单位名称、负责人。
② 工程检验批、分项、分部、单位工程的划分情况。
③ 工程质量验收标准,各检验批、分项、分部工程质量验收情况。
④ 在地基与基础分部工程中,涉及桩基工程的质量检测结论、基槽承载力检测结论、涉及结构安全及使用功能的监测结论、建筑物沉降观测资料。
⑤ 在施工过程中出现的质量事故及处理情况,验收结论。
⑥ 结论。本工程项目(单位工程)是否达到合同约定,是否满足设计文件要求,是否符合国家强制性标准及条款的规定。

(5) 参加由建设单位组织的正式竣工验收。

4. 不合格的处理

若上道工序不合格,不准进入下道工序施工,不合格的材料、构配件、半成品不准进入施工现场且不允许使用,已经进场的不合格品应及时做出标志、记录,指定专人看管,避免用错,并限期清除出现场;不合格的工序或工程产品,不予计价。

5. 成品保护

成品保护一般是指在施工过程中,有些分项工程已经完成,而其他一些分项工程尚在施工;或者是在其分项工程施工过程中,某些部位已完成,而其他部位正在施工。监理工程师应对承包单位所承担的成品保护的质量与效果进行经常性的检查。

9.4 工程项目质量管理的方法与技术

常用的施工质量控制方法有质量控制点法、调查表法、直方图法、排列图法、因果分析图法、管理图法、相关图法、分层法等,在进行施工质量控制中具体采用何种控制方法根据实际情况确定。

9.4.1 因果分析图法

1. 因果分析图的概念

因果分析图法是利用因果分析图来系统整理、分析某个质量问题(结果)与其产生原因之间关系的有效工具。因果分析图也称特性要因图,又因其形状常被称为树枝图或鱼刺图。

因果分析图基本形式如图9-8所示。

从图9-8可见,因果分析图由质量特性(即质量结果指某个质量问题)、要因(产生质量问题的主要原因)、枝干(指一系列箭线表示不同层次的原因)、主干(指较粗的直接指向质量结果的水平箭线)等所组成。

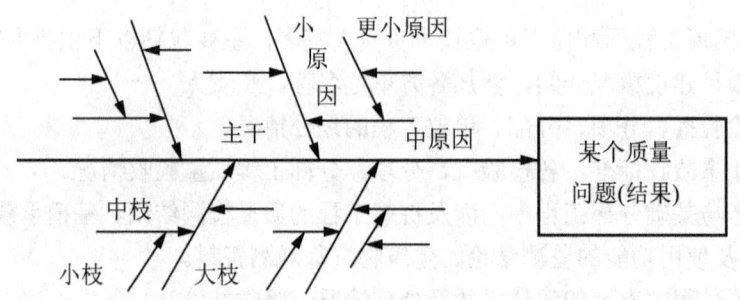

图 9-8　因果分析图的基本形式

因果分析图由若干枝干组成，枝干分为大枝、中枝、小枝，分别代表大、中、小不同的影响因素，对于工程项目质量管理而言，一般从人员、材料、机械设备、施工方法和施工环境五个方面进行分析。

2. 因果分析图的绘制

下面结合实例加以说明。

【例 9-1】试绘制混凝土强度不足的因果分析图。

因果分析图的绘制步骤与图 9-8 中箭头方向恰恰相反，是从"结果"开始将原因逐层分解的，具体步骤如下。

(1) 明确质量问题，即"结果"。该例分析的质量问题是"混凝土强度不足"，作图时首先由左至右画出一条水平主干线，箭头指向一个矩形框，框内注明研究的问题，即结果。

(2) 分析确定影响质量特性方面的大原因。一般来说，影响质量因素有五大方面，即人员、机械设备、材料、施工方法、施工环境等。另外还可以按产品的生产过程进行分析。

(3) 将每种大原因进一步分解为中原因、小原因，直至分解的原因可以采取具体措施加以解决为止。

(4) 检查图中的所列原因是否齐全，可以针对初步分析结果广泛征求意见，并做必要的补充及修改。

(5) 选择影响大的关键因素，做出标记"△"，以便重点采取措施。

解：初步判断，发生原因可能存在于以下几个方面。

(1) 原材料的质量：水泥的活性(标号)、粗细骨料质量、外加剂(早强剂、减水剂、缓凝剂等)。

(2) 配合比问题：水灰比未经试配；用水量大，坍落度和水灰比增大；水泥用量不足；砂石用量不准确。

(3) 混凝土拌制、成型和养护：搅拌顺序、时间不当；拌和不均匀；运输过程中离析，未重新搅拌；养护时间不足。

(4) 管理因素。

(5) 设备因素。

根据因果分析图法的 4M1E 原理，经过分析绘制的因果分析图如图 9-9 所示，对策计划表如表 9-2 所示。

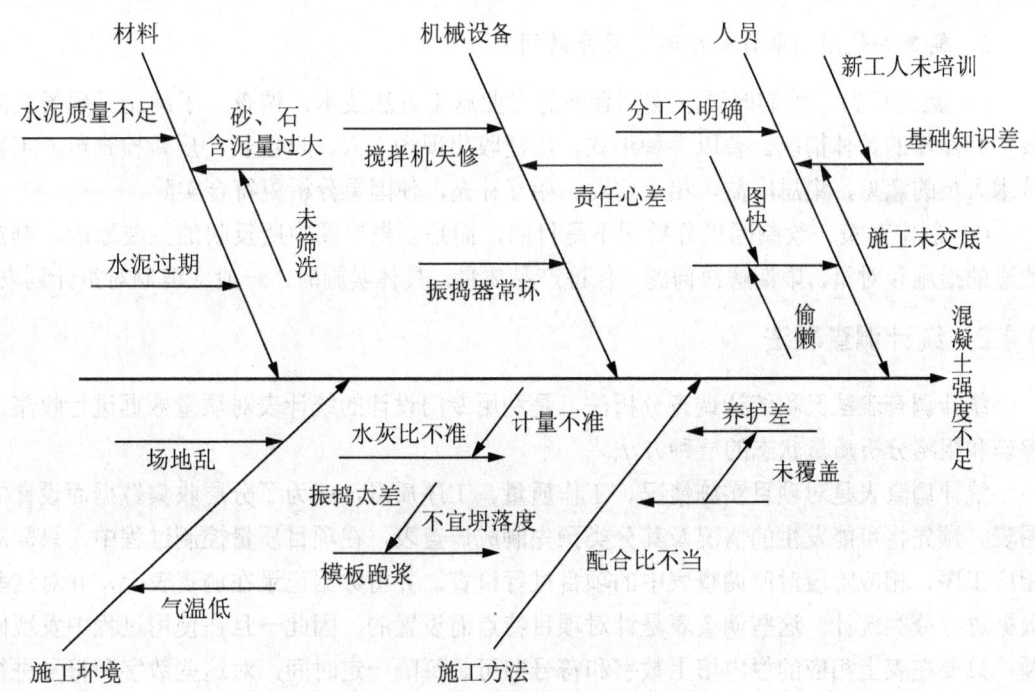

图 9-9 混凝土强度不足的因果分析图

表 9-2 混凝土强度不足的对策计划表

项目	序号	产生问题原因	采取的对策	执行人	完成时间
人员	1	分工不明确	根据个人特长,确定每项作业的负责人及其操作人员职责,挂牌示出		
	2	基本知识差	① 组织学习操作规程; ② 搞好技术交底		
施工方法	3	配合比不当	① 根据数理统计结果,按施工实际水平进行配合比计算; ② 进行实验		
	4	水灰比不准	① 制作试块; ② 捣制时每半天测砂石含水率一次; ③ 捣制时控制坍落度在 5cm 以下		
	5	计量不准	校正磅秤		
材料	6	水泥质量不足	进行水泥质量统计		
	7	原材料不合格	对砂、石、水泥进行各项指标试验		
	8	砂、石含泥量过大	冲洗		
机械设备	9	振捣器常坏	①使用前检修一次;②施工时配备电工;③备用振捣器		
	10	搅拌机失修	①使用前检修一次;②施工时配备检修工人		
	11	场地乱	认真清理,搞好平面布置,现场实行分片制		
施工环境	12	气温低	准备草包,养护落实到人		

3. 绘制和使用因果分析图时应注意的问题

(1) 集思广益。绘制时要求绘制者熟悉专业施工方法技术,调查、了解施工现场实际条件和操作的具体情况。要以各种形式,广泛收集现场工人、班组长、质量检查员、工程技术人员的意见,集思广益,相互启发、相互补充,使因果分析更符合实际。

(2) 制定对策。绘制因果分析图不是目的,而是要根据图中所反映的主要原因,制定改进的措施和对策,限期解决问题,保证产品质量。具体实施时,一般应编制对策计划表。

9.4.2 统计调查表法

统计调查表法又称统计调查分析法,是利用专门设计的统计表对质量数据进行收集、整理和粗略分析质量状态的一种方法。

统计调查表是对项目实施情况、工作质量、工序质量,或为了分层收集数据而设计的图表。预先将可能发生的情况及其分类预先制成调查表,在项目质量控制过程中,只需对相应工序、相应阶段对照调查表中的项目进行检查,并将数据记录在调查表上,并对这些数据进行分类统计。这些调查表是针对项目特点而设置的,因此一旦在使用过程中发现问题,只要在表上相应的栏内填上数字和符号即可。每隔一定时间,对这些数字和符号进行整理,能使问题迅速地暴露出来,进而分析原因,提出措施,改进质量。

为了能够获得良好的效果和准确性,调查表应根据项目特点而设置,简单明了,重点突出,填写方便,数据便于加工和整理,在分析整理后应及时反馈。应当指出,统计调查表往往同分层法结合应用,可以更好、更快地找出问题的原因,以便采取改进的措施。

在质量控制活动中,利用统计调查表收集数据,简便灵活,便于整理,实用有效。它没有固定格式,可根据需要和具体情况,设计出不同统计调查表,常用的有分项工程作业质量分布调查表(表9-3)、不合格项目调查表、不合格原因调查表、施工质量检查评定用调查表等。

表 9-3 混凝土空心板外观质量分布调查表

产品名称	混凝土空心板		生产班组		
日生产总数	200块	生产时间	年 月 日	检查时间	年 月 日
检查方式	全数检查		检查员		
项目名称	检查记录			合 计	
露筋	正正			10	
蜂窝	正正			10	
孔洞	正正			10	
裂缝	正一			6	
其他	正			5	
总计				41	

统计调查表分为以下三类。

1. 不合格项目调查表

在项目质量管理中,"良"与"不良"是相对于标准、规格、合同而言的。一道工序、一个过程存在不符合质量标准、工艺规格、合同规定的质量项目称为不良项目,也称为不合格项目。为了减少项目实施过程中出现的各种不良项目和缺陷,需要调查发生了哪些不良项目以及各种不良的比例,此时可用不良项目和缺陷调查表,如表9-4所示。

表9-4 不良项目和缺陷调查表

日期	交验数	合格数	不良项			不良项类型			合格率/%
			不合格项	返工项	返修项	不合格类型	返工类型	返修类型	

2. 缺陷位置调查表

缺陷位置调查表是针对有缺陷的位置进行的分布调查。一般缺陷位置调查表可与措施相联系,既能找到缺陷发生的位置,又便于进行针对性的缺陷研究,分析和探讨发生的原因。缺陷位置调查表可以根据具体情况绘出各种不同的样式,进行分层研究和对比分析。

3. 频数调查表

频数调查表是在收集数据的同时,直接分解和统计频数。每获得一个数据,就在频数调查表上相应的组内做一个符号,待测量和收集数据完毕后,频数分布表也随之作出,可以快速绘制直方图的草图。因此,频数调查表可以使制作直方图的步骤简化。

9.4.3 排列图法

排列图法是利用排列图寻找影响质量主次因素的一种有效方法。排列图又叫帕累托图法,主次因素分析图法、ABC分类法;它是把影响那些产品质量的因素或项目,按照其影响程度的大小、顺序排列起来,以分清影响产品质量的主次因素。通常把对应的因素分为三类,A类因素对应于频率0%~80%,为影响产品质量的主要因素;B类因素对应于频率80%~90%,为影响产品质量的主要因素;C类因素对应于频率90%~100%,为影响产品质量的一般因素。

排列图由两个纵坐标、一个横坐标、几个连起来的直方形和一条曲线所组成,如图9-10所示。左侧的纵坐标表示频数,右侧纵坐标表示累计频率,横坐标表示影响质量的各个因素或项目,按影响程度大小从左至右排列,直方形的高度表示某个因素的影响大小。

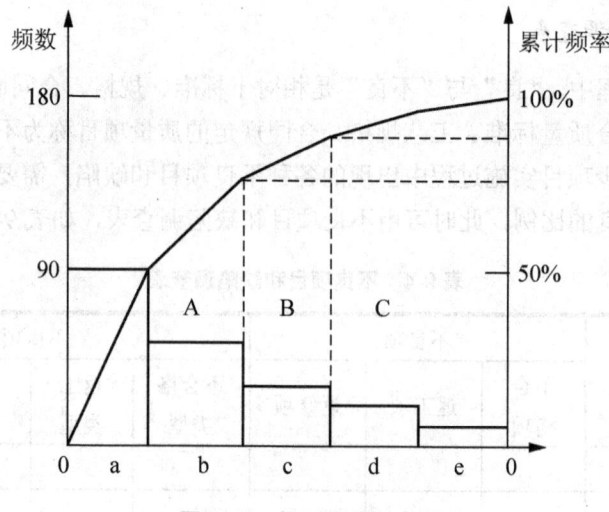

图 9-10 排列图法示意图

1. 排列图的作法

下面结合实例对排列图的作法加以说明。

【例 9-2】某工地现浇混凝土构件尺寸质量检查结果是,在全部检查的 8 个项目中不合格点(超偏差限值)有 150 个,为改进并保证质量,应对这些不合格点进行分析,以便找出混凝土构件尺寸质量的薄弱环节。

首先收集混凝土构件尺寸各项目不合格点的数据资料,如表 9-5 所示。各项目不合格点出现的次数即频数。然后对数据资料进行整理,将不合格点较少的轴线位置、预埋设施中心位置、预留孔洞中心位置三项合并为"其他"项。按不合格点的频数由大到小顺序排列各检查项目,"其他"项排在最后。以全部不合格点数为总数,计算各项的频率和累计频率,结果如表 9-6 所示。

表 9-5 不合格点统计表

序号	检查项目	不合格点数	序号	检查项目	不合格点数
1	轴线位置	1	5	平面水平度	15
2	垂直度	8	6	表面平整度	75
3	标 高	4	7	预埋设施中心位置	1
4	截面尺寸	45	8	预留孔洞中心位置	1

表 9-6 不合格频数及频率统计表

序 号	项 目	频数	频率/%	累计频率/%
1	表面平整度	75	50.0	50.0
2	截面尺寸	45	30.0	80.0
3	平面水平度	15	10.0	90.0
4	垂直度	8	5.3	95.3

续表

序 号	项 目	频数	频率/%	累计频率/%
5	标 高	4	2.7	98.0
6	其 他	3	2.0	100.0
	合计	150	100	

解：绘制排列图的步骤如下。

(1) 画横坐标。将横坐标按项目数等分，并按项目频数由大到小顺序从左至右排列，该例中横坐标分为六等份。

(2) 画纵坐标。左侧的纵坐标表示项目不合格点数即频数，右侧纵坐标表示累计频率。要求总频数对应累计频率100%。该例中 150 应与 100%在一条水平线上。

(3) 画频数直方形。以频数为高画出各项目的直方形。

(4) 画累计频率曲线。从横坐标左端点开始，依次连接各项目直方形右边线及所对应的累计频率值的交点，所得的曲线即为累计频率曲线。

(5) 记录必要的事项，如标题、收集数据的方法和时间等。

最终效果如图 9-11 所示。

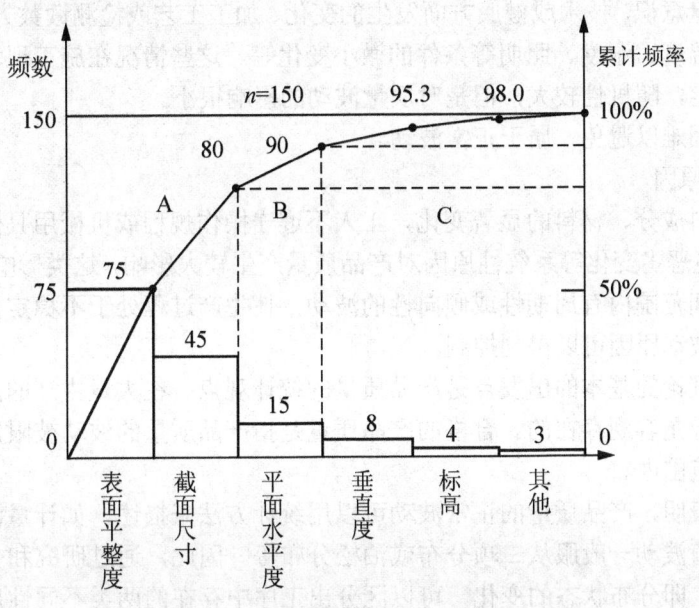

图 9-11 混凝土构件尺寸不合格点排列图

观察直方形，大致可看出各项目的影响程度。排列图中的每个直方形都表示一个质量问题或影响因素。影响程度与各直方形的高度成正比。

利用排列图法，确定主次因素。将累计频率曲线按 0%~80%、80%~90%、90%~100% 分为三部分，各曲线下面所对应的影响因素分别为 A、B、C 三类因素。该例中 A 类即主要因素是表面平整度(2m 长度)、截面尺寸(梁、柱、墙板、其他构件)；B 类即次要因素是平面水平度；C 类即一般因素有垂直度、标高和其他项目。综上分析结果，应重点解决 A 类等质量问题。

2. 排列图的应用

排列图可以形象、直观地反映主次因素。其主要应用如下。
(1) 按不合格点的内容分类，可以分析出造成质量问题的薄弱环节。
(2) 按生产作业分类，可以找出生产不合格品最多的关键过程。
(3) 按生产班组或单位分类，可以分析比较各单位技术水平和质量管理水平。
(4) 将采取提高质量措施前后的排列图对比，可以分析措施是否有效。
(5) 用于成本费用分析、安全问题分析等。

9.4.4 控制图法

1. 质量波动产生的原因

将造成人员、机械设备、材料、施工方法、施工环境等质量问题并呈现质量波动的原因归纳为以下两点。

1) 偶然性原因

对建筑产品质量经常起作用的因素称为偶然性原因。如材料成分和性能的微小变化、操作工人的质量意识、技术或健康方面发生的变化、加工工艺或检测读数方面的微小变化，以及工作地点温度、湿度、照明等条件的微小变化等。这些情况在施工现场大量存在，大小与方向不固定，随机性较大，但是对质量波动的影响很小。

偶然性原因难以避免，属于正常波动。

2) 系统性原因

由于原材料成分、材料的显著变化，工人不遵守操作规程或机械用具使用不当、仪表测试失误、环境恶劣变化等系统性原因对产品质量产生较大影响，这类影响表现为在大小、方向或一定时间范围内有周期性或倾向性的波动，使生产过程处于不稳定状态，在一定的技术条件下，波动原因可以得到控制。

质量控制理论的基本的出发点是产品质量的统计观点。在大量生产的条件下，产品质量的波动或变异是客观存在的。合格的产品质量是指产品质量的波动被限定在既定的标准或规格允许的范围内。

统计理论表明，产品质量的正常波动可以用统计方法来描述，如计量波动一般服从正态分布，计数值波动一般服从二项分布或泊松分布等。因此，通过研究和分析产品质量波动的统计规律，即分布状态的变化，可以区分出工序中存在的两类不同性质的质量因素，消除给产品质量造成危害的异常因素，达到控制产品质量的目的。

对产品质量的控制是通过控制工序质量来实现的。工序质量孕育产品质量，产品质量是工序质量的反映。

对工序质量的评价主要有以下两个方面。
(1) 工序是否稳定，稳定就是工序中不存在异常因素。
(2) 工序能力是否充分，即工序所加工的产品质量波动是否被限定在规格或标准之内。

工序质量控制的实施主要是借助于控制图等质量控制分析技术以及工序标准化活动来实现的。

2. 控制图法的应用

控制图法又称管理图，用来分析质量波动究竟是由正常原因引起的还是由异常原因引起的，从而判断生产过程是否处于控制状态。控制图分为计量值控制图和计数值控制图。计量值管理适用于质量管理中的计量数据，如预制板长度、混凝土强度、钢材质量、寿命、温度等；计数值管理适用于质量管理中的计数值数据，如电焊接头不合格数、不合格的水泥构件数等。

计量值控制图包括 $\bar{x}$ 图(平均单值控制图)、$\bar{x}-R$ 图(平均值和极差控制图)、$\tilde{x}-R$ 图(中位数和极差控制图)、$x-R_s$ 图(单值和移动极差控制图)。

计数值控制图包括 P_n 图(不良频数控制图)、P 图(不良频率控制图)、C 图(样本缺陷控制图)、u 图(单位产品缺陷控制图)。

【例 9-3】某工地钢筋焊接不合格接头数统计情况如表 9-7 所示。试绘制计数管理图。

表 9-7 筋焊接接头统计情况

样品号	钢筋焊接接头数	合格数 P_n	样品号	钢筋焊接接头数	合格数 P_n
11	1100	8	115	100	1
12	1100	9	116	100	9
13	1100	6	117	100	7
14	1100	3	118	100	8
15	1100	5	119	100	4
16	1100	9	220	100	6
17	1100	7	221	100	12
18	1100	11	222	100	8
19	1100	5	223	100	9
110	1100	2	224	100	4
111	1100	8	225	100	6
112	1100	6	226	100	9
113	1100	9	227	100	5
114	1100	3			

解：不合格品总数为

$$\sum P_n = 8 + 9 + \cdots = 179 (个)$$

$$\overline{P_n} = \frac{179}{27} = 6.63$$

$$\overline{P} = \frac{6.63}{100} = 0.0663$$

计算上控制界限 UCL：

$$UCL = \overline{P_n} + 3\sqrt{P_n(1-P_n)} = 6.63 + 7.24 = 13.87$$

计算下控制界限 LCL：

$$LCL = \overline{P_n} - 3\sqrt{P_n(1-P_n)} = 0$$

计数管理图如图 9-12 所示。

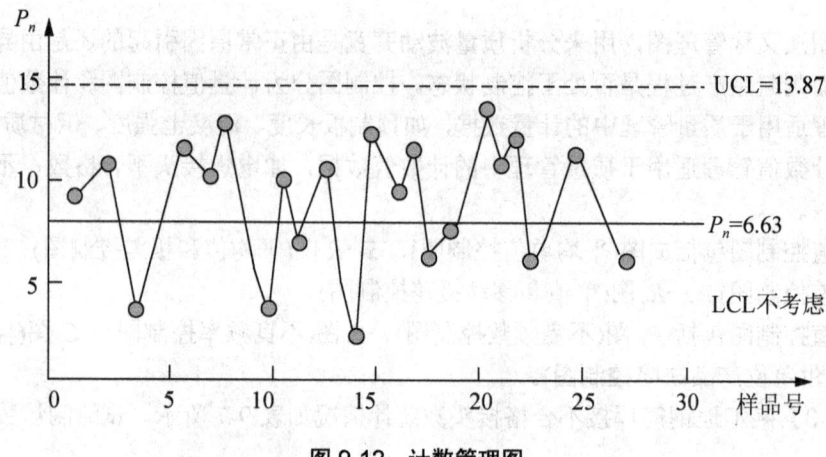

图 9-12 计数管理图

【例 9-4】咨询工程师采用控制图法监控工程质量状态,主体结构工程 4 个批次检查的平均值控制图分析结果如下。

A 批次:点均在控制界限以内,有 5 个点连续在中心线下侧;

B 批次:点均在控制界限以内,连续 8 个点上升,其中 4 个点在中心线下侧,4 个在中心线上侧。

C 批次:点均在控制界限内,连续的 17 个点中,有 11 个点出现在中心线上侧,且在上侧连续的点最多为 4 个;

D 批次:点均在控制界限以内,点的分布是周期性的波动,即前 3 个连续点在中心线下侧,接着 3 个连续点在中心线上侧,余 3 个连续点在下侧。

解:根据主体结构控制图点的排列状态,在 4 个批次中,A 和 C 批次属于正常情况,B 和 D 批次属于异常情况,因此,A 和 C 批次正常,B 和 D 批次异常,说明施工过程发生了异常变化,必须找到原因加以解决。

【例 9-5】某建筑施工工地浇筑 C30 混凝土,为对其抗压强度进行质量分析,共收集了 26 份抗压强度试验报告单,经整理如表 9-8 所示。试进行 $\bar{x} - R$(平均值和极差控制图)分析。

解:计算样本平均值。第一个样本平均值为

$$\bar{x}_i = \frac{\sum_{i=1}^{n} x_i}{n}$$

$$\bar{x}_1 = (155+166+178)/3 \approx 166$$

计算样本极差:

$$R_i = 178 - 155 = 23$$

其余类推。

计算总平均值:

$$\bar{\bar{x}} = \frac{\sum_{i=1}^{n} \bar{x}}{k} = \frac{4195}{26} \approx 161$$

其中 k 为样本均值。

计算样本极差平均值：

$$\bar{R} = \frac{\sum_{i=1}^{n} R}{k} = \frac{407}{26} = 16$$

计算 $\bar{x}$ 管理图控制界限：

中心线：CL=$\bar{\bar{x}}$=161；

上控制界限：UCL=$\bar{\bar{x}} + A_2\bar{R}$ =161+1.023×16=177；

下控制界限：LCL=$\bar{\bar{x}} - A_2\bar{R}$ =161-1.023×16=145；

其中 A_2 是 $\bar{x}$ 管理系数。

计算管理图控制界限：

中心线：CL=$\bar{x}$=16；

上控制界限：UCL=D_4R=2.575×16=41；

下控制界限：LCL=D_3R=0；

其中 D_3、D_4 均为 R 管理图控制界限系数。

表9-8 抗压强度试验报告

样本号	日期	抗压强度测试值/(kg/cm^2)			平均值	极差 R	移动极差 R_s
		x_1	x_2	x_3			
1		155	166	178	166	23	—
2		169	161	164	165	8	1
3		147	152	135	145	17	20
4		168	155	151	155	17	10
5		182	171	161	171	21	16
6		155	142	160	152	18	19
7		154	151	146	150	8	2
8		167	143	155	155	24	5
9		152	165	165	161	13	6
10		166	158	162	162	8	1
11		149	160	147	152	13	10
12		146	155	158	153	12	1
13		139	159	165	154	26	1
14		174	148	175	166	27	12
15		161	143	161	155	18	11
16		163	153	173	163	20	8
17		162	164	178	168	16	5
18		186	172	166	175	20	7
19		166	175	173	171	9	4
20		170	159	163	164	11	5
21		172	165	167	168	7	4
22		175	186	180	180	15	12
23		140	157	140	145	17	35
24		140	165	167	157	27	12
25		175	169	175	173	6	16
26		163	171	171	168	8	5
总计					4194	409	228

绘制出的 $\bar{x}$ 管理图和 R 管理图分别如图 9-13 和图 9-14 所示。

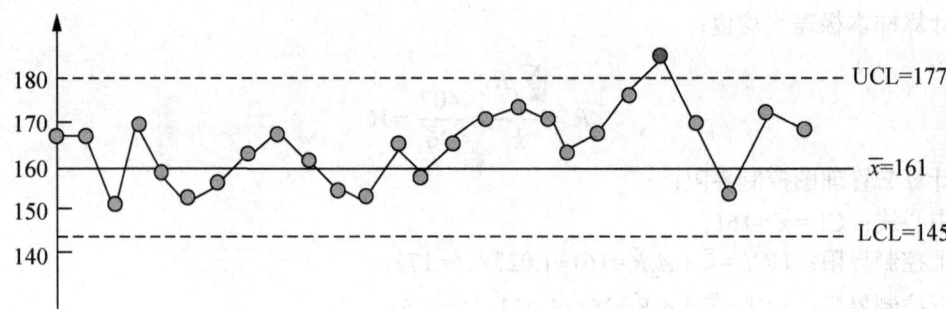

图 9-13 $\bar{x}$ 管理图

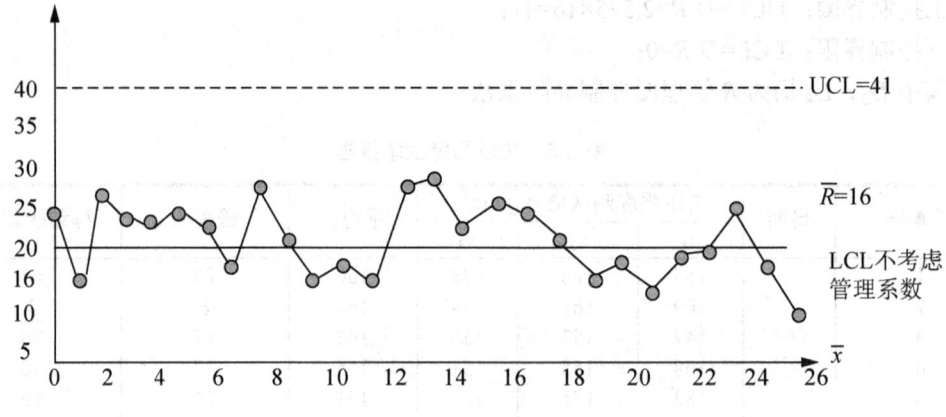

图 9-14 R 管理图

观察、分析控制图：

控制图上的点反映了生产过程的稳定程度。生产处于稳定状态时，控制图上的点全部落在控制界限之内，并且点随机地分散在中心线两侧。当控制点满足以下两方面状态时，认为工程施工质量处于正常状态。

(1) 点没有跳出控制的界限。

(2) 点的排列没有缺陷。

如果点跳出控制界限，或点虽没有跳出控制界限，但排列有缺陷时，也应判断为生产过程发生了异常变化。

点排列缺陷的几种情况：

(1) 在中心线一侧连续出现 7 点链。

(2) 点在中心线同一侧连续多次出现：连续 11 点中有 10 点在同侧；连续 14 点中有 12 点在同侧；连续 17 点中有 14 点在同侧；连续 20 点中有 16 点在同侧。

(3) 点连续上升或下降趋势：连续 7 点上升或下降时，应当判断为生产过程异常。

(4) 出现"周期性"变动。

本 章 小 结

建设工程作为一种特殊的产品，除具有一般产品共有的质量特性，如性能、寿命、可靠性、安全性、经济性等满足社会需要的使用价值及其属性外，还具有特定的内涵。工程质量主要表现为工程合同、设计文件、技术规范标准规定的质量标准。工程质量控制是指致力于满足工程质量要求，为了保证工程质量满足工程合同、规范标准所采取的一系列措施、方法和手段。

坚持质量第一、预防为主，加强质量控制，提高管理水平，是项目提高质量关键之所在，只有在符合规定的质量标准和用户要求的前提下，才可能获得最佳的经济效益，从而为社会提供更多的优质、安全、经济适用的建筑产品。

习 题

1. 简答题

(1) 简述建设工程质量概念。
(2) 简述项目质量管理的影响因素。
(3) 简述建设工程质量控制的主要内容。
(4) 简述工程项目施工准备的主要内容。
(5) 简述设计交底与图纸会审的主要内容。
(6) 简述工程施工过程质量控制的内容与方法。
(7) 简述施工项目质量控制过程。
(8) 简述工程项目质量控制点的基本方法。
(9) 简述工程项目质量管理的因果分析图法。
(10) 简述工程项目质量管理的排列图法。
(11) 简述工程项目质量管理的控制图法。

2. 判断题

(1) 项目管理的质量管理就是项目的可交付符合客户的某种质量性能要求。　　（　　）
(2) 为了保证项目的质量，每个项目必须制定一个质量方针。　　（　　）
(3) 项目管理的质量管理主要是由项目经理来控制的。　　（　　）
(4) 返工和维修所花的费用不属于质量成本。　　（　　）
(5) 项目的质量方针是不可以调整的。　　（　　）
(6) 项目质量保证的结果主要就是项目质量改进与提高的建议。　　（　　）
(7) 项目质量计划的实际执行情况是项目质量控制的最基本依据。　　（　　）

3. 单项选择题

(1) 质量控制通常是由谁来实施的(　　)。
　　A．质量管理人员　　　　　　B．规定
　　C．标准　　　　　　　　　　D．质量方针

(2) 在下列方法中，能找出发生次数少，但对项目质量影响程度大的方法是(　　)。
　　A．趋势分析　　　　　　　　B．质量检查表
　　C．控制图　　　　　　　　　D．排列图

(3) 在下列方法中，能确定影响项目质量的因素是由随机事件还是突发事件引起的方法是(　　)。
　　A．流程图法　　B．因果分析图　　C．控制图　　　D．排列图

(4) 下列方法中能描述由不同的原因相互作用所产生的潜在问题的方法是(　　)。
　　A．趋势分析　　B．因果分析图　　C．控制图　　　D．排列图

(5) 下列哪项是质量控制的工具？(　　)
　　A．抽样表　　　　　　　　　B．流程图
　　C．统计技术和数学工具　　　D．以上都是

4. 多项选择题

(1) 排列说明(　　)。
　　A．在任何一组东西中，最重要的只是一小部分
　　B．关键的多数和次要的少数原理
　　C．其余80%尽管是多数，但却是次要的
　　D．项目质量工作说明

(2) 项目质量控制的依据是(　　)。
　　A．项目质量计划　　　　　　　　B．项目质量工作说明
　　C．项目质量计划的实际执行情况　D．质量检查表

5. 计算题

(1) 表9-9所示为预制混凝土板抽样检测超出值数据，表9-10所示为控制图系数，试进行预制混凝土板质量分析。

表9-9　预制混凝土板抽样检测超出值

单位：cm

组别	x_1	x_2	x_3	x_4	x_5	x_6
1	1	3	3	4	2	3
2	2	3	2	2	4	5
3	8	5	4	5	3	3
4	2	5	2	5	2	4
5	2	3	2	8	7	1
6	1	4	2	2	3	1
7	5	4	3	3	1	1

表 9-10　控制图系数

n	A_2	D_4	D_3
2	1.880	3.267	—
3	1.023	2.575	—
4	0.792	2.282	—
5	0.577	2.115	—
6	0.483	2.004	—
7	0.419	1.924	0.076
8	0.373	1.846	0.136
9	0.337	1.816	0.148
10	0.308	1.777	0.223

问题：

① 本题中进行预制混凝土板质量分析应该采用哪种质量管理技术？

② 画出 $\bar{x} - R$ 控制图。

③ 分析控制图的波动情况是否出现异常。

(2) 混凝土构件厂在依次质量大检查中，对生产的某批混凝土构件进行全面检测，经检测，得出的统计表如表 9-11 所示。

表 9-11　统计表

影响质量因素的序号	1	2	3	4	5	6	7
质量缺陷名称	钢筋强度	预埋件	表面平整	表面缺陷	侧向弯曲	混凝土强度	截面尺寸
频数	10	4	8	55	20	100	3

试用排列图法分析这些因素中的主要因素，以提高混凝土构件的质量。

第10章

工程项目招投标管理

教学目标

本章主要讲述工程项目招标的基本原则和主要程序。通过本章学习,应达到以下目标:
(1) 理解业主方工程项目必须招标的条件;
(2) 熟悉项目公开招标的基本程序;
(3) 掌握工程项目评标和定标的主要方法和基本原则;
——工程项目业主方招标类别;
——建设工程招标的三种主要方式;
——业主方项目公开招标的基本程序;
——承包方投标报价的基本程序;
——承包方工程投标文件内容;
——工程项目评标的主要方法和基本原则。

教学要求

知识要点	能力要求	相关知识
工程项目招标的基本条件和原则	(1) 理解工程项目采购的基本内容和采购过程 (2) 熟悉工程项目业主方招标类别 (3) 掌握业主方工程项目必须招标的条件	(1) 工程采购 (2) 项目招标需要具备的条件 (3) 建设工程招标方式划分
项目公开招标基本程序	(1) 熟悉项目公开招标基本程序条件 (2) 掌握项目公开招标的基本程序	(1) 工程招标基本程 (2) 公开招标 (3) 邀请招标
工程项目评标和定标的主要方法和基本原则	(1) 理解评标委员会组成原则 (2) 熟悉评标的主要阶段 (3) 掌握主要评标方法	(1) 承包方投标报价文件的内容 (2) 两阶段评标与综合评标

 **基本概念**

工程采购、公开招标、邀请招标、商务标、技术标、综合评标法、全过程招标、阶段招标和专项招标

 **引例**

342省道(K57+000~K70+000)投资总额为1800万元,位于无锡市惠山区,全长13km,双向六车道,

一级公路标准，沥青混凝土路面结构，道路标准横断面为 2m，中分带为+2×11.75m，机动车道为+2×2.5m，硬路肩，+2×0.75m 土路肩。由于该段车流量较大，目前局部路段出现纵沉陷、网裂、坑塘及交叉口车辙等病害。

本次中修养护项目施工范围为：K57+000～K70+000 范围内的病害。4cm SMA 沥青混凝土路面罩面 13400m²；全线路面坑槽、网裂等病害挖补处理面积约为 3233m²；交叉口车辙面积约为 15186m²；本工程对桩号 K60+624 及 K60+937 处破损严重的桥梁伸缩缝替换处理；除此之外，本次中修设置两段路面新材料、新工艺科学研究试验路段，分别为试验路段Ⅰ(桩号 K60+000～K60+500 段右幅，使用材料为温拌橡胶沥青玛蹄脂碎石)和实验路段Ⅱ(桩号 K62+000～K62+500 段右幅，使用材料为添加纤维合成沸石的沥青玛蹄脂碎石)，要求技术含量及各项指标较高，该项目养护资金约 1800 万元。

本次招标项目共有 1 个标段，即 S342-YHZX 标段，招标内容为施工图设计范围内路面病害处理施工和缺陷修复，并配合相关单位做好试验路段的检测及施工工作。

10.1 业主方招标工程项目管理

10.1.1 业主方工程项目招标的基本条件

1. 必须招标的项目

我国招标投标法指出，凡在中华人民共和国境内进行下列工程建设项目，包括项目的勘察、设计、施工、监理以及与工程建设有关的重要设备、材料等的采购，必须进行招标。

(1) 大型基础设施、公用事业等关系社会公共利益、公共安全的项目。
① 煤炭、石油、天然气、电力、新能源等能源项目。
② 铁路、公路、管道、水运、航空以及其他交通运输业等交通运输项目。
③ 邮政、电信枢纽、通信、信息网络等邮电通信项目。
④ 防洪、灌溉、排涝、引(供)水、滩涂治理、水土保持、水利枢纽等水利项目。
⑤ 道路、桥梁、地铁和轻轨交通、污水排放及处理、垃圾处理、地下管道、公共停车场等城市设施项目。
⑥ 生态环境保护项目。
⑦ 供水、供电、供气、供热等市政工程项目。
⑧ 科技、教育、文化等项目。
⑨ 体育、旅游等项目。
⑩ 卫生、社会福利等项目。
⑪ 其他公用事业项目。
(2) 全部或者部分使用国有资金投资或国家融资的项目。
① 使用各级财政预算资金的项目。
② 使用纳入财政管理的各种政府性专项建设基金的项目。
③ 使用国有企业事业单位自有资金，并且国有资产投资者实际拥有控制权的项目。
④ 使用国家发行债券所筹资金的项目。
⑤ 使用国家对外借款或者担保所筹资金的项目。

⑥ 使用国家政策性贷款的项目。
⑦ 国家授权投资主体融资的项目。
⑧ 国家特许的融资项目。

(3) 使用国际组织或者外国政府资金的项目。
① 使用世界银行、亚洲开发银行等国际组织贷款资金的项目。
② 使用外国政府及其机构贷款资金的项目。
③ 使用国际组织或者外国政府援助资金的项目。

(4) 其他必须招标的情况。此外，上述第一条至第三条规定范围内的各类工程建设项目，包括项目的勘察、设计、施工、监理，以及与工程建设有关的重要设备、材料等的采购，达到下列标准之一的，必须进行招标。
① 施工单项合同估算价在 200 万元以上的项目。
② 重要设备、材料等货物的采购，单项合同估算价在 100 万元以上的项目。
③ 勘察、设计、监理等服务的采购，单项合同估算价在 50 万元以上的项目。
④ 单项合同估算价低于第一、二、三项规定的标准，但项目总投资额在 3000 万元以上的项目。

2. 可以不招标的项目

需要审批的工程项目，有下列情形之一，经有关审批部门批准，可以不招标。
(1) 涉及国家安全、国家秘密或者抢险救灾而不适宜招标的项目。
(2) 属于利用扶贫资金实行以工代赈需要使用农民工的项目。
(3) 施工主要技术采用特定的专利或者专有技术的项目。
(4) 施工企业自建自用的工程，且该施工企业资质等级符合工程要求的项目。
(5) 在建工程追加的附属小型工程或者主体加层工程，原中标人仍具备承包能力的项目。
(6) 法律、行政法规规定的其他情形，如建设项目的勘察、设计，采用特定专利或者专有技术的，或者其建筑艺术造型有特殊要求的项目，经项目主管部门批准，可以不进行招标。

10.1.2 工程项目招标需要具备的条件

1. 工程项目招标的一般条件

依法必须招标的工程建设项目，应当具备下列条件才能进行施工招标。
(1) 招标人已经依法成立。
(2) 初步设计及概算应当履行审批手续的，已经批准。
(3) 招标范围、招标方式和招标组织形式等应当履行核准手续的，已经核准。
(4) 有相应资金或资金来源已经落实，工程资金或资金来源已落实(提供银行出具的资金证明)。
(5) 有招标所需的设计图纸及技术资料。
(6) 已正式列入国家、部门或地方的年度固定资产投资计划。
(7) 已经得到建设项目所在地规划部门批准，施工现场的"三通一平"已经完成并列入施工招标范围。按照规定办理审批手续的各项批准文件，包括立项、土地使用和规划许可等文件。

(8) 法律、法规、规章规定的其他材料。

2. 自行招标和委托招标的基本条件

1) 自行招标的基本条件

投标招标法规定，招标人具有编制招标文件和组织评标能力，可以自行办理招标事宜。任何单位和个人不得强制其委托招标代理机构办理招标事宜。依法必须进行招标的项目，招标人自行办理招标事宜的，应当向有关行政监督部门备案。

招标投标法规定，招标人具有编制招标文件和组织评标的能力，可以自行办理招标事宜。招标人具备组织评标能力具体是指具有项目法人资格；具有与招标项目规模和复杂程度相适应的工程技术、概预算、财务和工程管理等方面的专业技术力量，有从事同类工程项目招标的经验；设有专门的招标机构或者拥有三名以上专职招标业务人员，熟悉和掌握招标投标法及有关法规和规章。

2) 委托招标的基本条件

招标人不具备自行招标的能力，必须委托相应的招标代理机构代为办理招标事宜，这既是保证工程招标质量和效率的客观需要，也是符合国际惯例的通行做法。招标投标法对招标代理机构应当具备的条件及其资格认定等做出了原则性规定。招标人有权自行选择招标代理机构，委托其办理招标事宜。任何单位和个人不得以任何方式为招标人指定招标代理机构。

10.1.3 工程项目业主方招标类别

1. 按照工程项目招标的范围分类

工程招标的范围即准备发交投标单位承包的内容。它可以是工程的全部工作，也可以是其中某一阶段或某一专项工作，按招标范围的不同，可分为工程全过程招标、阶段招标和专项招标。

1) 工程全过程招标

采用这种招标形式，建设单位一般只要提出功能要求和竣工期限，投标单位即可对项目建议书。可行性研究、勘察设计、设备材料询价与采购、工程施工、职工培训、生产准备、投料试车，直到竣工投产、交付使用，实行全面总承包，并负责对各阶段各专项的分包任务进行综合。工程全过程招标主要适用于各种大中型建设项目，要求承包单位必须具有雄厚的技术经济实力和丰富的组织管理经验。

2) 阶段招标

对于大型的项目，由于符合招标条件的潜在投标人数量太少，作为一个整体进行招标将大大降低招标的竞争性，这样就应当将招标项目划分成若干个标段分别进行招标。例如，建设项目的施工招标，一般可以将一个项目分解为单位工程及特殊专业工程分别招标，但不允许将单位工程肢解为分部、分项工程进行招标。

3) 专项招标

建设工程的某一建设阶段中的某一专业性强的项目，通常须由专业承包单位来承担。

例如，勘察设计阶段的工程地质勘察、供水水源勘察，基础或结构工程设计，供电系统、空调系统及防灾系统的设计，施工阶段的深基础施工，生产工艺设备、金属结构的制作和安装、通风系统以及电梯等的安装，都可实行专项招标。

  2. 按照建设工程项目招标的方式分类

  1) 建设工程项目总承包招标

工程总承包是项目业主为实现项目目标而采取的一种承发包方式，具体是指从事工程项目建设单位受业主委托，按照合同约定对从决策、设计到试运行的建设项目发展周期实行全过程或若干阶段的承包。美国的设计建造协会(DBIA)对总承包的定义为设计-建造(Design-Build，DB)模式。这种模式集设计与施工方式于一体，由一个实体按照一份总承包合同承担全部的设计和施工任务。这里的 DB 模式包含 EPC(Engineering，Procurement，Construction)总承包模式。通常，只有所承包的任务中同时包含设计和施工，才称之为工程总承包，单独的施工总承包或采购+施工总承包、采购+设计总承包都不在总承包范围之列。

  2) 建设工程勘察招标

招标人就拟建工程的勘察任务发布通告，勘察单位参加竞标，经招标人审查获得投标资格的勘察单位按招标文件要求，在规定的时间填报标书，招标人从中择优完成勘察任务。

  3) 建设工程设计招标

招标人就拟建工程的设计任务发布通告，吸引设计单位参加竞争，经招标人审查获得投标资格的设计单位，按招标文件要求，在规定的时间内填报标书，招标人从中择优确定中标单位。

  4) 建设工程施工招标

招标人就拟建的工程发布公告或者邀请，建筑施工企业参加竞标，招标人从中择优完成工程建设任务。

  5) 建设工程监理招标

建设工程监理招标是招标人为委托监理任务的完成，以法定方式吸引监理单位参加竞争，招标人从中选择条件优越者的法律行为。

  6) 建设工程材料设备招标

招标人就拟购买的材料设备发布招标公告或招标邀请，建设工程材料设备供应商参加竞标或参与邀请招标，招标人择优购买其材料设备。

10.1.4 工程项目招标的方式

建设工程招标的方式主要有公开招标、邀请招标、议标等。

  1. 公开招标

对于实行公开招标的建设工程项目，建设单位通过广播、报刊、电视或管理中心电子显示屏等方式发布工程项目招标公告；招标单位对申请投标的企业进行资格预审，所确定参加公开招标的投标单位一般不少于五家。

  1) 公开招标的优点

(1) 公开、公正、公平。公开招标要求招标的过程应当公开、公正、公平，与邀请招标相比，能更有效地防止腐败。

(2) 有助于实现经济合理目标。公开招标能够让最有竞争力的、条件最优厚的潜在投标人参加投标，因此能够更好地达到经济性和合理性的目的。

(3) 为潜在的投标人提供均等机会。邀请招标只有接到投标邀请书的潜在投标人才有资格参加投标，这对于招标人不了解的潜在投标人或者新产生、新发展起来的潜在投标人是不公平的，特别对于政府投资的项目，这种公平性是十分重要的。

2) 公开招标的缺点

公开招标虽然有很多优点，但也存在着一些缺点。

(1) 完全以书面材料决定中标人。以书面材料决定中标人，容易出现投标人弄虚作假的特殊情况，不能反映投标人的真实水平和情况。

(2) 招标成本较高。公开招标对招标文件的发布有一定的要求，投标人较多。招标总成本必然比较高，招标人的评标成本也较高。

(3) 招标周期长。相对于邀请招标，公开招标的周期较长。

2. 邀请招标

招标投标法第十七条规定，招标人采用邀请招标方式的，应当向三个以上具备承担招标项目的能力、资信良好的特定的法人或者其他组织发出投标邀请书。

对于公开招标和邀请招标两种方式，除应当进行公开招标的项目之外，有下列情况之一的项目，经批准可以进行邀请招标。

(1) 项目技术复杂或有特殊要求，只有少量几家潜在投标人可供选择的项目。

(2) 受自然地域环境限制的项目。

(3) 涉及国家安全、国家秘密或者抢险救灾，适宜招标但不宜公开招标的项目。

(4) 拟公开招标的费用与项目的价值相比，不值得的项目。

(5) 法律、法规规定不宜公开招标的项目。

邀请招标与公开招标方式的不同之处在于，招标人向有限数目的特定的法人或其他组织(供应商或承包商)发出投标邀请书，不必发布招标公告。因此，邀请招标可以节约招标投标费用，提高效率。采用邀请招标方式的前提条件是，要考虑招标项目的具体情况：一方面可能是招标项目的技术新而且复杂或专业性很强，供应商或承包商范围有限；另一方面是招标项目本身的价值低，限制投标人数可以达到节约成本和提高效率的目的。因此，邀请招标是允许采用的，而且在实际中有其较大的适用性。

但是，邀请招标的对象具备的条件也有限定，即向其发出投标邀请书的法人或其他组织应不少于三家；投标企业资信良好，具备承担招标项目的能力。

3. 其他招标方式

1) 议标

建设项目主体工程的设计、建筑安装和监理以及主要设备、材料采购的招标必须采取公开招标或邀请招标方式，符合以下条件之一的项目，可采用议标方式。

(1) 只有少数几家具备资格的投标单位可供选择的项目。

(2) 涉及专利保护或受自然地域环境限制的项目。

(3) 招标费用与项目价值相比不值得的项目。

(4) 采购价格事先难以确定的项目。

2) 竞争性谈判采购

竞争性谈判采购是指中心直接邀请三家以上合格供应商就采购事宜进行谈判的采购方式。该方式适用项目如下。

(1) 公开招标后，没有供应商投标或没有合格标的项目。

(2) 属不可预见的急需采购，而无法按公开招标方式得到的项目。

(3) 投标文件的准备和制作需要较长时间才能完成或需要高额费用的项目。

3) 询价采购

询价采购是指向三个以上供应商发出报价，对其报价进行比较以确定合格供应商的一种采购方式。该方式适用于对合同价值较低且价格弹性不大的标准化货物或服务的采购。

10.1.5 业主方工程项目公开招标的基本程序

1. 向招标投标管理机构报建

工程项目的立项批准文件或年度投资计划下达后，建设单位必须按规定向招标投标管理机构报建；建设单位填写建设工程报建登记表，连同立项批准等文件资料一并报招标投标管理机构审批。工程项目报建内容主要包括工程名称、投资规模、建设地点、资金来源、工程规模、结构类型、当年投资额、发包方式、计划开竣工日期、工程筹建情况等。

2. 核准招标方式和招标范围

国家发改委审查招标人报送的书面材料，核准招标人的自行招标条件和招标范围，若符合规定的自行招标条件，招标人可以自行办理招标事宜。若招标人不符合规定的自行招标条件，在批复可行性研究报告时可要求招标人委托招标代理机构办理招标事宜。

3. 招标公告和投标邀请书的编制与发布

招标公告是招标人向所有潜在的投标人发出的一种广泛的通告。所有潜在的投标人都具有公平的投标竞争机会。招标公告应当在国家指定的报刊和信息网络上发布。投标邀请书是指采用邀请招标方式的招标人，向三个以上具备承担招标项目的能力、资信良好的特定法人或者其他组织发出的参加投标的邀请。拟发布的招标公告文本应当由招标人或其委托的招标代理机构的主要负责人签名并加盖公章。招标人或其委托的招标代理机构发布招标公告，应当向指定媒介提供营业执照(或法人证书)、项目批准文件的复印件等证明文件。

招标投标法和《工程建设项目施工招标投标办法》规定，招标公告与投标邀请书应当载明同样的事项，具体包括以下内容。

(1) 招标人的名称和地址。

(2) 招标项目的实施地点和工期。

(3) 招标项目的内容、规模、资金来源。

(4) 对招标文件或者资格预审文件收取的费用。

(5) 获取招标文件或者资格预审文件的地点和时间。

(6) 对投标人的资质等级的要求。

4. 对潜在投标人进行资格审查

招标人可以要求潜在投标人或者投标人提供满足其资格要求的文件，并进行资格审查。招标人可以根据招标工程的需要，自行对投标申请人进行资格审查，也可委托工程招标代理机构对投标申请人进行资格预审。

资格审查可以分为资格预审和资格后审。

1) 资格预审

资格预审是指在投标前对潜在投标人的资质条件、业绩、信誉、技术、资金等多方面情况进行资格审查。采取资格预审，招标人应当在资格预审文件中载明资格预审的条件、标准和方法。

资格预审文件包括资格预审须知和资格预申申请书。投标申请人应在规定的时间内向招标人报送资格预审申请书和资格证明材料。经资格预审后，招标人应当向资格预审合格的投标申请人发出资格预审合格通知书，告之获取招标文件的时间、地点和方法，并同时向资格预审不合格的投标申请人知资格预审结果。

除招标文件另有规定外，进行资格预审的投标人，一般不再进行资格后审。

2) 资格后审

资格后审是指在开标后对投标人进行的资格审查。采取资格后审，招标人应当在招标文件中载明对投标人资格要求的条件、标准和方法。

5. 发招标文件

业主可以根据招标项目的特点和需要，自行或者委托工程招标代理机构编制招标文件。按照招标投标法的规定，招标文件应当包括招标项目的技术要求，对投标人资格审查的标准、投标报价要求和评标标准等所有实质性要求和条件以及拟签合同的主要条款。

业主方招标文件应包括以下内容。

1) 投标人须知

投标人须知通常包括以下内容。

(1) 工程项目简述。

(2) 工程实施范围。

(3) 报价计算基础。

(4) 在投标期间负责与投标人联系的人员姓名、地址、电话号码。

(5) 报价单送达日期、时间、地点以及报送份数。

(6) 有关投标文件的要求及如何准备投标的说明。

(7) 证明文件的格式及内容要求。

(8) 随报价单同时提交的资料，如承包商拟设置的施工组织机构表、工程项目的计划方案、拟任命的主要负责人及其简历、重大事件进度表、人力安排计划、制度说明等。

2) 投标书及附件

投标书是对承发包双方均有约束力的合同的一个组成部分，是由投标单位充分授权的代表签署的一种文件。投标书的主要包括以下内容。

(1) 投标人确认部分。投标人确认部分包括投标人对参观工地现场、审阅图纸、技术规范、工程量清单、合同条款事项的确认，愿意承包该项工程的确认；投标书附件为投标书的组成部分确认；接到开工命令后若干天内开工，并在合同规定期内竣工确认；投标被接受，则按要求提交一定金额的履约保证金确认；对招标人提出的某些责任和义务的理解和确认。

(2) 投标书附件。投标书附件通常包括履约保证金额、保险额、开工命令与开工日期的间隔、总工期、违约金总额、工程维护期、签发验收证明后的付款期限、保留金的百分比、保留金期限及外汇汇出国外的百分比。

3) 合同协议书

招标文件必须包括主要合同条款。全部合同条款都应包括在招标文件中。合同协议书是工程承发包双方共同签署的、确认双方在承发工程实施期间应承担的权利、责任和义务的共同协定。协议书应包括以下内容。

(1) 与合同的关系。
(2) 协议书的组成部分。
(3) 承包人对发包人对其支付的各项费用所应承担的义务。
(4) 发包人对承包人完成本项目所应承担的义务等。

4) 投标保证书或保证书

为了对招标单位进行必要的保护，招标文件中应规定"投标人必须提供投标保证金(或保证书)"的条款。投标保证金一般不必支付现金，而采用保证书的形式。投标保证书的金额通常为投标总额的 2%～5%。

5) 合同条件

合同条件是承发包双方经济关系的法律基础，也是承包商据以计算价格的基础。

6) 规定与规范

规定与规范是招标文件中一个非常重要的组成部分，招标文件中的规定与规范由总体规定和技术规范两部分组成。每一个工程项目都必须严格遵守招标文件所提出的每一个规定和规范。

7) 图纸及设计资料附件

图纸及设计资料附件是随招标书一起发送的图纸设计资料。招标文件中可以包括一套完整的图纸及附件，若招标项目工程尚处于初步设计阶段，则在招标文件中往往只能附上一张总平面布置图及工艺流程图。

8) 工程量表

设计进度不同，招标文件所附工程量及工料单的情况不同，如在初步设计阶段时招标，工程量是一个概数；当工程图设计已完成时，应列出详细工程量。

9) 附件

附件主要包括投标书、投标保函格式、投标文件格式、履约保函格式、投标文件技术部分格式、投标文件商务部分格式、投标文件综合部分格式、评标标准及方法。投标人购买招标文件的费用，不论中标与否都不予退还。招标人对已发出的招标文件进行必要的澄清或者修改的，应当在招标文件要求提交投标文件截止时间至少 15 日前，以书面形式通知所有招标文件收受人。应当澄清或者修改的内容为招标文件的组成部分。

6. 项目现场勘察

招标人根据项目具体情况可以安排投标人和标底编制人员组织潜在投标人勘察现场，

向其介绍工程场地和相关环境的有关情况。勘察现场一般安排在投标预备会的前1至2天。项目勘察一般包括下列内容。

(1) 施工现场是否达到招标文件规定的条件。
(2) 施工的地理位置和地形、地貌。
(3) 施工现场的气候条件。
(4) 施工现场的地址、土质、水文等情况，如气温、湿度、风力、年雨雪量等。
(5) 现场的环境，如交通、饮水、污水排放、生活用电、通信等。
(6) 临时搭建的设施、临时用地等。

7. 召开投标预备会

投标人在勘察现场中如有疑问，应在投标预备会前以书面形式向招标人提出，但应给招标人留有解答时间。投标人在领取招标文件、图纸和有关技术资料及勘察现场时提出的疑问，招标人应以书面形式通过投标预备会进行解答，并将解答同时送达所有获得招标文件的投标人。投标预备会可安排在发出招标文件7日后28日以内举行。招标人在投标预备会上还应对图纸进行交底和解释。

投标预备会结束后，招标人整理会议记录和解答内容，并以书面形式将问题及解答同时发送到所有获得招标文件的投标人。

8. 投标人编制投标文件

从购得招标文件到投标截止日期前，投标人需要编制投标文件。投标文件的要求如下。
(1) 投标人应当对招标文件提出的实质性要求和条件作出响应。
(2) 投标人应将投标文件的正本和所有副本按照招标文件的规定进行密封和标记，并在投标截止时间前按规定递交至招标文件规定的地点；在招标文件要求提交投标文件截止时间后送达的投标文件，招标人应当拒收，投标截止时间的同一时间进行招标人开标。

9. 组建评标委员会

评标委员会由招标人的代表和评委库有关技术、经济等方面的专家组成。评标委员会总人数应不少于5人，其中招标人、招标代理以外的技术、经济等方面的专家不得少于评标委员会总人数的2/3；评标委员会负责人由招标人确定或由评标委员会推荐产生。

10. 开标、评标，提交评标报告

开标按照招标文件规定的时间、地点、参加人当众进行。一般先审查投标保函的格式、担保责任、担保额度、担保银行等是否符合招标文件的要求，其后在现场公开宣读所有合格投标人的标价、工期等。

开标会结束后经招标人初步审查符合规定的投标文件送入评标室进行评标。

评标应坚持客观公正、平等、科学、合理、自主和注重信誉的原则；评标委员会应按照招标文件中规定的评标标准、办法对投标文件进行评审。

11. 定标

根据招投标法的相关规定，招标人以评标委员会提交的评标报告为依据对评标委员会推荐的中标候选人进行比较，从中择优确定中标人；招标人可以向中标人发出中标通知书，并将中标结果通知所有未中标的所有投标人。中标通知书发出后,招标人改变中标结果的或者中标人放弃中标项目的应当依法承担法律责任。

12. 签订合同

合同为与双方责权利有关的所有条款的总和,只有在双方责权利都具体、明确的前提下,投标人才能够准备响应性和合理的报价。

建筑工程施工公开招标的程序如图 10-1 所示。

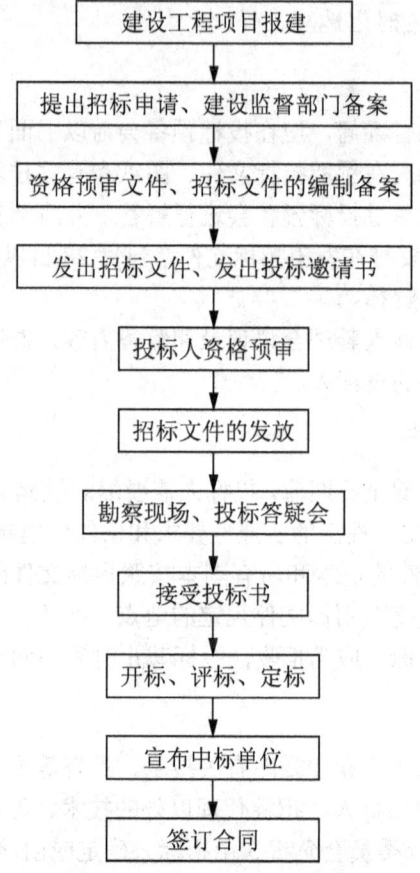

图 10-1 建筑工程施工公开招标程序

10.2 承包方投标工程项目管理

10.2.1 工程项目招标的标价构成

业主方工程项目招标标底价格是指招标人根据招标项目的具体情况,编制的完成招标项目所需的全部费用,《建筑工程施工发包与承包计价管理办法》(中华人民共和国原建设部第 107 号令)第五条规定,施工图预算、招标标底、投标报价由成本、利润和税金构成。

我国目前建设工程施工招标标底的编制，主要采用定额计价和工程量清单计价来编制。

定额计价法编制标底的方法通常是根据施工图纸及技术说明，按照预算定额规定的分部分项子目，逐项计算出工程量，再套用定额单价(或单位估表)确定直接工程费，此部分费用仅仅包括人工费、材料费、机械费。然后按规定的费率标准估计出措施费，得到相应的直接费，再按规定的费用定额确定间接费、利润和税金，加上材料调价系数和适当的不可预见费，汇总后即为标底的基础。

工程量清单计价法的单价采用的主要是综合单价。用综合单价编制标底价格，投标方要根据招标方的招标文件中发布的工程量清单、国家规定的统一的项目划分方法、国家统一的工程量计算规则来核对和计算工程量，并据此进行工程量清单报价。清单费用中包含分部分项工程清单费、措施项目清单费、其他项目清单费和规费、税金等各项费用清单。其中，分部分项工程清单费、措施项目清单中填报的各分项工程综合单价综合了人工费、材料费、机械费、管理费和利润以及风险。综合单价确定以后，各分部分项工程综合单价乘以各分部分项工程量，再加上各措施项目清单乘以各措施项目综合单价，最后汇总其他项目清单费用、规费清单费用和利润清单费用，共同构成单位工程价格，所有单位工程价汇总后即为该单项工程的总价。

10.2.2 承包方投标报价的基本程序

1. 承包方投标有关法律基本规定

招标投标法第二十七条规定，投标人应当按照招标文件的要求编制投标文件。投标文件应当对招标文件提出的实质性要求和条件做出响应。投标文件的内容应当包括拟派出的项目负责人与主要技术人员的简历、业绩和拟用于完成招标项目的机械设备等。

2. 工程项目投标的基本程序

1) 投标前的准备

投标前的准备工作通常包括以下几个方面。

(1) 准备工作。投标单位领取招标文件、图纸和有关技术资料后，应仔细阅读"投标须知"，另外，还须认真阅读合同条件、规定格式、技术规范、工程量清单和图纸。如果投标单位的投标文件不符合招标文件的要求，或实质上不响应招标文件要求将被拒绝。

投标单位应根据图纸核对招标单位在招标文件中提供的工程量清单中的工程项目和工程量；如发现项目或数量有误时应在收到招标文件 7 日内以书面形式向招标单位提出。要熟悉图纸和设计说明，不明确的地方要向业主质疑并踏勘现场。

承包商要在工程招标文件中给出工程量清单报价之前进行校核，看项目是否齐全；工程量是否准确；工艺方法及用料是否与图纸、技术文件相符等。对于初步设计的图纸，所给出的工程量清单往往会有些漏项，工程量也会有偏差，应在编制说明中指出，而不能擅自更改。

投标单位按招标文件所提供的表格格式，编制一份投标文件"正本"和招标文件中所规定份数的"副本"，并由投标单位法定代表人亲自签署并加盖法人单位公章和法定代表人印鉴。投标保证金应随投标文件一并提交招标单位。

(2) 计算报价。承包商要依据招标文件、设计图纸、施工组织设计、市场价格、相关定额及计价方法进行仔细的计算,根据掌握的信息和市场的动态分析,最后确定报价。

2) 投标文件的递交

投标人应当在招标文件要求提交投标文件的截止时间前,将投标文件密封送达投标地点。投标人在招标文件要求提交投标文件的截止时间前,可以补充、修改、替代或者撤回已提交的投标文件,并书面通知招标人。补充、修改的内容为投标文件的组成部分。

10.2.3 承包方工程项目投标文件的内容构成

投标文件是体现投标报价竞争力、投标人实力和信誉状况及投标人对招标文件响应程度的重要文件,也是评标委员会和招标人评价投标人的主要依据。供应商在产品、服务和实力能够满足招标文件要求的前提下,编制出高水平的投标文件,这在竞争中起着至关重要的作用,决定着投标活动的成败。

投标人对有关招标项目的招标文件提出价格、项目的计划、技术规范、合同的主要条款等实质性要求和条件做出响应,不得对招标文件进行修改,不得遗漏或者回避招标文件中的问题。

投标文件通常可分为以下几种。

(1) 商务文件。这类文件是用以证明投标人履行了合法手续及招标人了解投标人商业资信、合法性的文件。

商务文件一般包括投标保函、投标人的授权书及证明文件、联合体投标人提供的联合协议、投标人所代表的公司的资信证明等。

(2) 技术文件。如果是建设项目,则技术文件包括全部施工组织设计内容,用以评价投标人的技术实力和经验。技术复杂的项目对技术文件的编写内容及格式均有详细要求,投标人应当认真按照规定填写。

(3) 价格文件。这是投标文件的核心,全部价格文件必须完全按照招标文件的规定格式编制,不允许有任何改动。

商务部分主要包括以下内容:法定代表人身份证明,法人授权委托书(正本为原件),投标函,投标函附录,投标保证金交存凭证复印件,对招标文件及合同条款的承诺及补充意见,工程量清单计价表,投标报价说明,报价表,投标文件电子版,企业营业执照、资质证书、安全生产许可证等。

投标文件中应在投标文件商务部分所述内容后附以下文件及资料(未注明的为复印件):企业营业执照、企业资质等级证书、当地施工安全管理部门出具的安全生产证明材料及安全资格证。

技术部分主要包括以下内容:施工部署、施工现场平面布置图、施工方案、施工技术措施、施工组织及施工进度计划(包括施工段的划分、主要工序及劳动力安排以及施工管理机构或项目经理部组成)、施工机械设备配备情况、质量保证措施、工期保证措施、安全施工措施、文明施工措施。

投标文件应充分展示自己的实力,提供说明自己优势的证明。此外,投标文件还应科学地投标报价。

10.3 工程项目评标

10.3.1 评标委员会的组成原则

评标委员会由招标人依法组建,负责评标活动。评标委员会由招标人或其委托的招标代理机构的代表以及技术、经济等方面的专家组成,成员人数为 5 人以上单数,其中技术、经济等方面的专家不得少于成员总数的 2/3。

对于有效投标书,评标应依据评标原则、评标办法,对投标单位的报价、质量、工期、主要材料用量、施工方案或组织设计、社会信誉、优惠条件、以往业绩等方面综合评定,公正合理地择优选定中标单位。

10.3.2 评标的主要阶段

评标工作包括初评和终评两个阶段,其内容包括以下事项。

1. 初步评审

招标人依法组织的评标委员会首先对投标文件进行初步评审,文件才能进入详细评审阶段,通过初步评审的主要条件如下。

(1) 投标文件按照投标文件规定的格式、内容填写、字迹清晰可辨。投标人按招标文件规定填报投标价、工期等,由法定代表人或其他授权的代表人亲笔签字,盖有法人章;投标书附录的所有数据均符合招标文件规定;投标书附录齐全完整,内容均按规定填写;按规定提供了拟投入的人员证件的复印件,证件清晰可靠、有效。

(2) 投标人按照招标文件规定的格式、时效和内容提供了投标担保。

(3) 投标人以联合体的形式投标时,提交的联合体协议书副本与联合体协议书正本完全一致。

(4) 投标人如有分包计划应提交分包协议,分包工作量不应超过投标价的 30%。

(5) 在评标过程中,以下情况应作为废标处理。

① 投标书逾期送达或者未送达指定地点。

② 投标书无单位盖章和无法定代表人或法定代表人授权的代理人签字或盖章。

③ 投标书未按招标文件要求密封。

④ 投标人递交两份或多份内容不同的投标文件,或在一份投标文件中对同一招标项目报有两个或多个报价,且未声明哪一个有效。

⑤ 投标书未按规定的格式填写,内容不全或关键字迹模糊、无法辨认。

⑥ 未按招标文件要求提交投标保证金。

⑦ 投标人名称或组织机构与资格预审时不一致。

⑧ 联合体投标未附联合体各方共同投标协议。

2. 合同条件的详细评审

对合同条件进行详细评审的主要内容如下。
(1) 投标人是否接受既定的风险划分原则。
(2) 投标人是否增加业主的责任范围，或减少投标人义务。
(3) 投标人是否提出不同的工程验收、计量、支付办法。
(4) 投标人对合同纠纷、事故处理办法不得提出异议。
(5) 投标人不得在投标活动中有欺诈行为。
(6) 投标人不得对合同条款有不同处理。

3. 技术能力和履约表现的详细评审

对合同技术能力和履约表现的详细评审的主要内容如下。
(1) 对投标人提供的财力资源情况的评价。
(2) 对投标人拟投入本工程的技术人员素质、设备配置情况的评价。
(3) 对投标人的施工组织设计、关键工程技术方案的评价。
(4) 对投标人近五年来业绩和信誉的评价。

4. 其他情况废标的确定

在对投标人技术能力和履约表现的详细评审过程中，有下列问题之一，则属于重大偏差，按废标处理。
(1) 关键工程技术方案不可行。
(2) 承诺的质量检验标准不符合招标文件和国家强制性标准要求。
(3) 施工业绩及履约信誉证明材料虚假或伪造。

【例 10-1】某省重点工程项目，由于工程复杂，技术难度高，一般施工队伍难以胜任，建设单位自行决定采取邀请招标方式。共有 A、B、C、D、E、F、G、H 八家施工单位通过了资格预审，并于规定的时间 9 月 10～16 日购买了招标文件。招标文件中规定，10 月 18 日下午 4 时是投标截止时间，11 月 10 日发出中标通知书。

在投标截止时间之前，A、C、D、E、F、G、H 七家施工单位均提交了投标文件，并按招标文件的规定提供了投标保证金。10 月 18 日，G 施工单位于下午 3 时向招标人书面提出撤回已提交的投标文件，E 施工单位于下午 3 时 30 分向招标人递交了一份投标价格下降 5%的书面说明，B 施工单位由于中途堵车于下午 4 时 15 分才将投标文件送达。

10 月 19 日下午，由当地招投标监督管理办公室主持进行了公开开标。开标时，由招标人检查投标文件的密封情况，确认无误后，由工作人员当众拆封并宣读各投标单位的名称、投标价格、工期和其他主要内容。

评标委员会委员由招标人直接确定，共由 4 人组成，其中招标人代表 2 人，经济专家 1 人，技术专家 1 人。

评标时发现 A 施工单位投标报价大写金额小于小写金额；C 施工单位投标报价明显低于其他投标单位报价且未能合理说明理由；D 施工单位投标文件虽无法定代表人签字和委托人授权书，但投标文件均已有项目经理签字并加盖了公章；F 施工单位投标文件提供的检验标准和方法不符合招标文件的要求；H 施工单位投标文件中某分项工程的报价有个别漏项。

建设单位最终确定 C 施工单位中标,并在中标通知书发出后第 45 天,与该施工单位签订了施工合同。之后双方又另行签订了一份合同金额比中标价降低 10%的协议。

问题:
(1) 建设单位自行决定采取邀请招标方式的做法是否妥当?说明理由。
(2) G 施工单位提出的撤回投标文件的要求是否合理?其能否收回投标保证金?说明理由。
(3) E 施工单位向招标人递交的书面说明是否有效?说明理由。
(4) A、B、C、D、F、H 六家施工单位的投标是否为有效标?说明理由。
(5) 请指出开标工作的不妥之处,说明理由。
(6) 请指出评标委员会成员组成的不妥之处,说明理由。
(7) 指出建设单位在施工合同签订过程中的不妥之处,并说明理由。

解:(1) 根据招标投标法规定,省、自治区、直辖市人民政府确定的地方重点项目中不适宜公开招标的项目,要经过省、自治区、直辖市人民政府批准,方可进行邀请招标。因此,本案例建设单位自行对省重点工程项目决定采取邀请招标的做法是不妥的。

(2) 根据招标投标法规定,投标人在招标文件要求提交投标文件的截止时间前,可以补充、修改或者撤回已提交的投标文件,并书面通知招标人。本案例中 G 施工单位于投标文件的截止时间前向招标人书面提出撤回已提交的投标文件,其要求是合理的,并有权收回其已缴纳的投标保证金。

(3) E 施工单位向招标人递交的书面说明有效。根据招标投标法的规定,投标人在招标文件要求提交投标文件的截止时间前,可以补充、修改或者撤回已提交的投标文件,补充、修改的内容作为投标文件的组成部分。

(4) B、C、D、F 四家施工单位的投标不是有效标。B 施工单位标书逾期送达;C 施工单位的报价可以认定为低于成本;D 施工单位的标书无法定代表人签字,也无法定代表人的授权委托书;F 施工单位的情况可以认定为明显不符合技术规格和技术标准的要求,属于重大偏差。A、H 两家施工单位的投标是有效标,他们的情况不属于重大偏差。

(5) 根据招标投标法规定,开标应当在投标文件确定的提交投标文件的截止时间公开进行,本例招标文件规定的投标截止时间是 10 月 18 日下午 4 时,但迟至 10 月 19 日下午才开标,是不妥之处一;根据招标投标法规定,开标应由招标人主持,本例由属于行政监督部门的当地招投标监督管理办公室主持,是不妥之处二;根据招标投标法规定,开标时由投标人或者其推选的代表检查投标文件的密封情况,也可以由招标人委托的公证机构检查并公证,本例由招标人检查投标文件的密封情况,是不妥之处三。

(6) 评标委员会委员不应全部由招标人直接确定,而且评标委员会成员组成也不符合规定。根据招标投标法规定,评标委员会由招标人的代表和有关技术、经济等方面的专家组成,成员人数为 5 人以上单数,其中技术经济等方面的专家不得少于成员总数的 2/3。

(7) 在中标通知书发出后第 45 天签订施工合同不妥,依照招标投标法,应于 30 天内签订合同。在签订施工合同后双方又另行签订一份合同金额比中标价降低 10%的协议不妥。依照招标投标法,招标人和中标人不得再行订立背离合同实质性内容的其他协议。

10.3.3 工程项目评标方法

评标应就投标书的商务、综合、技术三个方面进行评审。主要评标方法有两阶段评价法和综合评价法。

1. 两阶段评价法

两阶段评价法主要考察投标书的商务标部分和技术标部分。

1) 商务标评价

商务方面应首先核对报价的工程量清单的项目、数量、单位是否和招标文件一致，然后对报价进行技术性校核，计算出其投标总价，为了对投标价进行合理评审，可在招标文件中规定投标人附上直接费用以及所摊销的其他费用的详细情况说明。在分析时应针对各投标人报价中的各单项合计价、各分项的单价及各总价进行相互比较，并与标底中的单价与总价进行相互比较，以发现偏高或偏低的情况。如果有，可以要求投标人在终评阶段予以澄清，然后决定是否合理。

2) 技术标评价

技术标评价主要是看其施工组织设计是否可行，可从总体布置、总体计划、施工配备、施工方案与施工方法、工程管理五个方面进行评审。

施工组织设计评审是对投标人能否如期、保质完成所承包的全部工程进行审查，其内容包括施工总体布置、施工方法及施工技术措施、施工进度安排、资源计划安排、临时工程设施、工地组织机构、质量、通信、对外交通、安全、环境保护等的详细说明，并辅以图纸或表格，其格式应符合辅助资料中的格式要求。

施工组织设计评审可从先进性、可靠性、合理性等方面考虑。先进性是指在保证可靠性和合理性的条件下，新技术、新工艺的采用是否有先进独到之处。可靠性是指施工方案和施工方法是否安全可靠。合理性是指劳动力、机械设备、材料、资金等资源的安排是否经济合理，施工进度安排是否均衡合理等。

投标单位的施工组织设计如不能满足可靠性、合理性、先进性的要求，则其报价尽管有竞争力，但可能是一种盲目报价、一种不可靠的报价，因而其报价要在评标中大打折扣。

2. 综合评标法

综合评标法是把涉及的招标人各种资质、技术、商务和服务等条款折算成一定的分值，总评分为 100 分。评标时对投标人的每一项指标核对并给出分数值，最后汇总取分数值最高者为中标人。评标时评委最后汇总分数。

综合评标法主要审查投标文件是否响应招标文件，是否符合招标文件规定的技术要求和标准。

【例 10-2】某大型工程，由于技术难度大，对施工单位的施工设备和同类工程施工经验要求高，而且对工期要求比较紧迫。业主在对有关单位和在建工程考察的基础上，仅邀请了三家国有一级施工企业参加投标，并预先与咨询单位和该三家施工单位共同研究确定了施工方案。业主要求投标单位将技术标和商务标分别装订报送。经招标领导小组研究确定的评标规定如下。

(1) 技术标 30 分，其中施工方案 10 分(因已经确定施工方案，各投标单位均得 10 分)，施工总工期 10 分，工程质量 10 分。满足业主总工期要求(36 个月)者得 4 分，不满足者不得分，满足者每提前 1 个月加 1 分；自报工程质量合格者得 4 分，自报工程质量优良者得 6 分(若实际工程质量未达到优良将扣罚合同价的 2%)，近三年内获鲁班工程奖每项加 2 分，获省优工程奖每项加 1 分。

(2) 商务标 70 分。报价不超过标底(35500 万元)的±5%者为有效标，超过者为废标。报价为标底的 98%者得满分(70 分)，在此基础上，报价比标底每下降 1%，扣 1 分，每上升 1%，扣 2 分(计分四舍五入取整)。

现有 A、B、C 三家单位参与投标，其总体投标情况如表 10-1 所示。

表 10-1 投标情况

投标单位	报价/万元	总工期/月	自报工程质量	鲁班工程奖	省优工程奖
A	35642	33	优良	1	1
B	34364	31	优良	0	2
C	33867	32	合格	0	1

问题：
(1) 该工程采用了什么招标方式？是否违反工程建设管理规定？
(2) 请按照综合得分最高者中标的原则确定中标单位。

解：(1)本工程采用了邀请招标方式。该招标方式不违反(或符合)有关规定，因为根据有关规定，对于技术复杂的工程，允许采用邀请招标方式，邀请参加投标的单位不得少于 3 家。

(2) 按照综合评分法计算各投标者得分情况如下。
① 计算各投标单位的技术标得分，见表 10-2。

表 10-2 各投标单位技术标得分

投标单位	施工方案	总工期	工程质量	合计
A	10	4+(36-33)×1=7	6+2+1=9	26
B	10	4+(36-31)×1=9	6+1×2=8	27
C	10	4+(36-32)×1=8	4+1=5	23

② 计算各投标单位的商务标得分，见表 10-3。

表 10-3 各投标单位商务标得分

投标单位	报价	报价与标底的比例/%	扣分	得分
A	35642	35642/35500=100.4	(100.4-98)×2=5(约)	70-5=65
B	34364	34364/35500=96.8	(98-96.8)×1=1(约)	70-1=69
C	33867	33867/35500=95.4	(98-95.4)×1=3(约)	70-3=67

③计算各投标单位的综合得分，见表 10-4。

表 10-4 各投标单位的综合得分

投标单位	技术标得分	商务标得分	综合得分
A	26	65	91
B	27	69	96
C	23	67	90

因为B公司综合得分最高，故应选择B公司为中标单位。

【例10-3】某五星级酒店进行大堂改造装修，业主采取公开招标方式选择施工单位，业主要求投标单位具有装饰设计甲级、施工一级资质，并具有同类工程施工经验。共有A、B、C、D、E、F六家装饰施工单位报名，经过资格预审，投标单位F因资质证书不符合要求而未通过资格预审。该工程采用综合评标法，业主要求技术标和商务标分别装订报送，评标规定如下：

(1) 技术标40分，其中施工方案20分，总工期8分，工程质量6分，项目班子3分，企业信誉3分。技术标各项内容的得分为各评委评分去掉最高分和最低分后的平均数。

(2) 商务标60分。以标底的40%与承包商报价算术平均数的60%之和为基准价，但最高或最低报价高于(或低于)次高(或次低)报价的15%者，在计算承包商的算术平均数时不予考虑，且其商务标得分为15分。以基准价为满分(60分)，报价比基准价每下降1%，扣1分，最多扣10分，报价比基准价每增加1%，扣2分，扣分不保底。

(3) 技术标与商务标综合得分最高者为中标单位。

通过资格预审的A、B、C、D、E五家单位在投标截止时间前提交了投标文件，其中E单位将技术标与商务标分别封装，在封口处加盖单位公章和项目经理签字后在投标截止前1天报送招标代理公司，在规定开标前1小时，又递交一份补充材料，修改投标报价，但招标公司有关工作人员以一个投标单位不能提交两份投标文件为由，拒收补充材料。

开标会由市招标办主任主持，市公证处公证人员在开标前对各投标单位的资质进行审查，并对所有投标文件进行审查，确认A、B、C、D单位的投标文件有效，E单位的投标文件为废标，正式开标。

主持人宣读投标单位名称、投标价格、工期和有关投标文件的重要说明，如表10-5和表10-6所示。

表10-5 各承包商报价和标底

投标单位	A	B	C	D
报价/万元	875.76	886.45	934.5	740.78
标底价/万元	925.6			

表10-6 技术标的综合评分

投标单位	A	B	C	D
技术标得分	37.55	36.02	35.21	36.42

经过计算按得分最高者中标原则确定了中标单位。

问题：

(1) 从背景材料来看，该项目招投标程序存在哪些问题？简要说明。

(2) E单位的投标文件为何废标？

(3) 请按综合得分最高者中标原则确定中标单位。

解：(1) 招投标程序中存在以下问题。

① 招标代理公司的工作人员不应拒收投标单位的补充文件，因为E单位在投标截止时

间之前所递交的任何正式书面文件都是有效文件，都是投标文件的有效组成部分。也就是说，补充文件与原投标文件共同构成一份投标文件，而不是两份相互独立的投标文件。

② 根据招标法，应由招标人(招标单位)主持开标会，并宣读投标单位名称、投标报价等内容，而不应由市招投标主任主持与宣读。

③ 资格审查应在投标之前进行，公证处公证人员无权对投标单位资格进行审查，其到场的作用在于确认开标的公正性和合法性。

(2) E 单位投标文件仅有单位公章和项目经理签字，而无法定代表人或其代理人的印签，故作废标处理。

(3) 计算各承包商的商务标得分：

(875.76−740.48)/875.76=15.45%＞15%；

(934.5−886.45)/886.45=5.42%＜15%；

因 D 单位报价低于次低报价的 15%，计算基准价时不予考虑。

基准价：925.6×40%+(875.76+886.45+934.5)/3×60%=909.58(万元)；

A 单位：875.76/909.58×100%=96.28%；

B 单位：886.45/909.58×100%=97.46%；

C 单位：934.5/909.58×100%=102.74%。

计算各承包商的商务标得分：

A 单位为 60−(100−96.28)×1=56.28；

B 单位为 60−(100−97.46)×1=57.46；

C 单位为 60−(102.74−100)×2=54.52；

D 单位为 15。

计算各承包商的综合得分：

A 单位为 37.55+56.28=93.83；

B 单位为 36.02+57.46=93.48；

C 单位为 35.21+54.52=89.73；

D 单位为 36.42+15=51.42。

经过综合评分计算比较可知，A 单位的综合得分最高，选择 A 单位作为中标单位。

【例 10-4】某工程项目业主邀请了三家施工单位参加投标竞争，各投标单位的报价如表 10-7 所示，施工进度计划如表 10-8 所示，若以工程开工日期为折现点，贷款月利率为 1%，假设各分部工程每月完成的工作量相等，并且能够按月及时收到工程款。

表 10-7　各投标单位的报价

单位：万元

投标单位 \ 项目	基础工程	主体工程	装饰工程	总报价
甲	300	950	900	2150
乙	210	900	1080	2190
丙	210	840	1200	2250

表 10-8　施工进度计划表

投标单位	项目	施工进度计划											
		1	2	3	4	5	6	7	8	9	10	11	12
甲	基础工程												
	主体工程												
	装饰工程												
乙	基础工程												
	主体工程												
	装饰工程												
丙	基础工程												
	主体工程												
	装饰工程												

问题：

(1) 项目评标过程中最常用的两种主要的评标方法是什么？

(2) 就甲、乙两家投标单位，若不考虑资金的时间价值(表10-9)，判断业主应优先选择哪家投标单位中标？

表 10-9　时间价值系数表

n	2	3	4	5	6	7	8
$(P/A,1\%,n)$	1.970	2.941	3.902	4.853	5.795	6.728	7.625
$(P/F,1\%,n)$	0.980	0.971	0.961	0.954	0.942	0.933	0.923

(3) 就乙、丙两家投标单位，若考虑资金的时间价值，乙投标单位工程款现值为多少？丙投标单位工程款现值为多少？判断业主应优先选择哪家投标单位中标？

解：(1) 两阶段评标法和综合评标法。

(2) 甲中标，因为甲的报价低。

(3) $P_乙=210(P/A,1\%,3)/3+900(P/A,1\%,5)(P/F,1\%,3)/5$
　　　$+1080(P/A,1\%,4)(P/F,1\%,8)/4$
　　$=70×2.941+180×4.853×0.971+270×3.902×0.923$
　　$=2026.5(万元)$

$P_丙=210(P/A,1\%,2)/2+840(P/A,1\%,6)(P/F,1\%,2)/6$
　　　$+1200(P/A,1\%,5)(P/F,1\%,7)/5$
　　$=105×1.970+140×5.795×0.980+240×4.853×0.933$
　　$=2088.608(万元)$

因为 $P_乙<P_丙$，所以乙单位中标。

【例 10-5】 某大型基础设施工程，施工图设计已经完成，现拟进行施工招标。招标背景为：采用公开招标方式招标；采用以标底衡量报价得分的综合评分法评标，标底5000万，在评分中，设置以下几项指标及分值：报价50分；业绩与信誉15分，施工管理能力10分，施工组织设计15分，其他10分。同时又规定：若报价超过标底1%以内(包括1%)加4分，超过标底1%～2%加2分，2%～4%扣4分；若报价低于标底1%以内(包括1%)加5分，低于标底 1%～2%(包括 1%)加 6 分，2%～5%加 4 分；分数的加与扣是在报价的基础分(50 分)的基础上进行的。综合得分最高的单位为中标单位。

现有 4 家单位投标，其报价如下，A 单位 5150 万元，B 单位 5100 万元，C 单位 4900 万元，D 单位 4800 万元。各家单位的具体情况见表 10-10。

表 10-10　各家单位具体情况

专家	业绩能力				施工管理能力				施工组织设计				其他			
	A	B	C	D	A	B	C	D	A	B	C	D	A	B	C	D
1	90	85	95	85	85	80	85	85	95	85	80	85	80	85	95	80
2	90	90	90	80	85	80	80	85	95	80	80	85	80	80	90	85
3	85	80	85	85	90	85	80	80	95	90	85	85	85	80	85	80
4	85	80	90	80	95	90	80	90	95	90	85	90	85	85	80	80
5	85	85	90	90	95	85	80	90	95	80	85	90	90	80	85	80

问题：

(1) 综合评分法的基本方法和原则是什么？
(2) 计算各单位的综合得分。
(3) 若签订合同，合同价为多少？

解：(1) 综合评分法的基本方法和原则：

根据招标项目的特点设置评分体系，来评价每个标书的综合得分，综合得分最高的为中标的第一候选人(中标人)。

(2) A 单位综合得分：

报价：(5150-5000)/5000×100%=3%，所以得分为 50-4=46(分)

业绩信誉：(90+90+85+85+85)/5×0.15=13.05(分)

施工管理能力：(85+85+90+95+95)/5×0.10=9(分)

施工组织设计：(95+95+95+95+95)/5×0.15=14.25(分)

其他：(80+80+85+85+90)/5×0.10=8.4(分)

综合得分：46+13.05+9+14.25+8.4=90.7(分)

同理，可求得：

B 单位综合得分：52+12.6+8.4+13.05+8.3=94.35(分)

C 单位综合得分：56+13.65+8.2+12.75+8.7=99.3(分)

D 单位综合得分：54+12.6+8.6+12.6+8.1=95.9(分)

由于，C 单位得分 99.3 分最高，故为中标单位。

(3) 若签订合同，合同价为 4900 万元。

本 章 小 结

项目采购管理是项目管理中一个重要环节，项目采购工作的结果直接表现为选择哪些单位参与到项目的实施中来，是对项目的设计、施工、材料设备采购等项目具体任务的落实，决定了项目管理模式、合同条件等诸多重要问题，直接影响项目的成败。项目采购为项目的实施提供了连续不断的原材料、产品和服务；一个项目的采购支出一般要占项目投资的 50%～60%，可见项目采购管理对于整个项目管理的重要作用。项目采购管理是从项目外采购工作所需的产品和服务的过程。项目采购管理包括项目团队管理合同所需的合同管理和变更控制过程，同时也包括对项目买方与项目团队间合同的管理，包括采购计划编制，编制合同，招标，供方选择，合同管理和合同收尾。

习 题

1. 简答题

(1) 简述采购管理的主要过程。
(2) 简述业主方工程项目必须招标的条件。
(3) 简述工程项目业主方的招标类别。
(4) 简述建设工程招标的主要方式。
(5) 简述业主方项目公开招标的基本程序。
(6) 简述承包方投标报价的基本程序。
(7) 简述承包方工程投标文件的内容。

2. 单项选择题

(1) 应当招标的工程建设项目在(　　)后，已满足招标条件的，均应成立招标组织，组织招标，办理招标事宜。
　　A．进行可行性研究　　　　　B．办理报建登记手续
　　C．选择招标代理机构　　　　D．发布招标信息

(2) 应当招标的工程建设项目，根据招标人是否具有(　　)，可以将组织招标分为自行招标和委托招标两种情况。
　　A．招标资质　　　　　　　　B．招标许可
　　C．招标的条件与能力　　　　D．评标专家

(3) 招标投标法第十二条规定，依法必须进行招标的项目，招标人自行办理招标事宜的，应当向有关行政监督部门(　　)。
　　A．申请　　B．备案　　C．通报　　D．报批

(4) 招标投标法第十九条规定，招标人应当根据招标项目的(　　)编制招标文件。
　　A．投资　　B．建设规模　　C．占地面积　　D．特点和需要

(5) 下列不属于招标文件内容的是(　　)。
　　A．投标邀请书　　　　　　　B．设计图纸
　　C．合同主要条款　　　　　　D．财务报表

(6) 招标人不得以任何方式限制或排斥本地区、本系统以外的法人或其他组织参加投标体现(　　)原则。
　　A．公平　　B．保密　　C．及时　　D．公开

(7) 招标投标法规定，招标人采用邀请招标方式，应当向( )个以上具备承担招标项目的能力、资信良好的特定的法人或者其他组织发出投标邀请书。

　　A. 二　　　　　B. 三　　　　　C. 四　　　　　D. 五

(8) 招标文件、图纸和有关技术资料发放给通过资格预审获得投标资格的投标单位。投标单位应当认真核对，核对无误后以( )形式予以确认。

　　A. 会议　　　　B. 电话　　　　C. 口头　　　　D. 书面

(9) 《工程建设项目施工招标投标办法》第十五条规定，对招标文件或者资格预审文件的收费应当合理，不得以营利为目的。对于所附的设计文件，招标人可以向投标人酌收( )。

　　A. 押金　　　　B. 成本费　　　C. 手续费　　　D. 租金

(10) 招标文件发售后，招标人要在招标文件规定的时间内组织投标人踏勘现场，了解工程现场和周围环境情况，并对潜在投标人针对( )及现场提出的问题进行答疑。

　　A. 设计图纸　　　　　　　　　B. 招标文件
　　C. 地质勘察报告　　　　　　　D. 合同条款

(11) 投标人拿到招标文件后，应进行全面细致的调查研究。若有疑问或不清楚的问题需要招标人予以澄清和解答的，应在收到招标文件后的( )内以书面形式向招标人提出。

　　A. 半个月　　　B. 10日　　　　C. 一定期限　　D. 1周

(12) 投标人对招标文件或者在现场踏勘中如果有疑问或有不清楚的问题，应当用( )的形式要求招标人予以解答。

　　A. 书面　　　　B. 电话　　　　C. 口头　　　　D. 会议

(13) 招标投标法第二十四条规定，依法必须进行招标的项目，自招标文件开始发放之日起至投标人提交投标文件截止之日止，最短不得少于( )日。

　　A. 10　　　　　B. 15　　　　　C. 20　　　　　D. 7

(14) 下列哪项内容在开标前不应公开？( )

　　A. 招标信息　　　　　　　　　B. 开标程序
　　C. 评标委员会成员的名单　　　D. 评标标准

(15) 招标投标法第二十八条规定，招标人收到投标文件后，应当( )，不得开启。在招标文件要求提交投标文件的截止时间后送达的投标文件，招标人应当拒收。

　　A. 登记备案　　B. 签收送审　　C. 集中上报　　D. 签收保存

(16) 招标人收到投标文件后，应当向投标人出具标明签收人和签收时间的( )，在开标前任何单位和个人不得开启投标文件。

　　A. 凭证　　　　B. 回执　　　　C. 协议　　　　D. 收条

(17) 提交投标文件的投标人少于( )个的，招标人应当依法重新招标。重新招标后投标人仍少于这个数，属于必须审批的工程建设项目，报经原审批部门批准后可以不再进行招标；其他工程建设项目，招标人可自行决定不再进行招标。

　　A. 2　　　　　B. 3　　　　　C. 4　　　　　D. 5

3. 分析题

(1) 某市政设施工程全部由政府投资兴建。该项目为该省建设规划的重点项目之一，且已列入地方年度固定投资计划，概算已经主管部门批准，征地工作尚未全部完成，施工图样及有关技术资料齐全。现决定对该项目进行施工招标。招标人在国家级报刊发布招标公告。因估计除本市施工企业参加投标外，还可能有外省市施工企业参加投标，故招标人委托咨询单位编制了两个标底，准备分别用于对本省和外省市施工企业投标价的评定。招标人于2004年8月5日向具备承担该项目能力的A、B、C、D、E五家承包商发出资格预审合格通知书，其中说明，8月10～11日在招标人总工程师室领取招标文件，9月5日14时为投标截止时间。该五家承包商均领取了招标文件。8月18日招标人对投标单位就招标文件提出的所有问题统一做了书面答复，随后组织各投标单位进行了现场踏勘。9月5日这五家承包商均按规定的时间提交了投标文件。但承包商A在送出投标文件后发现报价估算有较严重的失误，于是赶在投标截止时间前半小时递交了一份书面声明，撤回已提交的投标文件。

开标时，由招标人委托的市公证处人员检查投标文件的密封情况，确认无误后，由工作人员当众拆封。由于承包商A已撤回投标文件，故招标人宣布有B、C、D、E四家承包商投标，并宣读该四家承包商的投标价格、工期和其他主要内容。

评标委员会委员由招标人直接确定，共由7人组成，其中招标人代表为2人，技术专家为3人，经济专家为2人。

按照招标文件中确定的综合评标标准，4个投标人综合得分从高到低的依次顺序为B、C、D、E，故评标委员会确定承包商B为中标人。由于承包商B为外地企业，招标人于9月8日将中标通知书寄出，承包商B于9月18日收到中标通知书。最终双方于10月13日签订了书面合同。

问题：

① 招标投标法中规定的招标方式有哪几种？
② 该工程若采用邀请招标方式是否违反有关规定？为什么？
③ 从招标投标的性质看，本题中的要约邀请、要约和承诺的具体表现是什么？
④ 招标人对投标单位进行资格预审应包括哪些内容？
⑤ 根据招标投标法的有关规定，判断该项目在招标投标过程中有哪些不妥之处，说明理由。

(2) 某地一个总投资额8000万元人民币的粮库建设项目，总建筑面积为30000m^2，招标人采用国内公开招标的方式组织项目招标。其中的资格条件如下。

① 在中华人民共和国境内注册的独立法人，注册资本金不少于2000万元人民币。
② 具有建设行政主管部门颁发的工程设计商物粮行业工程设计甲级资质。
③ 近五年完成过仓储规模不少于本次粮库建设规模三项以上的设计业绩。
④ 通过了ISO 9000质量体系认证并成功运行两年以上。

招标公告编制完成后，招标人为了充分吸纳潜在投标人，分别在当地的有形建筑市场、该省日报、《中国经济导报》和中国工程建设和建筑业信息网上发布了招标公告。在当地的有形建筑市场和中国工程建设和建筑业信息网上发布的招标公告为全文,同时为了减少招标公告的发布费用,招标人对在该省日报和《中国经济导报》上发布的招标公告内容进行了大幅度删减,但注明了招标全文见中国工程建设和建筑业信息网,并规定在购买招标文件的同时,潜在投标人须提交10万元(人民币)投标保证金后才能够购买,以保证潜在投标人购买招标文件后参与项目投标,防止招标失败。

问题:

① 我国指定的招标公告发布的媒介有哪些?

② 分析本题,招标人在发布招标公告过程中存在哪些不正确行为?

③ 根据本题内容,拓展分析,假如招标公告发出2日后,已经有4个潜在投标人购买了招标文件,此时招标人感觉公布的资格条件中"注册资本金不少于2000万元人民币"的要求太高,可能影响潜在投标人参与竞争,于是决定将注册资本金调整为1000万元人民币,但怎样实施存在三种意见,其中:

(a) 招标公告已经发出了3日,同时已有三个潜在投标人购买了招标文件,为了减少招标时间,可以直接在招标文件的澄清与修改中对上述两项资格条件进行调整,并在开标前15日通知所有购买招标文件的投标人,这样可以保证原开标计划如期进行。

(b) 不用告知投标人,仅需在评标过程中灵活掌握即可,这样既可以保证原开标计划如期实现,又不至于引起投标人对调整资格条件的各种猜疑,有利于投标人竞争。

(c) 重新发布招标公告,在公告和招标文件中同时调整资格条件,并通知已经购买招标文件的潜在投标人更换新的招标文件,开标时间相应顺延。

其中,意见A和B可以保证原开标计划如期进行,而意见C则需要顺延开标时间。如果你是招标人,应采纳上述三种意见中哪一种?为什么?

(3) 某工程项目在施工招标过程中,招标人根据当地建设主管部门的要求决定编制标底,在编制标底的过程中,出现了以下情况:

① 招标人确定编制的标底价格作为该工程的合同价格。

② 招标人为了防止标底泄露,决定编制两标底,以防一标底泄露,即采用另一标底。

③ 在编制标底时只考虑了人工、材料、设备、机械台班价格变化因素。

④ 为了更有利于竞争,在编制标底时,力求使其降到最低价格。

⑤ 在编制分部分项工程量单价时采用了直接费单价。

⑥ 为了保证标底的准确和严谨,进行了标底的审查。

问题:

① 在编制标底过程中,出现的情况是否妥当?逐一说明。

② 标底是招标人对建设工程的什么价格?由哪些项目组成?一般应控制在什么范围内?

③ 在编制时分部分项工程量单价可以采用什么单价?

④ 以工程量清单计价方式编制标底时,其单价按所综合的内容不同可划分为哪几种方式?主要采用的是哪种方式?

⑤ 标底审查的内容主要包括哪些?

⑥ 审查标底主要有哪几种方法？

(4) 某水利枢纽加固改造工程包括以下工程项目：①浅孔节制闸加固；②新建深孔节制闸；③新建一座船闸，主要内容包括闸室，公路桥，新挖上、下游航道等；④上、下游围堰填筑；⑤上、下游围堰拆除。按工程施工需要，枢纽加固改造工程布置有混凝土拌和系统、钢筋加工厂、木工加工厂、预制构件厂、机修车间、地磅房、油料库、生活区、停车场等。

现拟对其进行招标，业主于2009年12月23日与某招标公司签订委托代理协议，委托该招标公司作为本项目施工招标的招标代理机构。招标代理服务内容主要包括：编制招标方案，审核招标文件，协助招标人审查投标人资格，组织投标人踏勘现场并答疑，组织开标，评标，提供招标前期咨询，与中标人签订合同等。

招标公司为本项目的招标代理服务配备了满足项目实施的各专业人员。

问题：

① 根据有关规定，分析招标代理服务内容中存在哪些不妥之处，指出正确做法。

② 招标代理机构一般应配备哪些人员？

第11章

工程项目现场施工组织与管理

教学目标

本章主要讲述建设项目施工组织设计的基本方法。通过本章学习，应达到以下目标：
(1) 理解施工组织管理的地位和作用；
(2) 熟悉施工组织设计的类型；
(3) 掌握工程项目施工组织设计的实施要点。

教学要求

知识要点	能力要求	相关知识
建设项目施工组织设计管理	(1) 理解施工组织管理的地位和作用 (2) 熟悉施工组织设计的作用 (3) 掌握施工组织设计的类型	(1) 施工组织设计纲要 (2) 施工组织总设计 (3) 专项施工组织设计
建设项目施工组织设计的基本方法	(1) 理解施工方案的类型 (2) 熟悉建设项目施工方案的编制要求 (3) 掌握工程项目施工组织设计的实施要点	(1) 专业工程施工方案 (2) 专项工程施工方案 (3) 施工方案的内容
施工现场的技术管理与组织管理要求	(1) 理解施工现场的技术管理要求 (2) 熟悉工程施工技术交底的要求 (3) 掌握施工现场临时设施管理	(1) 临时用水管理 (2) 临时用电管理 (3) 临时设施管理

基本概念

施工组织设计纲要、施工组织总设计、专项施工组织设计、施工方案、施工组织设计交底、临时用水、临时用电

引例

某电气有限公司新生产基地工程，框架结构四层、钢结构一层，人工挖孔墩基础，建筑面积为9302m^2，计划开工日期为2005年3月20日(实际开工日期以甲方开出的开工通知为准)，总工期为100天(日历天)。

办公楼工程建筑面积为3651m^2，工程框架填充墙均采用M7.5混合砂浆砌筑MU7.5砖渣小砌块190mm厚(除卫生间隔墙为120mm厚黏土砖以外)，墙身砌体应按相关砌块施工规范进行施工，墙体与钢筋混凝土柱交接处用钢筋拉结。外墙为涂料外墙。内墙面砖采用200mm×300mm陶瓷面砖。内墙采用混合砂浆釉涂料面墙；其他为乳胶漆内墙。

楼梯间采用混合沙浆釉涂料面层天棚；会议室、接待室、经理办公室采用轻钢龙骨埃特平板，面刮瓷釉涂料天棚。

本项目在施工组织机构及人员配备方面，为确保工程的顺利开展，项目部由具备丰富施工经验的专业人员组成，在项目经理的领导下，该项目部将全面负责施工、技术、质量、安全、核算等工作，根据作业计划，同意指挥生产、协调落实资金和保证施工物资的供应，确保本工程的工期、质量、成本、安全和文明施工等控制目标的实现。

项目部在施工组织设计过程中编制了以下主要内容、施工组织机构及人员配备计划、劳动力组织、主要施工机具使用计划、工程材料的采购和进场计划、主要分部分项工程项目的施工方法、施工进度计划、施工工期的保证措施、保证质量措施、现场施工平面布置、季节性施工措施、保证安全生产的措施、文明施工措施、环境保护措施。

并在施工组织设计规划后面附上了拟投入的主要施工机械设备表、劳动力计划表、计划开竣工日期和施工进度网络图、施工总平面图。

11.1 建设项目施工组织设计

施工组织设计是用以指导建设工程项目全过程各项活动的技术、经济和组织的纲领性文件。施工组织设计以建设工程项目为对象进行编制，按照施工规律、现行有效的标准和项目自身的特点，从人员、物资、机械设备和施工方法等方面进行统筹平衡，对施工部署和施工准备工作、施工现场平面布置、施工总进度计划、技术组织措施等进行科学安排，采用先进技术保证工程质量、安全，做到节能环保、高质量、低成本、施工进度快、文明生产等，从而实现项目的总体目标。施工组织设计是对工程施工过程进行有效管理的重要手段和依据。

11.1.1 施工组织设计的作用和类型

1. 施工组织设计的作用

(1) 指导工程施工全过程和履行施工合同，是减少各项纠纷和编制工程预算结算的主要依据。

(2) 提出人力、材料、机具和设备的配置计划及使用顺序，合理地布置和规划施工现场。

(3) 确定合理的施工顺序、施工方法、劳动组织和技术经济措施，统筹安排工程的进度计划。

(4) 是工程创优的技术基础，是施工企业技术革新的推动力。

2. 施工组织设计的类型

1) 根据施工组织设计的详细程序分类

施工组织设计根据详细程度不同，可以分为三种类型，即施工组织设计纲要、施工组织总设计和专项施工组织设计。

(1) 施工组织设计纲要：是投标前的施工组织设计。它根据招标文件编制，为施工布局做出总体安排，适应投标的需要。

(2) 施工组织总设计：是中标后的施工组织设计。主要以若干个单位工程组成的群体工程为对象编制，同时又是编制专项施工组织设计的依据。

施工组织总设计主要包括以下内容。

① 工程概况、工程特点、编制依据、各专业工程主要工作量。
② 主要技术经济指标，包括工期、质量、成本、安全及项目管理目标等。
③ 项目组织机构、各类管理规章制度体系。
④ 人力资源计划、大型机械设备计划。
⑤ 施工总平面布置图、施工总进度计划及说明。
⑥ 主要施工方案。
⑦ 项目质量管理、成本管理、进度管理、风险管理、物资管理、安全管理等计划。

(3) 专项施工组织设计：以复杂及特殊作业工程为主要对象编制的施工组织设计。

2) 根据施工组织设计阶段分类

如果根据施工组织设计阶段的不同，施工组织设计可以分为两类：一类是标前施工组织设计，又称为建设工程施工项目管理规划大纲；另一类是标后施工组织设计，又称为建设工程施工项目管理实施规划。

3) 根据施工组织设计编制对象分类

根据施工组织设计编制对象的不同，施工组织设计可分为三类，即施工组织总设计、单位工程施工组织设计、分部工程施工组织设计。

(1) 施工组织总设计：一般以机电工程、建筑形成使用功能或完整的能生产出产品的生产工艺系统为对象。

(2) 单位工程施工组织设计：一般以单位工程或单项工程为对象。

(3) 分部工程施工组织设计：一般以施工技术难度较大、施工工艺较复杂、质量要求较高或采用新工艺的分部分项工程或专业工程为对象。

11.1.2 施工组织设计的编制要求

1. 施工组织设计的编制原则

应遵守国家工程建设的法律、政策、法规、方针，遵守现行的技术标准和规范，充分利用时间和空间合理部署施工现场，还应该符合施工合同或招标文件中所要求的技术经济指标。

2. 施工组织设计的编制依据

施工组织设计纲要的编制依据之一是工程项目招标文件，专项施工组织设计的编制依据之一是施工组织总设计。

以施工组织总设计的编制为例，其编制依据如下。

(1) 相关的国家及行业标准、规范。
(2) 根据批准的施工图以及施工合同、技术协议和会议纪要等文件。
(3) 施工组织设计纲要。
(4) 施工企业技术标准、施工队伍情况及装备条件、管理状况。
(5) 类似建设工程项目的资料和经验。

3. 施工组织设计的编制要求

施工组织设计要对施工组织、技术措施、成本控制措施、经济效益分析等有较强的指导性。所采用的规范、标准必须有效；符合施工合同或招标文件中有关工程进度、质量、安全、环境保护等方面的要求。此外，施工组织设计的编制还必须针对工程的特点及重难点进行施工方法和施工保障措施的编制。施工方法应先进、可行、合理，能提供多方案的优化比选。

4. 施工组织设计的编制要点

施工组织总设计的编制要点如下。

(1) 工程概况：内容包括建设工程项目的基本情况、现场条件、设计情况等。
(2) 编制依据：法律、法规、规程、标准等必须是现行有效的。
(3) 各专业工程主要工作量。
(4) 主要技术经济指标：如工期、机械设备、人力的利用程度、项目成本等。
(5) 项目组织机构和各类管理体系等。
(6) 人力资源计划：包括高峰人数、月平均人数、总人工时等。
(7) 大型机械设备计划：包括设备名称、规格、型号、进出场时间、数量等。
(8) 施工总进度计划：通常用横道图或网络图来描述。
(9) 施工平面图布置及说明。
(10) 主要施工方案简述：主要施工方案是指对工程质量起关键作用的方案(施工技术复杂、施工难度大或采用"四新技术")以及脚手架、起重吊装、临时用电、季节性施工等专项方案。
(11) 项目质量规划及主要保证措施：内容有质量目标和要求，质量管理组织及其职责，关键项目的施工质量控制点等。
(12) 项目安全、环境管理规划及主要保证措施。
(13) 项目物资供应计划：内容有结合施工进度安排进行编制，业主供货计划或承包方采购到货计划。
(14) 项目成本控制措施。
(15) 项目风险识别及防范措施。
(16) 项目信息管理措施。

11.2 建设项目施工组织设计管理

11.2.1 建设项目施工方案的编制要求

施工方案是施工组织设计的细化和完善。它是依据施工组织设计要求，为专业工程施工而编制的具体实施方案，其中包括组织机构方案、人员组成方案、技术方案、安全方案、材料供应方案等。施工方案是指导各专业工程施工的具体作业文件和依据，是专业施工安全、质量、进度和成本控制的重要保证。

施工方案的编制应符合正确性、可操作性、针对性、适用性和全面性等方面的要求。其编制依据包括施工组织总设计、设计文件、供货方技术文件、施工现场勘察设计、国家和行业相关标准规范、同类型工程项目施工经验等。

1. 施工方案的作用

施工技术方案以专业工程为对象进行编制，制定专业工程施工工艺，部署专业工程资源、工期、质量等要求。施工方案直接指导专业工程施工，在安全生产的前提下，确保专业工程施工的质量，确保资源的合理配置以及工期的合理安排。

2. 施工方案的类型

按照施工方案所指导的内容不同，施工方案分为专业工程施工方案和专项工程施工方案两大类。

专业工程施工方案是为确保专业工程的实施，用以指导专业工程施工全过程各项施工活动而编制的工程施工方案。

专项工程施工方案是针对专项工程及专项规范规定和特殊作业而编制的工程施工方案。它的编制需经施工单位技术总负责人批准。

3. 施工方案的内容

施工方案的内容包括工程概况、编制依据、施工程序、施工方法、安全技术措施、进度计划、资源配置计划、施工平面布置、质量管理措施等。

4. 施工方案的编制依据和要点

施工方案的编制依据有：施工组织设计文件、技术设计文件、供货方技术文件、国家和行业标准、施工现场条件等。编制要点如下：

(1) 工程概况：如工程的基本情况、现场条件、主要实物量、工期安排、主要技术参数。

(2) 施工方法：包括工序操作要点、检查方法、机具选择、技术要求和质量标准。

(3) 施工程序：包括各工序之间的顺序、平行、交叉等逻辑关系。

(4) 进度计划。

(5) 安全技术措施。

(6) 资源配置计划。

(7) 施工平面布置：包括材料堆场、预制区域及检(试)验场所等位置。

(8) 质量管理措施：包括工序控制关键和工序质量控制与方法。

11.2.2 施工组织设计的实施

1. 施工组织设计实施的基本要求

施工组织设计应保证做到正确交底，确保对施工组织设计实施的符合性和有效性进行中间检查与调整。施工组织设计的编制、审核和审批应实行分级管理制度。在施工单位完成内部编制、审核、审批程序后，交由承包单位审核、审批，再由承包单位项目经理或其授权人签章后向监理报批。规模大、工艺复杂的工程、群体工程或分期出图的工程，可以进行分阶段编制和报批。

2. 施工组织设计交底

施工组织设计的编制人员应在工程开工前向施工人员做施工组织设计交底，以利于做好充分的施工准备。

施工组织设计交底的内容主要包括工程施工的特点和难点、主要涉及的施工工艺和施工方法、组织机构的设置、进度安排、质量、安全技术措施等。

3. 施工方案交底

施工方案的编制人员应在工程施工前向施工作业人员进行施工方案、技术交底。需要进行施工方案交底的主要对象包括以下几方面。

(1) 分项、专项工程的施工方案。

(2) 新产品、新材料、新技术、新工艺项目。

(3) 交底内容为该工程的施工程序和顺序、操作方法、施工工艺、质量控制、安全措施等。

(4) 特殊工程。例如，特大、特重、特高、精密或高价值设备的运输、吊装方案，工程量大、多交叉的工程的施工组织方案，特厚、重要部位、大焊接量或有特殊要求的焊接施工方案，现场预制和工厂预制的方案，特殊作业方案，关键过程技术方案等。

4. 施工方案优化

对施工方案进行技术经济评价是优化施工方案的重要环节。对多个施工方案进行经济分析比选有利于获得工期短、材料省、质量高、劳动力安排合理、工程成本低的方案。对施工方案进行经济评价常用方法是综合评价法。施工方案的技术经济比较主要包括以下几个方面。

(1) 技术先进性比较：比较各方案的技术水平、各方案的技术效率、各方案的技术创新程度、各方案实施的安全性(如可靠性、事故率等)。

(2) 经济合理性比较：各方案投资总额、对环境的经济影响性、对产值增长的贡献、对工程进度及其费用影响的大小。

(3) 社会效益比较：主要是指推广应用价值的比较，如节约资源、降低污染等。

【例 11-1】某大型钢铁企业为增加高附加值品种，提高产品档次，拟投资建设一座轧钢生产线。某冶建企业通过投标总承包了该工程，并建立了工程项目管理机构，对工程实施全过程管理。该企业对工程实施管理的基本程序如下：

①编制项目管理规划大纲；②编制投标书并进行投标；③签订施工合同；④编制项目管理实施规划；⑤确定项目经理及项目经理部主要领导人员；⑥项目经理接受企业法人的委托组建项目经理部；⑦项目经理部着手项目开工前的施工准备；⑧施工阶段，由项目经理部进行现场管理，保证规划目标的实现；⑨竣工验收阶段，项目经理部整理工程资料并进行工程结算等工作。

问题：
(1) 在上述施工项目管理基本程序中有哪些不妥?请说明。
(2) 施工组织总设计由谁编制?施工组织总设计中应包含哪些内容?
(3) 施工方案交底包括哪些内容?

解：(1) 施工项目管理的基本程序应该是：①编制项目管理规划大纲；②编制投标书并进行投标；③签订施工合同；④确定项目经理及项目经理部主要领导人员；⑤项目经理接受企业法人的委托组建项目经理部；⑥编制项目管理实施规划；⑦项目经理部着手项目开工前的施工准备；⑧施工阶段，由项目经理部进行现场管理，保证规划目标的实现；⑨竣工验收阶段，项目经理部整理工程资料并进行工程结算等工作。

本例给出的程序中④应该放到⑥后面，原⑤、⑥变为④和⑤，即在确定项目经理及项目管理部主要领导人员，项目经理接受企业法人的委托组建项目经理部后再由项目经理部编制项目管理实施规划。这是由于项目管理实施规划是在对施工合同、施工条件、项目管理目标责任书进行认真分析后由项目经理部负责编写的，是项目经理部用于指导现场管理工作的纲领性文件，应在项目经理部组建完成后、开工前进行编写。

(2) 施工组织总设计应由总承包单位进行编制，包括以下内容。
① 工程概况、编制依据、工程特点。
② 主要技术经济指标。
③ 项目组织机构和各类管理体系。
④ 人力资源计划、大型机械设备计划。
⑤ 施工总进度计划、施工总平面布置及说明。
⑥ 主要施工方案简述。
⑦ 项目质量管理、成本管理、风险管理、信息管理等内容。

(3) 施工方案交底内容包括该工程的施工程序、施工工艺、操作方法及要领、质量控制、安全措施等。

【例 11-2】 在某项目的实施过程中，建设单位代表对施工单位报送的施工组织设计审核时发现，施工单位为方便施工，将设备管道竖井的位置做了移位处理；另外施工单位将工程的有关试验主要安排在施工单位试验室进行。建设单位代表认为，管道竖井移位方案不会影响工程使用功能和结构安全，因此，签认了该施工组织设计报审表，同时指示相关人员对施工单位试验室资质等级及其试验范围等进行考核。

在建设单位主持召开的第一次工地会议上，建设单位介绍工程开工准备工作基本完成，施工许可证正在办理，要求会后就组织施工。会后建设单位起草了会议纪要，纪要中明确边施工边办理施工许可证，并将此会议纪要送发相关单位要求遵照执行。

设备安装施工要求安装人员有安装资格证书。建设单位代表发现 5 名安装人员无安装资格证书，且他们已参加并完成了该工程的一项设备安装工作。

设备调试时，施工单位未按技术规程要求进行调试，存在较大的质量和安全隐患，建设单位代表发现后立即签发了工程暂停令，要求施工单位整改。施工单位用了 2 天时间整改后被指令复工。对此次停工，施工单位向建设单位提出费用索赔和工程延期的申请，强调设备调试为关键工作，停工 2 天导致窝工，建设单位应给予工期顺延和费用补偿，理由是虽然施工单位未按技术规程调试但并未出现质量和安全事故，停工 2 天是建设单位要求的。

问题：
(1) 建设单位在第一次工地会议上的做法是否妥当？若不妥，写出正确的做法。
(2) 施工单位擅自对施工组织设计进行修改是否妥当?请予以说明。

解：(1)在施工许可证尚未取得的情况下，建设单位在第一次工地会议上要求组织开工是不妥的。正确的做法应当如下。

① 工程开工前，建设单位应按有关规定向工程所在地的县以上政府建设行政主管部门申请领取施工许可证。

② 申请施工许可证前，建设单位应完成以下有关工作并应具备下列条件。
(a) 已办理好工程用地批准手续。
(b) 城市规划区的工程已取得规划许可证。
(c) 拆迁进度符合施工要求。
(d) 已确定施工企业。
(e) 有满足施工需要的图纸及资料。
(f) 已按国家有关规定办理工程质量监督手续。
(g) 建设资金落实。
(h) 法律法规规定的其他条件。

③ 建设单位自领取施工许可证之日起，应在5个月内开工；因故不能开工的，应申请延期开工。

(2) 施工单位擅自对施工组织设计进行修改是不妥的。因为：

① 施工单位应按审定的施工组织设计组织施工。如需有较大的变更时，应书面报送建设单位重新审定。

② 对设计图纸的修改必须由原设计单位修改或审查认可，方可实施。没有通过设计单位的修改或审查签认，建设单位代表无权签认。

③ 工程的试验项目，特别是按法规规定，涉及安全和使用功能的，需要进行见证取样的试验，应当委托法定的第三方试验机构进行试验，不能安排在施工单位试验室进行。

11.3 施工现场的技术管理要求

工程施工技术是履行项目合同，加快进度，确保质量、安全，降低成本的保证。

工程施工技术交底主要涉及以下几方面内容。

(1) 施工技术交底应在开工前进行，并贯穿施工全过程。施工技术交底一般包括设计交底、施工组织设计交底、施工方案交底、设计变更交底。

(2) 内容主要包括施工工艺与方法、技术要求、质量要求、安全要求及其他要求等。

(3) 技术交底应分层次展开，直至交底到施工操作人员。交底必须在作业前进行。对于重要项目的技术交底需有书面交底资料，应由项目技术负责人审核或批准，交底时技术负责人应到场。

(4) 技术交底人员与被交底人双方应在交底记录上签字。交底资料和记录应进行收集、整理，并妥善保存，竣工后作为工程档案进行归档。

11.4 施工现场的组织管理

11.4.1 现场和道路管理

1. 场地管理

施工现场的场地应平整坚实，无坑洼和凹凸不平；有排水措施，雨季不积水。场地内应清除障碍物。现场油料、化学溶剂等应设有专门的库房；地面应进行防渗漏处理，对粉尘源进行覆盖遮挡。

2. 道路管理

施工现场道路应当有循环干道，满足运输、消防要求；道路布置要与现场的材料、构件、仓库等堆场、吊车位置相协调、配合；主干道应当平整坚实，保证不沉陷，不扬尘。主干道宽度不宜小于 3.5m，载重汽车转弯半径不宜小于 15m；主要道路应尽可能利用永久性道路。

3. 现场封闭管理

施工现场必须实施封闭式管理，将施工现场与外界隔离，既可以防止"扰民"，又可保护环境，美化市容。

1) 围挡

施工现场围挡应沿工地四周连续设置，不得留有缺口。确保围挡的稳定性、安全性；围挡的用材应坚固、稳定、整洁、美观，宜选用砌体、金属板材等硬质材料；施工现场的围挡一般应高于 1.8m；禁止在围挡内侧堆放泥土、砂石等散状材料及架管、模板等，严禁将围挡做挡土墙使用，以免对围墙产生较大的侧压力，而导致围墙倒塌。

2) 大门

施工现场应当有固定的出入口，出入口处应设置大门；施工现场的大门应牢固美观，大门上应标有企业名称或企业标志；出入口设置专职门卫保卫人员，制定门卫管理及交接班记录制度。

11.4.2 临时设施管理

1. 临时设施的基本含义

施工现场的临时设施主要是指施工期间临时搭建、租赁的各种房屋设施。施工现场的临时设施较多，临时设施必须合理选址、正确用材，在确保使用功能的基础上，要满足安全、卫生、环保、消防要求。

1) 临时设施的种类

临时设施主要包括四类：一是办公设施，包括办公室、保卫传达室、会议室；二是生活设施，包括宿舍、食堂、厕所、浴室、阅览娱乐室、卫生保健室；三是生产设施，包括材料仓库、防护棚、加工棚、操作棚；四是辅助设施，包括现场排水设施、道路、围墙、供水处、大门、吸烟处。

2) 临时设施的设计

施工现场搭建的生活设施、办公设施或两层以上、大跨度及其他临时房屋建筑物应当进行结构计算,绘制简单施工图,并经企业技术负责人审批方可搭建。临时建筑物使用年限不得少于 5 年。临时办公用房、宿舍、食堂、厕所等建筑物结构重要性系数 γ_o=1.0,工地非危险品仓库等建筑物结构重要性系数 γ_o=0.9,工地危险品仓库按相关规定设计。

3) 临时设施的选址

办公生活临时设施的选址首先应考虑与作业区相隔离,保持安全距离。另外,选址的周边环境必须具有安全性,如不得设置在高压线下,也不得设置在沟边、崖边、河流边、强风口处、高墙下以及自然灾害地质带上(即滑坡、泥石流和山洪可能冲击到的区域)。

4) 临时设施的布置原则

尽量利用施工现场或附近的各种永久性建筑物、构筑物和原有设施为施工服务;合理布局,协调紧凑,充分利用地形,节约用地;临时房屋应厉行节约、减少浪费,尽量采用活动式或容易拆装的房屋;布置应便于工人的生产和生活;应符合安全防火和劳动保护的要求。

5) 临时设施的布置方式

生活性临时房屋一般布置在工地现场以外或布置在现场的四周或集中于一侧;行政管理办公室应靠近工地或工地现场出入口;生产性临时房屋,如钢筋加工厂、混凝土搅拌站、木材加工厂等,应在工地现场选择适当的位置。

6) 临时房屋的结构类型

活动性临时房屋包括钢骨架活动房屋、彩钢板房等;固定式临时房屋包括砖木结构、砖石结构和砖混结构。

2. 临时设施的搭设与使用管理

1) 办公室

施工现场应设置办公室,办公室内布局应合理,文件资料宜归类存放,并应保持室内清洁卫生。

2) 职工宿舍

宿舍应当选择在通风、干燥的位置,不得在尚未竣工建筑物内设置员工集体宿舍;宿舍内应保证有必要的生活空间,室内净高不得小于 2.4m,通道宽度不得小于 0.9m,每间宿舍居住人员不应超过 16 人;应当制定宿舍管理使用责任制,轮流负责卫生或安排专人管理。

3) 食堂

食堂应当选择在通风、干燥的位置,应当保持环境卫生,远离有毒有害场所等污染源;装修必须符合环保、消防要求,地面应做硬化和防滑处理,按规定设置污水排放设施;食堂应配备必要的排风设施和冷藏设施;应当制定并在食堂张挂食堂卫生责任制,加强管理。

4) 厕所

应根据施工现场作业人员数量设置相应数量的水冲式或移动式厕所,厕所地面应硬化,门窗齐全。此外,高层建筑施工超过 8 层以后,每隔 4 层宜设置临时厕所。所有厕所应设专人负责,定时进行清扫等。

5) 防护棚

施工现场的防护棚如加工站厂棚、机械操作棚、通道防护棚等，棚顶应当满足承重、防雨要求。施工坠落半径之内的防护棚，棚顶应具有抗砸能力。

大型站厂棚可采用砖混、砖木结构，保证结构安全。小型防护棚一般用扣件式钢管脚手架搭设。

6) 搅拌站

(1) 搅拌站应当综合考虑砂石堆场、水泥库的设置位置，应有后上料场地，既要相互靠近，又便于材料的装卸和运输。

(2) 搅拌站应当尽可能设置在垂直运输机械附近，在塔式起重机吊运半径内，尽可能减少混凝土、砂浆水平运输距离。采用塔式起重机吊运时，应当留有起吊空间，使吊斗能方便地从出料口直接挂钩起吊和放下；采用小车、翻斗车运输时，应当设置在道路旁，以方便运输。

(3) 搅拌站场地四周应当设置沉淀池、排水沟。

(4) 搅拌站应当搭设搅拌棚，挂设相应的警示标志、搅拌安全操作规程以及混凝土配合比牌，采取措施防止扬尘，冬期施工还应考虑保温、供热等。

7) 仓库

仓库位置根据各个施工阶段对材料需要的先后顺序进行布置；水泥仓库应选择排水方便、地势较高、靠近搅拌机的地方；易燃易爆品仓库应当符合防火、防爆安全距离要求；仓库内各种器件、工具应分类集中放置，标明规格型号，设置标牌；易燃、易爆等物品不得与其他物品混放；仓库应有专门的库管人员，应建立严格的进出库制度。

3. 五牌一图与两栏一报

施工现场的进口处应有"五牌一图"，在生活区、办公区设置"两栏一报"。

五牌指工程概况牌、管理人员名单及监督电话牌、安全生产牌、消防保卫牌、文明施工牌；一图指施工现场总平面图。也可根据情况增加其他牌图，如工程效果图。标牌是施工现场的一个重要标志，其制作、挂设也应规范、整齐、美观，内容应有针对性。

施工现场应该设置的"两栏一报"主要指读报栏、宣传栏和黑板报。

4. 安全标志与警示标牌的布置与悬挂

施工现场应当根据工程特点及施工的不同阶段，有针对性地设置、悬挂安全标志。

1) 安全标志的定义

安全标志是指各种标牌、文字、符号以及灯光等，应当设置在醒目的位置，便于作业人员识别。灯光标志要求明亮显眼；文字图形标志要求简明易懂。

根据《安全标志及其使用导则》(GB 2894—2008)，安全标志分禁止标志、警告标志、指令标志和提示标志。

根据《安全色》(GB 2893—2008)规定，安全色是表达安全信息含义的颜色，且规定用红、黄、蓝、绿四种颜色作为全国通用的安全色安全色，分别表示禁止、警告、指令和提示。

2) 设置、悬挂安全标志的意义

施工现场高空与交叉作业多、施工机械与机具种类多、临时设施多、不安全因素多、作业环境复杂，危险因素较大，容易造成人身伤亡事故。在危险部位和有关设备、设施上设置安全标志，可提醒、警示管理人员、作业人员及其他相关人员所处环境的危险性，随时保持清醒，避免事故发生。

3) 安全标志平面布置图

施工单位应根据工程项目的规模、施工现场的环境、工程结构形式以及设备、机具的位置等情况，确定危险部位，有针对性地设置安全标志。根据不同施工阶段，及时地对安全标志进行设置、悬挂或增减。在此基础上绘制安全标志布置总平面图。

4) 安全标志的设置与悬挂

施工现场入口处、临时用电设施、施工起重机械、脚手架、出入通道口、电梯井口、楼梯口、桥梁口、孔洞口、基坑边沿、隧道口、爆破物及有害危险气体和液体存放处等危险部位，应当设置明显的安全标志，且应根据危险部位的性质，设置不同类型、数量的安全标志。例如，在爆破物及有害危险气体和液体存放处设置禁止烟火、禁止吸烟等禁止标志；在施工机具旁设置当心触电、当心伤手等警告标志；在施工现场入口处设置必须戴安全帽等指令标志；在通道口处设置安全通道等指示标志；在施工现场的沟、坎、深坑等处，夜间要设红灯示警。

安全标志设置后应当填写施工现场安全标志登记表，进行统计记录。

11.4.3 施工现场设备设置与材料堆放管理

1. 施工现场塔式起重机的设置

1) 位置的确定原则

塔式起重机的位置既要满足安装的需要，又要考虑混凝土搅拌站、料场位置及水、电管线的布置等。固定式塔式起重机设置的位置一般宜靠近路边，减少水平运输量。有轨式塔式起重机的轨道通常是沿建筑物一侧或内外两侧布置。

2) 应注意的安全事项

有轨式塔式起重机的塔轨中心距建筑外墙的距离，一般应不少于 3.5m；拟建的建筑物临近街道，塔臂可能覆盖人行道，若现场条件允许，塔轨应尽量布置在建筑物的内侧；塔式起重机临近高压线，应搭设防护架，并且应限制旋转的角度，以防止塔式起重机作业时造成事故；在一个现场内布置多台起重设备时，设备间应留有一定的空间，以确保上、下、左、右旋转时的交叉作业安全；有轨式塔式起重机的轨道基础与固定式塔式起重机的机座基础必须坚实可靠，周围设置排水措施，防止积水；起重机布置时应考虑安装与拆除所需要的场地；施工现场应留出起重机进出场道路。

2. 材料的堆放管理

1) 一般要求

建筑材料的堆放应分期分批进场，以减少堆场和仓库面积；各种工具、构件、材料的堆放按照总平面图规定的位置放置，堆放整齐；位置应便于运输和装卸，尽量减少二次搬运；堆场地势要高，且坚实、平坦，回填土应分层夯实，要有排水措施，符合安全、防火的要求；应当按照品种、规格堆放，并设标牌，标明名称、规格和产地等。

2) 主要材料半成品的堆放

钢筋应堆放整齐，不宜放在潮湿和露天处，用方木垫起，以防锈蚀；砖应码成方垛，不准超高，距沟槽坑边不小于 0.5m，防止坍塌；砂石应堆成方，且石子按不同粒径规格堆放；各种模板应按规格分类堆放，地面应平整坚实，叠放高度不宜超过 1.6m；混凝土构件按规格、型号堆放，堆放场地应平整、坚实，多层构件的垫木要上下对齐，垛位不准超高；混凝土墙板宜设绑扎牢固、防止倒塌的插放架。

3) 场地清理

作业区及建筑物楼层内要工完场地清，拆模随拆随清，及时运走，不能马上运走的应码放整齐。

各楼层清理的垃圾及时运走，施工现场的垃圾也应分类集中堆放。

11.5 建设项目施工现场临时用水与临时用电管理

11.5.1 建设项目施工现场临时用水管理

1. 施工用水量的计算

1) 施工工程用水量计算

施工工程用水包含混凝土及砂浆搅拌、混凝土养护、砖石砌筑、管道及容器的试验、物件及设备清洗、场地及结构冲洗等用水。根据建设工程施工的工序，混凝土用水量为现场最大用水量。根据现场施工工序，砌筑、楼地面、工业管道安装工作与集中混凝土浇筑工作不在同一时段，且需要的用水量远远小于混凝土用水量，故按照混凝土集中浇筑用水量考虑。施工工程用水量用 q_1 表示，其计算公式为

$$q_1 = K_1 \sum \frac{Q_1 N_1}{T_1 t} \times \frac{K_2}{8 \times 3600}$$

式中：K_1——未预计的施工用水系数；

Q_1——日工程量；

N_1——施工用水定额；

T_1——年(季)度有效工作日；

t——每天工作班数；

K_2——用水不均衡系数。

2) 施工机械用水量计算

施工机械用水量用 q_2 表示，其计算公式为

$$q_2 = K_1 \sum Q_2 N_2 \frac{K_3}{8 \times 3600}$$

式中：K_1——未预计的施工用水系数；

Q_2——同一种机械的台数；

N_2——施工机械台班用水定额；

K_3——施工机械用水不均衡系数。

3) 施工现场生活用水量计算

施工现场生活用水量用 q_3 表示，其计算公式为

$$q_3 = \frac{P_1 N_3 K_4}{8 \times 3600 \times t}$$

式中：P_1——施工现场高峰昼夜人数；

N_3——施工现场生活用水定额；

K_4——施工现场用水不均衡系数；

t——每天工作班数。

4) 生活区生活用水量计算

生活区生活用水量用 q_4 表示，其计算公式为

$$q_4 = \frac{P_2 N_4 K_3}{24} \times 3600$$

式中：P_2——生活区居民人数；

N_4——生活区昼夜全部生活用水定额；

K_3——生活区用水不均衡系数。

5) 消防用水量计算

根据规定，现场面积在 25ha 以内者同时发生火灾一次，消防用水定额按 10～15L/s 考虑。根据现场总占地面积，按 10L/s 考虑。

生活区消防用水量按照 200 人考虑发生火灾一次，按 10L/s 考虑。消防用水量 q_5 为 10L/s。

6) 现场总用水量 Q

(1) 当 $(q_1+q_2+q_3+q_4) \leq q_5$ 时，$Q=q_5+1/2(q_1+q_2+q_3+q_4)$。

(2) 当 $(q_1+q_2+q_3+q_4) > q_5$ 时，$Q=q_1+q_2+q_3+q_4$。

当当工地面积小于 5ha 时，而且 $(q_1+q_2+q_3+q_4)<q_5$，$Q=q_5$。最后计算出总用水量(以上各项相加)，再加上 10% 的漏水损失。

2. 管径的选择

总用水量确定后，即可据此计算给水管道管径(D)。其计算公式为

$$D = \sqrt{\frac{4 \times 1000 \times Q_{总}}{\pi V}}$$

式中：$Q_{总}$——水管总流量(L/s)；

V——水管流速(m/s)。

3. 扬程高度

扬程是满足现场建筑物、构筑物施工及消防的要求的水泵运行高度。个别建筑物(如水塔、烟囱、锅炉、厂房屋面等)过高，施工及临时消防用水压力不能满足时，由施工单位采取二次加压措施或采用移动式灭火器补充。扬程高度用 H 表示。

4. 施工水管的布置

施工水管和消防水管应结合使用，主要供水管布置成封闭的环网，个别水管布置成支

状。通常地面管网管径为 80mm，楼层立管管径为 50mm。在环形管网上每隔 30m 左右设置一个消防栓，在楼层上，每层设置消防箱及消防带，消防水带长 25m，管径为 50mm。同时考虑到施工用水，每层设 DN25 给水点一个。

5. 施工及现场临时消防用水系统的布置

主体结构施工时，在地下室设加压水泵两台，在管线连接方面，应保证两台加压水泵互为备用，用于楼层施工及消防供水。

施工及现场临时消防用水采用公用母管，施工现场水泵房布置在外循环水进水位置，取水从循环水进水管道中直接抽取，为保证现场施工用水的不间断性，水泵建议采用"一用一备"。建构筑物过高时，采用二次升压泵供给消防用水。

11.5.2 建设项目施工现场临时用电管理

1. 用电管理概述

安装、维修、巡检或拆除临时用电设施的工作，必须由电工完成。电工作业属于特种作业，必须经过国家相关部门组织的安全培训，在取得操作证后方能独立作业。

施工现场用电设备在 5 台及以上或设备总容量在 50kW 及以上者，应编制用电施工组织设计方案。其步骤如下。

(1) 现场勘测。
(2) 确定电源进线、配电装置、变电所或配电室、用电设备位置及线路走向。
(3) 进行负荷计算。
(4) 选择变压器。
(5) 设计配电系统。设计配电线路，设计配电装置，选择导线或电缆，选择电器，设计接地装置，绘制用电总平面图、用电图纸、配电系统接线图、配电装置布置图、接地装置设计图。
(6) 设计防雷装置。
(7) 确定防护措施。
(8) 制定安全用电技术措施和电气防火措施。

2. 施工现场安全用电措施

(1) 施工临时用电应按总平面图规定架空。
(2) 施工用电管理工作必须由取得上岗证的电工负责，严格按操作规程施工。
(3) 工程所有机械设备一律采用接地保护和现场重复接地保护。
(4) 配电箱一律选用标准箱，挂设高度为 1.4m，箱前左右 1m 范围内不准放置物品。
(5) 移动电箱的距离不大于 30m，做到"一机一闸一保护"。

3. 施工现场用电安全规范

(1) 布线安装必须有劳动部门颁发的电工证的师傅现场指导，按电工规范操作。
(2) 严格按操作规程进行作业，严禁酒后违章作业。
(3) 施工现场用火焊接、切割等必须有防火措施。

(4) 工地临时用电要用电缆线。
(5) 开关箱内必须有漏电保护器方可施工。
(6) 施工现场利用原供电系统供电必须符合现场负荷使用。
(7) 照明灯具与易燃易爆物品之间必须保持一定距离，当距离不够时，必须采取隔热措施。
(8) 施工现场临时照明灯具离地面距离不小于 250mm，用电设备接线安全、牢固、防水。

4. 施工现场临时用电防控措施

建筑工地必须根据施工现场的特点建立临时用电管理责任制，施工现场临时用电为总承包单位负责制，施工现场的一切配电设备、用电设备(开关箱、分配电箱、电焊机、手持电动工具等)须经总承包单位检查合格后方可进场使用。日常的安全用电应建立分级检查机制，在具体落实中，应该做到以下几点。

(1) 临时用电线路及设备的绝缘必须良好。电缆连接必须牢固，设备外壳必须良好接地。
(2) 临时用电线路如架空敷设，应高于可能通过的各种车辆最大高度；如地面敷设，应采取相应的保护措施。
(3) 线路敷设应不靠近潮湿的场所和热力管道，与热力管道交叉时，应保持一定距离。
(4) 临时用电设备应装设在紧急情况下断开电源的带漏电保护装置的开关。
(5) 220V 照明灯禁止带电移动，如移动必须停电。
(6) 行灯电压不得超过 36V。在金属容器内或潮湿的场所行灯电压不得超过 12V。
(7) 一个开关或插座只许控制一台电动机具。
(8) 开关、熔丝、行灯、变压器等在室外使用时须有防水措施。临时用电设备摆放须防止被高空落物砸伤。容易被人触及的电气设备周围应设围栏，挂有"止步，有电危险"的警告牌。
(9) 设置安全电箱与用电线路。配电箱、开关箱应采用冷轧钢板或阻燃绝缘材料制作，钢板厚度应为 1.2~2.0mm，其中开关箱箱体钢板厚度不得小于 1.2mm，配电箱箱体钢板厚度不得小于 1.5mm，箱体表面应做防腐处理，外形结构应能防雨、防尘，应进行编号，并标明其名称、用途，配电箱内多路配电应做出标记。

本 章 小 结

施工组织管理者面对一个新项目，通常需要解决以下施工组织管理问题：对众多影响因素进行调查分析、优选决策以及组织协调等。因其特殊性和复杂性，致使施工组织管理与组织工业生产相比存在着较大的难度。建设项目的目标，就是要制造一个新的、庞大的建筑产品，在此过程中，要重新组织诸多专业力量和配置各种资源(机械、材料等)到一个新的地点上去施工生产。面对如此特殊的建设过程，只有应用"施工组织管理"这门学科的理论知识进行综合思考，才能发挥各方面的优势，才能更快更好地适应新的环境条件，才能在施工方案的择优、施工进度的合理安排及各种生产要素的优化配置方面，以较少地投入取得较大的经济效益。施工组织是一门科学，要做到施工的多快好省，关键在于重视施工过程的组织、规划、设计。不管是大型重点工程还是一般小型工程，这一点都起到关键性的作用。

习　题

1. 简答题

(1) 简述施工组织设计的类型。
(2) 简述建设项目施工方案的编制要求。
(3) 简述工程项目施工组织设计的实施要点。
(4) 简述施工现场的技术管理要求。
(5) 简述工程施工技术交底的要求。
(6) 简述施工现场临时用水与临时用电管理。

2. 单项选择题

(1) 用以衡量组织施工的水平，并对施工组织设计文件的技术经济效益进行全面评价的是(　　)。
　　A. 施工平面图　　　　　　　　B. 施工进度计划
　　C. 主要技术经济指标　　　　　D. 施工方案

(2) 施工组织总设计编制程序中，拟订施工方案之后紧接着的工作是(　　)。
　　A. 编制施工总进度计划　　　　B. 确定施工的总体部署
　　C. 计算主要工种工程的工程量　D. 编制资源需求量计划

3. 多项选择题

(1) 施工组织设计是对施工活动实行科学管理的重要手段，它具有(　　)等作用。
　　A. 战略部署　　　　　　　　　B. 工程建设增值
　　C. 战术安排　　　　　　　　　D. 系统分析
　　E. 提高价值

(2) 施工组织总设计的主要内容包括(　　)。
　　A. 建设项目的工程概况　　　　B. 施工方案的选择
　　C. 各项资源需求量计划　　　　D. 全场性施工总平面图设计
　　E. 施工总进度计划

(3) 施工组织总设计的编制依据有(　　)。
　　A. 计划文件　　　　　　　　　B. 合同文件
　　C. 建设地区基础资料　　　　　D. 资源配置情况
　　E. 类似建设工程项目的资料和经验

第 12 章

工程项目资源管理及流水施工管理

教学目标

本章主要讲述建设项目施工现场管理与组织流水施工的方式。通过本章学习，应达到以下目标：

(1) 理解建设项目施工现场管理的主要内容；
(2) 熟悉组织施工的方式及其特点；
(3) 掌握流水施工及其参数管理。

教学要求

知识要点	能力要求	相关知识
建设项目施工现场管理的主要内容	(1) 理解建设项目的资源要素的内涵 (2) 熟悉建设项目施工现场管理的主要内容 (3) 掌握建设项目施工现场建设人员管理的主要内容	(1) 建设材料 (2) 材料采购 (3) 设备管理
组织施工的方式及其特点	(1) 理解依次施工的主要措施 (2) 熟悉流水施工的特点 (3) 掌握组织施工的方式	(1) 依次施工 (2) 平行施工 (3) 流水施工
流水施工及其参数管理	(1) 理解固定节拍、成倍节拍流水施工的特点 (2) 熟悉流水施工参数的计算方法 (3) 掌握流水施工工期的计算方法	(1) 工程特点 (2) 工艺流程 (3) 资源利用

基本概念

项目资源、现场机械设备完好率、机械设备利用率、机械设备效率、机械化程度、特种作业人员、特种用工

引例

施工部署是对整个建设项目全局做出的统筹规划和全面安排，主要解决影响建设项目全局的重大战略问题。施工部署由于建设项目的性质、规模和客观条件不同，其内容和侧重点会有所不同，一般应包括以下内容：确定工程开展程序，拟定主要工程项目的施工方案，明确施工任务划分与组织安排，编制施工准备工作计划等。

一个大型火力发电厂工程，按其工艺过程大致可分为以下几个系统：热工系统、燃料供应系统、除灰系统、水处理系统、供水系统、电气系统、生产辅助系统、全厂性交通及公用工程生活福利系统等。每个系统都包含许多的工程项目，建设周期为 4~7 年。我国某大型火力发电厂工程，由于技术、资金、原料

供应等原因，工程分两期建设。一期工程装两台 20 万 kW 国产汽轮发电机组和各种辅助生产、交通、生活福利设施。建成投产两年后，继续建设二期工程，安装一台 60 万 kW 国产汽轮发电机组，最终形成了 100 万 kW 的发电能力。

对于小型企业或大型建设项目的某个系统，由于工期较短或生产工艺的要求，亦可不必分期分批建设，采取一次性建成投产。必须统筹安排各类项目施工，保证重点，兼顾其他，确保工程项目按期投产。按照各工程项目的重要程度，应优先安排的工程项目如下：

(1) 按生产工艺要求，须先期投入生产或起主导作用的工程项目。
(2) 工程量大、施工难度大、工期长的项目。
(3) 运输系统、动力系统，如厂区内外道路、铁路和变电站等。
(4) 生产上需先期使用的机修、车床、办公楼及部分家属宿舍等。
(5) 供施工使用的工程项目，如采砂(石)场、木材加工厂、各种构件加工厂、混凝土搅拌站等施工附属企业及其他为施工服务的临时设施。

对于建设项目中工程量小、施工难度不大、周期较短而又不急于使用的辅助项目，可以考虑与主体工程相配合；作为平衡项目穿插在主体工程的施工中进行。

所有工程项目均应按照先地下后地上、先深后浅、先干线后支线的原则进行安排，如地下管线和修筑道路的程序，应该先敷设管线，后在管线上修筑道路。

在编制施工组织设计的时候还要考虑季节对施工的影响。例如，实施大规模土方工程和深基础施工，最好避开雨季；寒冷地区入冬以后最好封闭房屋并转入室内作业和设备安装。

施工组织总设计中要拟定一些主要工程项目的施工方案。这些项目通常是建设项目中工程量大、施工难度大、工期长，对整个建设项目的完成起关键性作用的建筑物(或构筑物)，以及全场范围内工程量大、影响全局的特殊分项工程。拟定主要工程项目的施工方案是为了进行技术和资源的准备工作，同时也为了施工进程的顺利开展和现场的合理布置。其内容包括确定施工方法、施工工艺流程、施工机械设备等。对施工方法的确定，要兼顾技术工艺的先进性和经济上的合理性；对施工机械的选择，应使主导机械的性能既能满足工程的需要，又能发挥其效能，在整个工程上能够实现综合流水作业，减少其拆、装、运的次数；对于辅助配套机械，其性能应与主导施工机械相适应，以充分发挥主导施工机械的工作效率。

建设项目的资源是指生产力作用于项目的有关要素，即投入项目的人力资源、材料、工程设备、施工机械、施工技术和资金等。其管理的目的在于使资源优化配置和优化组合，在过程中实现合理流动和动态平衡，在运行中得到合理使用，最终实现各项资源的节约。资源作为工程项目实施的基本要素，通常包括物资、机械设备、劳动力、资金等。

建设项目资源管理的主要内容包括以下几方面。

1. 物资管理

物资管理是施工过程中对工程材料的计划、订购、运输、发放和使用进行的一系列组织与管理工作。它的特点是材料供应的多样性和多变性、材料消耗的不均衡性。

2. 机械设备管理

机械设备管理是最大限度地发挥机械设备在施工中的作用为主要内容的管理工作。它的特点是机械设备的管理体制实行以集中管理为主、集中管理与分散管理相结合的办法，提高施工机械化水平，提高利用率、完好率和效率。

3. 劳动力管理

劳动力管理是指在施工中充分激发职工的生产积极性。它的主要环节是通过有计划地对人力资源进行合理的调配,使人尽其才,才尽其用。

4. 资金管理

资金管理通过对资金的预测、对比及项目奖金计划等方法不断地进行分析和对比、计划调整和考核,以达到降低成本的目的。

12.1 建设项目施工现场人力资源管理

人力资源的使用,关键在于明确责任制,这样才能调动人员的积极性,发挥人员的潜能,提高人员的劳动效率。如今人力资源管理的重点在于劳务外包队伍管理和专业人员管理。

12.1.1 劳务外包队伍管理

劳务外包队伍管理主要包括以下内容。

(1) 对劳务外包施工队伍的资质、业绩和能力等进行审查,批准签约后方可进入施工现场。

(2) 工程的再发包不能减少或免除分包单位应承担的合同义务,必须防止"以包代管"。

(3) 将劳务外包队伍纳入共同管理,从经济、制度、监督检查、各种手段上进行控制,确保工程质量、施工安全等。

(4) 不符合安全要求的劳务公司坚决不发包。

(5) 通过培训教育和宣传,使劳务外包队伍的安全、文明施工、质量等意识得以提升。

12.1.2 专业人员管理

1. 特种作业人员的用工要求

特种作业人员指直接从事容易发生人员伤亡事故,对操作者本人、他人及周围设施的安全有重大威胁的作业人员。特种作业涉及的作业范围通常有电工作业、金属焊接切割作业、起重机械(含电梯)作业、企业内机动车辆驾驶(轮机驾驶)、登高架设作业、锅炉作业(含水质化验)、压力容器操作、爆破作业、放射线作业等。

(1) 资格条件要求:参加国家规定的安全技术理论和实际操作考核并且成绩合格,取得特种作业操作证。

(2) 培训要求:独立上岗作业前必须进行专门的安全技术理论学习和实际操作训练。

(3) 管理要求:特种作业人员必须持证上岗;特种作业操作证每三年进行一次复审,离开特种作业岗位 6 个月以上的特种作业人员,上岗前必须重新进行考核,合格后方可上岗作业。

2. 特殊人员的用工要求

(1) 项目经理必须具有建造师资格。

(2) 施工员、材料员、安全员、资料员、质量员,必须持证上岗。

(3) 焊接应由持有相应类别的"锅炉压力容器压力管道焊工合格证书"的焊工担任。

(4) 从事无损检测的人员必须经资格考核,取得相应的资格证。持证人员的资格证书有效期为 5 年。

【例 12-1】某施工单位在所承接的机电工程项目上与某劳务公司签订了劳务分包合同,约定该劳务公司安排 40 名农民工做力工,进行基础地基处理和材料搬运工作。进场前进行了安全教育。

地基工程结束后,由于工艺设备吊装作业劳动力不足,项目部从 40 名农民工中抽调 10 名工人,并另调 1 名持有特种作业操作证的起重工(脱产担任项目工程调度员 8 个月),到起重机械作业班组,配合起重吊装操作。然后从余下 30 人中挑选 12 名体力好的青年到架子班进行脚手架搭设作业。项目安全员提出起重吊装和脚手架搭设属于特种作业,这 22 名工人没有特种作业操作证,不具备作业资格,不能从事这两项作业。但项目部主管施工的副经理认为这些工人从事的是辅助性工作,仍然坚持上述人员的调配。

在作业中,1 名搭设脚手架的工人从高处坠落,右腿骨折;配合起重机械作业的人员也发生了两起轻伤事故。

问题:

(1) 施工中缺少 22 名作业人员违背了用工管理哪些原则?

(2) 本例中的起重工和架子工是否属于特种作业人员?简述理由。

(3) 项目部副经理对工人安排新作业的做法是否正确?为什么?

(4) 22 位工人若要从事起重和脚手架搭设作业,则应该具备哪些条件?

(5) 已从事项目工程调度员 8 个月的起重工能否立即从事起重机械作业?说明理由。

解:(1) 违背了以进度计划与劳务合同为依据的原则。

(2) 属于特种作业人员,理由是:起重工从事起重机械作业、架子工从事登高架设作业,均容易发生人员伤亡事故,对操作者本人、他人及周围设施的安全有重大威胁。

(3) 不正确。原因在于:①起重工和架子工属于特种作业人员;②根据特种作业人员规定,其必须持证上岗;③项目部副经理所安排的 22 名工人既没有经过相应特种作业培训,也没有特种作业上岗资格证书。

(4) 从事起重和脚手架搭设作业应具备的条件是:①参加国家规定的安全技术理论和实际操作考核并成绩合格,取得特种作业操作证;②在独立上岗作业前,必须进行与本工种相适应的、专门的安全技术理论学习和实际操作训练。

(5) 不能立即从事起重机械作业。理由是:①特种作业人员管理规定,离岗超过 6 个月,上岗前必须重新进行考核,合格后方可上岗作业;②该起重工虽有特种作业操作证,但其已经脱离起重岗位 8 个月。

12.2 建设项目施工现场建设材料管理

项目施工中材料费用在建筑产品投入中所占的比例很大，一般为 60%~70%。因而搞好现场材料管理，可以加速流动资金的周转，减少流动资金占用，充分发挥流动资金的经济效益。

建筑材料是建筑工程实体的重要组成部分，也是建筑工程管理的重要环节。在工程建设中，管理好建筑材料，建筑产品的质量就有了保障，建设成本也就会相应降低。因此，面对竞争激烈的建筑市场，搞好材料管理对于加快施工进度，保证工程质量，降低工程成本，提高经济效益，具有十分重要的意义。

从建筑材料进入施工现场开始到施工结束清理现场为止的全过程所进行的材料管理，均为现场施工材料管理，其内容包括材料计划管理、材料进场验收、材料的储存与保管、材料的领发、监督材料的使用和材料的回收。

项目开工前，向企业材料部门提出一次性计划，作为供应备料依据。在施工中，为保证材料按实际需求给予供应，需根据工程的建筑材料消耗定额、工程变更以及调整的施工预算，及时向施工企业材料部门提出调整供料计划。进入施工现场的材料，必须根据进料计划、供料凭证、产品合格证，进行材料数量和质量的验收，并且严格按照验收规范和计量进行检测，验收完后要对材料做好详细的记录，并办理验收手续。进场的材料需要验收入库，现场堆放的材料应做好防火、防潮、防变质等措施。材料的安全保管具体落实到人，做到谁保管谁负责、谁丢失谁赔偿的原则。施工设施用料应根据工程定额用料计划领取材料，超额用料的领取需办理相应手续，在填制领料单时需注明超耗原因。供应人员对定额或超定额领料单进行保护、核算。现场管理负责者对施工过程材料是否合理使用，是否按规定进行用料交底和工程交接手续，是否按规定图堆料等进行监督。班组料必须回收，及时办理退料手续，材料管理部门须造表上报。

12.2.1 现场材料管理的特点

1. 现场材料管理的基本特性

1) 复杂性

工业建筑、民用建筑及其配套建筑在很多情况下都是专门的设计，施工单位只能边备料边施工，所以只能按现场实际工作内容、进度组织材料计划进行，以免工程更改而造成材料库存。

2) 及时性

为保证工程任务的顺利完成，材料管理人员须及时掌握工程进度，测算出实际用料的时间和数量，保证材料及时供应到现场。

3) 可变性

考虑施工现场可能变化的因素和自然条件的影响，一般按工程需要量备料到80%为宜，雨季可考虑延长备料周期。

4) 季节性

某些物质由于季节性、物理性、化学性的制约和材料生产性等各方面的原因，要考虑一定季节、时间的储备。例如，防冻保温材料应按时间及时供应到现场；化工产品应严格注意使用范围和周期，以免造成工程事故。

5) 全面性

备料布局要合理、规范、科学，要面向生产方便施工，根据现场施工总平面图近期施工情况进行堆放，以免近期施工用料二次搬运，浪费人力、财力。

2. 现场材料管理的根本任务

现场材料管理属于物资管理的一线，它的根本任务如下。

(1) 按质、按量、按品种规格，按时成套地供应工程所需的各项材料。

(2) 组织好材料的采购、检验入库、运输，控制合理的库存储备量，减少物资的积压，加速资金周转。

(3) 监督和指导生产部门节约用料，组织好材料的保管和发放工作，不断降低消耗以降低产品成本。

12.2.2 材料使用管理

1. 材料采购管理

材料采购管理应注意以下几个方面。

1) 掌握市场信息，降低材料价格

掌握市场信息，就是广泛地收集材料的市场价格。材料价格信息搜集的过程就是在建筑材料市场、材料产地等进行价格信息的采集、调查的过程。

2) 充分利用市场，合理安排运输

材料订货时考虑运输距离的问题；在材料质量、性能都能满足采购方案，而材料价格又基本相等时，应到离施工现场最近的地点采购，减少二次倒运和装卸费用。

3) 采取合理的采购模式

对于采购供应模式，需注意以下三点内容。

(1) 施工用主要材料由甲乙双方共同采购，其材料质量由甲乙双方共同控制。对于不符合质量要求的材料，施工方有权拒收、拒用。

(2) 材料的价格主要由业主方依据市场行情确定，承建方、监理单位可广泛参与。

(3) 工程结算时，材料价格以实购价(含运杂费)为基础，采取加权平均法的方式计算平均价格。

2. 材料存放、发放管理

材料购回不能因保管不善而降低使用寿命，主要应注意以下几点。

1) 建立一套完整的材料管理制度

材料管理制度包括材料的目标管理制度及材料供应、质量验收和使用制度，以便组织材料的采购、储备、供应、回收，并进行有效的控制和监督，以保证工程用料和材料使用过程中的资金得到合理利用。

项目部的物资耗用应结合分部、分项工程的核算，严格实行限额/定额领料制度，在施工前必须由项目施工人员开签限额领料单，限额领料单必须按栏目要求填写，不可缺项。对于贵重和用量较大的物品，可以根据使用情况，凭领料小票分多次发放。对于易破损的物品，材料员在发放时需进行较详细的验交，并由领用双方在凭证上签字认可。

2) 加强材料的计划管理

材料计划是建设单位对施工项目所需材料的预测、布置和安排，是建设单位组织材料订货、采购供应的依据。

3) 加强材料的质量管理

为了保证材料质量，必须做好采购订货、储存和使用前的质量检验。对于施工单位采购的材料(如屋面防水材料、暖气设备、电路照明、配电设备等)，须甲乙双方共同参与考察，确定质量标准。对于钢材、木材、水泥等主要材料，则由甲方组织考察，确定质量品牌，择优订货。对所购入的材料在入库储存、出库使用前必须严格按质量标准检验其合格证，若发现与样品有误，坚决给予退货。

4) 加强材料的储存、领发和周转的管理

(1) 专门库房，妥善存放。建筑材料应存放于符合要求的专门材料库房，否则，会降低材料的使用寿命。

(2) 标示清楚，分类存放。建筑工地所用材料种类繁多，同一种材料又有诸多规格，如钢材从直径几毫米到几十毫米有几十个品种，又有圆钢和带肋之别；水泥有标号高低的不同，又有带 R(早强)与不带 R、硅酸盐、矿渣、立窑、悬窑之别，建筑物的不同浇灌部位，其设计标号是有差别的，绝不能错用、混用。

【例 12-2】某施工单位与建设单位签订了一项机电工程钢结构安装项目施工承包合同，合同规定钢材等主材由建设单位供货。施工单位项目部材料供应部门按照设计给出的材料表从建设单位处将全部钢结构需用材料领出，入库之后，通知相关工程队领取。其余 60%工程材料由施工单位自行采购。施工过程中发生了以下事件：

事件 1：施工单位项目部下属工程队中，甲队负责钢结构框架施工，乙队负责管架制作与安装。甲队认为框架还不具备预制施工作业条件，未立即领取材料。乙队为了抢进度和使用方便，在还未报送材料需用计划条件下就将本队钢结构施工相关的库存所有规格型号的型钢全部领走。

事件 2：工程施工开始后，甲队领取了库存所剩的型钢，并正计划进行框架钢结构预制时发现型钢规格型号不全，再次到项目部材料供应部门领取时，发现已经领完了，迫使甲队处于间歇停工待料状态。此时，乙队负责制作的管架预制基本完成，还剩余了部分材料。项目部材料供应部门将余料调剂到甲队，甲队的材料仍然有缺口。

事件 3：对于 60%自行采购的工程材料项目部材料供应部门运用排列图法和价值工程方法探索了材料节约的途径，有效地降低了材料成本，提高了经济效益。

问题：

(1) 甲、乙两个工程施工队在领取材料中各有哪些错误做法？正确的做法是什么？

(2) 施工单位项目部材料供应部门在材料领发过程中存在哪些问题？应该怎样纠正？

(3) 在领发材料事件中，项目经理和项目部材料主管人员各负什么责任？

(4) 事件 3 中的排列图法和价值工程方法在材料节约中各起什么作用？

(5) 材料进场有何要求？

解：(1) 错误做法是：①甲队不及时领料，乙队超限额乱领和多领材料；②两队均未事先报送材料需用计划，违背了领料制度。

正确做法是：①用料前向项目经理部材料供应部门报送材料需用计划，并经供应部门审批和同意后，方可领料；②按审批的材料需用计划实行限额领料；③施工完后剩余材料应及时办理退库。

(2) 施工单位项目部材料供应部门存在的问题是：①仅按照设计材料表向建设单位领料；②发放材料在时间、数量上很随意；③缺乏组织程序。

解决该问题的措施是：①建立和完善项目材料需用量和供应计划体系；②严格执行材料使用限额领料制度。

(3) 在该事件中，项目经理和项目部材料主管人员分别应负现场材料管理全面领导责任和直接责任。

(4) 排列图法在材料节约中所起的作用是找出材料管理的重点；价值工程方法在材料节约中所起作用是明确降低成本的对象，改进设计和研究材料代用。

(5) 在材料进场时必须根据进料计划、送料凭证、质量保证书或产品合格证，进行材料的数量和质量验收；验收工作按质量验收规范和计量检测规定进行；验收内容包括品种、规格、型号、质量、数量、证件等；验收要做好记录、办理验收手续；要求复检的材料应有取样送检证明报告；对于不符合计划要求或质量不合格的材料，应拒绝接收。

12.3 建设项目施工现场建筑设备管理

12.3.1 施工现场机械设备管理概述

建筑产品生产的主要劳动资料是机械设备，它是生产建筑产品必备的基本要素。随着建筑工业化的发展，施工机械越来越多，并将逐步代替繁重的体力劳动，在施工中发挥越来越大的作用。因而，现场施工机械设备管理成为建筑企业管理的重要组成部分，是提高工程项目经济效益的重要环节。

当前，我国工程项目施工过程中用到的主要大型施工机械类型如下。

(1) 运输机械：载重汽车、拖挂车等。

(2) 起重机械：桅杆(单根$\geqslant$50t)、汽车式起重机、履带式起重机、轮胎式起重机、塔式起重机、龙门吊、桥式吊、叉车、卷扬机($\geqslant$3t)、电动葫芦($\geqslant$5t)、千斤顶($\geqslant$100t)等。

(3) 检测试验设备：X射线机、超声波探伤机、数字式探伤仪、γ射线机、爬行器等。

(4) 工程机械：挖掘机、装载机、钢筋混凝土机械、管道施工机械、拖拉机($\geqslant$37.285kW)等。

(5) 焊割设备：硅整流焊机、氩弧焊机、逆变焊机、气体保护焊机、焊条烘干箱、柴(汽)油焊机、管道半自动焊机、塑料热熔焊机、管管自动焊机、等离子切割机、数控切割机等。

(6) 金属切削机床与锻压机械：车床、钻床($\geqslant$32mm)、铣床、锯床、刨边机、剪板机($\geqslant$3mm)、卷板机($\geqslant$3mm)、平板机、型钢煨弯机、弯曲校正机、弯管机($\geqslant$100mm)、折弯机($\geqslant$2mm)等。

(7) 热处理设备：退火炉、球罐整体退火设备、温度控制箱(≥240kW)等。

(8) 动力机械：空气压缩机(≥3m³)、发电机组(≥50kW)、变压器(≥100kVA)等。

(9) 其他机械：自动托辊(≥60t)、抽芯机、喷丸设备、阀门测试机等。

12.3.2 施工现场机械设备管理的内容及技术经济指标

建筑企业机械设备管理是指根据企业的机械设备运动的特点，正确选择机械设备，并保证它们能经常处于良好的状态，以便在施工过程中发挥最大的作用。它是对机械设备选购(或自制)开始到投入施工、磨损、修理直至报废全过程的管理。而施工现场机械设备管理主要是正确地选择(或租赁)和使用机械设备，及时做好施工机械设备的维护和保养，按计划检查和修理，建立现场施工机械设备使用管理制度等。其主要任务是对施工机械设备合理使用，用养结合，提高施工机械设备的使用效率，尽可能降低工程项目的机械使用成本，提高工程项目的经济效益。

1. 施工现场机械设备管理的内容

施工现场机械设备管理的内容主要有以下几个方面。

1) 机械设备的选择与配套

任何一个工程项目施工机械设备的合理装备，必须依据施工组织设计。首先，对机械设备的技术经济进行分析，选择既满足生产要求，又先进、经济合理的机械设备。其次，施工现场机械设备的装备在性能、能力等方面应相互配套。最后，现场施工机械设备的配套必须考虑主机和辅机的配套关系，综合机械化组列中前后工序机械设备间的配套关系，大、中、小型工程机械及动力工具的多层次结构的合理比例关系。

2) 机械设备的合理使用

施工现场机械设备管理要处理好"管"、"养"、"用"三者之间的关系，合理、有效地利用机械设备，使之发挥较高的使用效率。

3) 机械设备的保养和修理

为了提高机械设备的完好率，使机械设备经常处于良好的技术状态，必须做好机械设备的维修、保养工作。同时，定期检查和校验机械设备的运转情况和工作进度，发现隐患及时采取措施。根据机械设备的性能、结构和使用状况，制订合理的维修计划，以便及时恢复机械设备的工作能力，预防事故的发生。

2. 施工现场机械设备管理的技术经济指标

(1) 机械设备完好率。该指标是反映机械设备完好状况的指标。

$$机械数量完好率 = \frac{施工期内完好的机械台数}{施工期内实有机械台数} \times 100\%$$

$$机械台日完好率 = \frac{施工期内制度台日中的完好台日数}{施工期内制度台日数} \times 100\%$$

(2) 机械设备利用率。该指标是反映机械设备利用情况的指标。

$$机械台日利用率 = \frac{施工期内制度台日中实际工作台日数}{施工期内制度台日数} \times 100\%$$

$$机械台时利用率 = \frac{施工期内制度台日中实际工作台时数}{施工期内制度台时数} \times 100\%$$

(3) 机械设备效率:

$$机械效率 = \frac{施工期内机械实际完成总工程量}{施工期内机械平均总能力} \times 100\%$$

$$机械能力利用率 = \frac{施工期内某种机械实际平均台班工程量}{某种机械台班定额产量} \times 100\%$$

(4) 机械化程度:

$$某工种机械化程度 = \frac{某工种利用机械完成的实物工程量}{某工种完成的工程量} \times 100\%$$

$$综合机械化程度 = \frac{\sum(各工种利用机械完成的实物工程量 \times 各工种工程的额定工日系数)}{\sum(各工种工程完成的实物工程量 \times 各工种工程的额定工日系数)} \times 100\%$$

(5) 机械技术状况和技术统计:

$$优秀概率 = \frac{优秀机械台数}{工程主要机械总台数} \times 100\%$$

12.3.3 大型施工机械管理要求

1. 工程设备开箱验收管理要求

施工单位项目部应对进场的工程设备进行检验,做到质量合格、资料齐全、准确,并做出完整、齐全的记录。对所到设备的数量进行清点,对其外观进行检查,如发现问题,需做好记录,并与有关单位联系处理,办妥签证,分清责任。同时填写不符合项报告,督促整改。

对所需安装设备的开箱要求按工程进度编制开箱计划组织开箱检验,通知各参加单位及时参加。

2. 施工单位项目部施工机械设备管理要求

(1) 进入现场的施工机械应进行安装验收,保持状态、性能完好,做到资料齐全、准确。对于特种设备,应履行报检程序。

(2) 强化施工机械设备的平衡、调动,合理组织机械设备的使用、保养、维修,提高机械设备的使用效率和完好率,降低机械使用成本。

(3) 执行重要施工机械设备专机专人负责制、机长负责制和操作人员持证上岗制。

(4) 严格执行施工机械设备操作规程与保养规程,制止违章指挥、违章作业,防止机械设备带病运转和超负荷运转。施工机械设备事故及时上报,对事故原因进行分析处理。

3. 大件设备运输管理要求

大件设备运输方案中的路径主要有公路、铁路以及水路等。公路运输具有灵活、可靠、方便的优点,可作为首选方案。采用此方案需一定的准备工作周期和桥梁、道路加固等措施费。如有铁路专用线,可优先采用铁路运输方案。水路运输费用低,但时间长,同时需要有码头或港口支持。进口大件设备往往采用水陆联运,然后陆运至工程现场。

可以根据从各主要生产厂到工程现场的水路、公路、铁路等实际情况，各大件设备的运输通常采用以下作业方案。

(1) 沿途公路作业：大件设备运输前应同有关单位对道路地下管线设施进行检查、测量、计算，确定行驶路线和需采取的措施。

(2) 沿途桥梁作业：按车辆运输行走路线，按桥梁的设计负荷、使用年限及当时状况，在车辆行驶前对每座桥梁进行检测、计算，并采取相应的修复和加固措施。

(3) 现场道路作业：道路两侧(原排水沟)用大石块填充并盖厚钢板加固；车辆停靠指定位置后，在作业区内均铺设厚钢板以增加承载力；沿途其他施工用的障碍物要拆除或搬离。

大件设备运输作业时，全过程均委托有关主管单位部门对重要道路、路段及所有桥梁进行引导、监护，确保运输作业时车辆及设施的可靠性、安全性。运输作业前备齐所有书面证明资料，制定运输作业方案报公司审批并组织讨论，明确各单位的工作范围、职责、监督人。运输作业前对作业人员进行必要的技术交底和安全交底，对作业车辆及工器具进行全面检查，以确保大件设备运输万无一失。

4. 施工机械设备操作人员管理要求

(1) 严格按照设备操作规程作业，做好日常维护，保证机械设备安全运行。

(2) 特种作业严格执行持证上岗制度，审查证件的有效性和作业范围。

(3) 逐步达到"四懂三会"(四懂：懂性能、懂原理、懂结构、懂用途；三会：会操作、会保养、会排除故障)的要求。

(4) 做好机械设备运行记录，填写记录真实、准确、齐全。

【例12-3】某施工单位为完成某机电工程项目施工任务，以机械设备的经济原则为指导，在市场上租赁了一台150t履带吊车进行大型设备吊装。吊车运达施工现场，组装完毕后即开始吊装作业。一个月后的一天，负责压缩机安装的钳工班长要求吊车司机在当天中午在压缩机厂房封顶前将压缩机吊装就位。当时，起重工和吊车司机还没有到岗，仅一名见习司机在车上，钳工班长便指挥见习司机进行吊装。该压缩机基础离吊车较远，厂房的部分山墙阻碍了吊车司机视线，看不见基础位置，见习司机只得按钳工班长的指挥作业。钳工班长指挥吊车尽量趴吊车扒杆(吊臂)，在趴扒杆过程中造成吊车超载失稳，见习司机处理不及时，吊车向压缩机厂房山墙倾翻，扒杆砸在压缩机厂房山墙上，两节扒杆严重变形损坏，山墙横梁也被砸坏。

问题：

(1) 施工机械设备的选择仅以经济为原则是否可行？一般选择原则是什么？

(2) 施工单位租赁的履带吊车组装完毕就进行吊装作业是否正确？为什么？

(3) 钳工班长指挥吊车作业违背了什么规定？简述原因。

(4) 简述吊车吊装压缩机的事故中，有哪些地方违反了作业规程？

(5) 项目部应配备哪些主要管理人员？有什么要求？

解：(1) 不可行。施工机械设备的一般选择原则是切合需要、实际可能、经济合理。

(2) 不正确。因为吊车在施工现场组装完毕后即开始吊装作业违背了"进入现场的施工机械安装应进行验收，保持性能和状态完好，做到资料齐全、准确"的规定。

(3) 违背了特种作业人员持证上岗的规定。原因是：①起重吊装作业属于特种作业，操作人员必须持有特种作业上岗证；②钳工班长没有特种作业资格证。

(4) 吊车吊装压缩机的过程中违反操作作业规程的地方如下。

① 操作方面。见习司机不能独立进行吊装作业，属于违章操作；钳工班长没有特种作业资格证，属于违章指挥。

② 专业技术方面。在视线受阻碍和看不见基础位置条件下作业，属于违规野蛮操作；超出吊车在该工况下的允许作业半径(或幅度)，属于违规超负荷运转。

(5) 项目部应配备的管理人员有施工员、材料员、安全员、资料员、质量员，必须持证上岗。

【例 12-4】某安装企业承接了 1000MW 机组汽轮发电机系统安装工程，包括汽轮机、发电机、励磁机、凝汽器、除氧器、加热器和各类水泵等安装，以及相应汽轮机和发电机等大件设备的运输任务。其中，汽轮发电机大件设备由上海生产，运输途经水路、沿途公路(含 3 座桥和地下管线)、一现场道路及组合场；其余工程设备由生产厂家以装箱方式运抵组合场和仓库。在安装阀门时，打开阀门包装箱发现其技术资料不全，两天后在其他水泵箱中找到。对此，该机电安装企业开展了工程设备管理大检查。结果发现：少量仓库内设备名称和规格不符；两箱限额设备部件已经运达安装现场，其中一箱外箱体在安装过程中受到机械力打击。针对存在的问题，项目经理部进行了认真而又全面的整改。

问题：
(1) 大件设备运输途径沿途公路之前应采取哪些措施？
(2) 在现场道路及组合场对大件设备运输和卸载应采用哪些措施？
(3) 本例中，阀门资料不全错在哪个管理环节？该环节有哪些主要工作？
(4) 设备存入指定仓库内时，为避免标志和规格不符，通常还要做好哪些工作？

解：(1) 大件设备在沿途公路运输中采取的措施有：会同有关单位对道路地下管线设施进行检查、测量、计算，由此确定行驶路线；必要时采取加固措施，确保地下管线安全无损；按桥梁的设计负荷、使用年限及当时状况，车辆行驶前对每座桥梁进行检测、计算，并采取相关的修复和加固措施。

(2) 在现场道路及组合场对大件设备运输和卸载应采取的措施有：道路两侧用大石块填充并盖厚钢板加固；车辆停靠指定位置后，顶升、平移、拖运等卸车安装作业需要在作业区域内铺设厚钢板，以增加地面承载力；沿途施工用的障碍物在运输作业前尽数拆除。主要工作量是临时通车道的开挖、夯实、地基处理、厚钢板铺设、障碍物拆除、绿地恢复等。

(3) 错误发生在工程设备开箱验收管理环节。该验收环节的主要工作有：做到质量合格、资料齐全、数量准确、专用工具配备，并做出完整的记录。

(4) 通常还要做好的工作有：对每台设备挂上标牌或贴上标志，注明设备名称、规型号、数量、箱号、入库或开箱日期。

12.4 工程项目协调管理与流水施工

12.4.1 流水施工内涵

流水施工是工程项目组织实施的一种管理模式，由固定组织的工人在若干个工作性质相同的施工环境中依次连续地工作的一种施工组织方法。考虑工程项目的施工特点、资源利用、工艺流程、平面或空间布置等要求，其施工可以采用依次施工、平行施工、流水施工等组织方式，如图 12-1 所示。

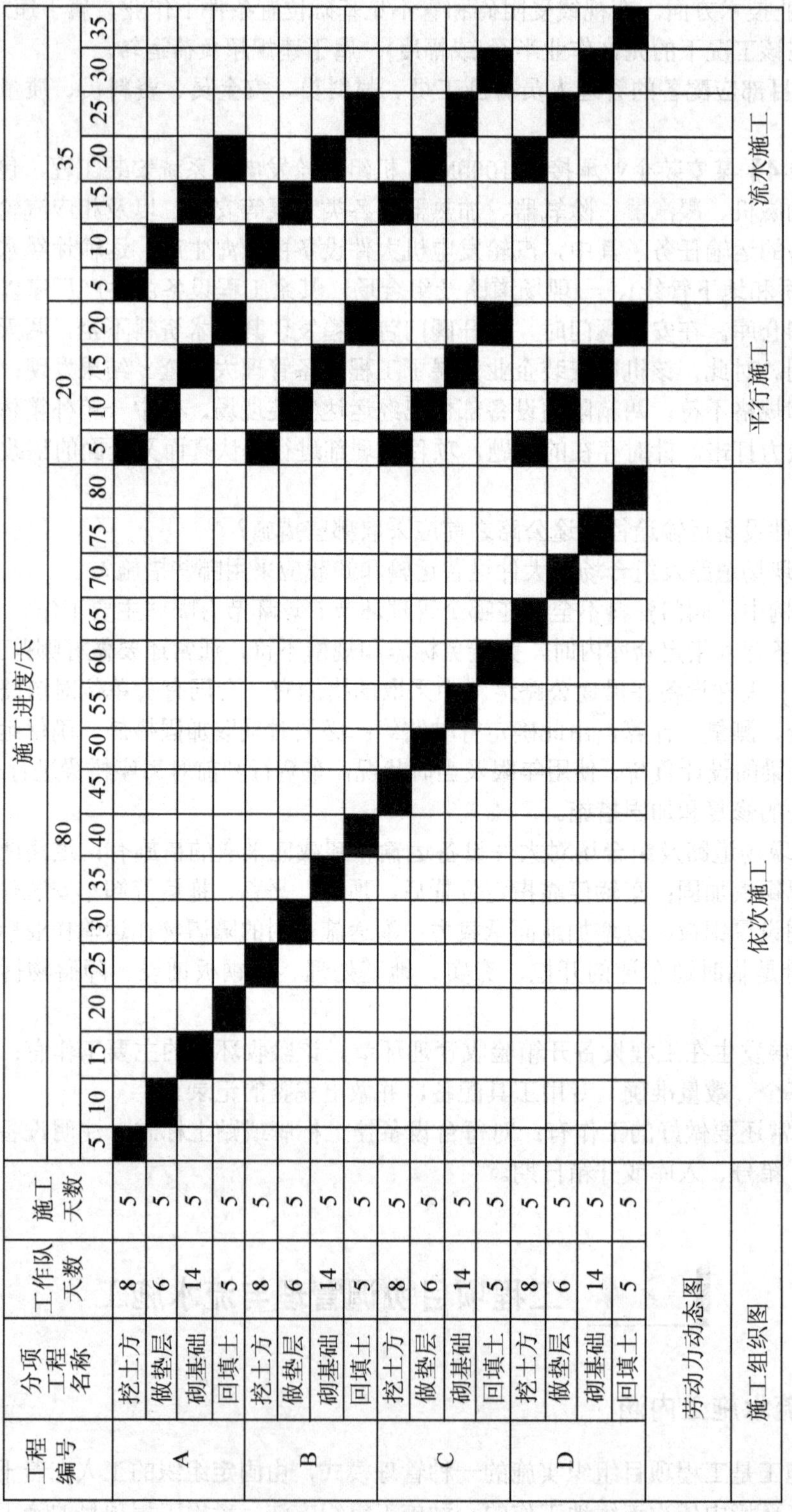

图 12-1 施工组织方式

1. 依次施工

依次施工组织方式是将拟建工程项目分解成若干个施工过程，按照一定的施工顺序，前一个施工过程完成后，后一个施工过程开始施工。依次施工是一种最基本、最原始的施工组织方式。

依次施工方式具有以下特点。

(1) 工期长，没有充分地利用工作面进行施工。
(2) 各专业队不能连续作业，存在时间间歇，劳动力及施工机具等资源无法均衡使用。
(3) 不能实现专业化施工，不利于提高劳动生产率和工程质量。
(4) 单位时间内投入的劳动力、施工机具、材料等资源量较少，有利于资源供应的组织。
(5) 施工现场的组织、管理比较简单。

2. 平行施工

在拟建工程项目任务十分紧迫、工作面允许以及资源能够保证供应的条件下，可以组织几个相同的工作队，在同一时间、不同空间上进行施工。这种施工组织方式称为平行施工组织方式。

平行施工方式具有以下特点。

(1) 工期短，充分地利用工作面进行施工。
(2) 由于每一个施工对象均按专业成立工作队，各专业队不能连续作业，劳动力及施工机具等资源无法均衡使用。
(3) 不能实现专业化施工，不利于提高劳动生产率和工程质量。
(4) 单位时间内投入的劳动力、施工机具、材料等资源量成倍地增加，不利于资源供应的组织。
(5) 施工现场的组织、管理比较复杂。

3. 流水施工

将拟建工程项目的整个建造过程分解成若干个施工过程；同时将拟建工程项目在平面上划分成若干个劳动量大致相等的施工段；在竖向上划分成若干个施工层，按照施工过程分别建立相应的专业工作队。各专业工作队按照一定的施工顺序投入施工，完成第一个施工段上的施工任务后，在专业工作队的人数、使用机具和材料不变的情况下，依次、连续地投到第二、三个直到最后一个施工段的施工，在规定的时间内，完成同样的施工任务。

流水施工方式具有以下特点。

(1) 工期比较短，尽可能地利用工作面进行施工。
(2) 各工作队实现了专业化施工，有利于提高技术水平和劳动生产率，也有利于提高工程质量。
(3) 专业工作队能够连续施工，同时使相邻专业队的开工时间能够最大限度地搭接。
(4) 单位时间内投入的劳动力、施工机具、材料等资源量较为均衡，有利于资源供应的组织。
(5) 为文明施工和科学管理创造了有利条件。

12.4.2 流水施工表达方式

流水施工的表达方式除网络图外,主要还有横道图和垂直图两种。

1. 横道图表示法

如图 12-2 所示为某基础工程流水施工的横道图表示法。图中水平方向表示流水施工的持续时间;垂直方向表示施工过程的名称或编号。n 条带有编号的水平线段表示 n 个施工过程或专业工作队的施工进度安排,其编号①、②…表示不同的施工段。

横道图表示法的优点是:绘图简单,施工过程及其先后顺序表述清晰,时间和空间状况形象直观,使用方便,被广泛用来表达施工进度计划。

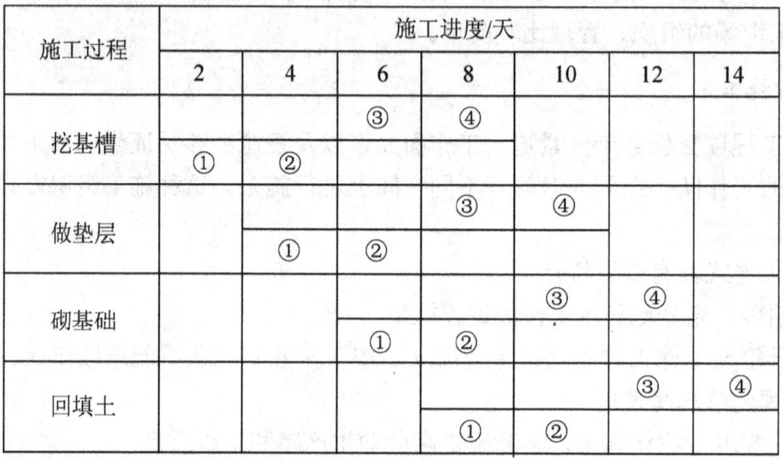

施工过程	施工进度/天						
	2	4	6	8	10	12	14
挖基槽			③	④			
	①	②					
做垫层				③	④		
		①	②				
砌基础					③	④	
			①	②			
回填土						③	④
				①	②		

图 12-2 横道图表示法

2. 垂直图表示法

如图 12-3 所示为某基础工程流水施工的垂直图表示法。图中水平方向表示流水施工的持续时间;垂直方向表示流水施工所处的空间位置,即施工段编号。n 条斜向线段表示 n 个施工过程或专业工作队的施工进度。

垂直图表示法的优点是:施工过程及其先后顺序表达清楚,时间和空间状况形象直观,斜向进度线的斜率可以直观地表示出各施工过程的进展速度。

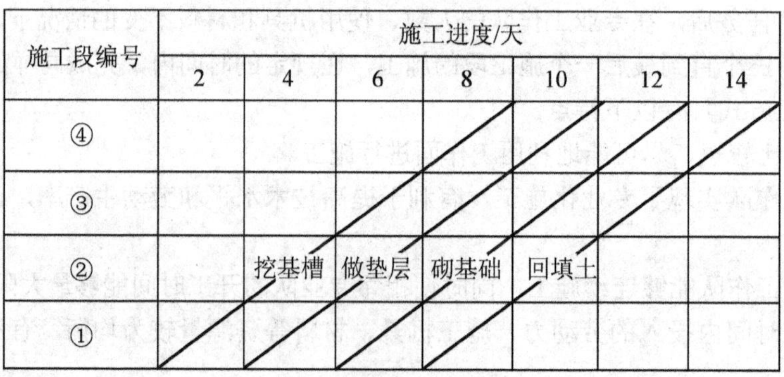

施工段编号	施工进度/天						
	2	4	6	8	10	12	14
④							
③							
②		挖基槽	做垫层	砌基础	回填土		
①							

图 12-3 垂直图表示法

12.4.3 流水施工的参数

流水施工参数包括工艺参数、空间参数和时间参数。

1. 工艺参数

工艺参数主要是指在组织流水施工时，用以表达流水施工在施工工艺方面进展状态的参数，通常包括施工过程和流水强度两个参数。

1) 施工过程

组织建设工程流水施工时，根据施工组织及计划安排需要而将计划任务划分成的子项称为施工过程，是流水施工的主要参数之一。施工过程可以是单位工程，也可以是分部工程，还可以是分项工程，甚至是分项工程按照专业工种不同分解而成的施工工序。施工过程的数目一般用 n 表示。

2) 流水强度

流水强度是指流水施工的某施工过程(或专业工作队)在单位时间内所完成的工程量，也称为流水能力或生产能力。例如，浇筑混凝土施工过程的流水强度是指每工作班浇筑的混凝土立方数。

2. 空间参数

空间参数是指在组织流水施工时，用以表达流水施工在空间布置上开展状态的参数，通常包括工作面和施工段。

1) 工作面

工作面是指供某专业工种的工人或某种施工机械进行施工的活动空间。

2) 施工段

将施工对象在平面或空间上划分成若干个劳动量大致相等的施工段落，称为施工段或流水段。施工段的数目用 m 表示，是流水施工的主要参数之一。

(1) 划分施工段的目的。可以充分利用工作面，避免窝工，缩短工期。

(2) 划分施工段的原则。为使施工段划分得合理，一般应遵循下列原则。

① 同一专业工作队在各个施工段上的劳动量应大致相等，相差幅度不宜超过 10%～15%。

② 每个施工段内要有足够的工作面，以保证工人、主导施工机械的生产效率，满足劳动组织的要求。

③ 施工段的界限应尽可能与结构界限(如沉降缝、伸缩缝等)相吻合，或设在对建筑结构整体性影响小的部位，以保证建筑结构的整体性。

④ 保证施工段的数目合理有效。施工段数目过多则会降低施工速度，延长工期；施工段过少，不利于充分利用工作面，可能造成窝工。

⑤ 多层建筑物、构筑物或需要分层施工的工程，可既分施工段，又分施工层，各专业工作队依次完成第一施工层中各施工段任务后，再转入第二施工层的施工段上作业，依此类推，确保相应专业队在施工段与施工层之间组织连续、均衡、有节奏的流水施工。

3. 时间参数

时间参数是指在组织流水施工时，用以表达流水施工在时间安排上所处状态的参数，通常包括流水节拍、流水步距和流水施工工期等。

1) 流水节拍

流水节拍是指在组织流水施工时,某个专业工作队在一个施工段上的施工时间,用 t 表示。流水节拍决定单位时间的资源供应量,同时也是区别流水施工组织方式的特征参数。流水节拍用于表明流水施工的速度和节奏性。流水节拍小,流水速度快,节奏感强;反之则相反。

2) 流水步距

流水步距是组织流水施工时,相邻两个施工过程(或专业工作队)相继开始施工的最小间隔时间。流水步距是流水施工的主要参数之一。流水步距用 $K_{j,j+1}$ 表示,其中 $j(j=1, 2, \cdots, n-1)$为专业工作队或施工过程的编号。

流水步距的数目取决于参加流水的施工过程数,如果施工过程数为 n 个,则流水步矩的总数为 $n-1$ 个。流水步距的大小取决于相邻两个施工过程(或专业工作队)在各个施工段上的流水节拍及流水施工的组织方式。确定流水步矩的原则如下。

(1) 保持工艺先后顺序。

(2) 保持连续作业。

(3) 相邻两个施工过程最大限度地实现合理搭接。

3) 流水施工工期

流水施工工期是从第一个专业工作队投入流水施工开始到最后一个专业工作队完成流水施工为止的整个持续时间。流水施工工期用 T 表示,是流水施工主要参数之一。流水施工工期应根据各施工过程之间的流水步距、工艺间歇和组织间歇时间以及最后一个施工过程中各施工段的流水节拍等确定。

12.4.4 流水施工的基本组织方式之一——有节奏流水施工

1. 固定节拍流水施工

1) 固定节拍流水施工的特点

(1) 在各个施工段上所有施工过程的流水节拍均相等。

(2) 相邻施工过程的流水步矩相等且等于流水节拍。

(3) 专业工作队数目等于施工过程数。

2) 固定节拍流水施工的工期的两种方式

(1) 有间歇时间的固定节拍流水施工。

有间歇时间的固定节拍流水施工进度如图 12-4 所示。

(2) 有提前插入时间的固定节拍流水施工。

有提前插入时间是指相邻两个专业工作队在同一施工段上共同作业的时间。在工作面允许和资源有保证的前提下,专业工作队提前插入的施工,可以缩短流水施工工期。有提前插入时间的固定节拍流水施工的流水施工工期的计算公式为

$$T = (n-1)t + \sum G + \sum Z - \sum C + mt \\ = (m+n-1)t + \sum G + \sum Z - \sum C$$

式中:G——工艺间歇;

Z——组织间歇。

例如，某分部工程流水施工计划如图12-5所示。

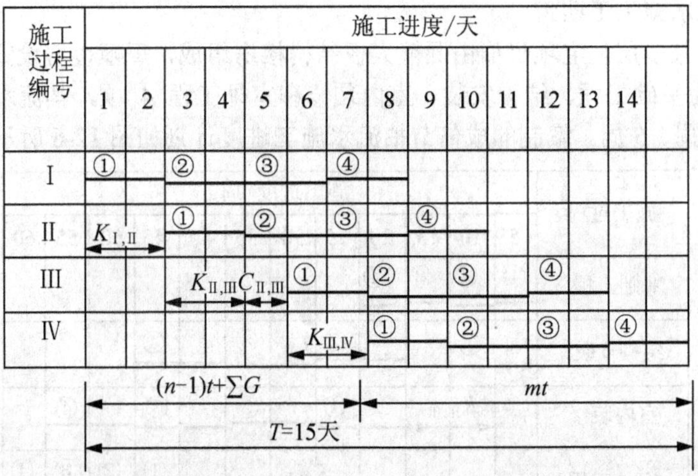

图12-4 有间歇时间的固定节拍流水施工进度

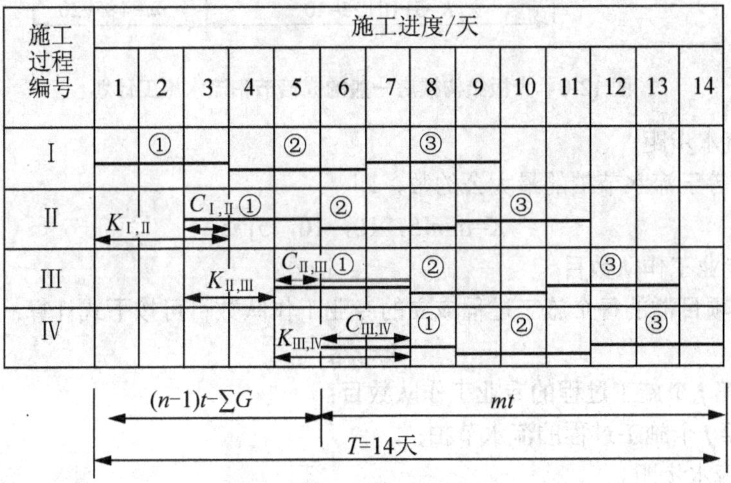

图12-5 有提前插入时间的固定节拍流水施工

在本分部工程流水施工计划中，施工过程数目$n=4$；施工段数目$m=4$；流水节拍$t=2$；流水步距$K_{I,II}=K_{II,III}=K_{III,IV}=t=2$；组织间歇$Z_{I,II}=Z_{II,III}=Z_{III,IV}=0$；工艺间歇$G_{I,II}=G_{III,IV}=0$；$G_{II,III}=1$。因此，其流水施工工期为

$$T=(m+n-1)t+\sum G+\sum Z$$
$$=(4+4-1)\times 2+1+0$$
$$=15(天)$$

2. 成倍节拍流水施工

成倍节拍流水施工过程的主要确定步骤包括：
(1) 计算流水步矩；
(2) 确定专业工作队数目；

(3) 绘制加快的成倍节拍流水施工进度计划图；

(4) 确定流水施工工期。

【例 12-5】 某多层住宅项目群由四幢大板结构楼房组成，每幢楼房设置成一个施工段，施工过程划分为基础工程、结构安装、室内装修和室外工程 4 项，其流水节拍分别为：5 周、10 周、10 周、5 周。编制的成倍节拍流水施工进度计划如图 12-6 所示。

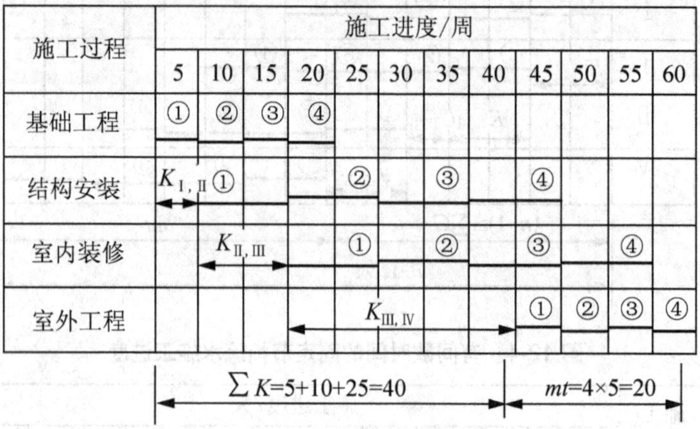

施工过程	施工进度/周											
	5	10	15	20	25	30	35	40	45	50	55	60
基础工程	①	②	③	④								
结构安装	$K_{\mathrm{I,II}}$ ①		②		③		④					
室内装修		$K_{\mathrm{II,III}}$		①		②		③		④		
室外工程					$K_{\mathrm{III,IV}}$				①	②	③	④

$\sum K = 5+10+25 = 40$ ， $mt = 4 \times 5 = 20$

图 12-6 大板结构楼房一般的成倍节拍流水施工计划

1) 计算流水步距

流水步距等于流水节拍的最大公约数，即

$$K = \min[5，10，10，5] = 5$$

2) 确定专业工作队数目

本住宅楼项目群的每个施工过程成立的专业工作队数目可按下式计算：

$$B_j = t_j/K$$

式中：b_j——第 j 个施工过程的专业工作队数目；

t_j——第 j 个施工过程的流水节拍；

K——流水步距。

在本例中，各施工过程的专业工作队数目分别如下。

Ⅰ——基础工程：$b_{\mathrm{I}} = t_{\mathrm{I}}/K = 5/5 = 1$；

Ⅱ——结构安装：$b_{\mathrm{II}} = t_{\mathrm{II}}/K = 10/5 = 2$；

Ⅲ——室内装修：$b_{\mathrm{III}} = t_{\mathrm{III}}/K = 10/5 = 2$；

Ⅳ——室外工程：$b_{\mathrm{IV}} = t_{\mathrm{IV}}/K = 5/5 = 1$。

于是，参与该工程流水施工的专业工作队总数 n' 为：

$$n' = \sum b = 1+2+2+1 = 6$$

3) 绘制加快的成倍节拍流水施工进度计划图

加快的成倍节拍流水施工进度计划图中，需要表明施工过程的编号或名称，还需要表明专业工作队的编号。

加快的成倍节拍流水施工进度计划如图 12-7 所示。

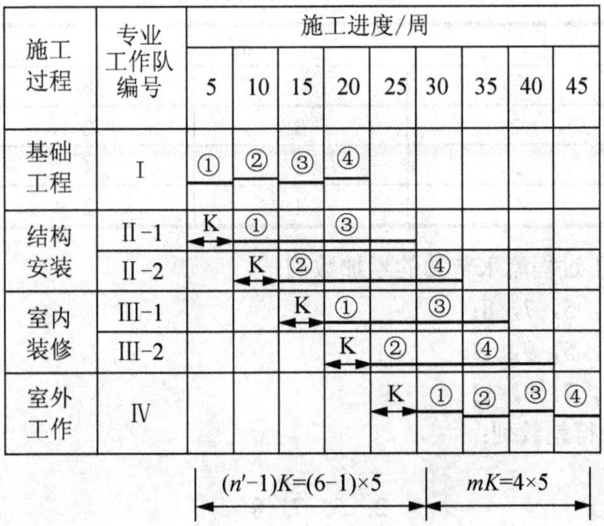

施工过程	专业工作队编号	施工进度/周							
		5	10	15	20	25	30	35	40	45
基础工程	I	①	②	③	④					
结构安装	II-1	K← ①		③						
	II-2		K← ②			④				
室内装修	III-1			K← ①		③				
	III-2				K← ②		④			
室外工作	IV					K← ①	②	③	④	

$(n'-1)K=(6-1)×5$　　　$mK=4×5$

图 12-7　大板结构楼房加快的成倍节拍流水施工计划

4) 确定流水施工工期

由图 12-7 可知，本项目施工计划中没有组织间歇、工艺间歇及提前插入时间，所以流水施工工期为

$$T=(m+n'-1)K=(4+6-1)×5=45(周)$$

该工程组织加快的成倍节拍流水施工以后总工期缩短了 15 周。

12.4.5　流水施工的基本组织方式之一——非节奏流水施工

非节奏流水施工的特点主要包括以下几个方面。
(1) 各施工过程在各施工段的流水节拍不全相等。
(2) 相邻施工过程的流水步距不尽相等。
(3) 专业工作队数等于施工过程数。
(4) 各专业工作队能够在施工阶段上连续作业，但有的施工段之间可能有空闲时间。

1. 流水步距的确定

在非节奏流水施工中，通常采用累加数列错位相减取大差法计算流水步距。

累加数列错位相减取大差法基本步骤如下。
(1) 对每一个施工过程在各施工阶段上的流水节拍依次累加，求得各施工过程流水节拍的累加数列。
(2) 将相邻施工过程流水节拍累加数列中的后者错开一位，相减后求得一个差数列。
(3) 在差数列中取最大值，即为这两个相邻施工过程的流水步距。

【例 12-6】某大学校区建设工程由 3 个施工过程组成，分为 4 个施工段进行流水施工，其流水节拍(天)数据如表 12-1 所示，试确定流水步距。

表 12-1 某工程流水节拍

施工过程	施工段			
	①	②	③	④
Ⅰ	2	3	2	1
Ⅱ	3	2	4	2
Ⅲ	3	4	2	2

解：(1)求各施工过程流水节拍的累加数列：

施工过程Ⅰ：2，5，7，8；

施工过程Ⅱ：3，5，9，11；

施工过程Ⅲ：3，7，9，11。

(2) 错位相减求得差数列：

Ⅰ与Ⅱ：

$$\begin{array}{r}2,\ 5,\ 7,\ 8\\ -)\ \ 3,\ 5,\ 9,\ 11\\ \hline 2,\ 2,\ 2,\ -1,\ -11\end{array}$$

Ⅱ与Ⅲ：

$$\begin{array}{r}3,\ 5,\ 9,\ 11\\ -)\ \ 3,\ 7,\ 9,\ 11\\ \hline 3,\ 2,\ 2,\ 2,\ -11\end{array}$$

(3) 在差数列中取最大值求得流水步距：

施工过程Ⅰ与Ⅱ之间的流水步距：$K_{1,2}=\max[2，2，2，-1，-11]=2$(天)；

施工过程Ⅱ与Ⅲ之间的流水步距：$K_{2,3}=\max[3，2，2，2，-11]=3$(天)。

2. 流水施工工期的确定

流水施工工期可按如下公式计算：

$$T = \sum K + \sum t + \sum Z + \sum G + \sum C$$

【例 12-7】某化工企业需要修建 4 台设备的基础工程，施工过程包括基础开挖、基础处理和浇筑混凝土。因设备型号与基础条件等不同，使得 4 台设备(施工段)的各施工过程有着不同的流水节拍(单位：周)，如表 12-2 所示。

表 12-2 某工程基础工程流水节拍表

施工过程	施工段			
	设备 A	设备 B	设备 C	设备 D
基础开挖	2	3	2	2
基础处理	4	4	2	3
浇筑混凝土	2	3	2	3

解：从流水节拍的特点可以看出，本工程应按非节奏流水施工方式组织施工。

(1) 确定施工流向 A→B→C→D，施工段数 $m=4$。
(2) 确定施工过程数 $n=3$，包括基础开挖、基础处理和浇筑混凝土。
(3) 采用累加数列错位相减取大差法求流水步距：

$$\begin{array}{r} 2,\ 5,\ 7,\ 9 \\ -)\ \ 4,\ 8,\ 10,\ 13 \\ \hline 2,\ 1,\ -1,\ -1,\ -13 \end{array}$$

$$K_{1,2} = \max[2, 1, -1, -1, -13] = 2$$

$$\begin{array}{r} 4,\ 8,\ 10,\ 13 \\ -)\ \ 2,\ 5,\ 7,\ 10 \\ \hline 4,\ 6,\ 5,\ 6,\ -10 \end{array}$$

$$K_{2,3} = \max[4, 6, 5, 6, -10] = 6$$

(4) 计算流水施工工期：

$$T = \sum K + \sum t_n = (2+6)+(2+3+2+3) = 18(周)$$

本 章 小 结

项目资源作为施工项目管理过程的重中之重，是施工企业完成施工任务的重要手段，也是施工项目目标得以实现的重要保证。项目资源是指劳动力、材料、设备、资金、技术等形成生产力的各种要素。其中，科学技术是第一要素，科学技术被劳动者所掌握，便能形成先进的生产力水平。项目资源管理就是对各种生产要素的管理，因此，强化对施工项目资源的管理就显得尤为重要。在施工项目的全过程中，从招标签约、施工准备、工程实施、竣工验收、用户服务等五个阶段中，项目资源管理主要体现在工程实施阶段，但其他几个阶段也不同程度地涉及，如投标阶段进行方案策划、编制施工组织设计时，要考虑给工程配置恰当的劳动力、设备，此外，材料选择、资金筹措都离不开资源，而到了施工过程就更体现出资源管理的重要性。

习 题

1. 简答题

(1) 简述建设项目的资源要素的内涵。
(2) 简述建设项目施工现场建设材料管理的主要内容。
(3) 简述材料管理工作的主要措施。
(4) 简述建设项目施工现场建筑设备管理的主要内容。
(5) 简述设备管理工作的主要措施。

(6) 简述建设项目大型施工机械管理要求。
(7) 简述建设项目施工现场建设人员管理的主要内容。
(8) 简述人员管理工作的主要措施。
(9) 简述组织施工的方式及其特点。
(10) 简述固定节拍、成倍节拍流水施工的特点和流水施工工期的计算方法。
(11) 简述流水施工参数的概念；非节奏流水施工的特点、流水步距及流水施工。
(12) 简述工期的计算方法。
(13) 简述进行建设工程项目总进度的分析、论证的原因。

2. 单项选择题

(1) 某工程含3个施工过程，各自的流水节拍分别为6天、4天、2天，则组织流水施工时，流水步距为(　　)天。
　　A．1　　　　B．2　　　　C．4　　　　D．6

(2) 固定节拍流水与其他流水施工方式主要区别在于(　　)。
　　A．相邻施工过程的流水步距相等　　B．专业工作队数等于施工过程数
　　C．各施工过程的流水节拍全相等　　D．施工段之间没有空闲

(3) 某分部工程由3个施工段组成，组织等节奏流水施工，已知施工过程数为4，流水节拍为2天，间歇时间之和为2天，则工期为(　　)天。
　　A．8　　　　B．10　　　　C．12　　　　D．14

(4) 确定流水施工参数是组织流水施工的重要步骤，下列参数属于工艺参数的有(　　)。
　　A．施工段数　　B．流水强度　　C．流水步距　　D．流水节拍

(5) 流水步距属于(　　)。
　　A．工艺参数　　B．空间参数　　C．时间参数　　D．流水参数

(6) 建设工程组织流水施工时，用来表达流水施工在施工工艺方面的状态参数有(　　)。
　　A．流水节拍　　B．流水步距　　C．间歇时间　　D．流水强度

(7) 建设工程组织流水施工时，如果存在间歇时间和提前插入时间，则(　　)。
　　A．间歇时间会使流水施工工期延长，而提前插入时间会使流水施工工期缩短
　　B．间歇时间会使流水施工工期缩短，而提前插入时间会使流水施工工期延长
　　C．无论是间歇时间还是提前插入时间，均会使流水施工工期延长
　　D．无论是间歇时间还是提前插入时间，均会使流水施工工期缩短

(8) 某分部工程有3个施工过程，分为4个流水节拍相等的施工段组织加快的成倍节拍流水施工，已知各施工过程的流水节拍分别为6天、4天、4天，则流水步距和专业工作队数分别为(　　)。
　　A．6天和3个　　　　　　　　B．4天和4个
　　C．4天和3个　　　　　　　　D．2天和7个

(9) 某分部工程有两个施工过程，分为4个施工段组织流水施工，流水节拍分别为2天、4天、3天、5天和3天、5天、4天、4天，则流水步距和流水施工工期分别为(　　)天。
　　A．2和17　　B．3和17　　C．3和19　　D．4和19

(10) 建设工程组织流水施工时，用来表达流水施工在施工工艺方面进展状态的参数之一是( )。

　　A．流水段　　　　B．流水强度　　　C．流水节拍　　　D．流水步距

(11) 建设工程组织流水施工时，相邻专业工作队之间的流水步距相等，且施工段之间没有空闲时间的是( )。

　　A．非节奏流水施工和加快的成倍节拍流水施工
　　B．一般的成倍节拍流水施工和非节奏流水施工
　　C．固定节拍流水施工和加快的成倍节拍流水施工
　　D．一般的成倍节拍流水施工和固定节拍流水施工

(12) 某分部工程有 3 个施工过程，各分为 4 个流水节拍相等的施工段，各施工过程的流水节拍分别为 6 天、4 天、4 天。如果组织加快的成倍节拍流水施工，则专业工作队数和流水施工工期分别为( )。

　　A．3 个和 20 天　　　　　　　B．4 个和 25 天
　　C．5 个和 24 天　　　　　　　D．7 个和 20 天

3．多项选择题

(1) 建设工程组织平行施工时的特点包括( )。
　　A．能够充分利用工作面进行施工
　　B．施工现场的组织管理比较简单
　　C．单位时内投入的资源量成倍增加
　　D．劳动力及施工机具等资源能均衡使用
　　E．各专业工作队能够连续施工

(2) 建设工程组织非节奏流水施工时的特点包括( )。
　　A．各专业工作队不能在施工段上连续作业
　　B．各施工过程在各施工段的流水节拍不全相等
　　C．相邻专业工作队的流水步距不尽相等
　　D．专业工作队数小于施工过程数
　　E．有些施工段之间可能有空闲时间

(3) 建设工程平行施工的特点包括( )。
　　A．施工现场的组织、管理比较复杂
　　B．各专业工作队能够连续施工
　　C．能够充分地利用工作面进行施工
　　D．单位时间投入的资源量较为均衡
　　E．有利于提高劳动生产率和工程质量

(4) 下列关于流水施工的表述中，正确的有( )。
　　A．流水施工工期就是整个建设工程的总工期
　　B．划分施工段的目的就是为了组织流水施工
　　C．流水步距的大小取决于流水节拍及流水施工的组织方式
　　D．专业工作队数不会少于参加流水的施工过程数
　　E．施工段的数目要满足合理组织流水施工的要求

第 13 章

工程项目知识管理与集成管理

教学目标

本章主要讲述知识管理与工程项目全生命周期集成决策机制。通过本章学习,达到以下目标:

(1) 理解工程项目知识管理与工程项目全寿命期供应链组织集成决策的内涵;
(2) 熟悉工程项目的知识管理建立机制;
(3) 掌握工程项目组织的知识联盟体系。

教学要求

知识要点	能力要求	相关知识
工程项目知识管理的内涵	(1) 理解工程项目知识管理现状 (2) 熟悉知识管理的时代意义 (3) 掌握知识管理的概念和内涵	(1) 项目历史数据 (2) 隐性知识 (3) 显性知识
工程项目的知识管理建立机制	(1) 理解项目记忆与项目知识的区别和联系 (2) 熟悉项目知识管理的一般过程 (3) 掌握项目全生命周期不同阶段需要管理的知识	(1) 项目记忆 (2) 项目知识 (3) 项目的知识管理
工程项目组织的知识联盟体系	(1) 理解项目知识联盟建立的必要性 (2) 熟悉工程项目管理知识联盟基本框架 (3) 掌握工程项目管理流程与知识管理流程	(1) 知识联盟 (2) 项目知识管理基本原理 (3) 项目知识管理系统结构
工程项目全生命周期供应链组织集成决策	(1) 理解工程项目全寿命基本含义 (2) 熟悉全生命周期项目管理 (3) 掌握工程项目全生命周期供应链组织集成的基本原理	(1) 全生命周期项目管理 (2) 工程项目供应链 (3) 工程项目集成管理

基本概念

项目历史数据、隐性知识、显性知识、项目记忆、项目知识、项目的知识管理、知识联盟

引例

中捷建设公司是以对外工程承包为核心业务的国际经济技术合作公司,在若干个国家承担过数百个不同形式的对外经济援助项目,公司对外承包总额为 12 亿美元以上,公司总部设在北京,在世界各地均设

有代表处，承办公司的各类业务。

由于公司从事的大多是国际工程项目，项目的时间跨度一般比较长，有的甚至在10年以上，因此，全生命周期的项目管理对于企业的成功至关重要，为此，在2001年，公司制定了向知识和资本密集型工程项目管理公司迈进的战略远景。

然而，许多因素制约着这一目标的实现，例如，公司在非洲承接了一个电站建设项目，项目组成员克服了语言文化、法律和技术等方面的重重困难，终于按计划在两年时间内完成了电站建设，可惜的是由于没有将这些重要资料和经验进行及时整理，当公司投标非洲另一个电站的建设项目时，新的项目组差不多是从头开始收集当地的资料，在项目执行过程中，许多原本已经解决的问题又一次出现，项目组不得不花费宝贵的时间进行重新协调和谈判，对项目成本和进度都造成了不利的影响。

公司对这一现象进行了深入剖析和总结，原因在于公司没有建立起有效的信息和知识共享的环境和机制，以往项目的绝大部分知识是以个人知识的形式存在的，包括员工个人头脑中的隐性知识与保存在个人计算机或文件柜里的显性知识。公司领导决定聘请安达信公司协助建设知识管理体系，根据知识管理的最佳实践，达成有效的知识管理的要素包括三方面：技术手段、人员的交流和企业文化。显然，技术手段是不可缺少的，如果没有一个高效的技术平台和知识库系统，知识就没有一个交流和分享的基础。安达信公司针对这一问题，与工程公司组建了三个工作小组：转变促成小组、内容和流程小组以及技术小组，项目经历了四个阶段：认知评估、规划设计、开发测试和运行推广四个阶段。

13.1 工程项目知识管理概述

13.1.1 工程项目知识管理现状

在当前大量的建设工程管理主体中，工程项目的知识管理始终处于一个较低水平甚至是空白状态，这种情况直接导致了以下几种问题的出现。

1. 历史项目数据的流失现象

建设数据的流失有大致以下三种情况：数据物理存在方面的灭失；数据无法转化为后继项目可以反复使用的经验知识所导致的有用数据的隐性流失；人才的流失。就整个建设领域而言，无论是项目开发方还是施工方，信息化的程度都不是很高，建设数据的存储载体仍以纸质文档为主，然而纸质是一种易燃、易损耗的物质，安全度低。即使保存下来的文档利用率也非常低。建设数据以面向文档文件的方式比较完整地保存下来，而其他大量的建设成败经验知识则留在了专业项目管理人员的大脑中。而作为组织整体，最终得到的只是些散乱而数量巨大的文本数据，组织知识或经验却没有得到实质性增长。这样，关键人员的流失也就意味着相当多的经验知识的流失，短期内对于组织而言将是难以弥补的。进入到项目中的工程师和专家作为知识工作者是现有项目和旧有项目知识聚集和管理的最便利者。而经验知识的合理积累与重复利用在提高项目管理组织自身管理效率与经营效益方面将会发挥更为深远的作用。

2. 工程项目参与各方问题处理的主观性

在当前的建筑业中，往往个人经验在项目管理中起主导性的作用。对于开发方而言，在制定投资目标值、风险费用时心中无数；施工方在制定的投标报价时对自己真正的成本、风险成本、拟获利润的了解也不是很准确。对于进度方面的时间消耗情况也大致如此，建设主体对于建设活动的准确时间花费也无从而知，只能依靠国家的工期定额或依赖于个别专业工程师主观决定。没有自己的消耗标准或参考体系，建设主体就无法与所在行业的平均水平进行比较，也就无法清楚地定位自身的优势或劣势所在和确定自身的发展战略，不利于本组织的长期发展。这是因为个人经验有其先天性的缺陷，如主观性强的特点容易导致知识扭曲的现象，大脑记忆的特性决定了经验知识的不准确性，个人工作角色的限制又决定了个人经验只能是对项目中某一方面的局限性理解等。对个人经验的过分依赖也不利于组织的长远发展。因而，以组织所积累的经验知识取代个人经验在管理决策方面的地位与作用就显得比较急迫，当然这并非完全排斥个人经验在管理决策中的积极作用。对于个人经验而言，从属于组织经验知识的地位并作为组织经验的有益补充显然是更加合理的。

可见，知识管理对于项目团队管理水平的持续性提高具有重要意义。Noel N. Harrof 认为，对项目(历史的与现在的)的了解程度越深，就有可能取得越好的控制效果。因此应该建立一个体现组织知识、组织经验的项目建设经验数据系统。事实上，这也是知识管理时代要求。管理信息化基本解决了文件、数据的共享与便捷化传递、处理的问题，知识管理时代则定位于知识的积累、共享、交流与管理。对于某个组织而言，更应该重视组织知识的积累与管理，因为它是组织获得长远生存与持续性发展的根本。

工程项目知识管理的基本问题如图 13-1 所示。

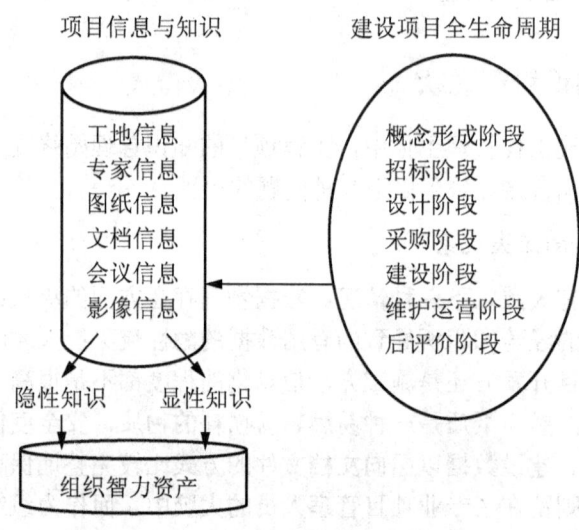

图 13-1　工程项目知识管理的基本问题描述

13.1.2　工程项目实施知识管理的意义

项目组织越来越普遍，项目组织的知识管理的发展还没有跟随其上，但是，项目组织需要特殊而有效的项目管理系统，如果项目组织想避免组织知识的损失和组织学习能力的丧失，必须能够确认项目组织所需要的关键知识并利用这些关键知识，这种能力是项目组织发展的一个重要挑战，也是项目组织进行成功的项目管理的基础。一方面表现为积累知识的能力，另一方面表现在项目组织内部个体知识与整体知识的竞争能力上。项目组织的知识管理不仅仅是组织的知识管理实践和组织竞争力的表现，也是一种支持组织继续生存与发展的竞争工具。知识信息系统支持项目对过去组织经验和知识财富的重新利用。分享和重用项目管理知识要不断获取显性知识和隐性知识，使之成为企业资产的一部分，在项目各阶段有效地利用信息和网络技术使项目知识能够被捕捉，并对未来项目产生影响。将知识管理运用到建设项目各阶段中，发展为一个基于活动的知识管理概念系统，使之成为工程师、专家、项目管理决策的一个有效工具。如果经验和知识能够在以后的项目建设中得到共享，同样或相似的问题一旦产生就可以借鉴先例，信息与知识的重用最大限度地降低了解决工程项目问题的时间和成本。

13.2 工程项目的知识管理与组织创新

13.2.1 项目记忆与项目知识

1. 项目记忆

项目记忆的概念起源于组织记忆，组织记忆可分为内部的或外部的，如内部的专家系统、经验教训、数据库、记录等，外部的竞争对手、政府方报告、财政报告、组织以往成员、供应商、业主方项目成员资料等；也可分为有意识的或无意识的，如无意识的组织文化、角色、不同的任务和控制、现实的组织机构和工作环境等。

组织记忆通常包括知识的提供、知识的管理过程。组织记忆指从组织历史中储存信息并作用于现行项目。项目记忆系统则指项目记忆实现的方式。项目组织记忆是通过项目记忆系统从组织过去的项目知识存储并提取并作用于现代项目。实际上，项目记忆系统应该注重于两种不同类型的知识。项目管理只管理项目技术与项目程序是不够的。组织知识也同时应该被储存与管理起来。但是，如果项目记忆系统只捕捉文档知识则会造成一些隐含在文档信息后的隐性知识的损失，同时需要管理项目知识的程序与工具。如果其他的项目能从项目知识的管理中受益，那么从一个项目的知识转化成多个项目的知识的程序与方法也是必需的。

2. 项目知识

一般来说，知识可以被划分为显性知识和隐性知识，隐性知识很难被表达出来并且不能形成正式语言表达的文本材料。显性知识则可以被用信息语言表达、共享和应用。两种类型的知识是相关联的，需要用不同方法管理。在项目建设各阶段，知识管理的最重要的目的是创造价值，有价值的知识可以从不同渠道获得，包括专家、文献、数据、网络等。目前最先进的信息交流技术促进了组织之间的合作、共享和信息交换，在各方之间通过信息平台进行搜集、储存、分发数据，以支持组织之间的项目计划、控制、管理和决策。在当今复杂的建设环境中，从不同来源、不同版本的信息中转换信息的能力是十分重要的，知识重用与知识更新也提高了管理未来项目活动的水平。

很多用于参考的项目知识数据和信息，包括合同、规范说明、备注、讨论总结和汇报材料被以文档形式储存起来。将这些文档材料转换成为电子版本，可以更有利地被今后项目管理利用和进行知识管理。无论项目是成功还是失败,项目的记录对于提高管理水平都是十分具有价值的,在项目建设过程中,提高管理水平十分有效的手段就是在工程师、专家、决策者之间分享经验,这样可以防止在过去项目中发生的失误重蹈覆辙。

与项目记忆不同的是,项目知识则主要与以下三方面有关。

(1) 与项目产出相关的技术知识。

(2) 与项目产品的生产与利用有关的程序性知识。

(3) 与项目组织内部共同合作有关的组织知识。

13.2.2 项目的知识管理

狭义的知识管理主要是对知识本身的管理,包括对知识的创造、获取、加工、存储、传播和应用的管理。而广义的知识管理不仅包括对知识进行管理,而且包括对与知识有关的各种资源和无形资产的管理,涉及知识组织、知识设施、知识资产、知识活动、知识人员的全方位和全过程的管理。

项目的知识管理一般包含以下内容。

(1) 知识的创造,如知识的搜集、综合与提炼。

(2) 知识管理,如知识储存、知识组织与知识的重新获得。

(3) 知识在用户之间的发送与共享。

(4) 知识的利用与生产,如将知识集成成为产品与决策,直接利用于其他的项目。

知识管理的一般过程如表 13-1 所示。

表 13-1 知识管理的一般过程

1. 知识的获取:典型工程项目相关数据、信息的获得	
搜集信息	搜集纸质、电子数据、文档、信息;
数字信息	将纸质数据、信息和文档转换成电子信息;
编辑信息	编辑原始数字信息、文档,附加细节描述与备注、照片;
信息分包	附带有描述与备注的相关文件,展示信息分享实例;
提交信息	将项目信息包提交
2. 知识的提取:把相关数据和信息转换成所需要的知识	
项目过程记录	以数字形式记录工程项目运行过程信息;
编辑知识	用影像、照片技术记录工程项目详细信息资料与备注内容;
管理知识	搜集工程项目组织会议记录、管理团体的管理信息;
知识分包	将带有描述与备注的文件、文档或其他项目范例的知识信息分包;
提交信息	将项目知识包提交
3. 知识的存储:将所需知识集中存储在安全环境之下	
知识提升	对知识包中的项目知识进行精确化处理之后加以提升并存储起来;
知识分类	在对知识包存储之前进行分类整理;
知识存储	将知识包存储到适当的系统中;
知识备份	为了安全起见进行重要知识包备份;
知识公布	在知识团体中建立知识的自动分发系统,进行知识的利用与重用

续表

4. 知识的共享：	将存储的有价值的信息在工程项目决策者之间共享
知识搜索	利用关键词和专家查询系统进行知识搜索；
知识参考	参考、验证存储的过去项目范例中的知识；
知识修订	针对新项目或其他现行项目修改原始知识包知识内容；
知识应用	将修订后的知识继续应用到其他项目中；
搜集反馈	对原始知识或修订知识的应用信息进行反馈搜集
5. 知识的更新：	对知识用户在使用过程的问题进行反馈、更新和重用
搜集信息	搜集所有纸质、电子版本的文档和信息；
知识标注	对更新过的知识进行重新标记和备注；
知识分包	对新的或更新过的知识进行重新分包；
提升知识	在对知识包存储之前进行分类整理，将知识包存储到适当的系统中；
知识重新公布	将修订过的知识在知识团体中建立自动分发系统，进行知识的利用与重用

13.3 工程项目组织的可持续发展机制——知识联盟体的构建

知识联盟建立的最重要目的就是要加强工程项目在全生命周期中对不同阶段知识的管理、交流与决策。按照建设项目的不同阶段来看，一个典型的项目周期大致分为决策阶段、实施阶段和运营阶段。对于业主方管理而言，每一个阶段有不同的管理，即开发管理(DM)、项目管理(PM)和物业管理(FM)。对于不同的项目参与方，涉及的项目阶段也不同，如业主方的项目管理是 DM+PM+FM 形式，设计方、承包商、材料供应商为 PM 形式，运营方为 FM 形式，不同的项目参与方所要获取的项目管理专业知识随着项目阶段性的不同而有差异，如图 13-2 所示。

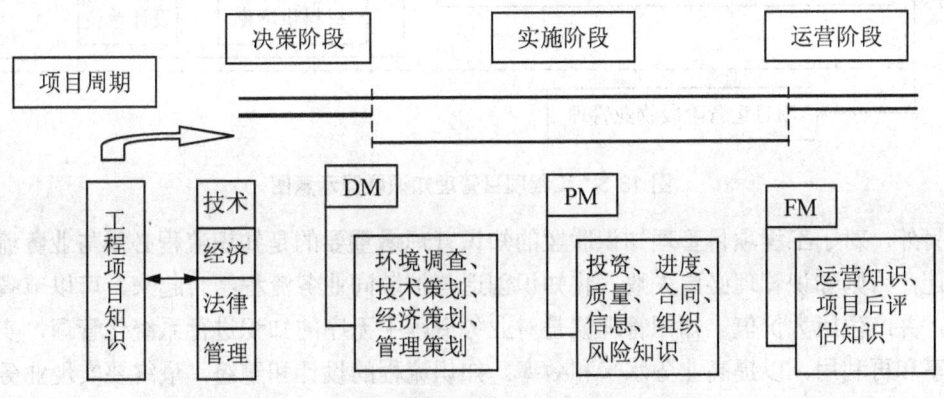

图 13-2 项目全生命周期不同阶段的管理知识

13.3.1 工程项目管理知识联盟的建立机制分析

知识联盟属于一种基于知识生产的灵捷虚拟企业，是在计算机网络与信息技术发展和应用以后出现的新型组织形式。与产品联盟相比，知识联盟参与者的范围更加广泛，相互之间的结合也更加紧密；知识联盟比产品联盟具有更大的战略潜能，可以做到从战略上更新核心技能或创造新的核心技能。知识联盟的组织成员之间在能力和知识方面具有相容性和互补性，在知识水平方面具有协调性，各种能力和资源协调搭配，彼此相互作用，知识的整合使组织成员具有解决问题的能力，通过合作实现知识的重组，使知识的利用得以超越组织边界在广泛的外界环境中实现。知识经济时代的信息、网络技术为工程项目管理组织由传统的金字塔式层级组织模式向扁平网络式的知识联盟体转变提供了技术平台。从金字塔式层级组织向知识联盟体系转换的过程中，要面临组织结构再造，即组织的分权与控制的矛盾。知识联盟一方面通过分权提高组织系统的运行效率，另一方面使独立性日益增强的组织系统要素以柔性的方式有力地结合起来，形成组织内部关系组织与外部环境之间的具有某种核心竞争力的社会协同系统。该系统中知识与经济直接互动，形成了知识的自我催化机制。在以知识联合为核心能力的扁平网络式虚拟组织——工程项目管理知识联盟(图 13-3)中，组织成员拥有各种工程项目管理专业知识和技能，每个组织成员都可以作为相关信息的拥有者和提供者，组织中的知识工作者因其拥有专门知识而获得部分决策权，并以其绩效实现与部分决策权相连接的剩余索取权。

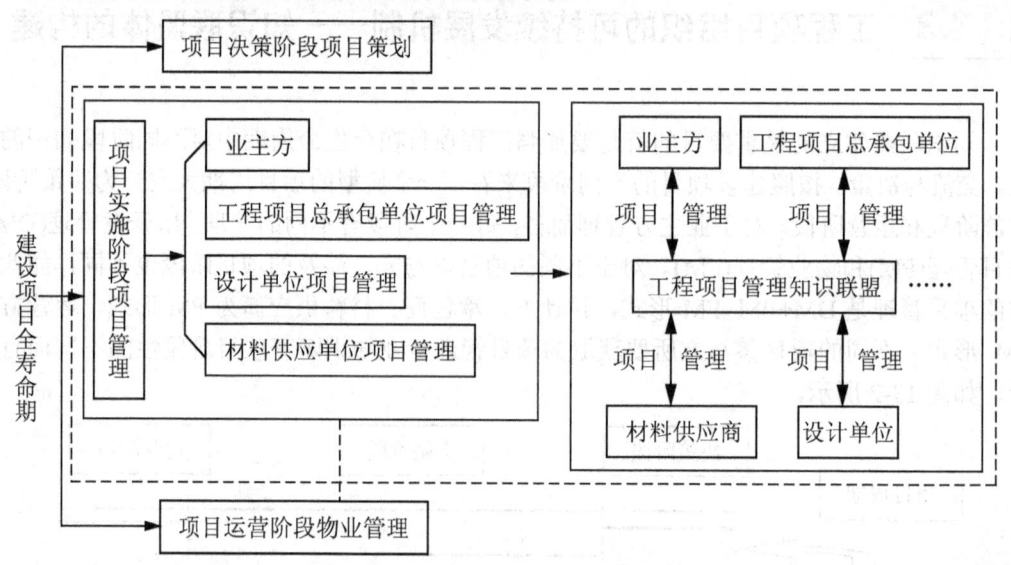

图 13-3　工程项目管理知识联盟示意图

另外，对于工程项目管理知识联盟的知识管理最重要的是知识流程必须与业务流程紧密相连，否则知识管理必定失败。将知识创造与扩散同业务流程结合起来，可以节省大量开支，并产生巨大价值。知识管理就是对业务流程中无序的知识进行系统化管理，实现知识共享和再利用，以提高业务水平和效率。知识流程的设计和重组，最终要实现业务流程和管理流程的统一。组织知识在标准化、流程化过程中，不断发育、成长，是一个螺旋上升的过程。在这个过程中，知识的作用和价值被提升，知识成为企业运作的核心。扁平化、网络化的组织结构应运而生，知识流程突显为组织的核心流程。从知识的角度出发，用知识流程统一业务流程和管理流程，可以避免因为流程不适导致的工作脱节、分立，交流与共享受阻，不能协作相通。以知识流动贯穿组织流程，以知识驻点凝聚知识和拥有知识的人，使组织流程在知识的流动中更加有序、高效。知识管理人员应该努力把知识流程融入组织的具体业务流程中，而不是把其视为一个独立的、覆盖全组织的信息技术构架。工程项目管理流程与知识管理流程并行体系如图13-4所示。

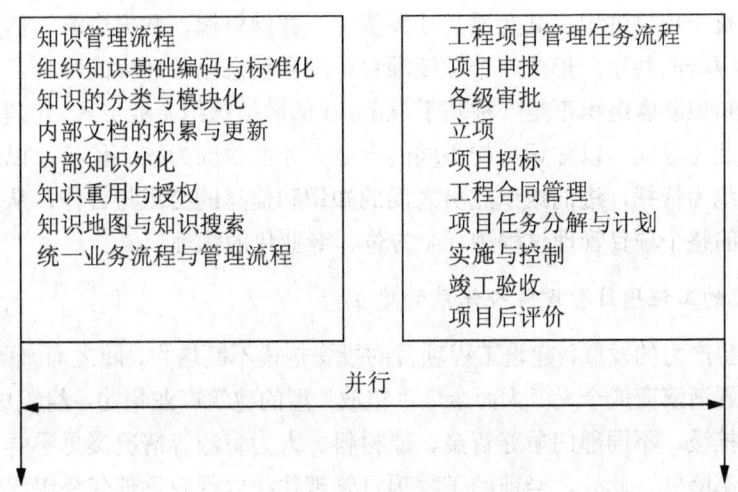

图13-4 工程项目管理流程与知识管理流程并行体系

关于知识管理在项目知识体系中的应用实施，国际上很多工程专业机构已开展了研究，如PMP成员Brian在2000年3月的知识管理论坛上指出的知识管理在项目管理中的两种应用转变方法：知识流分析和协作分析，以提高项目集成、人力资源管理及沟通，便于理解和管理项目风险，同时使项目经理更好地理解知识在项目管理过程中的获取、转移和使用过程。

上述两种转变方法中的知识流分析指的是基于项目WBS的知识流程分析。对于项目经理而言，WBS是项目计划的核心。每一条分支代表了对项目完成有决定性影响的任务或决策，但往往出现这样的情况，最终影响项目的因素并没有出现在WBS图上，我们常常忽略了要在合适的时间使适合的人员获得合适的知识。知识流分析便是规划项目中知识的授予问题，以便提高项目执行的有效性。因为项目中的每一项任务都要求专业化的知识，因此执行任务的人员能否获得他所需的专业知识，决定了其能否顺利地完成项目任务。为了更好地理解和应用知识流，项目经理首先要弄懂文档、数据中包含的各类任务和代理(人、组织、技术)间的知识流的来龙去脉。协作分析是采用关键协作路径，即通过协作分析模拟一系列代理之间的关键接口，基于知识流识别一系列高风险事件。项目经理采用标准的项目管理工具，如Microsoft的Project Manager等，就可以进行简单的建模，识别关键路径，减少风险，这要求项目经理能预见一些实际问题，如组织结构、语言障碍、冲突事件等。经过多年的发展，这些工具已能帮助项目经理在项目中识别知识流与关键路径，使知识管理在项目管理中的实施成为可能。

13.3.2 工程项目管理知识联盟的建立支持体系

从管理学角度来讲，所有管理模式目标的实现均以信息和技术为基础。信息技术的飞速发展使企业的通信和控制结构发生了本质性的变化，"数据信息化—流程信息化—决策信息化"这一现代信息传递特点为企业的组织结构模式的转变提供了技术环境。虚拟企业正是在信息化和全球化背景下涌现的新生事物,它体现了在地理上分布的独立机构、公司和专业人士的临时或长期的集合,各方通过信息技术及通信技术来提供互补核心竞争力,共享资源以完成整个项目过程。其实质是计算资源、存储资源、数据资源、信息资源、文档资源、专家资源全面共享,形成一个敏捷项目管理和信息服务环境的平台。我们所倡导的工程项目管理知识联盟组织正是一种基于 Intranet 的敏捷虚拟企业形式。它建立的关键环节在于以市场机遇为导向,以知识结构不同的专业人才的协同为核心优势,以先进的工程项目管理信息系统为依托,进而组织成员之间的知识和信息的交流与合作,从而实现对工程项目实施阶段的整个项目管理过程进行全方位、专业化的管理。

1. 专业化的工程项目管理服务体系的建立

随着社会生产力的发展,建设工程项目的投资规模不断增大,随之而来的是很多国有、民营建筑企业逐渐演变成今天"大而全"、"粗放"型的建筑产业集团,组织成本越来越高:有了责任互相推诿,不同部门争夺资金、原材料、人力资源等情况屡见不鲜,组织内部的摩擦增多、效率降低。此外,当前的工程项目管理往往以行政管理代替组织管理,以施工管理代替项目管理;强调项目的计划与控制过程,重视对项目投资和成本进行费用预算、资金和资源的分配、进度计划的制订、项目任务分解及分工、项目控制与跟踪等项目中期的管理,但对项目前期的立项审批和项目后期的总结评价阶段没有给予足够的重视,还没有真正做到完全面向工程项目管理的全过程,这些弊病大大降低了建筑业生产效率。工程项目管理知识联盟体系的构建,使工程项目各方可以通过知识联盟体实现对工程项目专业化、集约化的项目管理,强化建设业内部的分工与合作,业主、承包商、设计单位、材料供应商等各方完全可以通过与工程项目管理知识联盟的合作,放下包袱,轻装前进,这种专业化、市场化的工程项目管理组织模式有效地克服了传统工程项目管理组织模式的局限性。

2. 以知识管理实现知识联盟的核心能力

知识管理是对业务流程中无序的知识进行系统化的管理,将组织(企业)内在的隐性智慧与外在的显性知识有机融汇,实现知识的共享和再利用,以提高业务水平和效率;并将组织(企业)整合为高智能的市场主体,使之具有更强的生存能力和竞争发展能力。核心能力则是组织(企业)长期积累下来的协调组织(企业)内分散的生产技能和多组技术并使组织在某些关键领域成为领先者的那些集合性的知识和技能的能力。这种核心能力在竞争中具有高价值性、稀缺性和不易被模仿的特点。核心能力的关键要素是专有知识,尤其指隐性知识。知识经济时代新型的工程项目管理组织——工程项目管理知识联盟的核心能力来源就是通过知识的有效管理将组织自身的专业人才和知识资源集中在与其核心能力有关的核心功能方面,而培养核心能力最有效的手段则是知识管理与工程项目管理任务流程的有机结合。它不仅仅意味着对与工程项目管理有关的知识本身的收集、分类、存储、查询和再利用,还意味着在知识管理过程中知识整合、知识重组、知识激活、知识的传播与共享、知识的运用等知识创新过程的和谐统一。

13.4 工程项目组织知识联盟中的知识管理方法

13.4.1 工程项目知识管理的内容

现代工程项目知识管理的主要内容包括以下几方面。

1. 工程项目规范、标准与合同的管理

过去典型项目的专业标准、规范与合同应转变成 PDF 文档形式被储存在最适宜处，以方便查询。

2. 工程项目纸质文档与报告的管理

集中所有与典型项目有关的文档与报告，扫描或转化成 PDF 文档形式并备份到信息系统中，所有知识用户都可以咨询和获得标准的电子文档。

3. 工程项目影像资料的管理

用影像资料记录典型工程项目工地实际情况、项目执行过程中遇到的问题及解决的方法，以备未来用户参考与借鉴。

4. 电子过程服务记录

记录所有重要项目参加者之间的电子信息交换过程，尤其是高层管理者与低级操作执行管理层之间的沟通与交流的记录。

5. 电子会议记录

记录所有与典型工程项目有关的会议与讨论过程的内容，并以电子文档的形式保存起来。

6. 专家黄页

专家黄页指与典型工程项目有关的专家的电子记录，并附有专家地图、各个专家的专业特长、服务领域、对不同项目领域的了解程度信息。

7. 问题解决过程记录

记录项目执行过程中发生的各种问题及解决的方式、方法、参与的组织成员及咨询的专家；将解决问题的知识和经验存储起来以备用。

8. 合作伙伴情况记录

记录项目建设过程中合作的专家、工程师、承包商、分包商在建立共同的工作平台后的工作执行情况以及相应的计算机技术支持情况。

9. 信息管理服务记录

记录基于项目导向的信息管理过程以及项目参加者在项目信息更新后对信息的接受与处理情况。

13.4.2 工程项目知识管理的基本途径

在项目管理中应用知识管理的方法，是为提高项目管理的质量和水平服务的。知识管理是在组织内部促进知识创造与分享、组织层次的实施、人员层次的支持，强调理解组织对知识的需求，及通过网络协同进行知识分享、沟通与创新的过程。而从项目管理的角度出发，知识管理需要在合适的时间、合适的地点配备合适的资源(人员、机械、材料等)，这不是一件很简单的事，需要掌握不同资源的特性和它们之间的配合情况及项目未来的需求。一个组织的项目知识管理要求在融合组织内部知识和组织外部信息的基础上，利用项目组织已有的平台设施、软件，或在此基础上进行二次开发，从而最大限度地分享组织的知识，成功完成项目目标，如图 13-5 所示。

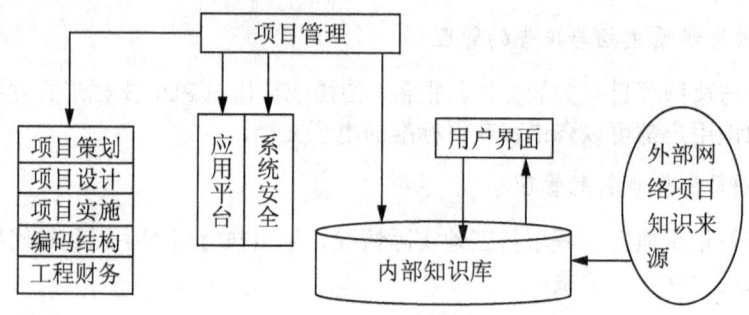

图 13-5 项目知识管理系统结构示意图

项目知识管理的应用实施是以组织知识为核心的，项目管理的组织往往积累了大量的项目经验，但没有一个统一且结构化的组织方法，因而组织内部的知识严重地呈现出分散、冗余的状态，这些分散、冗余的知识对于一个组织而言是毫无价值的，项目知识仍然孤立地存在于项目内部，因而组织要应用项目知识管理，首先要确定组织内部的知识体系。

在传统项目信息管理中，采用投资编码、进度编码、合同编码、资金编码等独立的编码体系，给本来相互有联系的数据交换和集成带来了很大的困难。项目知识管理系统要实现既可以按特定的信息对象类型(如某建设项目总投资信息、进度信息、合同信息等)查询和处理，又可以按不同层次的子项目(如某高层办公楼室外总体工程投资信息、进度信息、合同信息等)查询和处理。因此，项目文档及其编码的统一化成为实施项目知识管理的前提之一，针对工程项目过程性的特点，可将常用文档总结，如图 13-6 所示。

知识管理在项目管理中的应用要在立足项目内部信息共享的基础上实现前后不同项目相关经验知识(包括组织外部信息知识，如 Internet 资源)的积累和参照，最终围绕组织智力资本与组织其他资本的完美结合，以高灵敏度和强适应性相对减弱项目管理的风险，为当前项目的实际操作及时提供知识支持。项目信息知识只有实现在项目参与各方之间、项目管理不同领域之间、项目全生命周期范围内以及项目实施所需要的相关知识范围内的共享，才能满足建设项目管理的需要，提高建设项目管理水平。

一般来说，工程项目知识管理操作系统由四个层次组成。最底层是计算机网络和知识库层，用于知识的存储和共享，为系统数据层提供服务；第二层是系统数据层(计算机服务层），属于管理平台，用于支持不同部门的管理需求；第三层是适应层，第四层是访问层，属于应用平台，用于面向用户具体知识的分类、传播、共享和应用；最后一层是界面层。

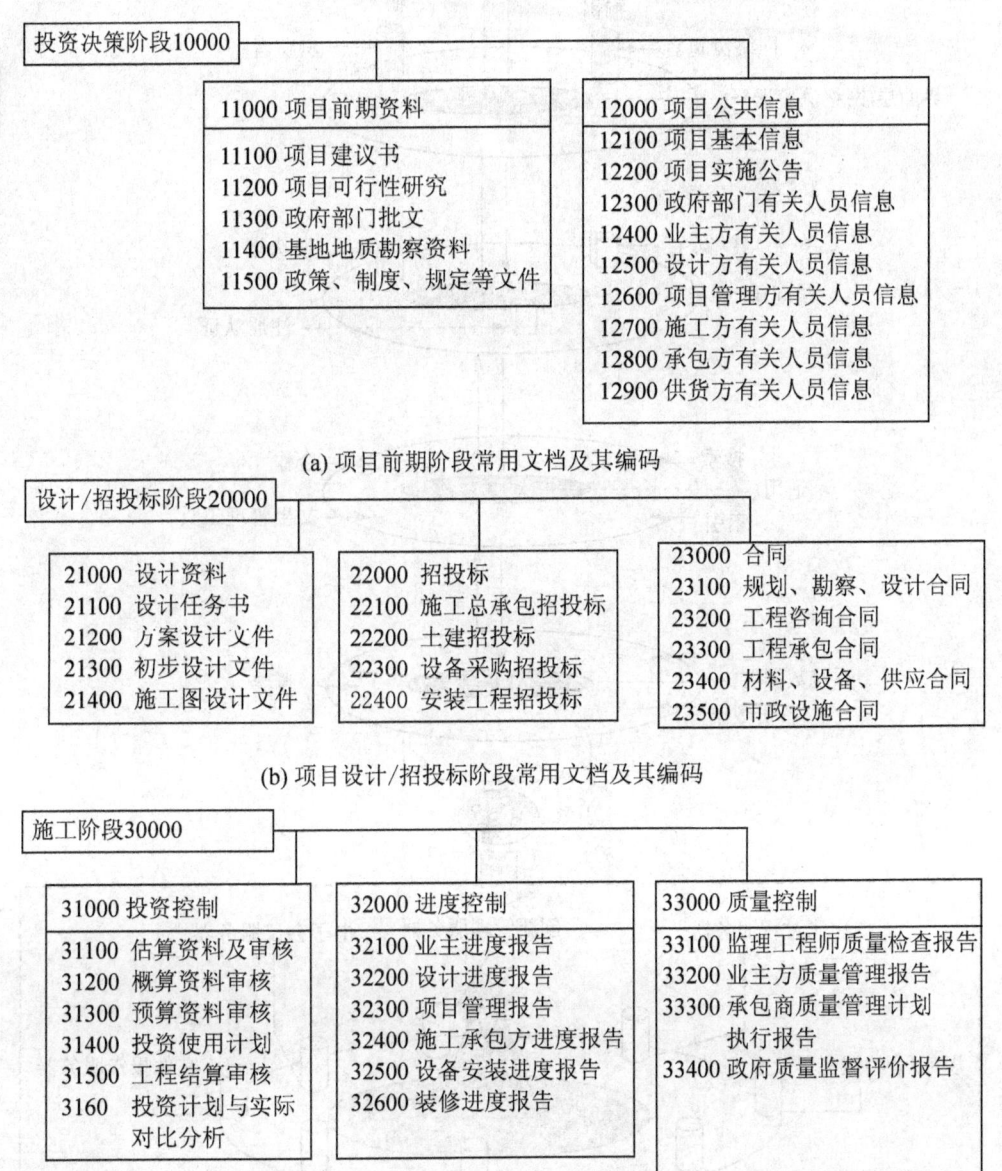

图 13-6 常用文档

可以这样概括，知识管理系统的底层是基础数据层，中间层是对这些数据整理、处理、加工的一系列知识管理手段，上层是知识表述与创新的应用层，如图 13-7 所示。

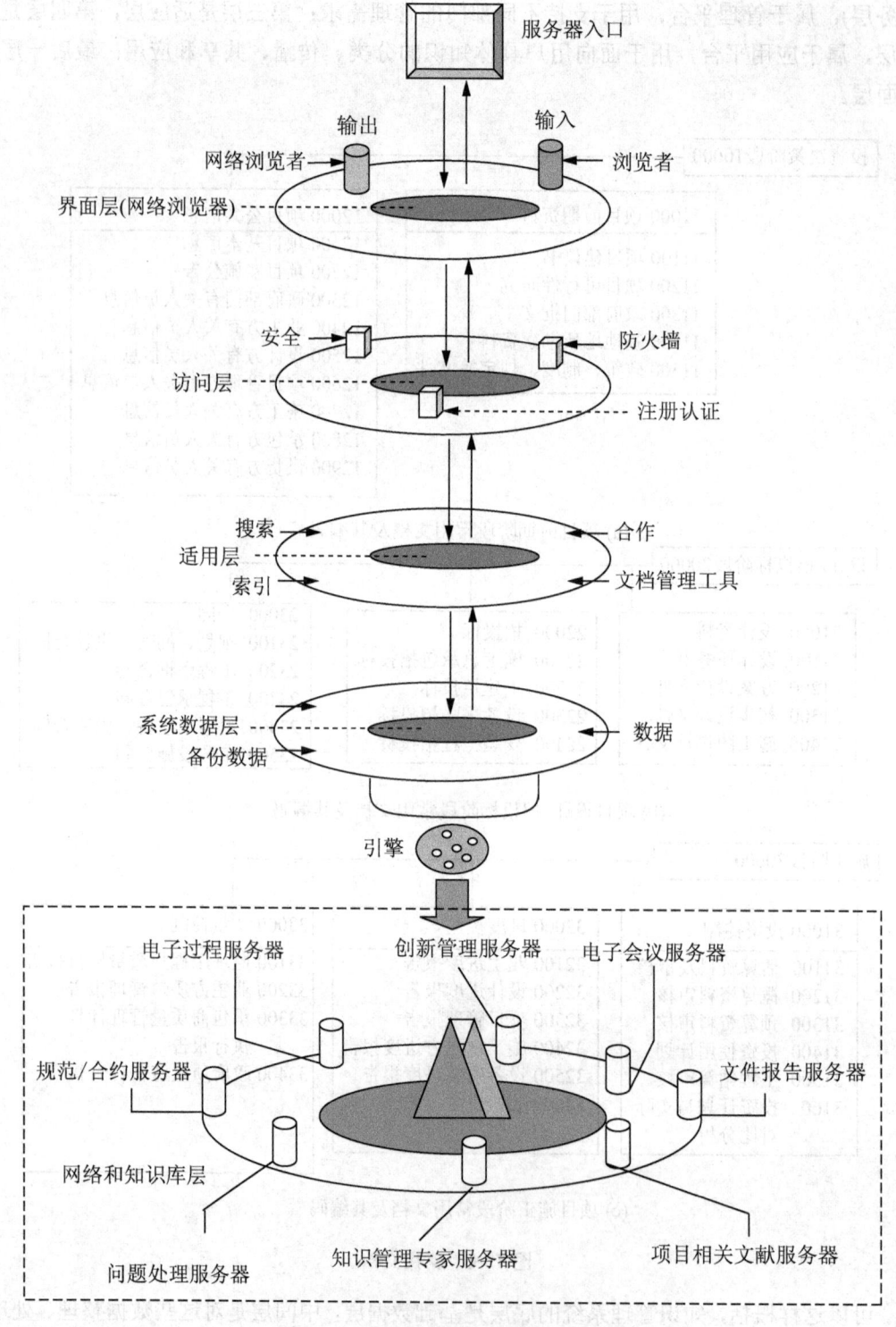

图 13-7　计算机知识管理系统示意图

13.5 工程项目全生命周期集成管理的特点

供应链组织全生命周期集成决策追求项目的总目标和总效果，而不是局部最优化。这个整体不仅包括整个建设过程，而且包括整个运行过程；不仅包括项目本身，而且包括项目整个上层系统，能够极大地提高项目管理的效率。供应链组织全生命周期的项目管理是对整个项目从概念构思到项目期结束"无缝隙"项目管理。这样能够消除项目过程、项目组织、项目职能之间的障碍，实现综合管理、综合运用知识和措施，协调各方矛盾和冲突，使各子系统正常运行。全生命周期集成决策的重点在于新的管理理念和方法，是一个新的管理模式。

13.5.1 工程项目供应链组织全生命周期的集成决策

1. 工程项目全生命周期供应链组织集成决策的方法评述

集成管理是指运用集成的思想，通过保证管理对象和管理系统完整的内部联系来提高系统的整体协调程度以形成一个更大范围的有机整体，主要包括组织集成、过程集成、管理职能集成及计算机集成，其实质是要做到战略柔性化、组织网络化、决策高效化、知识整合化。当前集成管理思想已经渗透到各个生产领域，计算机集成制造(CIMS)、并行工程(CC)等管理新理念就是集成管理思想在制造业中应用的成果。现代建设项目全生命周期集成管理是集成管理思想在工程建设领域的延伸，主要是通过项目全生命周期内各阶段的集成、全部项目管理职能的集成、项目组织和责任体系的集成以及信息的集成等方面把工程项目的各主体、各管理要素、各生产阶段有机地结合起来，更大程度促进建设项目管理目标的实现。现代建设项目承发包模式体现的"建设生产过程一体化"的伙伴式供应链管理趋势及建设项目业主方管理与承包方管理的新特点要求对工程项目进行全生命周期内的组织集成管理。

澳大利亚悉尼大学 Ali Jaafari 博士领导的建设项目集成化管理研究小组于1998年首先提出的全生命周期项目管理(LCPM)思想，倡导应用全生命周期思想改造现代建设项目的生产和运营方式，将全生命周期管理思想延伸至工程项目管理领域。此外，20世纪90年代中期在欧洲大型科研项目 ESPRIT 研究中第一次系统地提出的并行建设思想则借鉴了制造业并行工程的思想精华，提倡对产品的设计、制造、运行和维护进行有效的继承，发展商从一开始就考虑产品全生命周期的质量、费用、进度及用户要求等目标。值得指出的是，全生命周期项目管理和并行建设思想在全生命周期集成管理的组织机构设置模式上具有相似之处，都要求项目参与方包括业主方、承包方、供应方、运营方、项目管理方、物业管理方等各方在工程项目决策阶段就组成全生命周期项目集成管理联合实体，并在此基础上组建全生命周期投资、质量、控制等问题的规划和控制联合小组以及合同管理和信息管理小组，负责某一子项目的全生命周期管理。

从国内相关研究进展来看，同济大学丁士昭教授及工程管理研究所在国际全生命周期项目管理和并行建设思想的基础上，在对南京市地铁建设项目中引入了全生命周期集成化管理(LCIM)及全生命周期经理的概念，提出通过全生命周期经理担当建设项目全生命周期集成化管理联合实体的核心，负责整个项目的生命周期，特别是决策阶段和实施阶段全生命周期目标的规划和控制。全生命周期集成化管理的项目组织结构如图13-8所示。

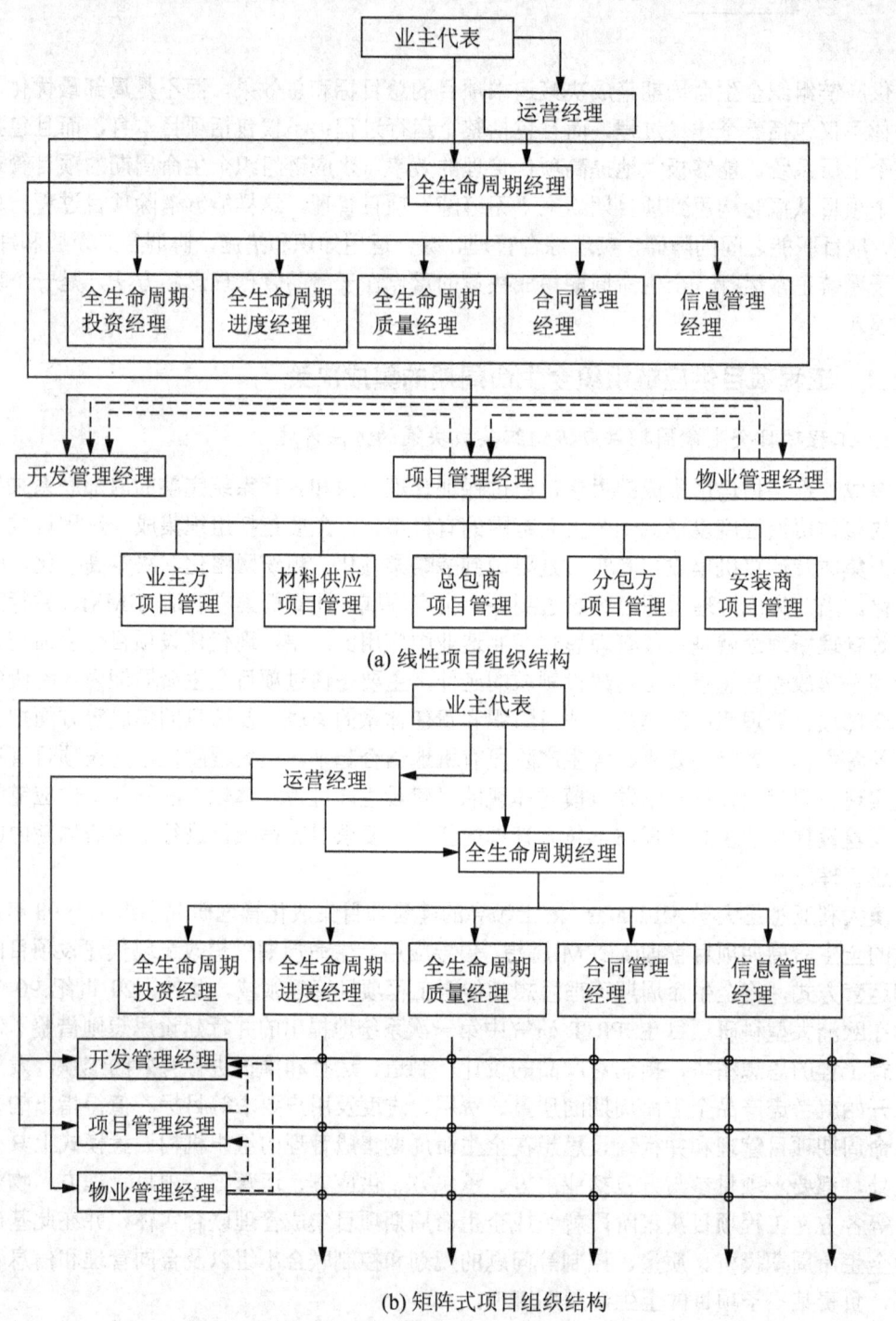

图13-8 全生命周期集成化管理的项目组织结构

2. 计算机集成建筑思想中组织集成问题的观点阐述

针对工程建设项目全生命周期集成管理需要强大的信息集成来支持的特点，目前，建筑、工程和建造计算机集成建筑平台方法对建设项目信息标准化与共享进行较系统的研究，该思想通过项目参加各方(尤其是供应链组织各方与项目业主方)在工程建设全生命周期各个阶段的数据与信息编码的标准化，在一定程度上弥补全生命周期内组织集成管理的不足，通过标准化和模型化的工程项目信息交换实现科学决策。受到计算机集成建筑思想的启发，东南大学的成虎提出了工程建设项目全生命周期集成管理中的工作分解结构编码和项目分解结构编码的标准化观点，其实质是运用知识集成和信息集成的方法进行全生命周期建设项目的集成管理，建立统一的中央数据库，将项目各参与方建立的异构数据库纳入到一个统一的管理系统中，实现建设项目全过程信息交换标准的一致性，保持网络环境下的统一管理和统一使用。

3. 两种工程项目全生命周期供应链组织集成的局限性评述

全生命周期项目管理和并行建设思想以全生命周期管理联合体为全生命周期集成管理的核心思想，其实质是建立全生命周期内集成管理的组织实体，这种组织模式虽然功能全面，但是面临着人员的冗杂和资金的浪费，在业主的管理中存在着管理幅度大、信息处理量多的问题，呈现出另一种低效运行。此外，全生命周期联合班子实际上处于中介咨询机构的位置，并不具有对于工程建设项目全生命周期内所出现的问题的实际处理权力，全生命周期联合班子与各阶段、各部门管理者协调难度大，有时只能成为一种形式。这种思路在理论上成立，但在实践中却存在着操作难度。此外，建筑、工程和建造计算机集成建筑思想的标准化信息数据理念虽然在信息流通与管理协同上增强了畅通性，但没有现代的、与全生命周期组织集成功能及目标相适应的组织机构来进行人本核心的、行之有效的管理和决策，依然在理论上存在缺陷。

13.5.2 工程项目全生命周期供应链组织集成决策

1. 新型工程项目全生命周期供应链组织集成模式的建立

基于上述研究和探讨，根据工程项目全生命周期集成管理的过程、目的及自身特点，针对工程项目全生命周期集成管理实现的核心问题——工程项目全生命周期供应链组织集成(图 13-9)问题提出建立以业主、咨询机构、专业人士共同形成的协同化战略联盟为工程项目全生命周期集成管理内决策与管理的核心，通过建立中央数据库将工程项目管理的外部各参与方、管理各要素、全生命周期各个阶段建立起来的异构数据与工作模块统一成标准化的同构数据，共同实现工程项目全生命周期管理中的快速诊断与决策机制。这种组织集成模式克服了各自组织集成模式在工程项目全生命周期集成管理中的局限性：一方面改工程项目全生命周期实体组织管理为适应知识经济时代工程项目管理特点的扁平网络化联盟体虚拟组织管理，通过基于 Intranet 的标准化、同构数据的信息平台实现业主与专业咨询机构和专业人士之间的紧密联系，提高工程项目全生命周期集成管理效率，实现组织机构在工程建设全生命周期过程中决策阶段的开发管理、实施阶段的项目管理和运营阶段的物业管理的快速反应与决策，使这种组织结构成为工程项目全生命周期集成管理目标实现最有力的支持；另一方面降低了业主方管理成本，提高了建设业专业化与现代化水平。

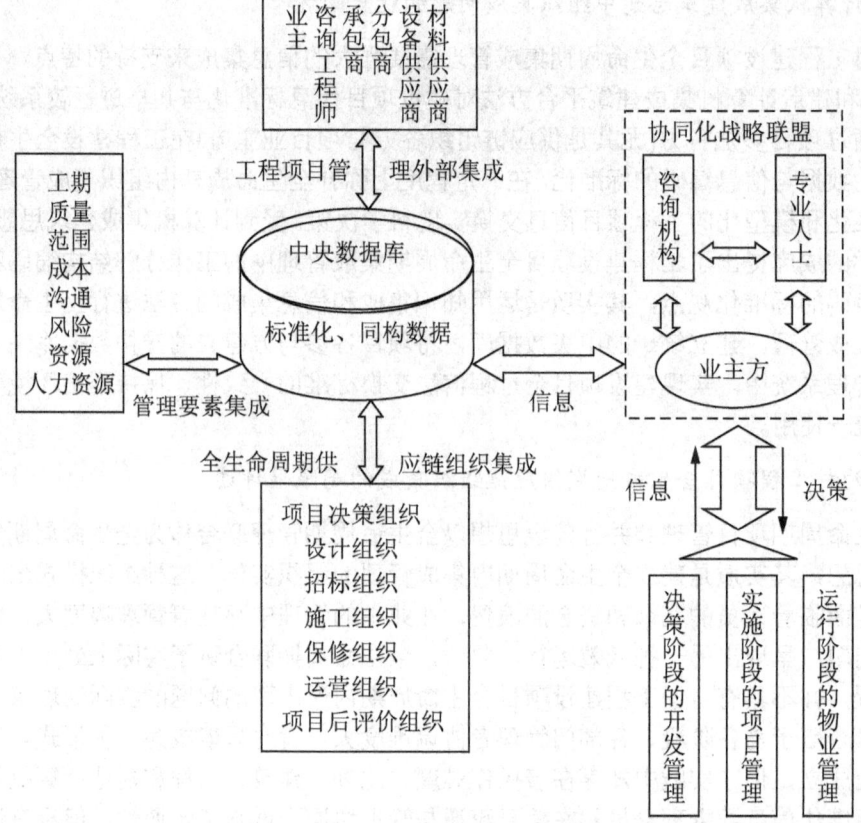

图 13-9　工程项目全生命周期供应链组织集成示意图

2. 供应链组织集成决策模式的构建机制分析

1) 建立标准化的同构数据库技术平台

工程项目全生命周期集成管理是处于快速变化的内、外界环境之中动态开放的管理，人的因素在集成管理中占据着突出的地位，是管理与决策的核心。及时、完整、准确的信息收集与传递对于管理者而言具有十分重要的意义，因此，建立同构化的数据管理体系为工程项目全生命周期内的集成管理成为一种真正的人本核心的柔性化管理奠定了基础。只有将工程项目各管理阶段、各管理要素、各参与方的所有重要信息与管理模块以同构数据的形式建立起来，依据可供业主与专家机构决策及管理的中央数据库，形成一个敏捷集成管理和信息服务环境的平台，将数据资源、信息资源、专家资源全面共享，从而实现对决策阶段的开发管理、实施阶段的项目管理与运营阶段的物业管理等工程项目全生命周期内的全方位、专业化的管理，真正做到具有现代集成管理特点的"数据信息化—流程信息化—决策信息化"。

2) 供应链组织战略联盟体系下的"协同旋进"

著名管理大师彼德·德鲁克曾经说过 21 世纪是战略联盟的时代。战略联盟在快速、有效地传递组织信息和进行知识管理与知识创新方面具有无法比拟的优越性。战略联盟这种基于战略角度的合作，在知识经济时代正发挥着越来越大的作用，是集成管理领域协同旋进思想的具体体现。"协同旋进"本质在于多方协调，共同发挥彼此的资源优势，以达到扩大优势范围的目的，实现共生共存，协同推进。

对于现代工程项目全生命周期集成管理而言，业主作为工程项目全生命周期内投资决策阶段、项目建设实施阶段甚至运营阶段管理的核心，敏捷、有效的管理和正确、快速的决策是至关重要的。而业主作为建设项目的投资建设单位，并不完全具备开发管理、项目管理和物业管理方面的专业管理水平，必须充分利用信息技术整合跨越地理区域和组织边界的专业人才资源和知识资源形成互补核心竞争力，针对工程项目全生命周期不同阶段、不同要素将不同专业结构的专业咨询机构与专业人士协同起来，有助于各知识载体的优势面和优势度的结合，提高综合决策能力，提高工程项目全生命周期内的管理效率。知识经济时代的信息、网络技术为工程项目全生命周期集成管理建立标准化、同构中央数据库提供了技术平台；业主与专业咨询机构及专业人士之间的协同旋进的组织理念为工程项目全生命周期内敏捷、高效化的管理与决策提供了强大的专业知识与智力支持；而金字塔式层级组织结构向扁平网络式的战略联盟体组织集成模式转变则成为工程项目全生命周期管理不可或缺的纽带。由于扁平网络式组织结构具有决策敏捷、资源互动、信息传递高效等特点，使之具有良好的组织适应性，通过这种组织模式能更加顺利地实现战略联盟组织对同构中央数据库中各种集成化信息与管理模块的获取、业主与专业咨询机构及专业人士等组成的战略联盟之内的管理沟通与信息传递，以及战略联盟与工程项目全生命周期内决策阶段的开发管理、实施阶段的项目管理及运营阶段的物业管理各实体管理组织之间的沟通与协调，从而实现业主对工程项目全生命周期内快速、高效化的管理与决策。通过协同管理，提高资源利用率，以及在订单、生产和运营上实现规模效益来降低运营成本，提高利润；通过有效控制交货期来缩短交货提前期，提高生产的可靠性，同时，提高反应速度、敏捷性和柔性，快速响应市场，满足客户需求；还能够有效降低不确定性带来的风险，同时提高企业的生存与发展能力。

3) 供应链组织战略联盟体体系下的"协同决策"

供应链的管理协同决策框架如图 13-10 所示。

供应链组织战略层决策问题在供应链组织管理中是最关键的，是确保供应链稳定运营，提高整个供应链运营绩效影响最重要的部分。

一般来说，供应链管理中战略层的决策问题以及决策问题之间相互协同的过程，包括敏捷供应链战略决策、供应链合作关系决策、风险控制与决策、供应链利益风险决策以及供应链绩效评价和决策等重要决策过程。

合作关系决策涉及与合作伙伴选择有关的评价与决策，合作伙伴之间协调谈判、投标招标机制、敏捷供应链合作关系模型的建立过程。

利益分配决策包含敏捷供应链管理中的利益、风险分配的模式，敏捷供应链管理中的最优激励策略等；负责对各合作伙伴企业之间利益分配与风险分担机制进行决策，并根据对合作伙伴的评价在敏捷供应链运营过程中进行动态的调整。

风险决策包含风险识别、风险分析与风险控制等，是对动态、不确定生态环境下敏捷供应链运营过程的监控与协调,确定敏捷供应链稳定运营具有重要作用;负责监控敏捷供应链运营过程中潜在的风险,对风险的发生采取及时的协调与解决措施以减少损失。

绩效评价决策指对敏捷供应链整体的绩效评价和对合作伙伴或某个运营过程绩效的评价与决策,包括绩效评价目标和指标的确定、绩效评价基准的分析、绩效评价方法以及绩效评价的实现等;负责对各合作伙伴运营状况进行监控和评价,对整个敏捷供应链运营过程进行包括财务指标及相关方面的综合评价。

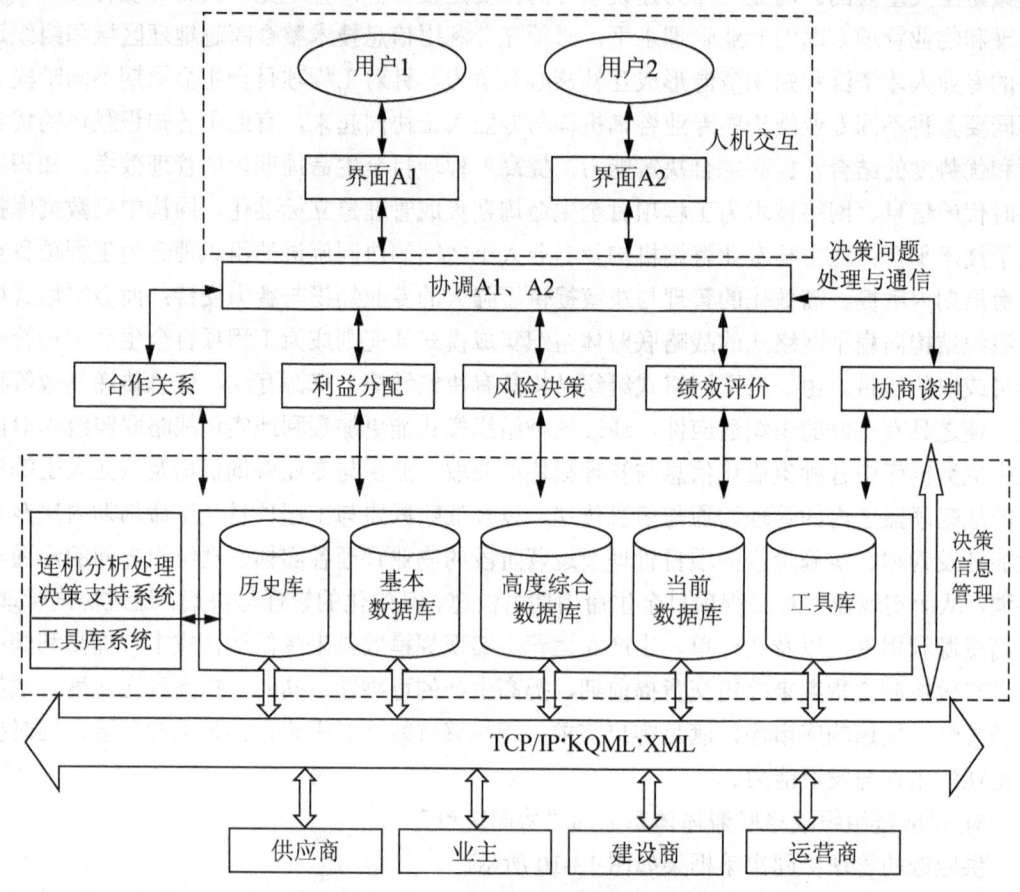

图 13-10　供应链的管理协同决策框架

本 章 小 结

历史项目数据流失、工程项目参与各方问题处理主观性等组织知识管理缺陷往往导致项目失败与损失,使组织陷于混乱。工程项目组织需要特殊的项目知识管理组织与相应的知识管理系统消减工程项目组织管理过程中的风险,使工程项目管理的耗散结构系统快速恢复有序与协同。本章主要分析其构建机制及相应的工程项目组织知识管理方法与技术。

习 题

简答题

(1) 简述项目记忆与项目知识的区别。
(2) 简述项目知识管理的一般过程。
(3) 简述项目全生命周期不同阶段需要管理的知识。
(4) 简述工程项目知识管理的现状。
(5) 简述知识管理的时代意义。
(6) 简述知识管理的概念和内涵。
(7) 简述项目知识联盟建立的必要性。
(8) 简述工程项目管理知识联盟基本框架。
(9) 简述工程项目管理流程与知识管理流程。
(10) 简述工程项目全寿命基本含义。
(11) 简述全生命周期项目管理。
(12) 简述工程项目全生命周期供应链组织集成的基本原理。

参 考 文 献

[1] 王华. 工程项目管理[M]. 北京：北京大学出版社，2008.
[2] 成虎，陈群. 工程项目管理[M]. 北京：中国建筑工业出版社，2009.
[3] 王华. 现代工程项目组织创新机理与创新决策[M]. 沈阳：东北大学出版社，2007.
[4] 吴新华. 工程项目组织与管理[M]. 北京：中国建筑工业出版社，2011.
[5] 王孟钧. 工程项目组织[M]. 北京：中国建筑工业出版社，2011.
[6] 齐宝库. 工程项目管理[M]. 大连：大连理工大学出版社，2012.
[7] 刘黎虹. 工程招投标与合同管理[M]. 北京：机械工业出版社，2012.
[8] 王艳艳. 工程招投标与合同管理[M]. 北京：中国建筑工业出版社，2012.
[9] 杨云会，刘亚丽. 建设工程招投标与合同管理实务[M]. 北京：北京大学出版社，2012.
[10] 姜光. 土建工程招投标书编制方法与范例[M]. 北京：化学工业出版社，2012.
[11] 李志生，付冬云. 建筑工程招投标实务与案例分析[M]. 北京：机械工业出版社，2010.
[12] 刘志杰. 工程招投标与合同管理[M]. 大连：大连理工大学出版社，2009.
[13] 崔东红，肖萌. 建设工程招投标与合同管理实务[M]. 北京：北京大学出版社，2009.
[14] 张舟. 园林工程招投标与预决算[M]. 北京：中国建筑工业出版社，2009.
[15] 杨庆丰. 建筑工程招投标与合同管理[M]. 北京：机械工业出版社，2009.
[16] 盛文俊. 工程成本会计学[M]. 重庆：重庆大学出版社，2009.
[17] 王俊. 住宅安装工程成本管理[M]. 北京：中国建筑工业出版社，2010.
[18] 李惠强. 建设工程成本计划与控制[M]. 上海：复旦大学出版社，2010.
[19] 赵玉霞. 工程成本会计[M]. 2版. 北京：科学出版社，2009.
[20] 苗曙光，黎海明. 建筑工程成本测算方法与实例[M]. 北京：中国电力出版社，2007.
[21] 任宏. 建设工程成本计划与控制[M]. 北京：高等教育出版社，2004.
[22] 张立明. 建筑工程成本管理实例教程[M]. 北京：机械工业出版社，2011.
[23] 孙秀伟，郭忠华. 建筑工程成本管理[M]. 北京：北京理工大学出版社，2009.
[24] 邵英秀. 建筑工程质量事故分析[M]. 2版. 北京：机械工业出版社，2011.
[25] 罗福午，王毅红. 土木工程质量缺陷事故分析及处理[M]. 武汉：武汉理工大学出版社，2011.
[26] 潘明远. 建筑工程质量事故分析与处理[M]. 北京：中国电力出版社，2007.
[27] [美]J.D.费雷姆.组织机构中的项目管理[M]. 郭宝柱，译. 北京：世界图书出版公司，2000.
[28] [英]奈杰尔·金，尼尔·安德森.组织发展与创新译丛：组织创新与变革[M]. 冒光灿，关海峡，译. 北京：清华大学出版社，2002.
[29] 袁文照，余光胜. 现代企业组织创新[M]. 太原：山西经济出版社，1998.
[30] 丁宁. 信息技术革命与企业组织创新[M]. 北京：经济管理出版社，2001.
[31] A.P Van Der Merwe. Project Management and Business Development: Integrating Strategy, Structure, Processes and Projects. International Journal of Project Management, 2002, 20 (12):401-411.
[32] 刘国冬，王雪青. 工程项目组织与管理[M]. 北京：中国计划出版社，2003.
[33] 白思俊. 现代项目管理[M]. 北京：机械工业出版社，2003.
[34] Jimmy C. Huangc, Sue Newella. Knowledge Integration Processes and Dynamics within the Context of Cross-functional Projects. International Journal of Project Management,2003,21 (4) :167-176.
[35] [美]R.J.格雷厄姆. 项目管理与组织行为[M]. 王亚楠，罗东坤，译. 东营：中国石油大学出版社，1998.
[36] 成虎. 工程项目管理学[M]. 北京：高等教育出版社，2004.
[37] [美]W. 理查德·斯格特. 组织理论：理性、自然和开放系统[M]. 黄洋，等译. 北京：华夏出版社，2002.
[38] Abdullah S. Al-Mudimigh, Mohamed Zairi, AbdelMoneim M. Ahmed. Extending the Concept of Supply Chain: The Effective Management of Value Chains. Int. J. Production Economics, 2004, (87)2: 39-42.

北京大学出版社土木建筑系列教材(已出版)

序号	书名	主编	定价	序号	书名	主编	定价
1	*房屋建筑学(第3版)	聂洪达	56.00	53	特殊土地基处理	刘起霞	50.00
2	房屋建筑学	宿晓萍 隋艳娥	43.00	54	地基处理	刘起霞	45.00
3	房屋建筑学(上:民用建筑)(第2版)	钱 坤	40.00	55	*工程地质(第3版)	倪宏革 周建波	40.00
4	房屋建筑学(下:工业建筑)(第2版)	钱 坤	36.00	56	工程地质(第2版)	何培玲 张 婷	26.00
5	土木工程制图(第2版)	张会平	45.00	57	土木工程地质	陈文昭	32.00
6	土木工程制图习题集(第2版)	张会平	28.00	58	*土力学(第2版)	高向阳	45.00
7	土建工程制图(第2版)	张黎骅	38.00	59	土力学(第2版)	肖仁成 俞 晓	25.00
8	土建工程制图习题集(第2版)	张黎骅	34.00	60	土力学	曹卫平	34.00
9	*建筑材料	胡新萍	49.00	61	土力学	杨雪强	40.00
10	土木工程材料	赵志曼	38.00	62	土力学教程(第2版)	孟祥波	34.00
11	土木工程材料(第2版)	王春阳	50.00	63	土力学	贾彩虹	38.00
12	土木工程材料(第2版)	柯国军	45.00	64	土力学(中英双语)	郎煜华	38.00
13	*建筑设备(第3版)	刘源全 张国军	52.00	65	土质学与土力学	刘红军	36.00
14	土木工程测量(第2版)	陈久强 刘文生	40.00	66	土力学试验	孟云梅	32.00
15	土木工程专业英语	霍俊芳 姜丽云	35.00	67	土工试验原理与操作	高向阳	25.00
16	土木工程专业英语	宿晓萍 赵庆明	40.00	68	砌体结构(第2版)	何培玲 尹维新	26.00
17	土木工程基础英语教程	陈 平 王凤池	32.00	69	混凝土结构设计原理(第2版)	邵永健	52.00
18	工程管理专业英语	王竹芳	24.00	70	混凝土结构设计原理习题集	邵永健	32.00
19	建筑工程管理专业英语	杨云会	36.00	71	结构抗震设计(第2版)	祝英杰	37.00
20	*建设工程监理概论(第4版)	巩天真 张泽平	48.00	72	建筑抗震与高层结构设计	周锡武 朴福顺	36.00
21	工程项目管理(第2版)	仲景冰 王红兵	45.00	73	荷载与结构设计方法(第2版)	许成祥 何培玲	30.00
22	工程项目管理	董良峰 张瑞敏	43.00	74	建筑结构优化及应用	朱杰江	30.00
23	工程项目管理	王 华	42.00	75	钢结构设计原理	胡习兵	30.00
24	工程项目管理	邓铁军 杨亚频	48.00	76	钢结构设计	胡习兵 张再华	42.00
25	土木工程项目管理	郑文新	41.00	77	特种结构	孙 克	30.00
26	工程项目投资控制	曲 娜 陈顺良	32.00	78	建筑结构	苏明会 赵 亮	50.00
27	建设项目评估	黄明知 尚华艳	38.00	79	*工程结构	金恩平	49.00
28	建设项目评估(第2版)	王 华	46.00	80	土木工程结构试验	叶成杰	39.00
29	工程经济学(第2版)	冯为民 付晓灵	42.00	81	土木工程试验	王吉民	34.00
30	工程经济学	都沁军	42.00	82	*土木工程系列实验综合教程	周瑞荣	56.00
31	工程经济与项目管理	都沁军	45.00	83	土木工程CAD	王玉岚	42.00
32	工程合同管理	方 俊 胡向真	23.00	84	土木建筑CAD实用教程	王文达	30.00
33	建设工程合同管理	余群舟	36.00	85	建筑结构CAD教程	崔钦淑	36.00
34	*建设法规(第3版)	潘安平 肖 铭	40.00	86	工程设计软件应用	孙香红	39.00
35	建设法规	刘红霞 柳立生	36.00	87	土木工程计算机绘图	袁 果 张渝生	28.00
36	工程招标投标管理(第2版)	刘昌明	30.00	88	有限单元法(第2版)	丁 科 殷水平	30.00
37	建设工程招投标与合同管理实务(第2版)	崔东红	49.00	89	*BIM应用:Revit建筑案例教程	林标锋	58.00
38	工程招投标与合同管理(第2版)	吴 芳 冯 宁	43.00	90	*BIM建模与应用教程	曾浩	39.00
39	土木工程施工	石海均 马 哲	40.00	91	工程事故分析与工程安全(第2版)	谢征勋 罗 章	38.00
40	土木工程施工	邓寿昌 李晓目	42.00	92	建设工程质量检验与评定	杨建明	40.00
41	土木工程施工	陈泽世 凌平平	58.00	93	建筑工程安全管理与技术	高向阳	40.00
42	建筑工程施工	叶 良	55.00	94	大跨桥梁	王解军 周先雁	30.00
43	*土木工程施工与管理	李华锋 徐 芸	65.00	95	桥梁工程(第2版)	周先雁 王解军	37.00
44	高层建筑施工	张厚先 陈德方	32.00	96	交通工程基础	王富	24.00
45	高层与大跨建筑结构施工	王绍君	45.00	97	道路勘测与设计	凌平平 余婵娟	42.00
46	地下工程施工	江学良 杨 慧	54.00	98	道路勘测设计	刘文生	43.00
47	建筑工程施工组织与管理(第2版)	余群舟 宋会莲	31.00	99	建筑节能概论	余晓平	34.00
48	工程施工组织	周国恩	28.00	100	建筑电气	李 云	45.00
49	高层建筑结构设计	张仲先 王海波	23.00	101	空调工程	战乃岩 王建辉	45.00
50	基础工程	王协群 章宝华	32.00	102	*建筑公共安全技术与设计	陈继斌	45.00
51	基础工程	曹 云	43.00	103	水分析化学	宋吉娜	42.00
52	土木工程概论	邓友生	34.00	104	水泵与水泵站	张 伟 周书葵	35.00

序号	书名	主编	定价	序号	书名	主编	定价
105	工程管理概论	郑文新 李献涛	26.00	130	*安装工程计量与计价	冯 钢	58.00
106	理论力学(第 2 版)	张俊彦 赵荣国	40.00	131	室内装饰工程预算	陈祖建	30.00
107	理论力学	欧阳辉	48.00	132	*工程造价控制与管理(第 2 版)	胡新萍 王 芳	42.00
108	材料力学	章宝华	36.00	133	建筑学导论	裘 鞠 常 悦	32.00
109	结构力学	何春保	45.00	134	建筑美学	邓友生	36.00
110	结构力学	边亚东	42.00	135	建筑美术教程	陈希平	45.00
111	结构力学实用教程	常伏德	47.00	136	色彩景观基础教程	阮正仪	42.00
112	工程力学(第 2 版)	罗迎社 喻小明	39.00	137	建筑表现技法	冯 柯	42.00
113	工程力学	杨云芳	42.00	138	建筑概论	钱 坤	28.00
114	工程力学	王明斌 庞永平	37.00	139	建筑构造	宿晓萍 隋艳娥	36.00
115	房地产开发	石海均 王 宏	34.00	140	建筑构造原理与设计(上册)	陈玲玲	34.00
116	房地产开发与管理	刘 薇	38.00	141	建筑构造原理与设计(下册)	梁晓慧 陈玲玲	38.00
117	房地产策划	王直民	42.00	142	城市与区域规划实用模型	郭志恭	45.00
118	房地产估价	沈良峰	45.00	143	城市详细规划原理与设计方法	姜 云	36.00
119	房地产法规	潘安平	36.00	144	中外城市规划与建设史	李合群	58.00
120	房地产测量	魏德宏	28.00	145	中外建筑史	吴 薇	36.00
121	工程财务管理	张学英	38.00	146	外国建筑简史	吴 薇	38.00
122	工程造价管理	周国恩	42.00	147	城市与区域认知实习教程	邹 君	30.00
123	建筑工程施工组织与概预算	钟吉湘	52.00	148	城市生态与城市环境保护	梁彦兰 阎 利	36.00
124	建筑工程造价	郑文新	39.00	149	幼儿园建筑设计	龚兆先	37.00
125	工程造价管理	车春鹂 杜春艳	24.00	150	园林与环境景观设计	董 智 曾 伟	46.00
126	土木工程计量与计价	王翠琴 李春燕	35.00	151	室内设计原理	冯 柯	28.00
127	建筑工程计量与计价	张叶田	50.00	152	景观设计	陈玲玲	49.00
128	市政工程计量与计价	赵志曼 张建平	38.00	153	中国传统建筑构造	李合群	35.00
129	园林工程计量与计价	温日琨 舒美英	45.00	154	中国文物建筑保护及修复工程学	郭志恭	45.00

标*号为高等院校土建类专业"互联网+"创新规划教材。

如您需要更多教学资源如电子课件、电子样章、习题答案等,请登录北京大学出版社第六事业部官网www.pup6.cn 搜索下载。

如您需要浏览更多专业教材,请扫下面的二维码,关注北京大学出版社第六事业部官方微信(微信号:pup6book),随时查询专业教材、浏览教材目录、内容简介等信息,并可在线申请纸质样书用于教学。

感谢您使用我们的教材,欢迎您随时与我们联系,我们将及时做好全方位的服务。联系方式:010-62750667,donglu2004@163.com, pup_6@163.com, lihu80@163.com,欢迎来电来信。客户服务 QQ 号:1292552107,欢迎随时咨询。